Hikeline
Wanderführer

Ch. Tschaikner

Fernwanderweg
Via Claudia Augusta

Auf den Spuren der Römer
über die Alpen

VERLAGESTERBAUER

Hikeline®-Wanderführer
Via Claudia Augusta
© 2010-2017, **Verlag Esterbauer GmbH**
A-3751 Rodingersdorf, Hauptstr. 31
Tel.: +43/2983/28982-0, Fax: -500
E-Mail: hikeline@esterbauer.com
www.esterbauer.com
2. vollständig überarbeitete Auflage, Sommer 2017
ISBN: 978-3-85000-719-1
Bitte geben Sie bei jeder Korrespondenz die Auflage und die ISBN an!

Umschlagbild: © der hugo2 - fotolia
Bildnachweis: Authentic Marketing: S. 100; Birgit Albrecht-Walzer: S. 102, S. 104; © Baumberger – fotolia: S. 114; © Edler von Rabenstein – fotolia: S. 92; Christoph Tschaikner: S. 7, S. 10, S. 12, S. 17, S. 22, S. 29, S. 36, S. 38, S. 42, S. 44, S. 50, S. 61, S. 64, S. 68, S. 70, S. 74, S. 76, S. 77, S. 82, S. 86, S. 88, S. 91, S. 93, S. 94, S. 101, S. 116, S. 120, S. 125, S. 127, S. 128, S. 129, S. 132, S. 137, S. 138, S. 140, S. 145, S. 151, S. 151, S. 152, S. 152, S. 154, S. 158, S. 160, S. 162, S. 164, S. 167, S. 172, S. 175, S. 179, S. 180, S. 184, S. 186, S. 189, S. 190, S. 194, S. 197, S. 198, S. 203, S. 204, S. 207, S. 208, S. 210, S. 212, S. 216, S. 218, S. 219; © michelangeloop - Fotolia.com: S. 108; Veronika Bock: S. 170; Wolfgang Zangerl: S. 48, S. 54, S. 58

Dank an alle, die uns bei der Erstellung dieses Buches tatkräftig unterstützt haben!

Das *Hikeline*-Team: Birgit Albrecht-Walzer, Beatrix Bauer, Michael Bernhard, Michael Binder, Veronika Bock, Petra Bruckmüller, Roland Esterbauer, Dagmar Güldenpfennig, Martina Kreindl, Nora Ludolph, Gregor Münch, Karin Neichsner, Carmen Paradeiser, Sabrina Pusch, Claudia Retzer, Christian Schlechte, Sonja Schleifer, Isabella Tillich, Martin Trippmacher, Carina Winkelhofer, Martin Wischin, Wolfgang Zangerl

Kartografie erstellt mit axpand
(www.axes-systems.com)

Vorwort

Entlang der Wanderroute Via Claudia Augusta wird der uralte Kultur- und Handelsweg des Römischen Reiches wieder lebendig. Ihr großer Trumpf ist die Vielfalt, die sich durch unterschiedliche Landschaften und Höhenlagen ergibt. Die Via Claudia Augusta führt durch weite Ebenen und sanftes Hügelland, durch Gebirgstäler und über Pässe. Dass die Route drei Staaten und noch mehr Regionen mit unterschiedlicher geschichtlicher und kultureller Entwicklung berührt, tut das Übrige zur bunten Vielfalt an Eindrücken. Das Resultat ist eine unvergessliche Mischung aus Landschaften, regen Städtchen, beschaulichen Dörfern, hunderten Zeugnissen wechselvoller Geschichte und von ihr geprägten Menschen und Kulturen. Die Via Claudia bietet eine Vielzahl von Eindrücken, Einblicken und Erfahrungen. Zugleich ermöglicht sie auch abzuschalten, auszuspannen und zu innerem Gleichgewicht zu finden.

Präzise Karten, genaue Streckenbeschreibungen, zahlreiche Stadt- und Ortspläne, Hinweise auf das kulturelle und touristische Angebot der Region und ein umfangreiches Übernachtungsverzeichnis – in diesem Buch finden Sie alles, was Sie zu einer Wanderung auf der Via Claudia Augusta brauchen – außer gutem Wetter, das können wir Ihnen nur wünschen.

Kartenlegende

* in Auswahl

Wanderweg auf Hartbelag
z. B.: befestigter Fußweg • ruhige Anliegerstraße

Wanderweg
breiter oder gut begehbarer Weg
z. B.: Wald- und Forstweg

Wandersteig, Pfad
schmaler Weg/Pfad • Wiesenweg

Klettersteig, Kletterstelle
• schwierige Stelle
• Trittsicherheit erforderlich
• Leiter

Verkehrsreicher Abschnitt
Strecke auf oder direkt an Straße mit starker Verkehrsbelastung

Variante, Alternativstrecke
z. B.: Ausflüge • Abkürzungen • Ein- oder Ausstiege • alternative Hauptroute

Anschlussetappen und weitere Touren

Wanderweg geplant

Wanderweg gesperrt

Tunnelstrecke, Unterführung

Fährverbindung; Lift

Stadt-/Ortsplan

Routenverlauf; Wegpunkt

Gefahrenstelle; Text beachten

Treppe

Tourist-Information

Hotel, Pension; Jugendherberge

Campingplatz; Zeltplatz

Gasthaus

Einkaufsmöglichkeit; Kiosk

Erlach — sehenswerter Ort

Einrichtung im Ort vorhanden

sonstige Sehenswürdigkeit

sehenswerte Kirche; Kapelle

sehenswertes Kloster

sehenswerte Synagoge; Moschee

sehenswerte/s Schloss, Burg

sehenswerte Ruine

sehenswertes Denkmal; Wegkreuz

sehenswerte/s Bergwerk; Höhle

sehenswerter Turm; Leuchtturm

sehenswerte Wassermühle; Windmühle

sehenswertes/r Kraftwerk; Flughafen

Museum

Ausgrabung; Römische Objekte

Tierpark; Naturpark-Information

Naturpark; sonstige Natursehenswürdigkeit

Aussichtspunkt

Rastplatz; Unterstand

Schutzhütte; Grillplatz

Wanderparkplatz

Brunnen*

Freibad, Badestelle; Hallenbad

Bushaltestelle*

Maßstab 1 : 50.000

1 cm ≙ 500 m   1 km ≙ 2 cm

0   1   2   3   4 km

Kirche; Kapelle
Kloster
Synagoge; Moschee
Schloss, Burg
Ruine
Denkmal
Wegkreuz
Bergwerk
Höhle
historischer Grenzstein, Römerstein
Grabanlage, Hügelgrab
Turm; Leuchtturm
Wassermühle; Windmühle
Funk-, Sendeanlage
Kraftwerk
Umspannwerk, Trafostation
Windkraftanlage
Sportplatz, Stadion
Golfplatz; Tennisplatz
Flughafen; Landeplatz
Quelle
Kläranlage
Schiffsanleger; Schleuse

Nur in Ortsplänen

Parkplatz
Parkhaus/Tiefgarage
Post*
Apotheke*
Krankenhaus
Feuerwehr
Polizei
Theater*

Wald; Wiese, Weide
Nassfläche, Sumpf, Moor; Heide
Weinbau; Garten
Friedhof; Sand, Düne
Steinbruch, Tagebau; Gletscher
Fels; Schutt
Gebäude; Siedlungsfläche
öffentl. Gebäude; Industriegebiet
See/Staumauer/Fluss
A13 Autobahn
B12 Schnellverkehrsstraße
B236 Fernverkehrsstraße
Hauptstraße
Pass (820 m) untergeordnete Hauptstraße / Pass
550 Nebenstraße / Höhenpunkt
Fahrweg; Weg
Pfad; Fähre
S Eisenbahn / Bahnhof; S-Bahnhof
Eisenbahn stillgelegt; Nebenbahn
Straßenbahn / Haltepunkt; Bergbahn
Materialseilbahn; Sessellift
Staatsgrenze / Grenzübergang
Landesgrenze
Kreisgrenze, Bezirksgrenze
Damm
Stadtmauer, Mauer
Kanal
Naturpark, Nationalpark
Truppenübungsplatz, Sperrgebiet
Höhenlinie 100m
700 Höhenlinie 25m
Kilometerraster mit UTM-Koordinaten

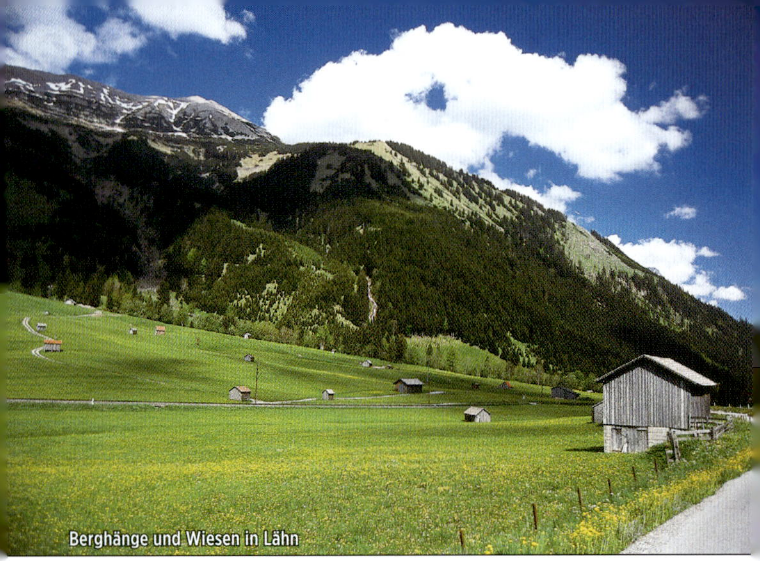
Berghänge und Wiesen in Lähn

Inhalt

Via Claudia Augusta

Wandern auf den Spuren der Römer

Kaiser Claudius ließ die Via Claudia Augusta zur ersten richtigen Straße über die Alpen ausbauen, die den Adriahafen Altinum mit der Donau verband. Die meisten Römer reisten zu Fuß. Deshalb waren im Abstand eines Tagesmarsches Straßenstationen eingerichtet, in denen man übernachten und sich stärken konnte. In der Regel gab es auch eine kleine Therme und ein Heiligtum. In Anlehnung daran wurde entlang der historischen Straße eine Weitwanderroute ausgearbeitet. Teilweise führt sie direkt über die historische Trasse der Via Claudia Augusta. Darüber hinaus wurden attraktive Wanderwege und ruhige Nebenstraßen ausgewählt, die – wie die Via Claudia Augusta – knapp oberhalb der Talsohle an den Sonnenhängen entlang führt. Dort war die Römerstraße sicher vor Überschwemmungen, nach Regenfällen bald wieder trocken und nach dem Winter rasch wieder frei von Schnee und Eis. Die Wanderroute auf den Spuren der Römer führt durch eine bunte Vielfalt an Natur- und Kulturlandschaften, welche die Via Claudia über die Jahrhunderte bis heute geprägt hat. Hunderte Zeugnisse wechselvoller Geschichte und von ihr geprägter Kulturen warten darauf, entdeckt zu werden. Entlang der Route kommt der Wanderer immer wieder durch lebendige Ortszentren, in denen Köstlichkeiten aus Küche und Keller dazu einladen, eine Rast zu machen und sich zu stärken. Die empfohlenen Nächtigungsorte unterteilen die Route in Tagesetappen. In jedem der Orte finden sich Gastgeber, die ins Projekt der Wiederbelebung der Römischen Kaiserstraße integriert sind, sich speziell auf Weitwanderer eingestellt haben und die 2.000-jährige Tradition der Gastlichkeit fortführen.

Unzählige Eindrücke sammeln, unsere Wurzeln entdecken und dabei zu sich selbst finden – das ist Wandern an der Via Claudia Augusta.

Per pedes, wie die Römer

Der Großteil der Römer reiste nicht zu Pferd oder gar im Wagen, sondern zu Fuß. Die Via Claudia Augusta per pedes zu bereisen, ist also die Fortbewegungsart, welche dem Reisen in der Römerzeit am nächsten kommt. Als Testlauf für die Wanderroute wurden zwei Gruppen von Augsburg entlang der Via Claudia Augusta auf Reisen geschickt und dabei immer wieder fotografiert. Die Besonderheit dabei war, dass diese Pedites Singulares und die Populares Vindelicenses wie römische Soldaten bekleidet und ausgerüstet waren. Auch ihre historischen Vorbilder wanderten natürlich nicht in voller

Gefechtsadjustierung. Nur bei zu erwartender Feindberührung wurde der Helm aufgesetzt, der ansonsten wie das Schwert und der Dolch am Gürtel hing. Zur Bewaffnung eines Legionärs gehörten zudem ein Wurfspeer und ein Schild. Die Schilde wurden in einer Lederhülle mit einem Trageriemen über der linken Rückenseite getragen. Sie waren oft mit kultischen Symbolen der Einheit bemalt und der einzige einheitliche Ausrüstungsgegenstand.
Am Körper trugen die Römer eine Tunika aus Leinen, die man sich wie ein überlanges T-Shirt vorstellen kann. Eine weitere Tunika aus gewalkter Wolle wurde in der kälteren Jahreszeit darüber getragen. Soldaten trugen zum Schutz darüber noch ein Kettenhemd, einen Schuppen- oder Schienenpanzer. Ein Wollschal schützte vor Nässe und Kälte bzw. verhinderte ein unangenehmes Scheuern der Rüstung. Über dem allen wurde bei Bedarf ein halbkreisförmig geschnittener Mantel aus gewalkter Wolle getragen, der wärmte und relativ lange verhinderte, dass man nass wurde. Bei Galliern und Germanen verbreitete Beinkleider lehnten die Römer lange ab. Auf der Trajansäule aus dem beginnenden 2. Jahrhundert n. Chr. sind aber bereits alle Legionäre mit „Hosen" abgebildet. An den Füßen trug man robuste Sandalen aus Rindsleder, in nördlicheren Gefilden auch Socken und geschlossene Schuhe.
Das Marschgepäck trugen die Römer in einem Gepäckbündel an einem Tragestock, der über die Schulter gelegt wurde. Es bestand aus einem Fell zum Schlafen, einem Mantelsack und einer metallenen Feldflasche. Ein kleiner Bronzeeimer wurde zum Wasserholen und als Kochtopf mitgetragen. Eine Bronzekasserole diente ebenfalls zum Wasserholen, fand überdies noch als Trinkgefäß, Pfanne und Backform Verwendung. Kleingerät und die wenigen persönlichen Gegenstände fanden in einem Lederbeutel Platz. Dazu gehörten z. B. ein Löffel und ein Messer. (Gabeln kannten die Römer nicht.) Weiterhin fanden sich im Lederbeutel oft ein Hämmerchen, ein Kamm, Riemen, eine Lampe aus Ton, Olivenöl, Geld und andere persönliche Gegenstände. Essbares für unterwegs wurde in einem Proviantnetz mitgetragen. Die eiserne Ration eines römischen Soldaten bestand aus drei Tagesrationen Zwieback, Speck, Hartkäse und Knoblauch. Generell nahmen die Römer während des Tages nur kleinere Mahlzeiten zu sich: Zum sogenannten Prandium, einer Art Gabelfrühstück oder leichtem Mittagessen, wurden größtenteils kalte Speisen gegessen: Brot, Schinken, Käse, Oliven und frische Früchte. Dafür aßen die Römer am späten Nachmittag oder Abend umso ausgiebiger.
Im offiziellen Auftrag reisende Römer nächtigten in den Straßenstationen, die im Abstand eines Tagesmarsches eingerichtet waren und wie die Straße selbst von der lokalen Bevölkerung zu erhalten waren. In diesen Stationen konnte man nicht nur schlafen und essen. Sie waren in der Regel auch mit einer Therme und einem Heiligtum ausgestattet, in dem die Römer um

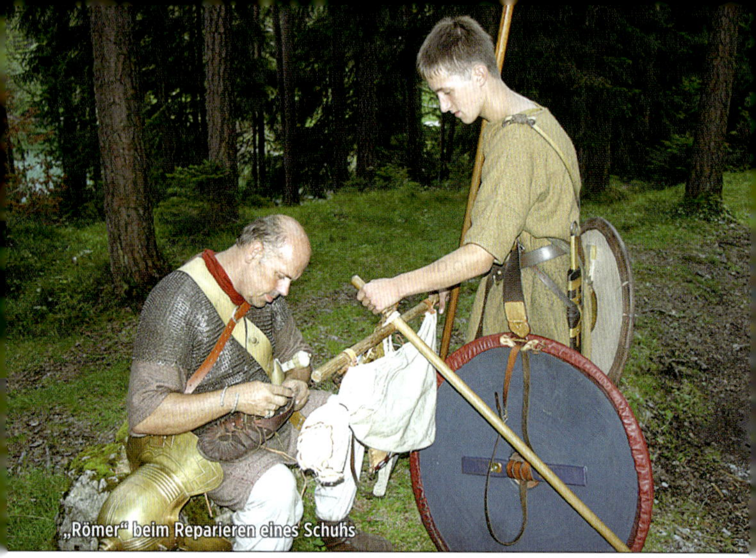

„Römer“ beim Reparieren eines Schuhs

eine ereignisfreie Reise baten bzw. für eine solche dankten und opferten. Geopferte Wertgegenstände, Ausrüstungsteile oder auch Münzen wurden unbrauchbar gemacht bzw. so deponiert, dass sie für andere nicht zugänglich waren. Das Verhältnis zu den Göttern war ein Art Handel. Man opferte und erwartete sich dafür Schutz und Hilfe.

Streckencharakteristik

Länge, Höhenmeter und Etappen

Die komplette Wanderroute Via Claudia Augusta von Landsberg am Lech über die Alpen zum Castelbrando ist etwa 580 Kilometer lang und wurde in diesem Buch auf 29 Tagesetappen aufgeteilt. Die Länge der einzelnen Etappen beträgt im Schnitt zwischen 15 und 25 Kilometern.
Einzelne Etappen können etwas länger ausfallen, hier finden Sie aber zwischen Charakteristik und Routentext Hinweise auf Erleichterungen durch öffentliche Verkehrsmittel. Details wie Abfahrtszeiten erhalten Sie bei den jeweiligen Tourist-Informationen.
Die Anstiege pro Etappe weisen zwischen 120 und 1100 Höhenmeter auf.
Die Etappen 1 bis 5 führen durchs Bayerische Alpenvorland, zuerst relativ eben am Lech entlang und anschließend durchs sanft hügelige Auerbergland. Der österreichische Abschnitt umfasst die Etappen 6 bis 12. Dabei verläuft die Wanderroute – wie einst die Römerstraße – meist leicht oberhalb der

Talsohle auf den Sonnenhängen der Alpentäler. Markante Punkte sind der Fern- und der Reschenpass, der zugleich den Übergang nach Südtirol bildet. Hier folgen nun die Etappen 13 bis 29, die Sie durch Südtirol, Trentino und Feltrino führen. Bis zur Etappe 22 verläuft der Weg auf den Hängen oberhalb des Etschtales. Die Talsohle selbst wird auf der gesamten Länge nur vier Mal überquert.

Dann geht es auf den Etappen 23 bis 29 über eine Anhöhe ins Valsuganatal, über zwei Pässe ins Feltrino, wo die Route das Piavetal quert, und dann noch über einen letzten Pass zum Castelbrando.

Die einzelnen Etappen wurden so gewählt, dass sie für durchschnittliche Wanderer zu bewältigen sind und auch noch Zeit für Rastpausen und die eine oder andere Sehenswürdigkeiten bleibt. Bei der Auswahl der Etappenorte wurde darauf geachtet, dass es sich um Orte mit möglichst vielen

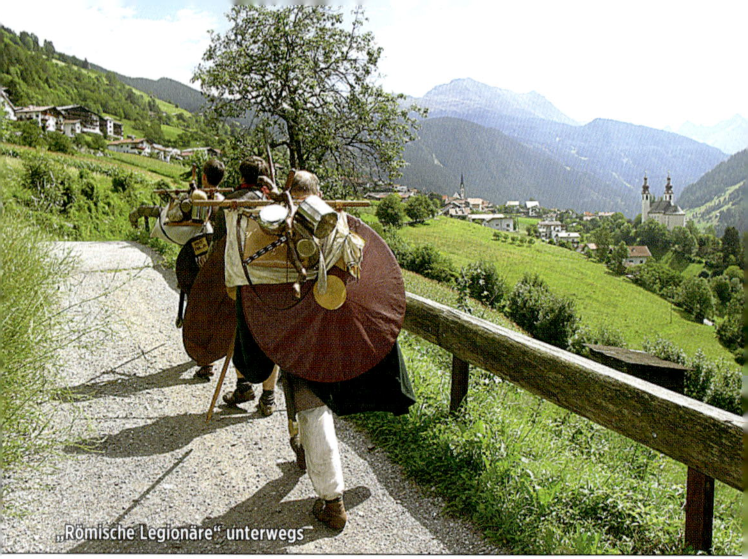

„Römische Legionäre" unterwegs

Übernachtungsmöglichkeiten handelt. Auf jeden Fall finden Sie an jedem Etappenende Übernachtungsbetriebe, die Teil des Via-Claudia-Projektes sind, die 2.000-jährige Tradition in Gastlichkeit weiterpflegen und sich speziell auf Radler und Fernwanderer eingestellt haben. Einige haben sogar wieder Römische Gerichte auf der Speisekarte.

Wegweisung

Eine Beschilderung mit dem Via-Claudia-Logo gibt es momentan nur in Tirol, im Trentino zwischen Lavis und Castello Tesino und teilweise im Feltrino. In Bayern führt die Wanderroute über weite Strecken auf dem LechErlebnisWeg und anschließend über das beschilderte Wanderwegenetz des Auerberglandes. In Tirol wurde die bestehende Wanderwegebeschilderung mit kleinen Via-Claudia-Aufklebern ergänzt. Auch in Südtirol führt die Route größtenteils über das bestehende, gut beschilderte Wanderwegenetz. Die Route ist hier allerdings nicht mit dem Via Claudia Logo gekennzeichnet. Im nördlichen Trentino fehlt eine Beschilderung. Zwischen Lavis und Castello Tesino folgt die Route weitgehend der Radroute, die mit dem Via-Claudia-Logo beschildert ist. Im Veneto wurde die Wanderroute vor Jahren mit einfachen Mitteln beschildert bzw. führt ebenfalls über die beschilderte Radroute.

VIA CLAUDIA AUGUSTA

Anforderungen

Die Via Claudia Augusta ist meistenteils touristisch gut bis sehr gut erschlossen und somit auch gut für Einsteiger geeignet. In der Planung befindet sich ein Koffer-Transport-Service zwischen Landsberg und Bozen, der es ermöglichen soll, mit leichtem Rucksack zu wandern und somit die Wanderung noch mehr zu genießen. Über weite Strecken besteht die Möglichkeit, Bus oder Bahn zu benutzen, um die Tagesetappen abzukürzen. Notfalls können Sie auch auf ein Taxi zurückgreifen.

Die Via Claudia Augusta ist mit geringen Ausnahmen sehr gut zu begehen, da sie großteils über geschotterte und befestigte Wege führt. Für eine Weitwanderung ist aber immer festes Schuhwerk zu empfehlen. Abhängig vom Wetter und von der Jahreszeit können kurze Passagen etwas beschwerlicher zu begehen sein, z. B. wenn nach Regenzeiten der Boden aufgeweicht oder rutschig ist. Unbedingt notwendig ist natürlich auch Kleidung, die vor Regen schützt. Vor allem im alpinen Tirol kann es in den Sommermonaten auch kühlere Tage geben, für die man eine Jacke oder eine Pullover mitnehmen sollte. Nicht nur für die Sonnenhänge südlich des Reschenpasses ist guter Sonnenschutz wichtig. Die Wanderung auf den Spuren der Römer bietet viel Ruhe und die Möglichkeit, zu sich zu finden. Auf der anderen Seite gibt es aber auch viele Möglichkeiten zum Entdecken, zum Erleben der Regionen und zum Kontakt mit den Menschen, die entlang der Route leben.

GPS-Tracks

Auf www.viaclaudia.org finden Sie unter „Via Claudia bereisen/Fernwandern" den interaktiven Routenplaner „Claudia Augusta Maps". Dort können Sie Start und Ziel einer gewünschten Etappe festlegen, erhalten dann Längen- und Höhendaten und können den passenden GPS-Track direkt herunterladen.

Ausstattung

Im südlichen Bayern, in Tirol und in Südtirol gibt es an der Route immer wieder Einkehrmöglichkeiten. Im restlichen Teil der Wanderroute sind die Einkehrmöglichkeiten dünner gesät. Bitte beachten Sie, dass es nicht in jedem Ort einen Nahversorger gibt, bei dem man sich mit Proviant eindecken kann. Vor allem in den Regionen mit Ferientourismus und rund um Ballungsräume befinden sich Rastbänke entlang des Weges, vereinzelt gibt es auch Rastplätze mit umfangreicherer Ausstattung.

Tourenplanung

Telefonvorwahlen

Bitte beachten Sie, dass in diesem Buch die Telefonnummern ohne die internationalen Vorwahlen (0049 für Deutschland, 0043 für Österreich und 0039

für Italien) angeführt sind. Wenn Sie von außerhalb nach Deutschland oder Österreich anrufen, lassen Sie nach den Vorwahlen die 0 der Ortsvorwahl weg. Für Italien müssen sie diese 0 mitwählen.
Hilfreich ist dabei zu wissen, dass der erste Abschnitt dieses Buches in Deutschland verläuft, der zweite in Österreich und die letzten beiden in Italien.

Infostellen

Via Claudia Info, Fließ 89, A-6521 Fließ, ✆ 0043/(0)664/2763555, info@viaclaudia.at, www.viaclaudia.org

An- und Abreise mit der Bahn

Der Startort Landsberg am Lech hat einen direkten Bahnanschluss. Vom Zielort Castelbrando aus befindet sich der nächste Bahnhof in Vittorio Veneto, zu erreichen über eine regelmäßige Busverbindung.
Erkundigen Sie sich auch nach dem **ViaClaudiaAugusta-Rückholbus** (Radshuttle von Italien nach Bayern), der von Mai bis Oktober täglich außer Montag und Samstag verkehrt. Angefahren werden u. a. Trento, Bozen und Landeck. Informationen und Buchungsmöglichkeiten finden Sie auf www.viaclaudia.org unter der Rubrik „Via Claudia bereisen/Radroute".

Mit Bus und Bahn entlang der Strecke

Nur wenige werden die Via Claudia Augusta in ihrer vollen Länge und in einem Stück begehen. Gute Ein- und Ausstiegsmöglichkeiten sind Orte mit Bahnhöfen wie Landsberg am Lech, Schongau, Füssen, Reutte, Imst, Landeck, Schlanders, Naturns, Meran, Bozen, Trento, Pergine Valsugana, Borgo Valsugana oder Feltre. Außerdem sind alle größeren Orte entlang der Strecke an das öffentliche Nahverkehrsnetz angeschlossen.

Infostellen

Deutsche Bahn AG, www.bahn.de, **Reise-Service**, ✆ 01806/996633 (€ 0,14/ Minute aus dem Festnetz, Tarif bei Mobilfunk abweichend), Mo-So 0-24 Uhr, Auskünfte über Zugverbindungen, Fahrpreise im In- und Ausland, Buchung von Tickets und Reservierungen.

Kostenlose Fahrplanauskunft ✆ 0800/1507090.

Fahrplanauskunft der österreichischen Bundesbahnen (ÖBB): ✆ 051717, www.fahrplan.oebb.at

Fahrplanauskunft der italienischen Staatsbahnen (ferrovie dello stato italiane): ✆ 199 892 021 (10 ct/Min.) bzw. aus dem Ausland ✆ 0039/06/68475475 (7-24 Uhr),
www.trenitalia.com/tcom-de

Beste Reisezeit

Die Wandersaison entlang der Via Claudia Augusta reicht von Frühling bis Herbst. Besonders im Süden ist es mitunter schon am Ende des Winters und fast bis Winterbeginn angenehm warm. Im Frühjahr ist entlang der Route das Erwachen der Natur in verschiedenen Stadien zu beobachten. Während man am Fernpass noch einzelne Schneefelder vorfinden kann, stehen die übrigen Abschnitte der Via Claudia Augusta schon in voller Blüte und es kann im Süden schon sommerlich sein. Im Sommer punktet das alpine Tirol mit etwas kühleren Temperaturen. Im Herbst lockt ein prächtiges Farbenspiel, das sich in den unterschiedlichen Landschaften entlang der Route ganz unterschiedlich äußert, und nach der Ernte sind Küchen und Keller voll von regionalen Spezialitäten. Einige Wirte entlang der Strecke haben sogar Gerichte wie zur Römerzeit auf der Speisekarte. An vielen Orten gibt es Erntefeste. Wenn nur wenig Schnee liegt, ist ein Großteil der Via Claudia Augusta auch im Winter zu bewandern – auch das hat seine besonderen Reize.

Übernachtung

Entlang der gesamten Route finden sich Übernachtungsbetriebe, die zum Teil auch in das Projekt der Wiederbelebung der Römischen Kaiserstraße integriert sind. Außer zu Ferragosto in Italien (Mariä Himmelfahrt, um den 15. August) sind keine längeren Vorreservierungen nötig. Es empfiehlt sich allerdings, bereits am Beginn des Tages das Quartier zu buchen.

Gepäckservice

Damit Sie das Wandern auf der Via Claudia Augusta voll und ganz genießen können, befindet sich ein Koffer-Transport-Service entlang der Via Claudia Augusta in der Planung. Er soll zwischen Landsberg am Lech und Bozen zur Verfügung stehen, allerdings ausschließlich in den entsprechend gekennzeichneten Via-Claudia-Augusta-Übernachtungsbetrieben. Informieren Sie sich aktuell unter www.viaclaudia.org bzw. ✆ 0043/(0)664/2763555.

Bekleidung, Ausrüstung

Für eine gelungene Wanderung ist die Ausrüstung ein wichtiger Faktor. Der Markt für Outdoorbekleidung ist mittlerweile unübersehbar, deswegen hier nur einige Grundregeln: Der wichtigste Ausrüstungsgegenstand sind Schuhe mit Profilsohle. Die Passform sollte man vor einer längeren Unternehmung unbedingt auf Tagestouren überprüfen!

Für die Kleidung gilt das „Zwiebelprinzip“: Mehrere Schichten erfüllen verschiedene Funktionen und lassen sich separat tragen und vielfältig kombinieren. Die unterste Schicht soll Schweiß vom Körper wegführen, darüber folgen bei Bedarf eine wärmende Schicht und zuletzt die äußerste Hülle, die Wind und Regen abhalten, trotzdem aber dampfdurchlässig sein soll.

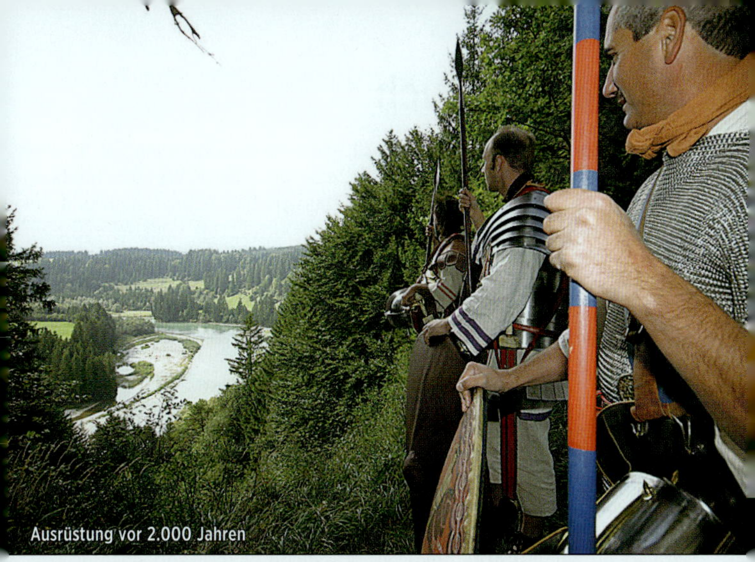

Ausrüstung vor 2.000 Jahren

Als Materialien kommen entweder Kunstfasern – leicht, wenig Feuchtigkeitsaufnahme, leider manchmal starke Geruchsbildung – oder hochwertige Wolle – etwas schwerer, wärmt aber auch im nassen Zustand und nimmt kaum Geruch an – in Frage. Baumwolle ist für anspruchsvolle Touren weniger geeignet, denn sie nimmt viel Feuchtigkeit auf und braucht sehr lange zum Trocknen. Für Tagestouren benötigt man einen Regenschutz, eine Trinkflasche, Sonnenschutz, ein kleines Erste-Hilfe-Set und etwas Verpflegung für unterwegs. Bei Mehrtagestouren kommen noch Wäsche zum Wechseln, ein kleines Waschzeug und Kleidung für den Abend dazu. All das sollte in einem Rucksack von maximal 35 Litern Volumen Platz finden. Vor allem untrainierte Menschen sollten darauf achten, sich nicht zu viel Gepäck zuzumuten, denn die zusätzliche Belastung durch das Tragen kann eine schöne Wanderung schnell zur Quälerei werden lassen. Wenn Sie sich beim Packen des Reisegepäcks nicht einschränken wollen, dann sollten Sie einen Koffer-Transport-Service buchen (s. oben).

Wanderreiseveranstalter und Gepäcktransport

Eurohike, A-5162 Obertrum, Mühlstr. 20, 0043/(0)6219/7444, office@eurohike.at, www.eurohike.at

Wikinger Reisen, Kölner Str. 20, D-58135 Hagen, ✆ 02331/904742, Fax 02331/904704, www.wikinger-reisen.de

Vividus Wanderreisen, Neckarstr. 45, D-72160 Horb a. N., ✆ 07451/6277970, info@vividus-reisen.de, www.vividus-reisen.de

Zu diesem Buch

Dieser ***Hikeline*-Wanderführer** enthält alle Informationen, die Sie für Ihre Wanderung benötigen: exakte Karten, eine detaillierte Wegbeschreibung und die wichtigsten Informationen zu touristischen Attraktionen und Sehenswürdigkeiten.

Und das alles mit der ***Hikeline*-Garantie**: Die Routen in unseren Büchern sind professionell vor Ort geprüft worden. Um höchste Aktualität zu gewährleisten, nehmen wir nach der Erhebung Korrekturen von Lesern bzw. offiziellen Stellen bis Redaktionsschluss entgegen, die dann jedoch teilweise nicht mehr an Ort und Stelle verifiziert werden können.

Konzept

Am Beginn jeder Etappe finden Sie folgende Daten der **Hauptroute** zusammengefasst: Start- und Zielort, die Länge, die zu bewältigenden Höhenmeter im Auf- und Abstieg, die durchschnittliche Wegzeit in normalem Gehtempo, ein Höhenprofil und die Anteile an Asphalt, Wanderwegen und -pfaden. Zusätzlich finden Sie dort auch eine kurze Charakteristik der Etappe.

Die Längen der möglichen Ein- und Ausstiege beim Etappenbeginn bzw. -ende werden im Text separat beschrieben.

Karten

Eine Übersicht über die geografische Lage der Via Claudia Augusta gibt Ihnen die Übersichtskarte auf der vorderen inneren Umschlagsseite.

Die Detailkarten sind im Maßstab 1:50.000 erstellt. Dies bedeutet, dass 1 Zentimeter auf der Karte einer Strecke von 500 Metern in der Natur entspricht. Zusätzlich zum genauen Routenverlauf informieren die Karten auch über die Beschaffenheit des Bodenbelags bzw. über die Art des Weges sowie über kulturelle und gastronomische Einrichtungen entlang der Strecke. Die Höhenlinien haben einen Abstand von 20 Metern.

Allerdings können selbst die genauesten Karten den Blick auf die Wegbeschreibung nicht ersetzen. Stellen mit schwieriger Wegfindung werden in der Karte mit dem Symbol ⚠ gekennzeichnet, im Text finden Sie das gleiche Zeichen zur Markierung der betreffenden Stelle wieder, manchmal ergänzt durch ein Foto. Die beschriebene Haupttour wird immer in Blau, Varianten oder Abstecher in Grün dargestellt. Die genaue Bedeutung der einzelnen Symbole wird in der Zeichenerklärung auf den Seiten 4 und 5 erläutert.

Textteil

Der Textteil besteht im Wesentlichen aus der genauen Routenbeschreibung. Stichwortartige Streckeninformationen werden von dem Zeichen ~ begleitet.

Manche besonders markante oder wichtige Punkte auf der Strecke sind als Wegpunkte **1**, **2**, **3**, ... durchnummeriert und – zur besseren Orientierung – mit demselben Symbol in den Karten und im Höhenprofil wieder zu finden. Bei Varianten wird dasselbe System angewendet, allerdings mit Großbuchstaben **A**, **B**, **C**,...

Die Kilometerangaben, im Text hochgestellt, zeigen Ihnen die schon zurückgelegte Strecke seit dem Tourenstart an, sie sind auf hundert Meter gerundet. In Klammern finden Sie die Höhe des betreffenden Punktes. Der Wegpunkt **7** 5,1 (1.340) ist also 5,1 Kilometer vom Ausgangspunkt der Tour entfernt und liegt auf einer Höhe von 1.340 Metern.

Ferner sind alle wichtigen **Orte** zur besseren Orientierung aus dem Text hervorgehoben. Die Symbole Ortsanfang und Ortsende kennzeichnen ein größeres, geschlossenes Siedlungsgebiet. Gibt es interessante Sehenswürdigkeiten in einem Ort, so finden Sie unter dem Ortsbalken die jeweiligen Adressen, Telefonnummern und Öffnungszeiten sowie die Internet-Seite.

Die Beschreibung der einzelnen Orte sowie historisch, kulturell oder naturkundlich interessanter Gegebenheiten entlang der Route tragen zu einem abgerundeten Reiseerlebnis bei. Diese Textblöcke sind kursiv gesetzt und unterscheiden sich dadurch auch optisch von der Streckenbeschreibung.

Absätze in grüner Farbe behandeln Varianten und Ausflüge.

TIPP

Textabschnitte in Blau heben Stellen hervor, an denen Sie auf den weiteren Wegeverlauf und auf mögliche Varianten hingewiesen werden. Sie geben auch Empfehlungen und Erläuterungen zu Sehenswürdigkeiten oder Freizeitaktivitäten etwas abseits der Route.

Übernachtungsverzeichnis

Auf den letzten Seiten dieses Wanderführers finden Sie zu vielen Orten entlang der Strecke eine Vielzahl von Übernachtungsmöglichkeiten vom einfachen Zeltplatz bis zum 5-Sterne-Hotel.

GPS-Gitter in den Karten

Das Gebiet dieser Karten liegt in der Zone 32 und hat den Bezugsmeridian 9 Grad Ost. Um zu navigieren, ist der GPS-Empfänger auf WGS 84 (World Geodetic System 1984) und UTM-Projektion einzustellen. Die Koordinaten (East und North) sind in der Karte in Kilometern, auf dem GPS-Empfänger in Metern angegeben. Für die GPS-Navigation ist auf den Karten ein grau gepunktetes Gitter mit einer Maschenweite von 1 Kilometer vorhanden. Da einige Karteninhalte hervorgehoben oder generalisiert dargestellt werden, ist eine absolute Lagegenauigkeit nicht immer garantiert.

Den Link zu den aktuellen GPS-Tracks finden Sie auf der vorderen Umschlagseite.

Bayerischer Abschnitt

Etappen 1 – 5: Landsberg am Lech – Füssen

Länge: 93,0 km
Start: Landsberg am Lech, Bahnhof
Ziel: Füssen, Zentrum
Aufstieg: 1.610 m
Abstieg: 1.390 m

Charakteristik: Die Etappen 1 bis 5 führen durch das Bayerische Alpenvorland, zuerst relativ eben am Lech entlang und anschließend durch das sanft hügelige Auerbergland.

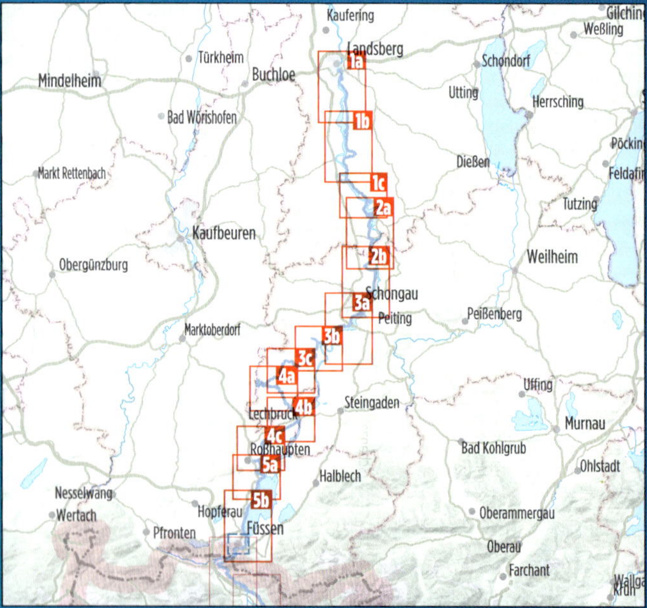

Etappe 1 — 20 km

Landsberg am Lech – Epfach

Start: Landsberg am Lech, Bahnhof
Ziel: Epfach, Museum im Dorfzentrum
Gehzeit: 4½ - 5 Std.

Aufstieg: 420 m
Abstieg: 340 m
Hartbelag: 38 %
Wanderwege: 56 %
Wanderpfade: 6 %

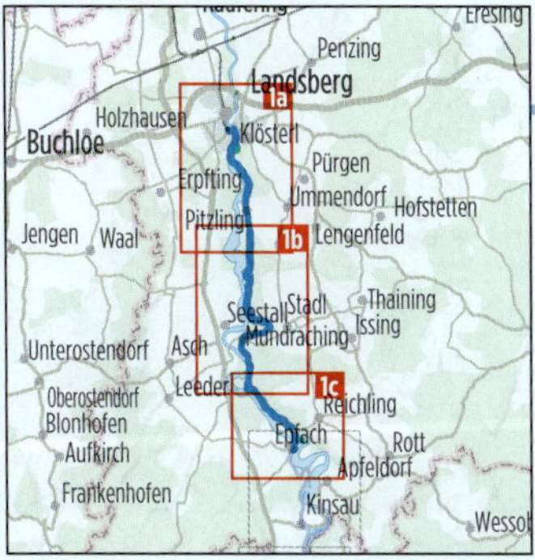

Charakteristik: Die Römerstraße verlief westlich des Lechs. Die Wanderroute folgt auch dem Fluss, allerdings am Ostufer. Sie führt über einen der schönsten Abschnitte des LechErlebnisWeges durch idyllische Flusslandschaften und die beiden Dörfchen Pitzling und Mundraching nach Epfach, dem römischen Abodiakum. Über weite Strecken geht es durch bewaldetes Gebiet. Besonders eindrucksvoll sind das mittelalterliche Landsberg, der Lechpark Pössinger Au sowie das Lechhochufer nach Mundraching, das faszinierende Ausblicke auf den Fluss eröffnet. Am Ende wartet auf der gegenüberliegenden Flussseite das Örtchen Epfach, in dem einst direkt am Lech ein Römerkastell thronte.

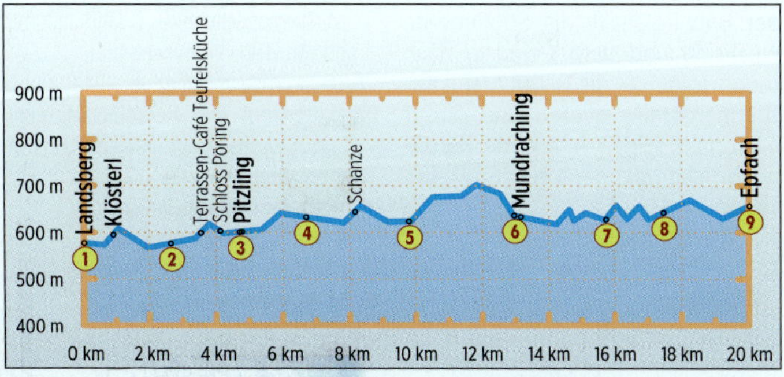

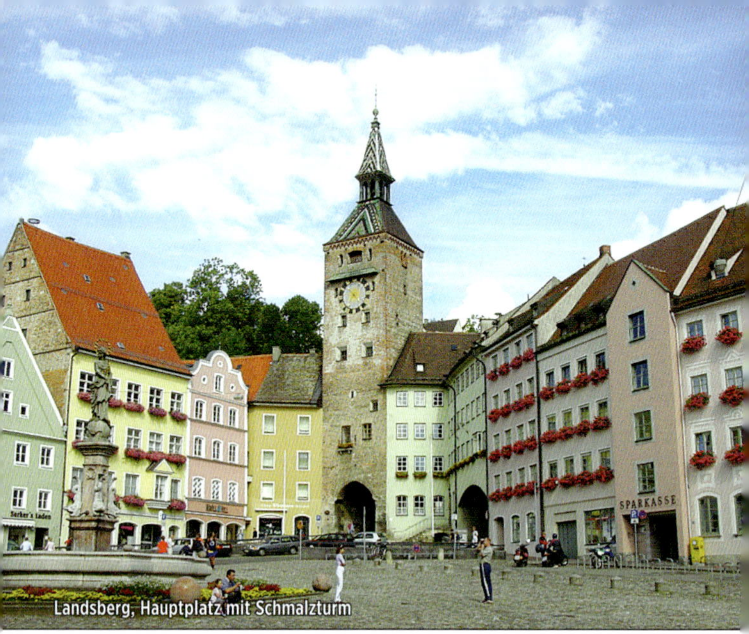

Landsberg, Hauptplatz mit Schmalzturm

Öffentliche Verkehrsmittel: Über den Tag verteilt gibt es mehrere Busverbindungen entlang der B 17 (auf der anderen, westlichen Lechseite) nach Epfach.

Bahnhof Landsberg

1 0,0 (575) Gleich nach dem Verlassen der Bahnhofshalle die Straßenseite wechseln und dem Gehsteig nach rechts folgen ⤳ die Hauptstraße **Katharinenstraße** queren und dieser nach links folgen ⤳ auf der **Karolinenbrücke** über den Lech.

Landsberg am Lech

PLZ: 86899; Vorwahl: 08191

- **Tourist-Information**, Hauptpl. 152, ✆ 128246, *www.landsberg.de*
- **Neues Stadtmuseum**, Von-Helfensteing. 426, ✆ 128360, ÖZ: April-Jan., Di-Fr 14-17 Uhr, Sa, So/Fei 11-17 Uhr. Zu sehen sind Sonderausstellungen. *www.museum-landsberg.de*
- **Historisches Schuhmuseum**, Vorderer Anger 274, ✆ 42296, ÖZ: n. tel. V. (außer So). Thema: Schuhe aus 8 Jahrhunderten und von vielen Prominenten. *www.schuhhaus-pflanz.de*
- **Mutterturm und Herkomer-Museum**, ✆ 128251. Anhand von Gemälden, Skulpturen und Grafiken wird im originalen Wohnturm des Hubert von Herkomer die Wohnkultur des 19. Jhs. dargestellt.
- **Bayertor**, spätgotische Toranlage (1425)
- **Altes Rathaus**, Fassade von Dominikus Zimmermann (1719)

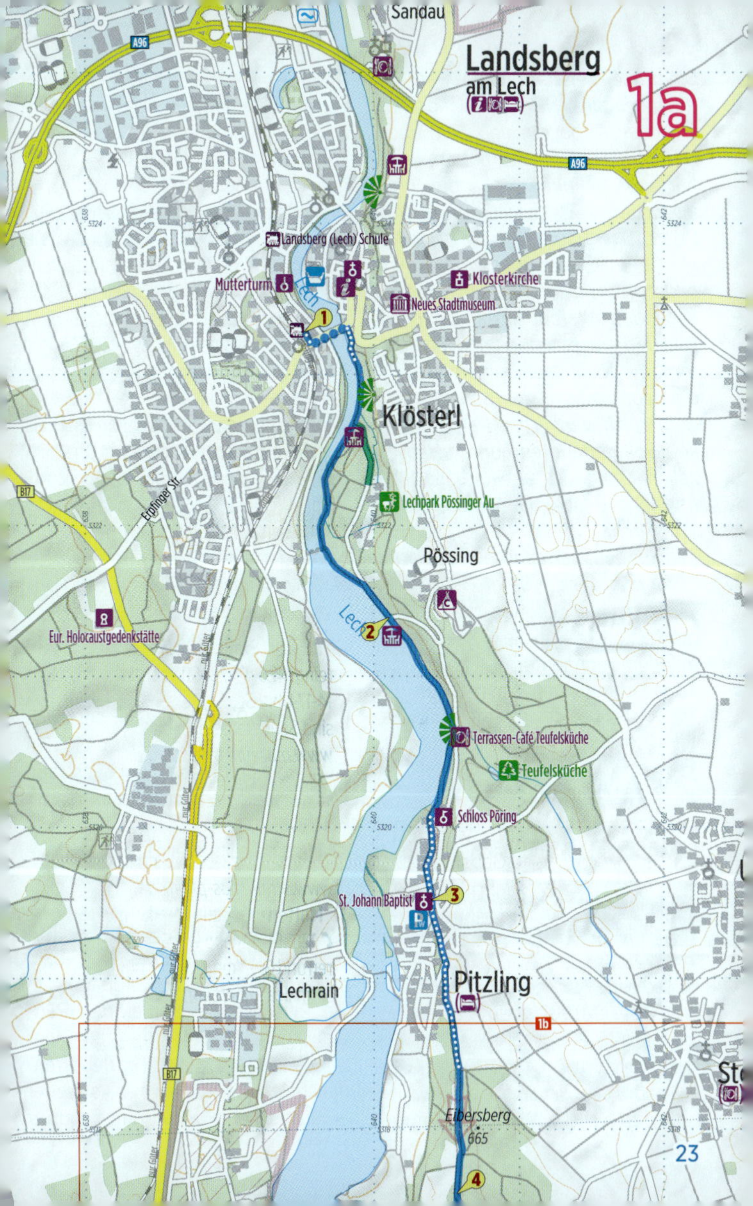
Sandau
Landsberg
am Lech
1a
A96
Landsberg (Lech) Schule
Mutterturm
Lech
Klosterkirche
Neues Stadtmuseum
1
Klösterl
Lechpark Pössinger Au
B17
Erpfinger Str.
Pössing
Eur. Holocaustgedenkstätte
2
Terrassen-Café Teufelsküche
Teufelsküche
Schloss Pöring
St. Johann Baptist
3
Pitzling
Lechrain
1b
Eibersberg
665
4

Die große Kreisstadt ist das Zentrum des Lechrains, der Grenzlandschaft zwischen Altbayern und Schwaben. Landsberg entstand direkt am Lechhochufer, zu Füßen der Landespurch, die die Brücke der wichtigen Salzstraße sicherte. Heute fällt der Lech dort mit lautem Getöse über ein Wehr und bildet gemeinsam mit der dahinterliegenden Altstadt ein einzigartiges Bild und entsprechend beliebtes Fotomotiv. Nicht weniger attraktiv ist der Hauptplatz mit dem Schmalzturm, dem reich verzierten Rathaus und liebevoll gepflegten bunten Häuserzeilen. Der Stuck am Rathaus trägt übrigens – wie die weltberühmte Wieskirche – die Handschrift von Dominikus Zimmermann, Künstler und Bürgermeister der Stadt.

Gleich nach der Lechbrücke rechts in die Sackgasse ⤳ in die Gasse **Klösterl** mit dem Nonnenturm ⤳ durch das Tor im ehemaligen **Wasserhaus**.

TIPP: Hier befindet sich in einem Sportfischergeschäft ein 40.000-Liter-Aquarium, in dem zahlreiche Fried- und Raubfische zu sehen sind.

Die Route führt weiter durch einen Privatparkplatz und dann immer am Lech entlang.

AUSFLUG: Bald zweigt links ein Weg zum Wildpark ab, der zwischen Lech und Lechsteilhang liegt.

Lechpark Pössinger Au mit Wildpark, ✆ 08191/128207, ÖZ: stets frei zugänglich. In großzügigen Gehegen beheimatet der Wildpark Rehe, Mufflons und Schwarzwild. Der Besucherweg führt durch das Damwildgehege zur zentralen Wildfütterungsanlage.

An einem Rastplatz direkt am Fluss vorbei ⤳ immer am Lech entlang.

2 2,6 (575) Auch später an einer Straßenabzweigung geradeaus ⤳ zu einem modernen Gebäude.

Teufelsküche, ✆ 08191/9859696, ÖZ: Mai-Okt., Di-So 10-22 Uhr, Nov.-April, Mi-So 10-17 Uhr. Das Ausflugsrestaurant steht im gleichnamigen Quell- und Naherholungsgebiet. Entsprechend dem gruseligen Namen gibt es einige Sagen, wonach verschiedene Spukgestalten hier nächtens ihr Unwesen treiben sollen, z. B. soll der Geist eines Ehebrechers als Mann ohne Kopf erscheinen. Oberhalb befindet sich ein bekannter Aussichtspunkt.

Beim Restaurant leicht rechts ⤳ vorbei am privaten Schloss Pöring.

Schloss Pöring mit Schlosskirche „Maria von der Versöhnung“, erbaut 1764-66 von Dominikus Zimmermann, auch die Malereien stammen vom bekannten Baumeister.

In den Ort **Pitzling** hinein, der noch zu Landsberg gehört ⤳ durch den Ort immer dem Verlauf der **Seestraße** und den Radwegschildern folgen.

Pitzling

Pfarrkirche St. Johann Baptist. Romanischer Bau aus dem 14. Jh. mit barocker Innenausstattung.

3 4,7 (600) An der Kirche leicht rechts, weiter auf der Seestraße ⤳ bald danach an der Gabelung links in die **Reitenstraße**, immer den Radwegschildern folgend ⤳ an einer Straßengabelung nicht in den Pfannenstielerweg, sondern links weiter ⤳ schließlich wieder auf Schotter

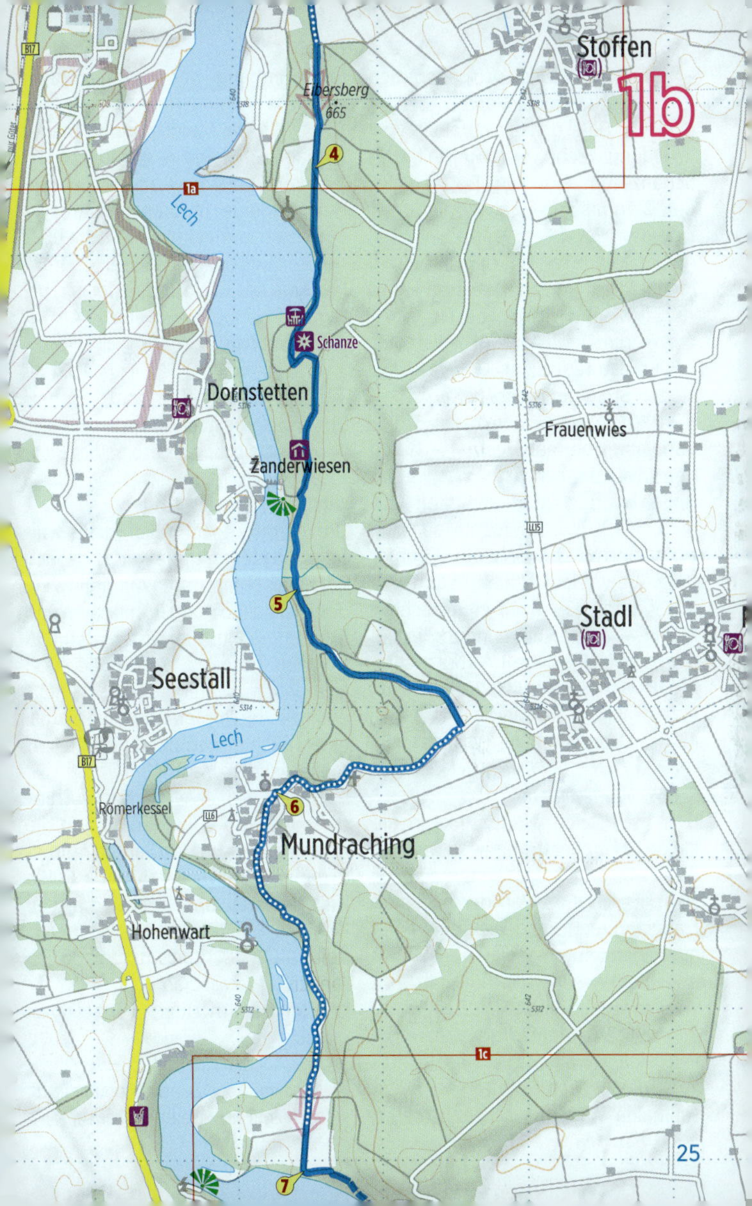

Stoffen
1b
Eibersberg
665
4
1a
Lech
Schanze
Dornstetten
Frauenwies
Zanderwiesen
LL15
5
Stadl
Seestall
Lech
B17
6
Römerkessel
LL6
Mundraching
Hohenwart
1c
7

⤳ es folgt ein Schild „Ausgenommen forstwirtschaftlicher Verkehr".

4 6,7 (630) Bald danach an einer Verzweigung rechts ⤳ unterhalb der **Schanze** entlang ⤳ im Bogen links, den Berg hinauf ⤳ der Weg mündet in einen Forstweg, dem Sie nach rechts folgen ⤳ an der Gabelung rechts Richtung Lechstaustufe 13 mit Ausblick auf die Ortschaft Dornstetten ⤳ die Route zweigt etwas vor der Staustufe links ab ⤳ nach einer kurzen Steigung rechts halten.

5 9,8 (625) An einer weiteren Weggabelung abermals rechts ⤳ durch den Wald immer dem Wegverlauf folgen ⤳ den Wald verlassen und an der T-Kreuzung rechts auf den asphaltierten **Sperberweg** ⤳ immer dem Wegverlauf folgend, zum Teil am Waldrand ⤳ nach **Mundraching** hinein ⤳ an der Einmündung in die Dorfstraße (**Bergstraße**) kurz rechts.

Mundraching (Vilgertshofen)

PLZ: 86946; Vorwahl: 08194

- **Gemeindeverwaltung Vilgertshofen**, ✆ 333, *www.vilgertshofen.de*

6 13,0 (365) Gleich wieder links in die kleine **Bremauerstraße** ⤳ an der ersten Gabelung links, weiter auf der Bremauerstraße ⤳ an der nächsten Gabelung rechts in den **Dobelweg** ⤳ auf Asphalt abwechselnd durch Wald und über Wiesen ⤳ eine Flussschleife wird abgeschnitten.

7 15,7 (630) Vor dem Uferwaldstreifen links ⤳ am Waldrand in der Rechtskurve leicht rechts weiter auf einen schmalen Weg, der schließlich zum Steig entlang des Lechhochufers wird.

8 17,4 (640) Der Steig mündet wieder in einen Forstweg ⤳ geradeaus am Waldrand entlang ⤳ an der Einmündung in eine Straßenkehre rechts ⤳ bergab und auf einer Brücke über den Lech, dabei vorbei an einer Bronzestatue des Hl. Lorenz ⤳ danach bei der ersten Möglichkeit links.

AUSFLUG: Nimmt man gleich nochmals die linke Möglichkeit, gelangt man zum malerischen Lorenzberg.

- **Lorenzberg mit Lorenzkapelle** und einem freigelegten, vermutlich römischen Brunnen. Der Lorenzberg diente den Römern einst als Militärstützpunkt.

Die Hauptroute führt hier rechts weiter in die **Flößerstraße** ⤳ kurz danach nochmals rechts in den **Auenfeldweg**, dem Schild Richtung Nymphäum und römischem Museum Epfach folgend ⤳ beim nächsten Schild Richtung Nymphäum weiter geradeaus, nunmehr auf der **Römerstraße**, die einmal einen Rechts- und dann einen leichten Linksknick macht.

9 20,0 (655) Sie erreichen das Etappenende an der Einmündung in die Dorfstraße, die in **Via Claudia Augusta** umbenannt wurde, an dieser Stelle befindet sich das kleine römische Museum.

Epfach (Denklingen)

PLZ: 86920; Vorwahl: 08243

- **Gemeindeverwaltung Denklingen**, ✆ 9601, *www.denklingen.de*
- **Museum Abodiacum**, Via Claudia 16, ✆ 08869/861. Hier können Sie sich über die

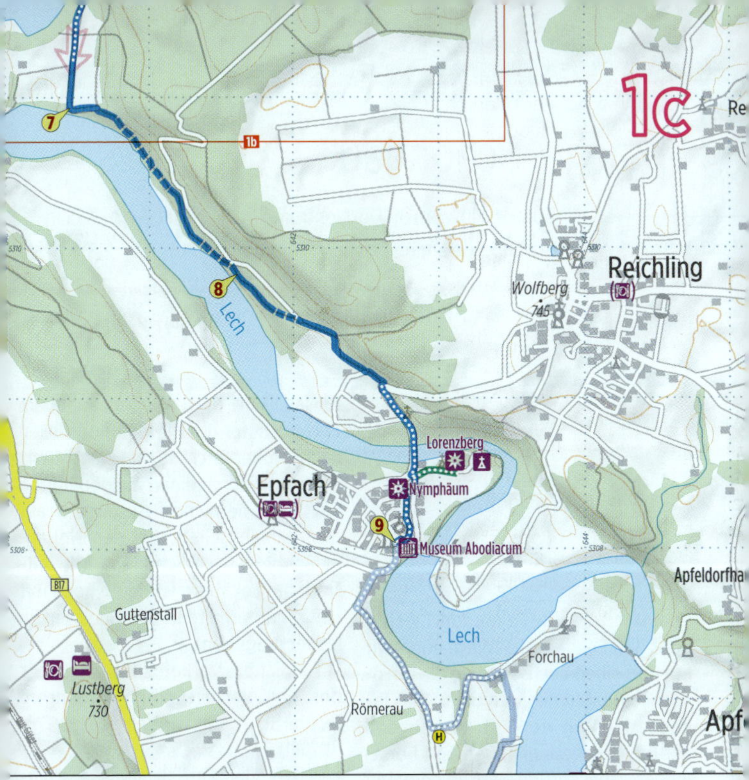

2.000-jährige Geschichte von Epfach informieren. Informationen über das Museum erhalten Sie bei der Gemeinde Denklingen.

- **Nymphäum**, röm. Brunnenhaus (neben dem Feuerwehrhaus)
- **Walderlebnispfad** Denklingen, mit Hexenhaus und Römerturm.

In der Römerzeit war Epfach als „Abodiacum" nicht nur Standort eines Kastells, sondern auch Geburtsort von Claudius Paternus Clementianus, der es bis zum römischen Stadthalter in Nordafrika brachte. Das Kastell wurde um 390 n. Chr. aufgegeben.

Heute besteht die Gemeinde Denklingen neben dem Hauptort aus den einst selbständigen Ortsteilen Dienhausen und Epfach. Dass die überregionale Straßenverbindung durch das Gemeindegebiet schon lange bedeutend ist, zeigen die alten Gasthöfe. Heute befindet sich im Gemeindegebiet der Stammsitz eines Zulieferbetriebes der Automobilindustrie.

Etappe 2 16,4 km

Epfach – Schongau

Start: Epfach, Museum im Dorfzentrum
Ziel: Schongau, Bahnübergang
Gehzeit: 3½ - 4 Std.

Aufstieg: 335 m
Abstieg: 310 m
Hartbelag: 52 %
Wanderwege: 37 %
Wanderpfade: 11 %

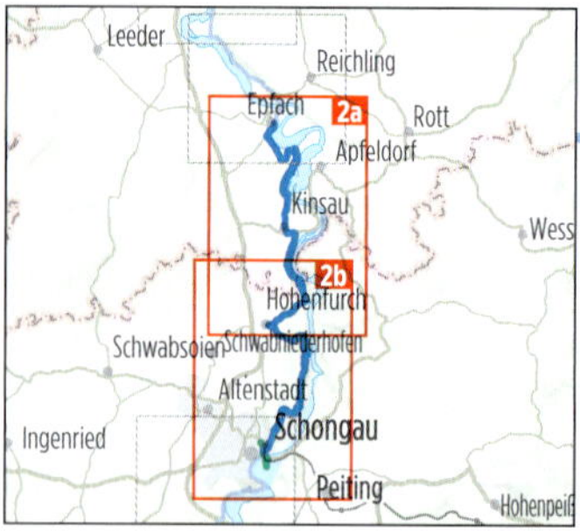

Charakteristik: Die Route führt weiter über den LechErlebnisWeg, nunmehr auf derselben Lechseite wie die historische Via Claudia Augusta. Die Tageswanderung verläuft vorwiegend auf ruhigen Nebenstraßen und Forstwegen. Über saftige Wiesen kommen Sie – zum Teil direkt am Lech – nach Kinsau. Von dort wandert man am Lechhochufer über Wald und Wiesen nach Hohenfurch. Schließlich führt die Route durch einen ausgedehnten Forst mit herrlichen Ausblicken auf die Lechlandschaft und den Hohenpeißenberg nach Schongau. Die Altstadt am Lechberg ist heute noch mit einer gut erhaltenen, sehenswerten Mauer umgeben.

Öffentliche Verkehrsmittel: Über den Tag verteilt gibt es mehrere Busverbindungen entlang der B 17.

Epfach

1 0,0 (655) Der Dorfstraße **Via Claudia Augusta** zum Fluss hin folgen ⤳ an der Anhöhe links in das Sträßchen **Römerau** abzweigen ⤳ an der ersten Möglichkeit links hinunter in die **Forchau**.

2 2,3 (655) Dort rechts abbiegen und wieder

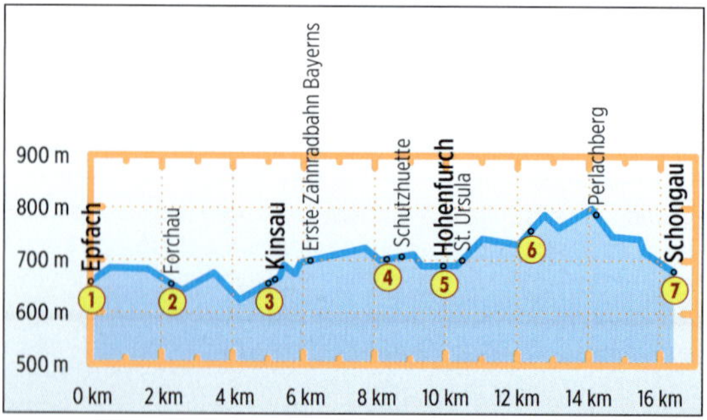

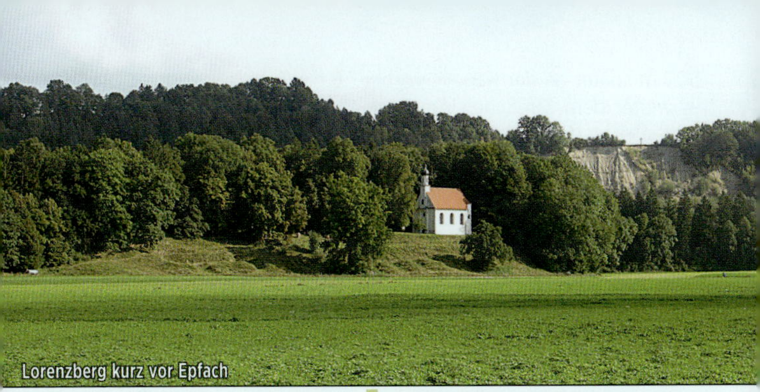

Lorenzberg kurz vor Epfach

auf Schotter ⇝ direkt am Lechufer an der Gabelung rechts halten ⇝ jetzt bis ins Zentrum von Kinsau immer dem **Mühlweg** folgen ⇝ vor einem Bauernhof rechts über den Mühlbach ⇝ im Ort trifft der **Mühlweg** auf die **Bachstraße** ⇝ im leichten Anstieg zur Kirche.

Kinsau

PLZ: 86981; Vorwahl: 08869

- **Gemeindeverwaltung Kinsau**, Dorfstr. 9, ✆ 240, *www.kinsau.com*
- **Schlosswirtschaft**, ✆ 912841, ÖZ: Sa, So ab 11 Uhr. Der auffallende Bau mit zwei Erkertürmchen und Zwiebelhauben beherbergt ein Lokal, in dem es Getränke und einen kalten Imbiss gibt.
- **Pfarrkirche St. Matthäus** mit zugehörigem Pfarrhof, erbaut 1714 von Thomas Natter.

Kinsau wurde im 8. Jahrhundert als Terrassendorf gegründet. Es ist die südlichste Gemeinde des Landkreises Landsberg. Das Gemeindegebiet fällt in vier Terrassenstufen zum Lech hin ab und bietet teilweise prächtige Aussichten.

3 5,0 (655) Links an der Kirche vorbei, nunmehr auf der **Dorfstraße** ⇝ in einer Linkskurve kurz vor der Feuerwehr schließlich geradeaus in den asphaltierten Fußweg ⇝ hinauf zur Hauptstraße, gegenüber führt ein Weg mit Treppen auf die Geländestufe hinauf.

TIPP: Wenn Sie der Herzogstraße etwas nach rechts folgen, gelangen Sie zur markanten Schlosswirtschaft.

Die Route führt – der **Herzogstraße** folgend – links ⇝ in weiterer Folge am Lechhochufer entlang ⇝ Belagwechsel von Asphalt zu einer geschotterten Forststraße.

- **Erste Zahnradbahn Bayerns**: Die 1907 bis 1929 bestehende Werkbahn der Holzstoff-Fabrik Kinsau führte vom heutigen Kraftwerk schräg hinauf zum Lechhochufer. Die Bahntrasse ist teilweise noch erkennbar. Sie ist heute ein Wanderweg und trifft an einer Weggabelung nach Kinsau von links auf die Route.

An der Weggabelung links ⇝ danach immer dem Wegverlauf folgen.

4 8,3 (705) An der T-Kreuzung rechts auf das Asphaltsträßchen ⇝ knapp

500 m später an der Kapelle vorbei ⁓ weiter dem Sträßchen **Am Lech** folgen ⁓ an der Gabelung am Ortsrand links in die kleine Straße **Bachtal**.

Hohenfurch

PLZ: 86978; Vorwahl: 08861

- **Tourist-Information**, Hauptpl. 7, ✆ 9081798, *www.hohenfurch.de*
- Die **Pfarrkirche Maria Himmelfahrt** (erbaut in der ersten Hälfte des 18. Jhs.) ist eine der schönsten barocken Kirchen im Pfaffenwinkel.
- Flößerkapelle **St. Ursula**. In der spätgotischen Kapelle (1520-21) dankten die Lechflößer aus dem Ort und seiner Umgebung, dass sie gut von den Holztransporten heimgekehrt waren, die sie über den Lech und die Donau bis ans Schwarze Meer führten.
- Kleine **Töpferei** und **Bronzegießerei**

Hohenfurch ist die erste Gemeinde des Landkreises Weilheim-Schongau und liegt unmittelbar südlich der Endmoräne des einstigen Lechgletschers.

5 9,9 (690) An einer Kreuzung im Ort nochmals links in die **Schönachstraße** ⁓ an einer Sackgasse rechts halten und gleich danach links der **Winkelstraße** folgen ⁓ bald danach rechts in die **Kapellenstraße** ⁓ leicht ansteigend zur **Kapelle St. Ursula** ⁓ gleich danach an der Gabelung links ⁓ eine Abzweigung links liegen lassen ⁓ unter einer Hochspannungsleitung durch und geradeaus in den Wald ⁓ an einer Weggabelung dem Schild „Romantische Straße" folgen ⁓ an einer T-Kreuzung links.

6 12,4 (755) Nach gut 200 m zweigt links ein Weg ab, ⚠ Bitte seien Sie besonders aufmerksam, da diese Abzweigung leicht zu übersehen ist ⁓ ab dort immer den Schildern des **LechErlebnisWeges** durch den ausgedehnten Forst folgen ⁓ von einem Aussichtpunkt aus hat man einen herrlichen Blick auf den Hohenpeißenberg ⁓ schließlich den Schwalbenstein hinauf, wo ein herrlicher Blick über das Lechtal lockt ⁓ danach geht es durch den Staffelauwald hinunter Richtung Schongau ⁓ am Waldrand, beim Trachtenheim, beginnt wieder Asphalt ⁓ immer dem Verlauf der **Perlachstraße** folgen ⁓ an einer Straßengabelung am Stadtrand rechts halten, weiter auf der Perlachstraße (nicht in die auf 3,5 Tonnen beschränkte Straße) ⁓ rechts über die Bahn.

7 16,4 () Etappenende an der T-Kreuzung mit der **Bahnhofstraße**.

AUSFLUG

Wollen Sie in Peiting nächtigen oder die Villa Rustica besichtigen, dann folgen Sie der Bahnhofstraße nach links, queren den Lech. Gleich danach gerade auf der Friedrich-Haindl-Straße ins Industriegebiet hinein und dort links auf ein kleines Sträßchen, das über den Schlossberg ins Zentrum des Marktes Peiting führt. Nach dem Abstecher gelangt man über die Lechstaumauer wieder retour zur Wanderroute.

Peiting

PLZ: 86971; Vorwahl: 08861

- **Tourist-Information**, Ammergauer Str. 2, ✆ 6535, *www.peiting.de*

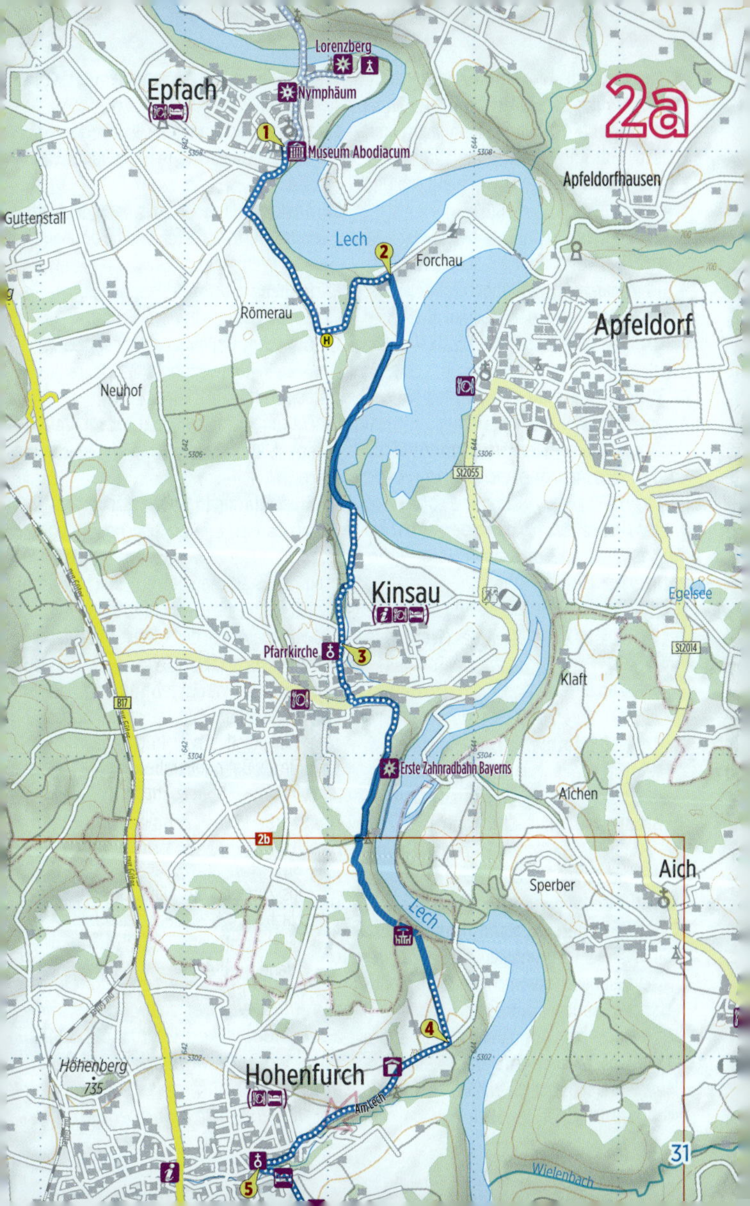

2a
Lorenzberg
Epfach
Nymphäum
Museum Abodiacum
Apfeldorfhausen
Guttenstall
Lech
Forchau
Römerau
Apfeldorf
Neuhof
St2055
Kinsau
Egelsee
Pfarrkirche
St2014
Klaft
B17
Erste Zahnradbahn Bayerns
Aichen
2b
Aich
Sperber
Lech
Höhenberg
735
Hohenfurch
Am Lech
Wielenbach

Museum im Klösterle, Kapellenstr. 1, ✆ 9309419, ÖZ: Mi 14-17 Uhr, jeden 2. Sa im Monat 14-17 Uhr. Skimuseum mit Geschichtsstub'n, Abteilung über Jagd, Fischerei und Imkerei zwischen Lech und Ammer.

Villa Rustica. Führungen Mai-Okt., Sa 14-17 Uhr, Besichtigung jederzeit möglich. Bisher durch Ausgrabungen freigelegt ist der Badebereich der kleinen römischen Villa, der Wohnbereich ist östlich davon gelegen.

Walderlebnispfad, Erlebnispfad am Kalvarienberg.

Peiting ist eine der ältesten Ansiedlungen des Ammerlandes und wurde von den Römern nach der Eroberung dieses Gebietes und nach dem Ausbau der Via Claudia Augusta im 2.-4. Jahrhundert n. Chr. errichtet.

INS ZENTRUM

Rechts über den Lechberg geht es ins historische Zentrum von Schongau hinauf.

Schongau

PLZ: 86956; Vorwahl: 08861

Tourist-Information, Münzstr. 1-3, ✆ 214181,
www.schongau.de

Stadtmuseum, Christophstr. 55-57, ✆ 214151, ÖZ: Sa, So/Fei 14-17 Uhr. Thema: Dokumente zur Stadtgeschichte.
www.historischer-verein-schongau.de

Stadtpfarrkirche Mariä Himmelfahrt, ✆ 71712. Der ursprünglich gotische Stil der Kirche ist heute nur noch im Chor erkennbar, das Langhaus wurde nach Zerstörungen und dem Turmeinsturz Mitte des 17. Jhs. nach einem Entwurf des Baumeisters Dominikus Zimmermann im barocken Stil neu errichtet, zusätzlich Werke von Matthäus Günther und Franz Xaver Schmädl.

Schloss Schongau. Kleinresidenz der Wittelsbacher aus dem 15. Jh., heute Landratsamt

Altstadt mit einer vollständigen **Stadtmauer**, Türmen, Toren und einem begehbaren Wehrgang.

Rathaus mit steilem Treppengiebel

Gotisch anmutende **Marktstraße**

Gotisches Ballenhaus, Marienplatz. Warenlager für Rottfuhrleute (Oberammergauer Fuhrleute).

Führungen in **Schongau** und im **Pfaffenwinkel**, Informationen bei der Tourist-Information.

Stadtführungen, Spaziergänge vom Ballenhaus aus, z. B. abendliche Führung in historischem Gewand mit Laternenschein auf die Stadtmauer, mit festlichem Mahl oder auch eine spezielle Führung für Kinder. Näheres bei der Tourist-Information.

Ursprünglich lag Schongau an der Position des heutigen Altenstadt. Im 13. Jahrhundert wurde dann das heutige Schongau am Knotenpunkt der Salzstraße (Berchtesgadener Land-Allgäu-Oberrhein) mit der Fernhandelsstraße von Verona nach Augsburg nahe des Lech angelegt. Der Fluss war als Wasserstraße immer bedeutender geworden. Altenstadt verlor seine bisherige Bedeutung. Heute noch zeugt die gut erhaltene Altstadt von der einst blühenden Handelstätigkeit, deren Blütezeit über zweihundert Jahre anhielt. Bemerkenswert ist die nahezu vollständige Stadtmauer – größtenteils aus dem 15. Jahrhundert – mit begehbaren Wehrgängen, Türmen und Toren.

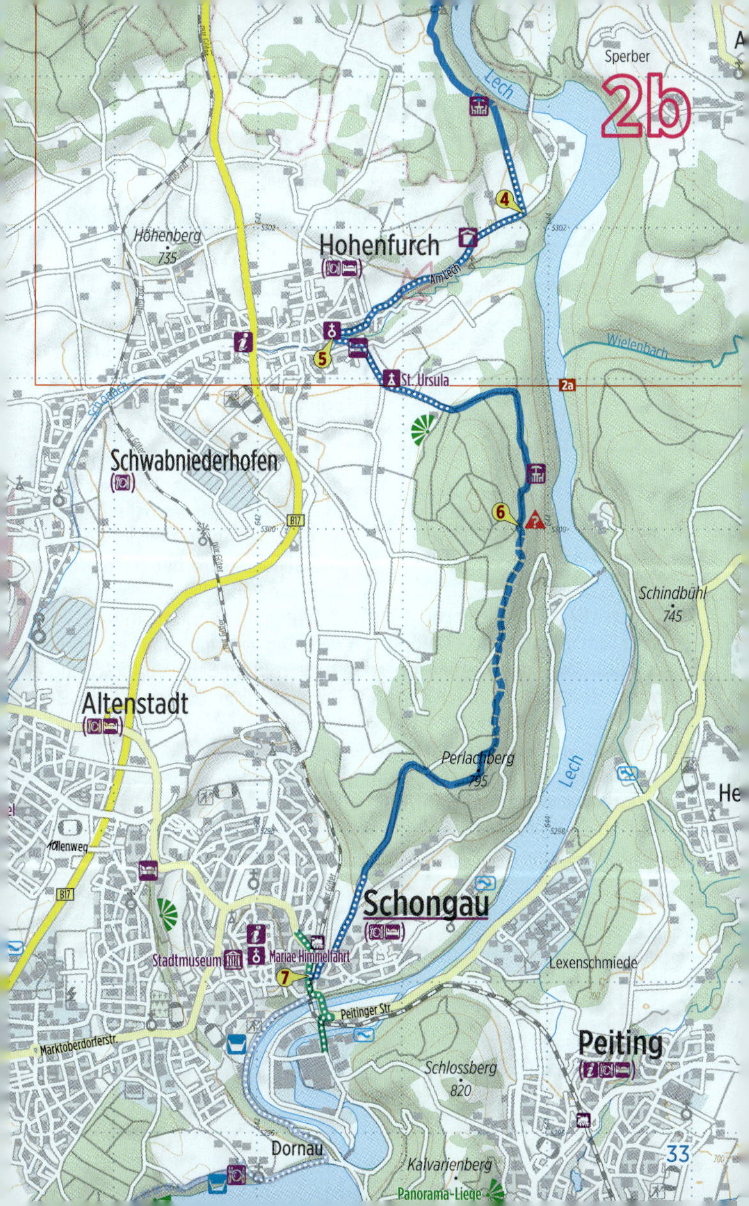

2b
Sperber
Lech
Hohenfurch
Höhenberg
735
Am Lech
St. Ursula
Wielenbach
2a
Schwabniederhofen
Schongau
B17
Schindbühl
745
Altenstadt
Perlachberg
795
Schongau
Stadtmuseum
Mariae Himmelfahrt
Lexenschmiede
Peitinger Str.
Marktoberdorferstr.
Peiting
Schlossberg
820
Dornau
Kalvarienberg
Panorama-Liege

Etappe 3 — 19,8 km

Schongau – Bernbeuren

Start: Schongau, Bahnübergang
Ziel: Bernbeuren, Ortszentrum
Gehzeit: 5 - 5½ Std.

Aufstieg: 240 m
Abstieg: 160 m
Hartbelag: 37 %
Wanderwege: 57 %
Wanderpfade: 6 %

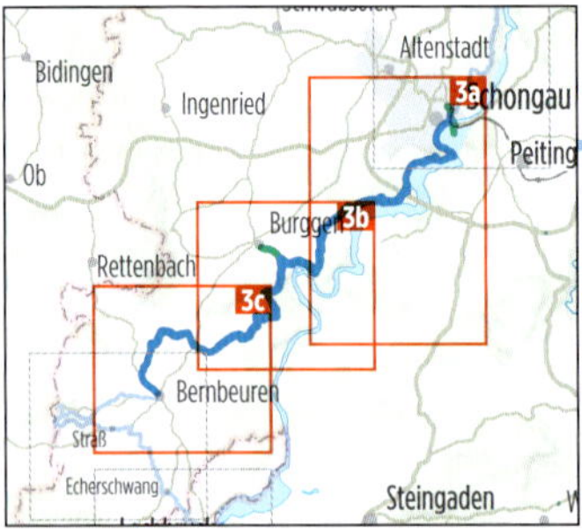

Charakteristik: Die Etappe führt entlang der Straße aus Schongau hinaus und über den Naturlehrpfad Richtung Burggen. Zunächst geht es noch am Lechhochufer entlang durch Wald und Wiesen. Dann entfernt sich die Route erstmals vom Lech und führt durch das sanfte Hügelland des Allgäus mit seinen saftigen, durch kleine Wäldchen gegliederten Wiesen. In diesem Bereich folgt die Wanderroute weitgehend der historischen Trasse der Via Claudia Augusta. An der Litzauer Schleife führt sie noch einmal kurz zurück an den Lech, bevor es am Egel- und Haslachersee vorbei nach Bernbeuren am Fuße des Auerberges geht.

Öffentliche Verkehrsmittel: Über den Tag verteilt gibt es mehrere Busverbindungen von Schongau-Bahnhof über Burggen nach Bernbeuren.

Schongau

1 0,0 (680) Kurz auf der Bahnhofstraße Richtung Fluss ⤳ vor dem Lech rechts weg ⤳ auf dem straßenbegleitenden Gehweg, rechts an der Lech-

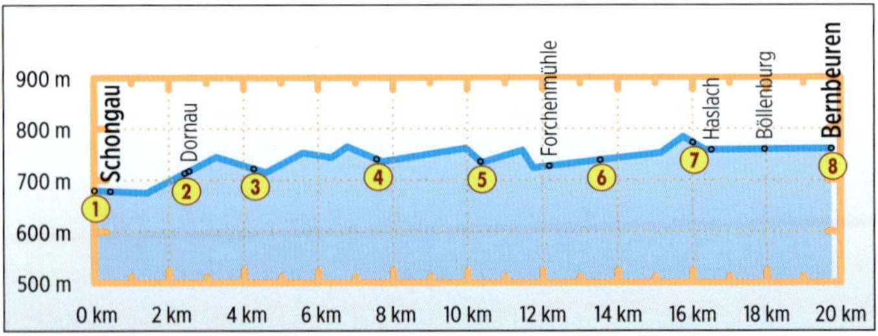

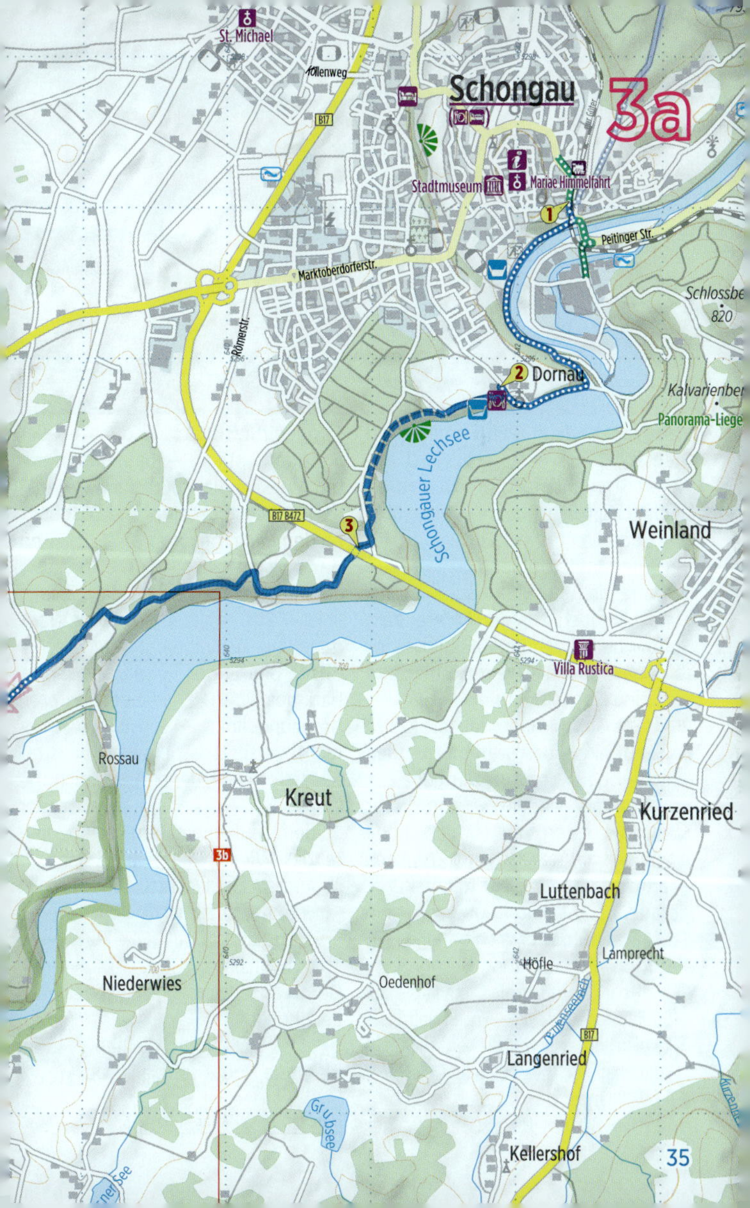

3a
Schongau
St. Michael
B17
Stadtmuseum
Mariae Himmelfahrt
1
Peitinger Str.
Marktoberdorferstr.
Römerstr.
Schlossberg
820
2
Dornau
Kalvarienberg
Panorama-Liege
Schongauer Lechsee
B17 B472
3
Weinland
Villa Rustica
Rossau
Kreut
Kurzenried
3b
Luttenbach
Lamprecht
Höfle
Niederwies
Oedenhof
B17
Langenried
Grubsee
Kellershof

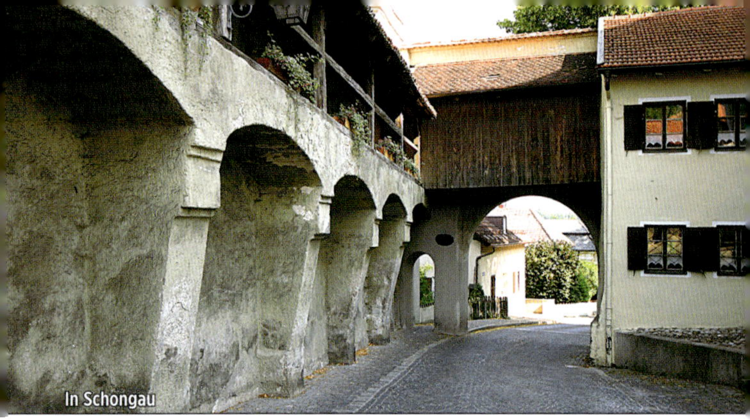
In Schongau

uferstraße entlang ⁓ am **Familienbad Plantsch** vorbei ⁓ schließlich am linken Straßenrand weiter bis zu einer Straßengabelung ⁓ hier führt die Route rechts hinauf, weiter der Lechuferstraße folgend ⁓ auf der Anhöhe an der Staumauer rechts, zunächst noch auf der Straße dem Schongauer Lechufer entlang ⁓ es folgt eine Kurve, an deren Innenseite sich eine Kirche befindet.

2 2,4 (715) Gleich nach dieser Kurve links auf einen bergwärts führenden Weg ⁓ oben angelangt, längere Zeit am Waldrand entlang ⁓ von dieser Stelle aus bieten sich wunderschöne Ausblicke auf den Gebirgsfluss Lech ⁓ am Waldrand in einer Rechtskurve geradeaus auf einen Fußweg ⁓ ein Stück weit führt der Weg parallel zum Naturlehrpfad Richtung Burggen.

Auf dem **Naturlehrpfad** lernen Sie auf 50 Tafeln die Geologie, Fauna und Flora kennen und können so die herrliche Lechlandschaft noch besser erleben.

3 4,3 (720) Unter der Schnellstraße hindurch ⁓ 300 m darauf unter einer Stromleitung durch ⁓ dann wieder am Lech entlang ⁓ Einmündung in die Via-Claudia-Radroute ⁓ wenig später von Schotter- auf Asphaltbelag.

4 7,6 (740) An einer kleinen Kreuzung mit einem hölzernen Wegkreuz nach links ⁓ 200 m darauf, an einer Weggabelung bei einem Stadel, rechts halten ⁓ an einer T-Kreuzung rechts und gleich danach an einer weiteren Kreuzung links ⁓ schließlich leicht rechts versetzt die Schwarzkreuzstraße queren ⁓ wieder am Lechhochufer angelangt, am Anfang der **Litzauer Schleife**, auf einem dem Lech begleitenden Wiesenweg rechts.

An der markanten **Litzauer Schleife** bietet der Lech noch das ursprüngliche Bild eines Gebirgsflusses. Eine Tafel erklärt Namen und Entstehung.

Der Weg entfernt sich wieder vom Lechhochufer.

5 10,3 (735) Bald nach einem Stadel biegt die Route spitz links ab.

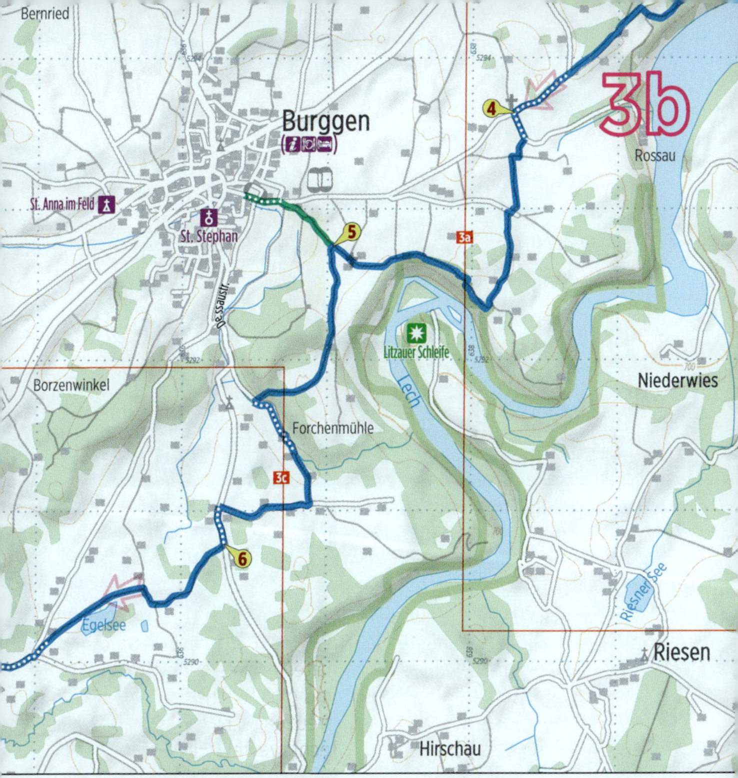

AUSFLUG Geradeaus können Sie auf direktem Wege nach Burggen mit seiner Wallfahrtskirche gelangen.

Burggen

PLZ: 86977; Vorwahl: 08860

Gemeindeverwaltung, Schwarzkreuzstr. 2, ✆ 251,
www.burggen.de

Pfarrkirche St. Stephan, (1680-82) mit Deckengemälden (Hl. Stephan und eine Abendmahldarstellung, 1778) und am Hochaltar Figuren von Anton Sturm. Die Kanzel stammt ursprünglich aus der Pfarrkirche von Schongau und wurde später von Burggen gekauft.

Ehemalige Wallfahrtskapelle St. Anna im Feld mit einer Kassettendecke in Grisaillemalerei auf Holz (1674), die Szenen aus der St.-Anna-Legende darstellt. Eine mehrere Jahrhunderte dauernde Tradition als Wallfahrtskirche wurde durch die Säkularisation beendet.

Die Via Claudia Augusta führt durch die Gemeinde Burggen, deren Name von einer alemannischen Sippe stammen dürfte. Gräberfunde bezeugen

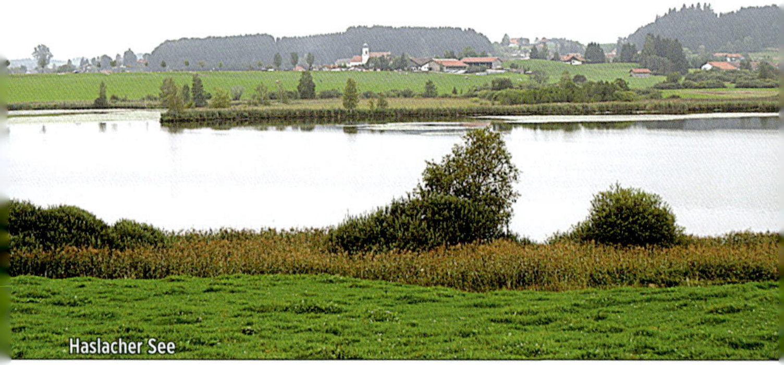

Haslacher See

eine Besiedelung schon um 550 n. Chr. Alle drei Jahre veranstaltet Burggen am zweiten Sonntag im September ein Heimatfest besonderer Art, den Rosstag. Dabei werden über 300 Pferde der verschiedensten Rassen in allen möglichen Anspannungen sowie kulturhistorische Gerätschaften aus Landwirtschaft und Gewerbe als lebendes Museum gezeigt.

An einer Gabelung geht es schließlich rechts weiter ⤳ im **Forchenwald** trifft der Weg auf eine kleine Straße ⤳ dieser nach links folgen ⤳ geradeaus durch den Weiler **Forchenmühle** ⤳ ab hier ist der Weg unbefestigt ⤳ an einer T-Kreuzung dem Schild des **LechErlebnisWeges** nach rechts folgen ⤳ an einer Kreuzung am Rand eines Wäldchens, entsprechend der Beschilderung, geradeaus weiter ⤳ an einer asphaltierten Straße links.

6 13,5 (740) Bei nächster Gelegenheit rechts auf einen Feldweg abbiegen.

TIPP: Hier verlässt die Route den LechErlebnisWeg und führt auf römischen Spuren durch das Auerbergland, jener Region, in der das Projekt der Wiederbelebung der Römerstraße seinen Anfang nahm.

An einer Linksabzweigung rechts halten ⤳ an einer T-Kreuzung rechts abbiegen und nach 100 m, nach einer Baumgruppe, links in einen Weg, der am Egelsee entlangführt ⤳ der Weg wird wieder besser ⤳ kurz nach dem Egelsee mündet der Weg an einem Stadel in eine Straße ⤳ geradeaus ihrem Verlauf folgen.

7 16,0 (770) Einer etwas größeren Straße kurz nach links folgen ⤳ gleich wieder rechts weg ⤳ nach 400 m in den Burggener Ortsteil **Haslach**.

Haslach

Hier links abbiegen ⤳ am malerisch gelegenen **Haslacher See** entlang, der von Schilf umrahmt und von sanften Hügeln umgeben ist ⤳ an

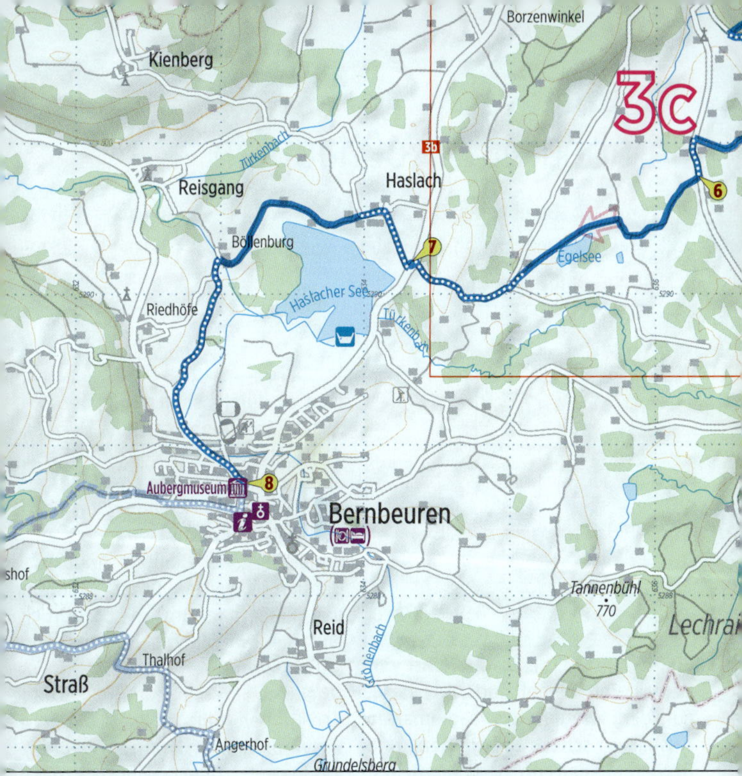

einer T-Kreuzung links und über eine Brücke ⇝ an der nächsten Weggabelung links halten ⇝ die Route mündet in die **Kaufbeurer Straße** ⇝ auf dieser links nach **Bernbeuren**.

8 19,8 (760) Etappenende im Zentrum.

Bernbeuren

PLZ: 86975; Vorwahl: 08860

Tourismusverein, Marktplatz 4, ✆ 210, *www.bernbeuren.de*

Auerbergmuseum, Mühlenstr. 9, ✆ 210. In einem Handwerker- und Bauernhaus aus dem frühen 18. Jh. werden Exponate zu verschiedenen Themen aus der Dorfgeschichte gezeigt. *www.auerbergmuseum.de*

Barocke Pfarrkirche **St. Nikolaus**. Ein großer Ortsbrand zerstörte 1720 auch den Vorgängerbau der heutigen Kirche bis auf den unteren Teil des Turmes. Der barocke Neubau zeichnete sich vor allem durch seine prächtige Innenausstattung aus (Orgelempore, mehrere Altäre und reicher Freskenschmuck).

Etappe 4 — 22,1 km

Bernbeuren – Roßhaupten

Start: Bernbeuren, Ortszentrum
Ziel: Roßhaupten, Via-Claudia-Kunstpark
Gehzeit: 6 - 6½ Std.

Aufstieg: 470 m
Abstieg: 425 m
Hartbelag: 55 %
Wanderwege: 32 %
Wanderpfade: 13 %

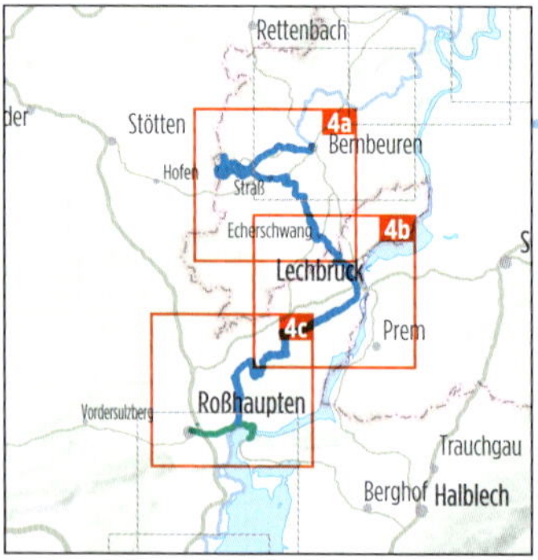

Charakteristik: Die Etappe führt von Bernbeuren hinauf zum Auerberg, auf dem wegen des sagenhaften Ausblicks schon die Kelten und Römer siedelten. Die Aussichtsplattform am Kirchlein bietet einen herrlichen Panoramablick. Danach geht es durchs sanfte Allgäuer Hügelland mit seinen saftigen Wiesen, den sattgrünen Wäldern und Seen, über Echerschwang in die Flößergemeinde Lechbruck und weiter nach Roßhaupten, dem Geburtsort des Projektes „Via Claudia Augusta". Unterwegs warten unter anderem das Flößermuseum in Lechbruck und der Via Claudia Kunstpark in Roßhaupten.

Öffentliche Verkehrsmittel: Über den Tag verteilt gibt es mehrere Busverbindungen von Bernbeuren/Riedlestraße über Lechbruck nach Roßhaupten.

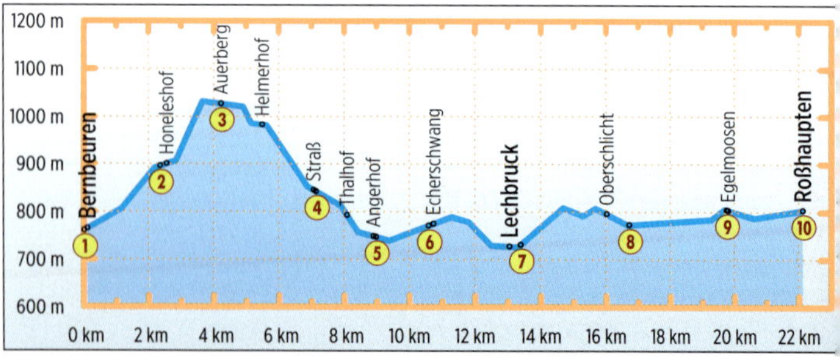

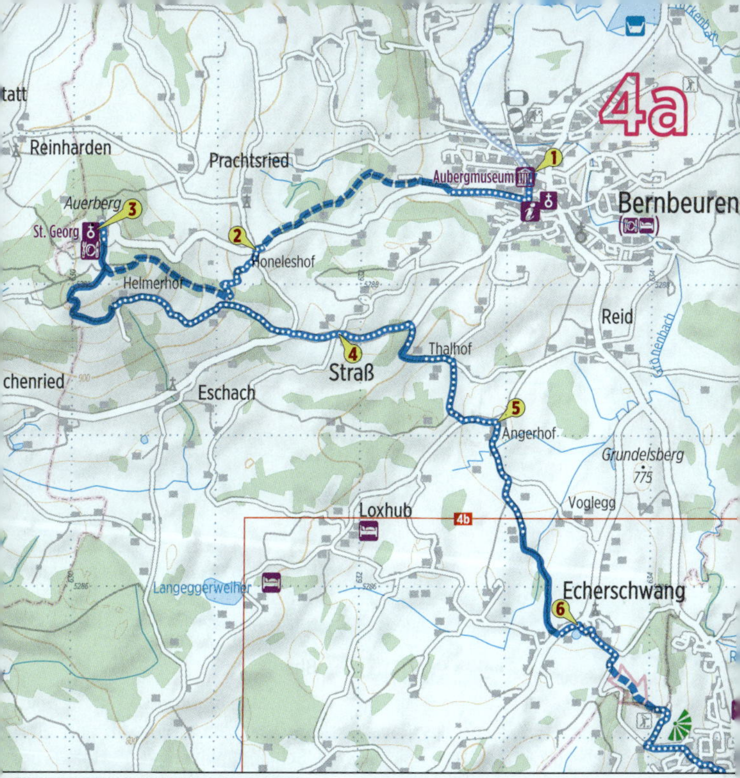

Bernbeuren

1 0,0 (760) An der Kreuzung **Kaufbeurer Straße-Mühlenstraße** rechts dem Schild Richtung Auerberg in die Mühlenstraße folgen ⤳ danach nochmals rechts in die **Auerbergstraße** abzweigen ⤳ gleich nach dem Ort rechts in einen Weg zum Weiler **Unterleithen** ⤳ nach der Siedlung führt ein Wanderweg weiter, der kurz vor einer Kreuzung wieder auf die Straße trifft.

2 2,4 (895) An dieser Kreuzung links dem Wanderwegschild Richtung Auerberg folgen ⤳ gleich darauf rechts zum **Honeleshof** ⤳ dort führt ein gut markierter Wandersteig weiter auf den **Auerberg**.

Auerberg

Panorama-Gasthof, Auerberg 2, ✆ 08860/235, ÖZ: tägl. ab 10 Uhr, *www.auerberghotel.de*

Die **Wallfahrtskirche St. Georg** entstand in romanischer Zeit als Gotteshaus für die umliegenden Höfe auf dem Berg. 1497 kam der gewölbte Chor hinzu, das Langhaus entstand erst nach dem Dreißigjährigen

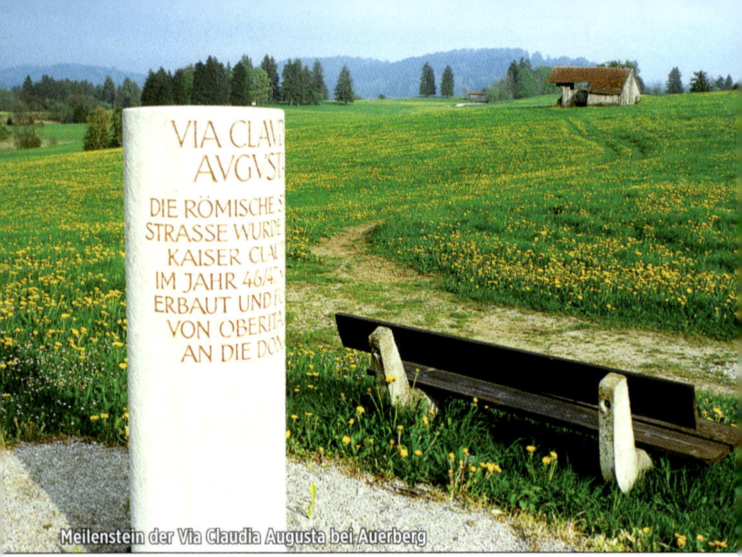

Meilenstein der Via Claudia Augusta bei Auerberg

Krieg. Die Auerbergkirche ist noch heute Wallfahrtskirche und das Ziel eines Georgi-Rittes, an dem sich früher 14 Adelsgeschlechter beteiligten.

Aussichtsplattform zwischen Kirchendach und Turm. Das Panorama reicht vom Wendelstein im Osten über das Wettersteingebirge, die Ammergauer Alpen bis hin zu den Allgäuer Alpen und zum Bregenzer Wald im Westen.

Die gute Aussicht vom Hausberg der Region machte ihn seit jeher zum strategisch wichtigen Punkt, an dem die Kelten siedelten und die Römer sogar eine Gewerbesiedlung errichteten, in der u. a. Teile für Katapulte produziert wurden. Heute ist der Auerberg ein beliebtes Ausflugsziel mit Gasthof, Kapelle und Aussichtsplattform. Er gab der umliegenden Regionalentwicklungsregion den Namen. Dieser Name dient auch als Marke für Produkte aus der Region.

3 4,2 (1.025) Vom Auerberg geht es zunächst ein Stück wieder auf demselben Weg hinunter ⤳ dann zweigt die Route nach rechts ab und führt in Schlangenlinien zum **Helmerhof** ⤳ ab hier wieder auf Asphalt ⤳ an einem weiteren Hof vorbei ⤳ an der Einmündung in eine etwas größere Straße links.

4 7,1 (840) Durch den Weiler **Straß** ⤳ ca. 500 m darauf, nach einer Baumgruppe, rechts zum **Thalhof** ⤳ an diesem rechts vorbei – ab hier kurz auf unbefestigtem Untergrund – und dann links ⤳ unten angelangt links ⤳ an der gleich folgenden Kreuzung rechts, dem Sträßchen folgen ⤳ an einer Gabelung links ⤳ an der T-

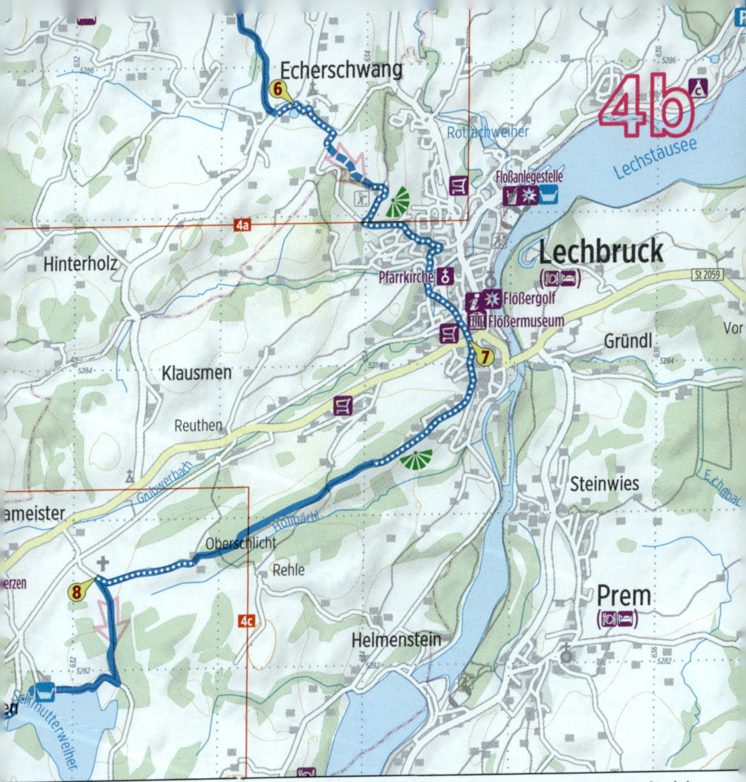

Kreuzung mit einer etwas größeren Straße links.

5 9,0 (745) Nach 300 m, beim **Angerhof**, wieder rechts ⇝ gleich nach der Brücke geradeaus ⇝ dann rechts dem Schild „Prälatenweg" folgen ⇝ links an einem Hof vorbei dem abschüssigen Weg folgen ⇝ hinunter nach **Echerschwang**, wo der Weg in einen Hof mündet ⇝ an der Hauptstraße links.

Echerschwang (Bernbeuren)

6 10,6 (770) Nach einem Teich rechts in eine kleine Straße ⇝ an einer Gabelung rechts und dann bald wieder links zu einem Golfressort ⇝ direkt beim „Landhaus auf der Gsteig" führt rechts ein Weg den Hügel hinunter ⇝ unten links und dem **Auerbergweg** und der Straße **Brandach** Richtung Dorfzentrum folgen.

Lechbruck am See

PLZ: 86983; Vorwahl: 08862

Tourist-Information, Flößerstr. 1, ✆ 987830, *www.lechbruck.de*

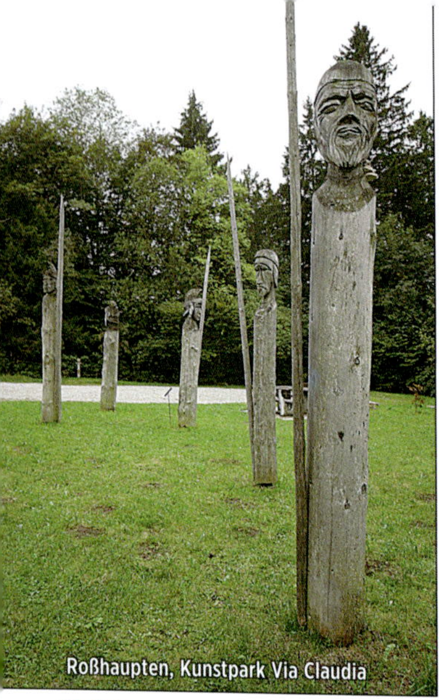

Roßhaupten, Kunstpark Via Claudia

🏛 **Flößermuseum**, Weidach 8, ✆ 987830, ÖZ: Mai-Sept., Mo-Sa 17.30-19 Uhr und So 16-18 Uhr. In einem um 1645 errichteten und liebevoll restaurierten Gebäude befindet sich eine Dauerausstellung, die einen geschichtlichen Überblick über die Flößerei auf dem Lech und das Leben im Flößerdorf Lechbruck vermittelt. *www.lechbruck.de/floessermuseum.html*

Spätbarocke **Pfarrkirche Mariä Heimsuchung**, Führungen auf Anfrage bei der Tourist-Information

Floßfahrten auf dem Lech, ÖZ: Mitte Juni-Sept. Informationen und Buchung bei der Tourist-Information.

Scharf rechts dem Via-Claudia-Schild in die **Untere Dorfstraße** folgen, die über eine Brücke führt ⁓ 200 m danach links über eine Brücke ⁓ über die Straße **Grubenwaidach** zum Friedhof hinauf ⁓ weiter am **Kirchweg**.

7 13,4 (730) Am Vorrang-Schild die Hauptstraße queren ⁓ gegenüber in die 30-km/h-Zone ⁓ dann immer dem Straßenverlauf nach zum **Alpenblick** folgen ⁓ dort führt ein Wanderweg weiter ⁓ ab **Oberschlicht** wieder kurz auf Asphalt.

8 16,7 (775) In einer Senke am Wegkreuz links weg ⁓ die Route trifft nach 700 m auf einen anderen Weg, hier nach rechts ⁓ schon bald am Schmutterweiher entlang ⁓ nach dem See auf einem Fahrweg nach links ⁓ danach immer dem Wegverlauf bis zu einem Hof folgen ⁓ bald danach rechts halten ⁓ nach einer Rechtskurve gehen Sie auf den Hof Egelmoosen zu.

9 19,7 (805) Hier geradeaus auf einen asphaltierten Fahrweg ⁓ nach 800 m, an einer Wegkreuzung, links ⁓ an der Nachbildung eines Meilensteines vorbei.

Der **römische Meilenstein** soll an die historische Via Claudia Augusta erinnern. Außerdem wurden in diesem Bereich Birnbäume gepflanzt, die den originalen Straßenverlauf markieren.

10 22,1 (805) Eine Straße queren.

INS ZENTRUM: Rechts geht es entlang dieser Straße knapp 2 km nach Roßhaupten, die Via Claudia Augusta selbst führt nach links weiter.

Roßhaupten

PLZ: 87672; Vorwahl: 08367

Tourist-Information, Hauptstr. 10, ✆ 364, *www.rosshaupten.de*

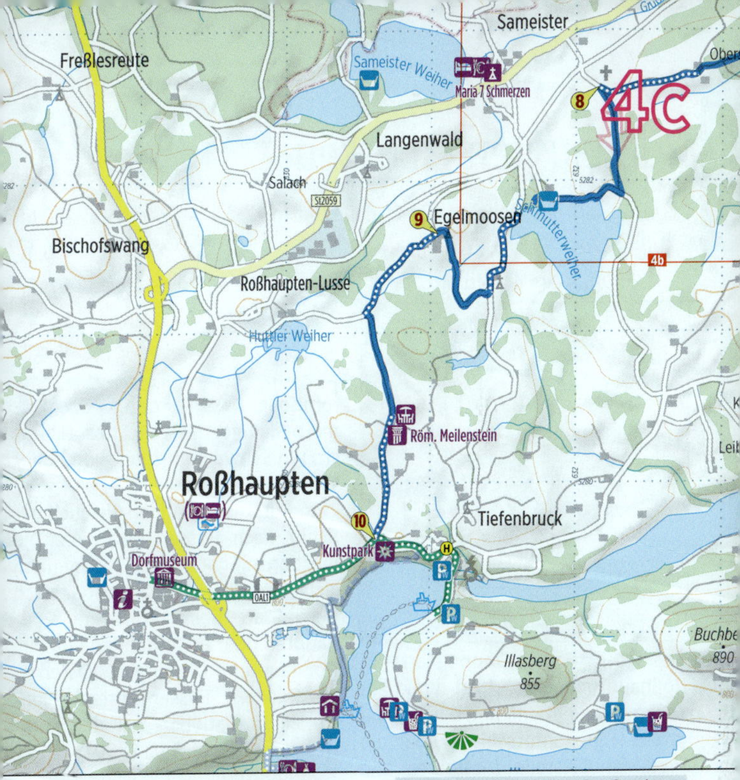

Dorfmuseum und Infozentrum Via Claudia Augusta im Pfannerhaus, Hauptstr. 1, ✆ 364. Multimediapräsentation der gesamten Via Claudia und Ausstellungen von Besonderheiten im Obergeschoss.

Kunstpark Via Claudia Augusta, Forggenseestraße. Moderne Skulpturen von Künstlern entlang der Via Claudia.

TIPP

Die historische Via Claudia verlief von hier geradlinig nach Füssen und liegt heute großteils am Grund des Forggensees. Nur im Winter, wenn der Wasserspiegel des aufgestauten Sees abgesenkt wird, wird ihr Straßendamm sichtbar. Wollen Sie im Sommer nahe der historischen Trasse bleiben, besteht die reizvolle Möglichkeit, mit dem Schiff nach Füssen zu fahren. Zur ersten Anlegestelle sind es nur einige hundert Meter. Sie folgen ab dem letzten Wegpunkt den Markierungen nach links bis zur beschilderten Einstiegstelle beim Lechstaudamm. Detailinformationen zur Überfahrt bei der Forggensee-Schifffahrt, ✆ 08362/921363.

Etappe 5 — 15,6 km

Roßhaupten – Füssen

Start: Roßhaupten, Via-Claudia-Kunstpark
Ziel: Füssen, Zentrum
Gehzeit: 4 - 4½ Std.

Aufstieg: 180 m
Abstieg: 165 m
Hartbelag: 62 %
Wanderwege: 20 %
Wanderpfade: 18 %

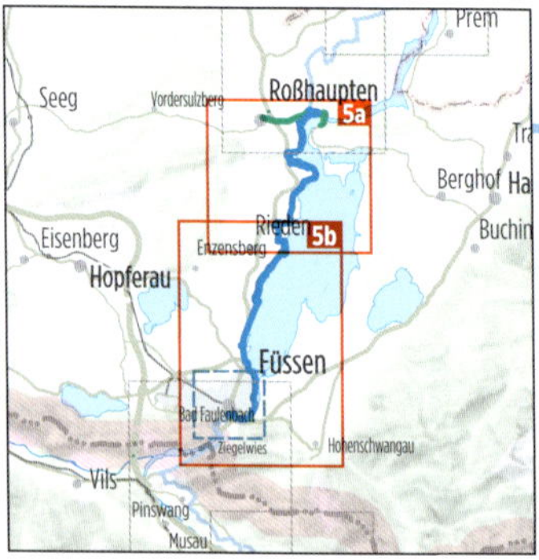

Charakteristik: Die Etappe startet in Roßhaupten. Sie führt oft direkt am Forggensee entlang und damit ohne große Höhenunterschiede über die Riedener Ortsteile Dietringen und Osterreinen ins Märchenland König Ludwigs rund um Füssen und Schwangau. Hier, wo auch der Lech aus den Alpen tritt, befand sich das römische Kastell Foetes. Das Römerbad einer Villa Rustica (Landsitz) in Schwangau zeugt von hoher Wohnkultur.

Tipp: Alternativ können Sie auch per Schiff nach Füssen gelangen. Die Einstiegsmöglichkeiten befinden sich entweder 2,5 Kilometer nach dem Start beim Kraftwerk Roßhaupten oder an folgenden Plätzen: Roßhaupten, Dietringen, Osterreinen/Rieden, Füssen-Festspielhaus. Detailinformationen bei der Forggensee-Schifffahrt (s. S. 50).

Roßhaupten

EINSTIEG Vom Zentrum geht es entlang der Straße in östliche Richtung, den Schildern zum Lechstaudamm folgend. Sie unterqueren die Schnellstraße und treffen ca. 1,5 km später auf die Markierungen der Via Claudia, die von links her einmünden.

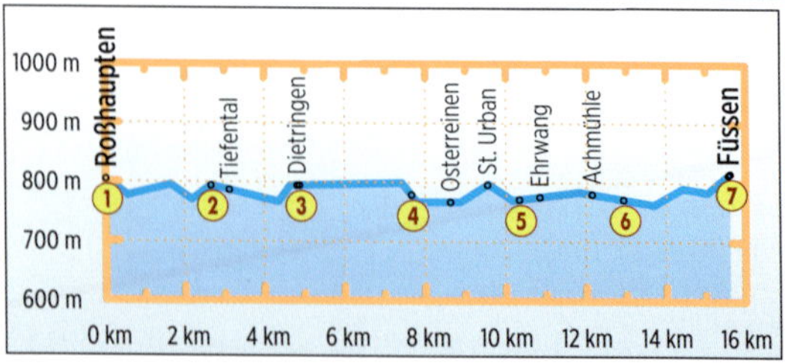

1 **0,0 (805)** Geradeaus entlang der Straße Richtung Staudamm ~ bald nach dem

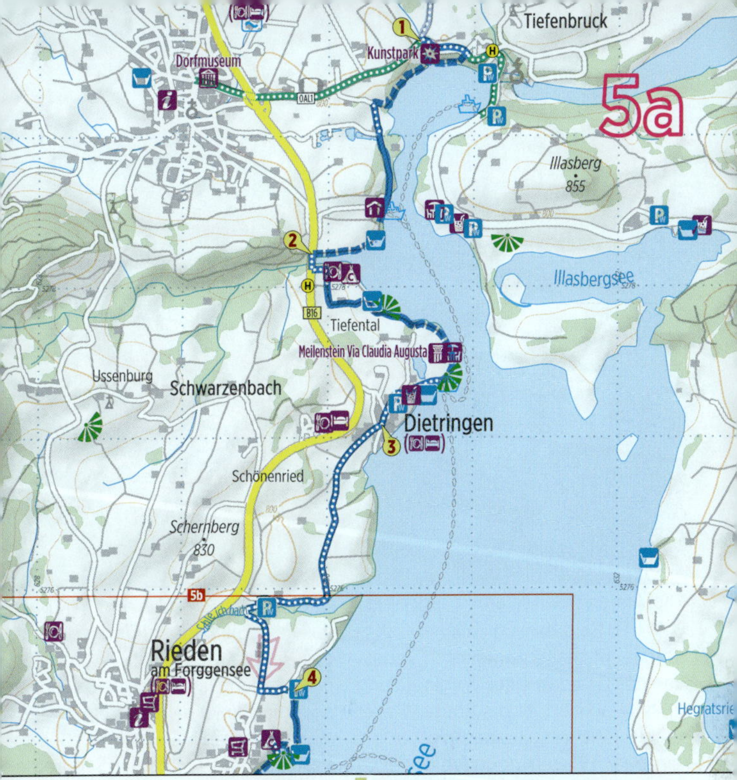

Kunstpark rechts in einen unscheinbaren Weg.

VARIANTE Weiter geradeaus geht es zum Staudamm des Lechkraftwerkes. Dort befindet sich ein Informationszentrum und auch die nördlichste Anlaufsstelle der Forggenseeschifffahrt.

Die Hauptroute führt zum Forggensee ⤳ in westlicher Richtung am Ufer entlang ⤳ am **Mangmühlenweg** links ⤳ weiter am Seeufer entlang ⤳ in eine tief eingeschnittene, fjordähnliche Bucht.

2 2,6 (795) Auf der **Tiefenthalbrücke** über den Graben, kurz im starken Verkehr, und gleich nach der Brücke wieder links Richtung Campingplatz ⤳ an dessen Eingang rechts ⤳ nach einer Linkskurve bald wieder am Seeufer entlang ⤳ vorbei an einem römischen Meilenstein ⤳ in **Dietringen** mündet der Weg in einen Parkplatz ⤳ dort links halten ⤳ über den Parkplatz zur Dorfstraße.

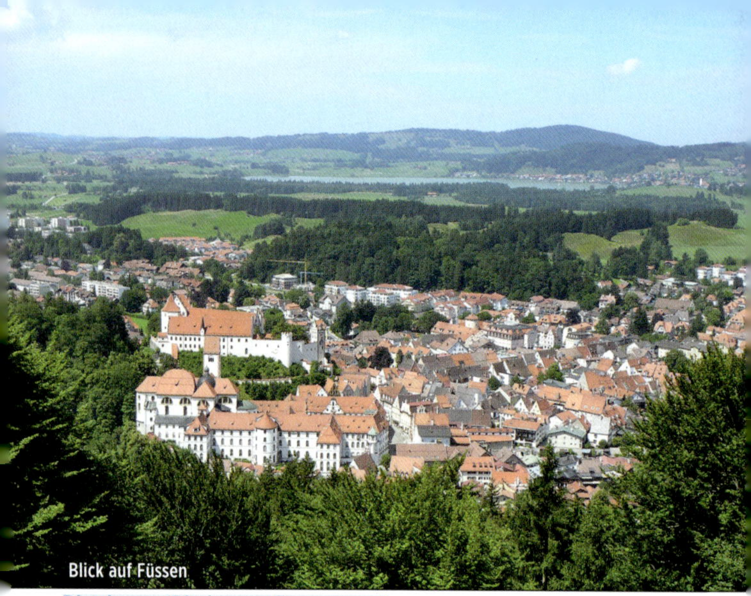

Blick auf Füssen

Dietringen (Rieden am Forggensee)

3 4,9 (795) Bald danach an einer Gabelung rechts halten ~ nach Verlassen des Ortes an einer Wegkreuzung links ~ ab dort ist die Route wieder einige Zeit verkehrsberuhigt ~ bei ein paar Häusern mündet der Weg dann wieder in ein Zufahrtssträßchen ~ nach den Häusern bald wieder links in den Weg hinein ~ an einer T-Kreuzung nach links.

4 7,7 (780) Bald danach – an einer Abzweigung kurz vor dem Seeufer – rechts weg ~ längere Zeit direkt am Ufer entlang ~ durch einen kleinen Hafen.

5 10,3 (770) Schließlich mündet der Weg an ein paar Häusern, kurz vor einer Kläranlage, wieder in ein Sträßchen ~ 700 m darauf geht es direkt an der Bundesstraße entlang ~ nach weiteren 800 m links zum Parkplatz des **Festspielhauses Füssen** ~ unter der Hauptstraße durch ~ am Parkplatzeingang links und gleich danach nochmals links halten ~ ein zweites Mal unter der B 16 durch ~ vor dem **Festspielhaus** rechts der Seepromenade folgen ~ nach 400 m an einer Weggabel links.

6 12,9 (770) Unmittelbar vor dem **Hotel Sommer** links zum Seeufer ~ diesem bis an den Rand der Füssener Altstadt folgen ~ rechts in die **Flößergasse** ~ rechts in die **Spitalgasse** ~ gleich wieder links ins **Pfarrgässle** ~ etwas nach links versetzt in die **Franziskanergasse** ~ geradeaus die **Hutergasse**.

7 15,6 (815) Etappenende an der Einmündung in die **Ritterstraße**.

Füssen s. S. 50

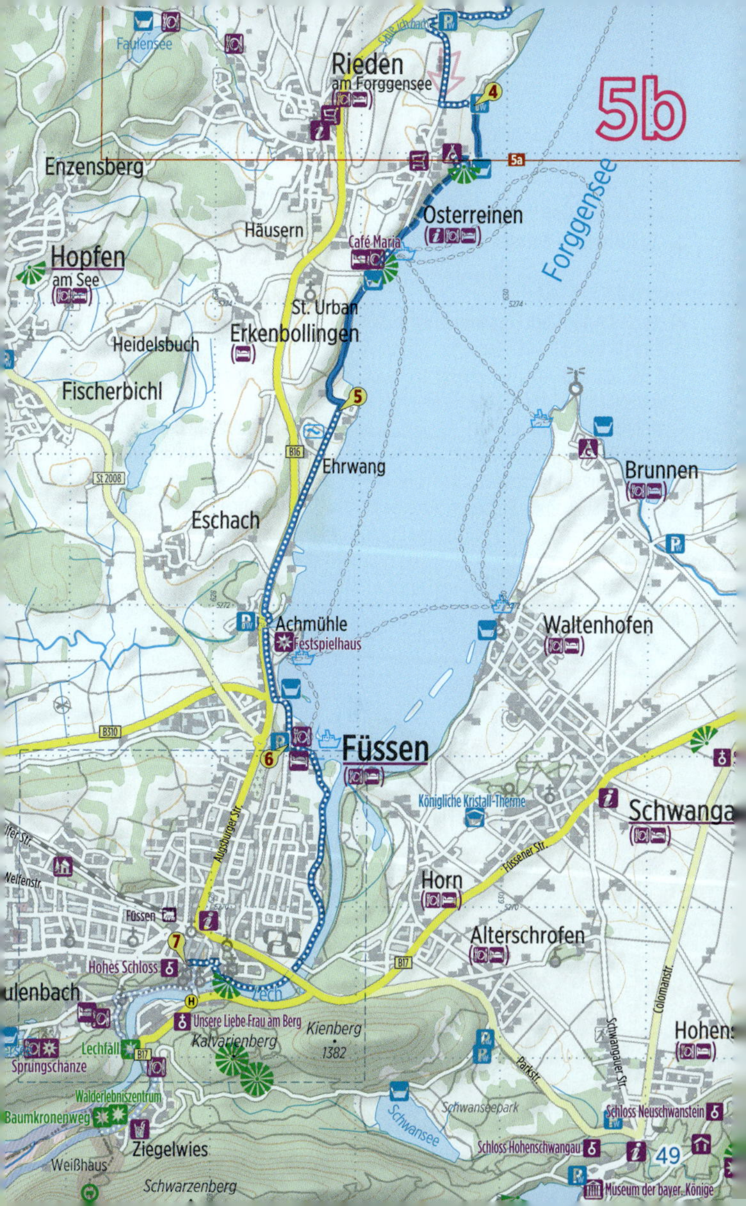
5b
5a
Faulensee
Rieden
am Forggensee
Enzensberg
Osterreinen
Häusern
Café Maria
Hopfen
am See
Forggensee
St. Urban
Erkenbollingen
Heidelsbuch
Fischerbichl
Ehrwang
B16
St 2008
Brunnen
Eschach
Achmühle
Festspielhaus
Waltenhofen
B310
Füssen
Königliche Kristall-Therme
Schwanga
Augsburger Str.
Welfenstr.
Horn
Füssener Str.
Füssen
Alterschrofen
Hohes Schloss
B17
ulenbach
Lech
Unsere Liebe Frau am Berg
Kienberg
1382
Kalvarienberg
Lechfall
Sprungschanze
B17
Hohens
Colomanstr.
Schwangauer Str.
Parkstr.
Walderlebniszentrum
Baumkronenweg
Schwanseepark
Schwansee
Schloss Neuschwanstein
Ziegelwies
Schloss Hohenschwangau
Weißhaus
Schwarzenberg
Museum der bayer. Könige

Füssen

PLZ: 87629; Vorwahl: 08362

Füssen-Tourismus, Kaiser-Maximilian-Pl. 1, ✆ 93850, *www.fuessen.de*

Städtische Forggensee-Schifffahrt, Weidachstr. 80, ✆ 921363, *www.fuessen.de/schifffahrt.html*

Museum der Stadt Füssen im ehemaligen Benediktinerstift St. Mang, Lechhalde 3, ✆ 903145, ÖZ: Apr.-Okt., Di-So 11-17 Uhr, Nov.-März, Fr-So 13-16 Uhr. In den repräsentativen Barockräumen werden u. a. folgende Themen behandelt: Geschichte Füssens als Zentrum des Lauten- und Geigenbauhandwerks, Füssener Totentanzzyklus, Romanischer Kreuzgang, Stadt- und Klostergeschichte. *www.stadt-fuessen.de/museum.html*

Staatsgalerie und städt. Gemäldegalerie im Hohen Schloss, Magnuspl. 10, ✆ 903145. Thema: Skulpturen und Tafelbilder aus Spätgotik und Renaissance, Münchner Maler des 19. Jhs., Sonderausstellungen. *www.stadt-fuessen.de/galerien.html*

Stadtpfarrkirche St. Mang, Lechhalde 3. Ehem. Klosterkirche, gegründet im 9. Jh., heutige Stadtpfarrkirche im 18. Jh. auf romanischen Fundamenten im Barockstil erbaut.

Heilig-Geist-Spitalkirche, Spitalg. 2. Die Kirche wurde 1748/49 errichtet. Sehenswert ist die Rokokofassade mit einer farbenprächtigen Freskierung.

Hohes Schloss, ehemalige Sommerresidenz der Fürstbischöfe von Augsburg, spätgotische Illusionsmalereien an den

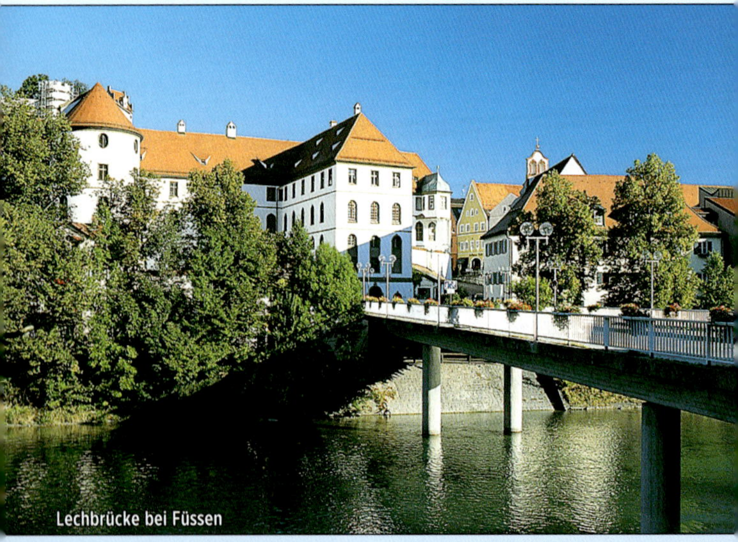

Lechbrücke bei Füssen

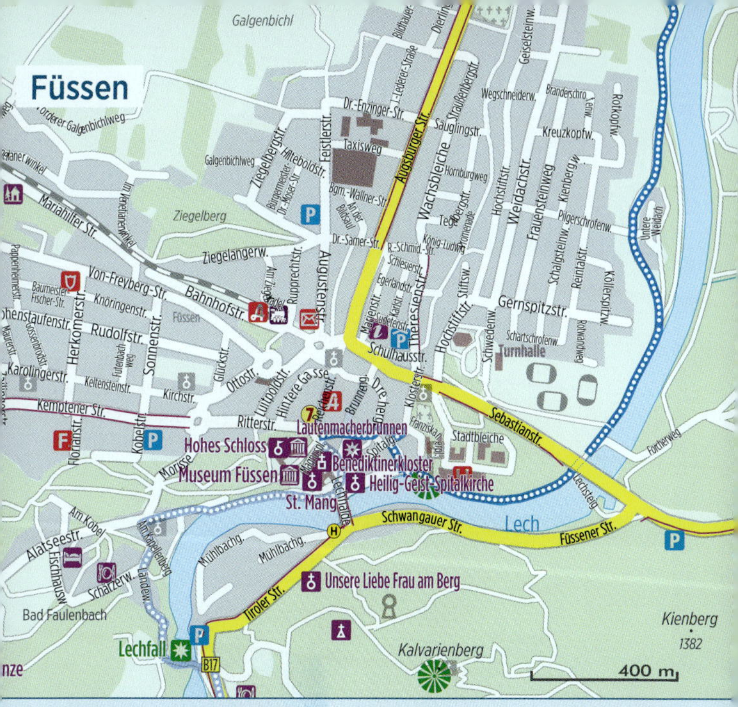

Innenhoffassaden, gotische Decke im Rittersaal.

Festspielhaus, Im See 1, ✆ 50770. Die beeindruckende Architektur wurde von Josephine Barbarino entworfen. *www.das-festspielhaus.de*

Die sehenswerte Altstadt von Füssen zeugt von einer langen und bewegten Geschichte, die schon im 4. Jahrhundert begann, als die Römer hier an der Via Claudia Augusta ein Kastell errichteten. Rund 400 Jahre später baute der heilige Magnus an diesem Ort eine Mönchszelle, die sich im darauffolgenden Jahrhundert zum Kloster entwickelte. Der ursprünglich romanische Bau wurde von Johann Jakob Herkomer zu Beginn des 18. Jahrhunderts im Barockstil umgestaltet.

Als Umschlagplatz an der Fernhandelsstraße nach Italien entfaltete sich die um 1295 mit dem Stadtrecht ausgestattete Siedlung zu einem florierenden Handels- und Handwerkszentrum, erlangte aber niemals die Reichsfreiheit. Wie so viele Städte wurde auch Füssen zu Beginn des 19. Jahrhunderts an das Bayerische Königreich angegliedert.

Tiroler Abschnitt

Etappen 6 – 12:
Füssen – Nauders

Länge: 135,3 km
Start: Füssen, Zentrum
Ziel: Nauders, Tourist-Information
Aufstieg: 3.660 m
Abstieg: 3.345 m

Charakteristik: Auf dem österreichischen Abschnitt verläuft die Wanderroute – wie einst die Römerstraße – meist leicht oberhalb der Talsohle auf den Sonnenhängen der Alpentäler. Markante Punkte sind der Fern- und der Reschenpass, der zugleich den Übergang nach Südtirol bildet.

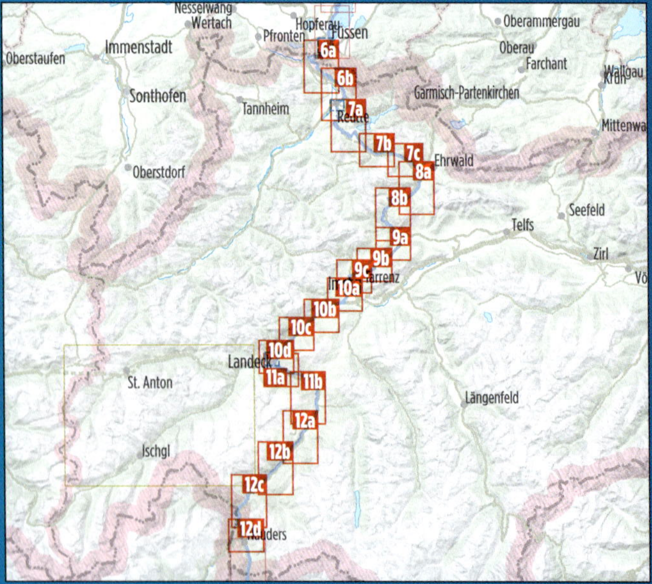

Etappe 6 16,1 km

Füssen – Reutte

Start: Füssen, Zentrum
Ziel: Reutte, Isserplatz
Gehzeit: 4½ - 5 Std.

Aufstieg: 280 m
Abstieg: 240 m
Hartbelag: 62 %
Wanderwege: 30 %
Wanderpfade: 8 %

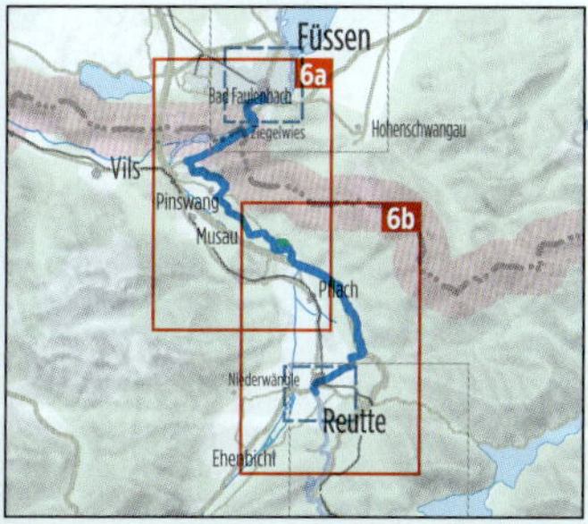

Charakteristik: Die Etappe führt von Füssen wie durch ein Tor in die Tiroler Bergwelt, in die Naturparkregion Reutte. Zunächst geht es über den Lech und dann schon bald – auf den Spuren der Römer – über den Bergrücken nach Pinswang hinüber. Am höchsten Punkt gibt es Wagenspuren zu entdecken. Bis nach dem Kniepass folgt man einem ruhigen Asphaltsträßchen und zweigt dann auf einen Wanderweg ab, der schließlich durch das sogenannte Mösle, ein romantisches Wäldchen, zum Urisee führt. Weiter geht es ins Zentrum des Marktes Reutte mit dem Heimatmuseum „Grünes Haus" mit der für Reutte typischen Fassadenmalerei.

Öffentliche Verkehrsmittel: Über den Tag verteilt gibt es mehrere Busverbindungen von Füssen-Bahnhof über Pinswang und Pflach nach Reutte.

Füssen s. S. 50

1 0,0 (815) Im Zentrum links (in südlicher Richtung) in die **Ritterstraße** ⤳ bald an einer Gabelung links in die **Lechhalde**, die direkt zur **Lechbrücke** führt ⤳ vor der Brücke rechts in das **Faulenbachgässchen**, das übergeht in die **Alatsee-**

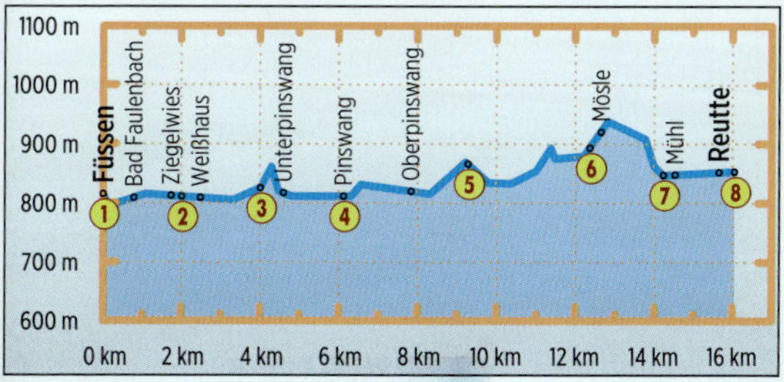

straße ⇝ in der Siedlung **Am Kapellenberg** links hinunter zum **Ländeweg** ⇝ nach einem Wäldchen an einer Weggabelung links und direkt am atemberaubenden **Lechfall** über den Lech.

Lechfall. Hier stürzen die Wassermassen über 7 m in eine enge Schlucht hinab. Schon Ende des 18. Jhs. wurden Ableitungsstollen zum Betrieb von Mühlen in den Fels gesprengt, heute dient diese Anlage der Stromgewinnung. In der Nähe soll angeblich auch der Hl. Magnus auf der Flucht vor den Heiden beim Sprung über den Fluss einen Fußabdruck hinterlassen haben, zu dem bis 1920 sogar Wallfahrten stattfanden.

Danach auf dem Gehsteig rechts entlang der Straße ⇝ vorbei am Walderlebniszentrum.

Walderlebniszentrum Ziegelwies mit Baumkronenweg, Tiroler Str. 10, ✆ 9387550. Die Idee hinter dem Erlebniszentrum ist es, die Natur zwischen Tirol und Bayern auf spannende und aktive Weise grenzenlos zu erleben. Nur 1 km südlich der Altstadt.
www.walderlebniszentrum.eu

Weiter entlang der Straße.

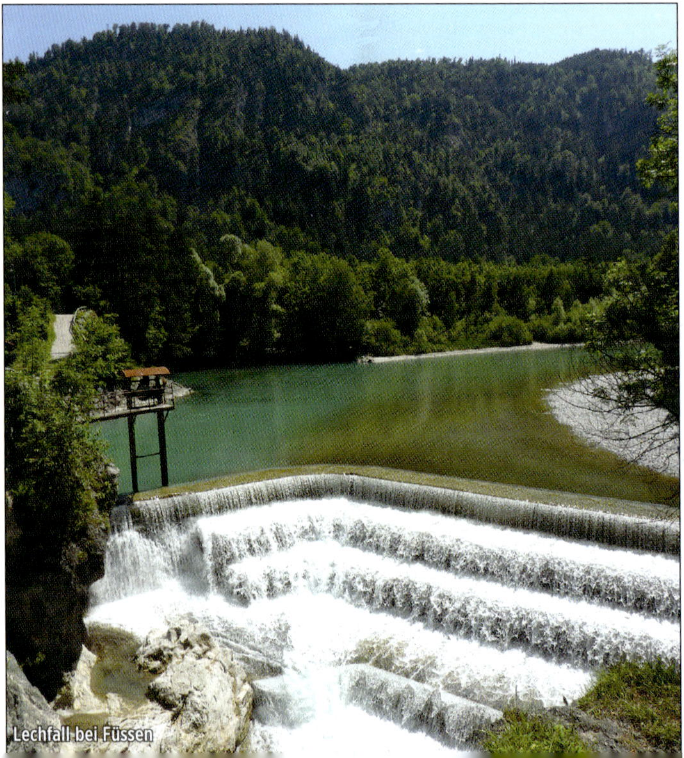
Lechfall bei Füssen

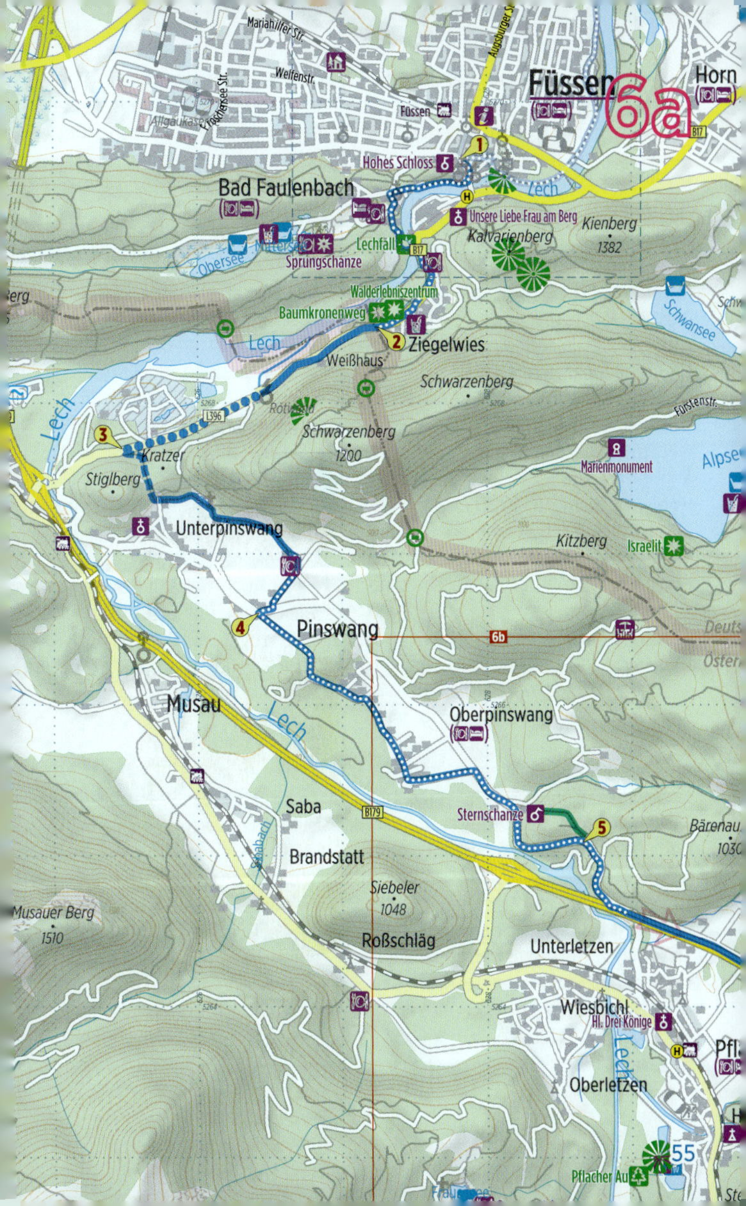

Füssen
6a
Horn
Mariahilfer Str.
Welfenstr.
Augsburger Str.
Hohes Schloss
Bad Faulenbach
Unsere Liebe Frau am Berg
Kalvarienberg
Kienberg
1382
Lechfall
Sprungschanze
Obersee
Lech
Walderlebniszentrum
Baumkronenweg
Ziegelwies
Weißhaus
Schwarzenberg
Schwansee
Fürstenstr.
Schwarzenberg
1200
Kratzer
Stiglberg
Marienmonument
Alpsee
Unterpinswang
Kitzberg
Israelit
Pinswang
6b
Musau
Oberpinswang
Saba
Sternschanze
Bärenau
Brandstatt
Siebeler
1048
Musauer Berg
1510
Roßschläg
Unterletzen
Wiesbichl
Hl. Drei Könige
Oberletzen
Pflacher Au
55

2 2,0 (810) Ab der deutsch-österreichischen Staatsgrenze folgt die Wanderroute dem straßenbegleitenden, geschotterten Radweg.

Weißhaus (Pinswang)

Hier beginnt auch die Naturparkregion Reutte, die sich selbstbewusst das „Tor zu Tirol" nennt. Neben dem Hauptort gehören dazu die Orte Vils, Musau, Pinswang, Pflach, Breitenwang, Wängle, Lechaschau, Höfen, Weißenbach und Ehenbichl.

Bei der Tankstelle, am Rand eines Schotterwerkes, kurz auf die Straße wechseln.

3 4,0 (825) Kurz danach zweigt links ein Hohlweg Richtung Kratzer ab ⤳ es folgt ein kurzer Anstieg zwischen **Kratzer** und **Stiglberg**, auf dem Wagenspuren der Via Claudia Augusta zu finden sind.

Stiglberg

Vom höchsten Punkt etwas nach rechts verlief die Originaltrasse der Via Claudia Augusta über den Stiglberg. Die dort gelegene Stiglschanze wurde 1632 von den damaligen Feinden der Tiroler in Brand gesteckt, nachdem Füssen verloren gegangen war.

Vom Kratzer kurz im Zick-Zack bergab ⤳ unten links auf einem Wiesenweg weiter ⤳ nach rechts bietet sich ein schöner Blick auf die barocke Kirche St. Ulrich in Unterpinswang, die weithin sichtbar auf einem Hügel steht ⤳ vorbei an einem kleinen Weiher zum Gasthof Zum Schluxen.

Zum Schluxen, ✆ 05677/53217, ÖZ: Mi-So 11.30-21.30 Uhr, *www.schluxen.at*

An der Kreuzung bei einer Thementafel zur Via Claudia Augusta rechts halten ⤳ an der Kreuzung bei der Schule, nochmals rechts.

4 6,1 (810) Kurz danach, beim Feuerwehrhaus, scharf links Richtung **Oberpinswang**.

Oberpinswang

Im Ort, bald nach dem Gasthof Säuling, an der Kreuzung links ⤳ an der T-Kreuzung mit der Landesstraße rechts ⤳ entlang der Straße zum **Kniepass**.

AUSFLUG: Auf der Anhöhe besteht die Möglichkeit zu einem Abstecher zu den Resten der Sternschanze.

Sternschanze. Im 16.-17. Jh. errichteter Vorposten zum Schutz der südlich von Reutte gelegenen Burg Ehrenberg.

5 9,3 (865) Auch danach auf der Straße bleiben ⤳ für 100 m führt diese parallel zur Schnellstraße dahin ⤳ vor der Schnellstraßenunterführung Richtung Pflach geradeaus in einen Schotterweg.

Pflach

PLZ: 6600; Vorwahl: 05672

Tourismusverband Naturparkregion Reutte, 6600 Reutte, Untermarkt 34, ✆ 62336, *www.reutte.com*

Die **Hüttenkapelle St. Ulrich und Afra** hängt mit der Messinghütte zusammen, die sich einst im Ort befunden hat.

Der Ort wurde als „Plech" 1275 erstmals erwähnt, das sich vom mittelhochdeutschen "vlach" (Ebene) ableitet. Im 15. Jahrhundert wurde hier Eisenerz abgebaut, ferner bestand eine Messinghütte.

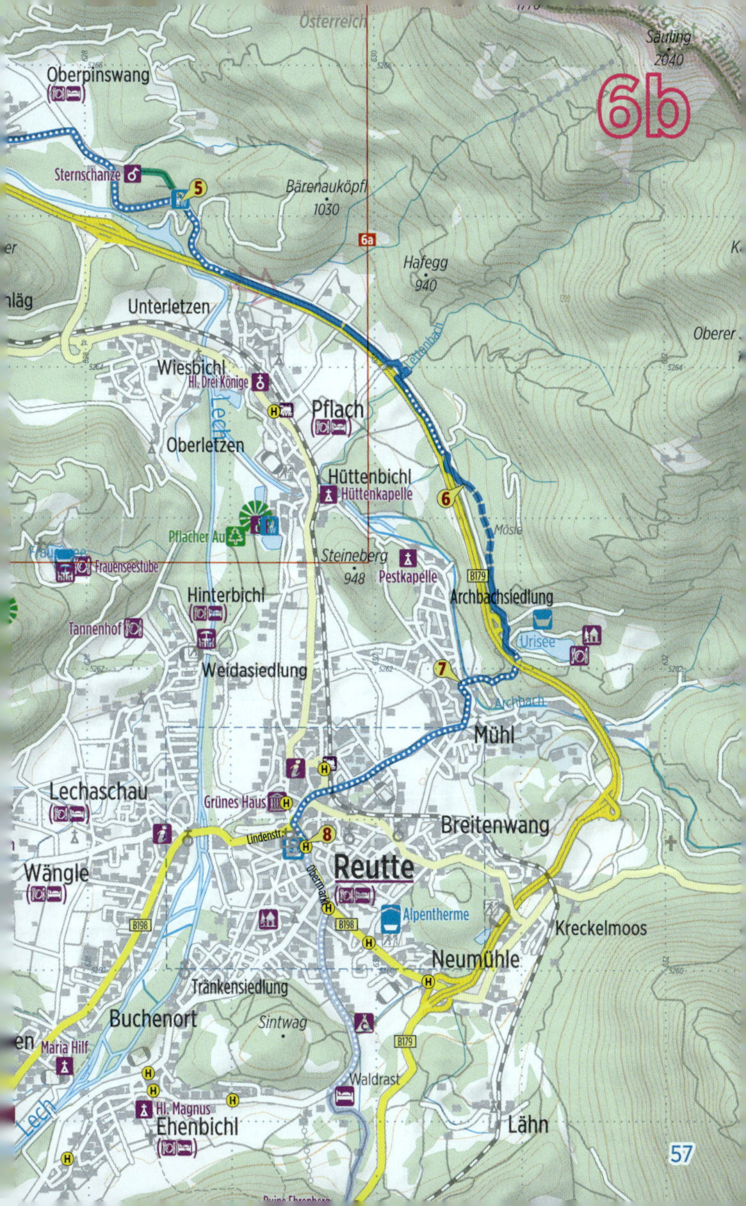

6b
Österreich
Säuling
2040
Oberpinswang
Sternschanze
5
Bärenauköpfl
1030
6a
Hafegg
940
Unterletzen
Wiesbichl
Hl. Drei Könige
Pflach
Oberletzen
Lech
Hüttenbichl
Hüttenkapelle
6
Mösle
Pflacher Au
Frauenseestube
Steineberg
948
Pestkapelle
B179
Archbachsiedlung
Hinterbichl
Tannenhof
Urisee
Weidasiedlung
7
Archbach
Mühl
Lechaschau
Grünes Haus
Breitenwang
Lindenstr.
8
Wängle
Reutte
Obermarkt
Alpentherme
B198
Kreckelmoos
Neumühle
Tränkensiedlung
Buchenort
Sintwag
Maria Hilf
Waldrast
Hl. Magnus
Ehenbichl
Lähn
Oberer

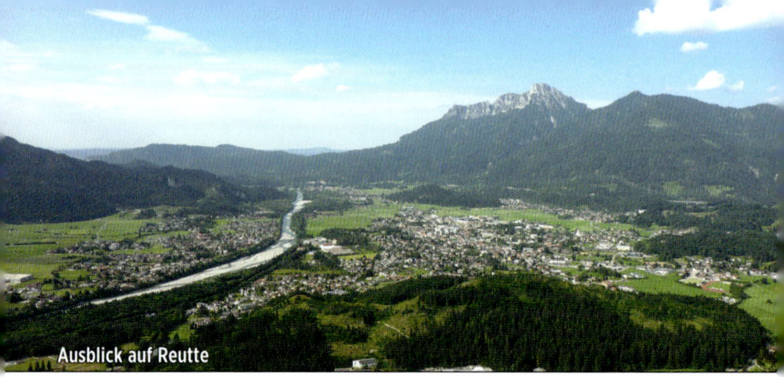

Ausblick auf Reutte

Von dort – immer im Nahbereich der Schnellstraße – den Schildern Richtung Urisee folgen ⤳ über einen kurzen asphaltierten Wegabschnitt.

6 12,4 (895) Bald nach links dem Schild „Übers Mösle zum Urisee" auf einen Wandersteig folgen ⤳ dieser führt durch ein feuchtes Wäldchen mit viel Moos, wie der Name „Mösle" schon aussagt ⤳ durch zwei kleine Bächlein ⤳ an der Einmündung in einen Forstweg nach rechts ⤳ dieser mündet beim **Hotel-Restaurant Urisee** in eine Straße.

Der **Urisee** hat keinen Zu- und Abfluss, weshalb sein Wasserspiegel stark schwankt. Im Sommer lädt er zum Baden ein.

Der Straße nach rechts durch die Schnellstraßenunterführung nach **Breitenwang** folgen.

Breitenwang

PLZ: 6600; Vorwahl: 05672

Tourismusverband Naturparkregion Reutte, 6600 Reutte, Untermarkt 34, ✆ 62336, *www.reutte.com*

Die **Dekanatskirche St. Petrus und Paulus** ist ein Kleinod, das 1650 im Rokokostil errichtet wurde. Im Chorraum ist ein Deckenfresko von Jakob Zeiler zu bewundern.

Breitenwang entstand direkt an der Via Claudia Augusta und wurde schon 1094 das erste Mal als „Breitinwanc" erwähnt. Es war bis zur Begradigung der Straße bedeutender als Reutte. Heute ist Breitenwang Standort der Planseewerke, die u. a. Spezialbeschichtungen produzieren, die Raumfahrzeuge beim Eindringen in die Atmosphäre vor dem Verglühen schützen.

7 14,3 (845) An der Straßenkreuzung links auf die **Dr.-Ing.-Paul-Schwarzkopf-Straße** Richtung Mühl ⤳ an der folgenden Straßengabel rechts halten und schließlich rechts in die **Mühler Straße** abbiegen ⤳ auf dem straßenbegleitendem Fußweg geradeaus über 2 Kreisverkehre ins Zentrum des Marktes **Reutte**, dem Hauptort des Tiroler Außerfern ⤳ am dritten Kreisverkehr links dem **Obermarkt** folgen.

8 16,1 (850) Nach wenigen Metern Etappenende am **Isserplatz** (rechts ein Via-Claudia-Rastplatz mit dem **Via-Claudia-Brunnen**, gegenüber befindet sich eine Eisdiele).

Reutte

Reutte

PLZ: 6600; Vorwahl: 05672

- **Tourismusverband Naturparkregion Reutte**, Untermarkt 34, ✆ 62336, *www.reutte.at*
- **Museum im Grünen Haus**, Untermarkt 25. Zeigt die Vergangenheit der Marktgemeinde und des Bezirkes Reutte anhand von Exponaten der bäuerlichen und bürgerlichen Wohnkultur. Mit einer kleinen Sammlung der Barockmaler Balthasar Riepp, Josef Anton Köpfle und der Malerfamilie Zeiller, regelmäßige Sonderausstellungen. *www.museum-reutte.at*
- **Europäisches Burgenmuseum**, Info unter ✆ 62007, ÖZ: tägl. 10-17 Uhr. Das Europäische Burgenmuseum bietet Besuchern eine eher populärwissenschaftliche Ausstellung, deren Hauptaugenmerk auf der Kultur und Lebensweise vergangener Zeiten liegt. *www.ehrenberg.at/de/museum.html*
- **Franziskanerkloster und Pfarrkirche St. Anna**. Erbaut 1628-30, aber schon 2 Jahre später von schwedischen Soldaten geplündert. 1703 und 1846 durch zwei Brände starke Zerstörungen, aber jeweils wieder aufgebaut.
- **Sehenswertes Zentrum** mit **Via-Claudia-Augusta-Brunnen**, eindrucksvollen alten Gasthöfen, Eisdielen und gemütlichen Cafés.

Reutte entwickelte sich zu Zeiten der Salzstraße zum Zentrum des Tiroler Außerfern. Von dieser Zeit zeugt u. a. der Salzstadel im Zentrum. Charkteristisch für die Marktgemeinde sind die vielen kunstvoll bemalten Häuser. Das historische Zentrum gliedert sich, von Nord nach Süd, in den von Patrizierhäusern geprägten Unter- und Mittelmarkt sowie den von den Handwerkern geprägten Obermarkt, der heute das wirtschaftliche Zentrum bildet.

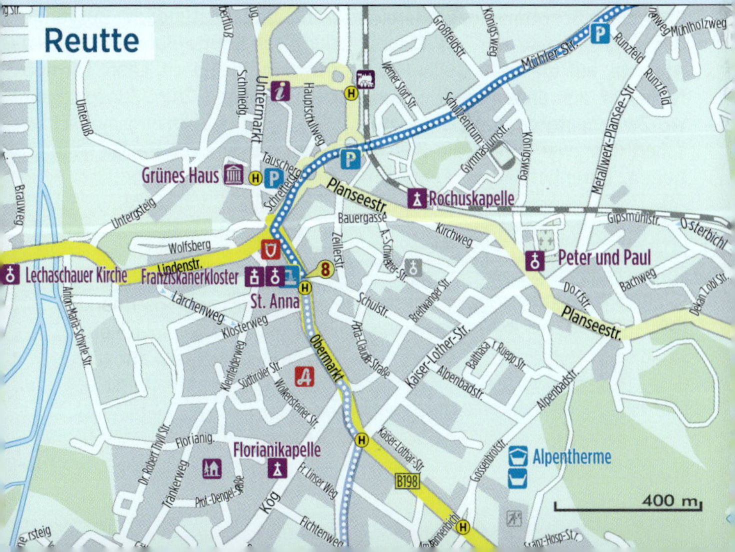

Etappe 7 — 22 km

Reutte – Lermoos

Start: Reutte, Isserplatz
Ziel: Lermoos, Tourist-Information
Gehzeit: 6 - 6½ Std.

Aufstieg: 550 m
Abstieg: 425 m
Hartbelag: 28 %
Wanderwege: 69 %
Wanderpfade: 3 %

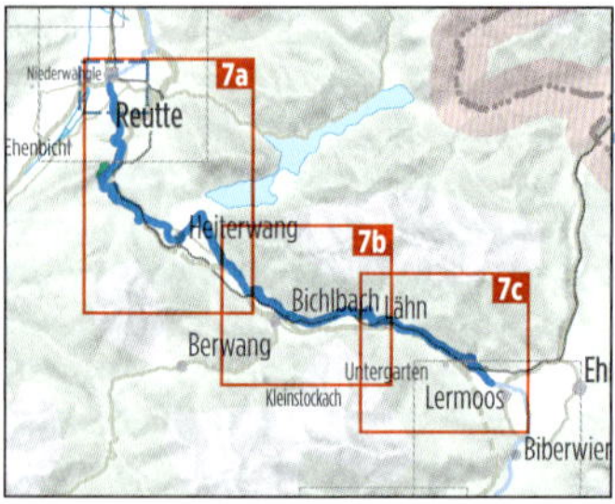

Charakteristik: Die Route verlässt Reutte auf direktem Weg in südlicher Richtung. Kurz danach gehts über einen Schotterweg, im Bereich der Originaltrasse der Via Claudia Augusta, auf die erste Geländestufe hinauf zur Ehrenberger Klause, wo Zwischentoren, das Gebiet zwischen den zwei Toren (die Zollstationen Ehrenberg und Fernstein) beginnt. Nach Ehrenberg geht es noch einmal eine Stufe höher. Die Natur wird nun deutlich alpiner. Von Heiterwang führt die Route Richtung Heiterwanger See und dann auf den Panoramaweg. Dieser führt am Berghang entlang, vorbei an Bichlbach, Wengle und Lähn, bis ins Etappenziel Lermoos.

Öffentliche Verkehrsmittel: Außerfernbahn bzw. stündliche Busverbindung von Reutte-Bahnhof über Heiterwang, Bichlbach, Lähn, Lermoos nach Ehrwald zur Zugspitzbahn. Eine gute Abkürzungsmöglichkeit bietet der Bus von Reutte nach Ehrenberg.

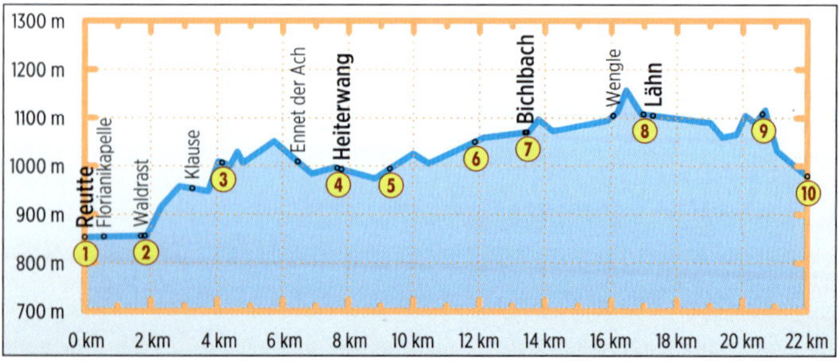

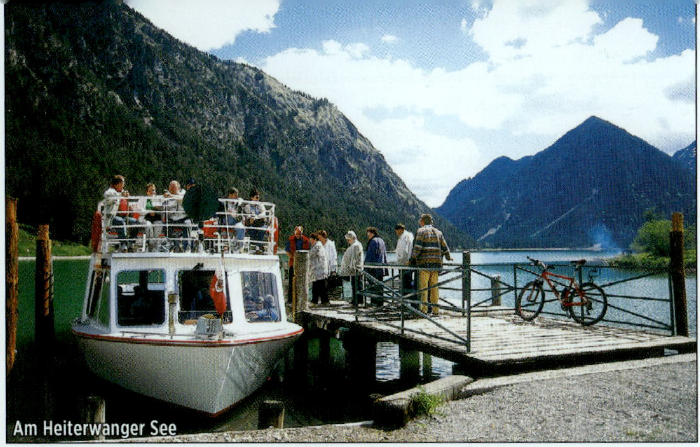
Am Heiterwanger See

Reutte

1 0,0 (850) Vom **Isserplatz** mit dem Via-Claudia-Brunnen dem **Obermarkt** Richtung Süden folgen ⤳ an der Abzweigung zum Bezirkskrankenhaus rechts in die **Ehrenbergstraße** ⤳ teils auf dem Gehsteig, teils auf dem straßenbegleitenden Radweg dahin ⤳ zur Pension Waldrast.

2 1,8 (855) Danach links in einen Schotterweg ⤳ hinauf zur **Ehrenberger Klause**, einer Engstelle des Tals.

AUSFLUG: Ein lohnender Abstecher führt zur Ruine Ehrenberg und zur Klause.

Ehrenberger Klause

Europäische Burgenwelten **Ehrenberg**, Klause 2, ✆ 05672/62007, bestehend aus Hotel-Gasthof Klause, Burgruine Ehrenberg, Ruine Schlosskopf mit Schaubergwerk und Fort Claudia. Heute befindet sich hier das Erlebnismuseum „Dem Ritter auf der Spur". In der Veranstaltungsarena findet einmal jährlich die Ehrenberg-Zeitreise mit hunderten Schaustellern in historischen Kostümen statt.

Die Route führt weiter geradeaus auf Schotter ⤳ danach immer links halten ⤳ im Linksbogen um den Parkplatz herum ⤳ kurz einen steilen Asphaltweg hinauf.

3 4,1 (1.005) Oben gleich rechts, zwischen Felsen hindurch ⤳ an der ersten Wegkreuzung geradeaus ⤳ vor dem Klausenwald links Richtung Heiterwang ⤳ links über einen Weiderost ⤳ an einer Wegkreuzung wieder links ⤳ unter der Bahn hindurch ⤳ gleich rechts auf den straßenbegleitenden Asphaltweg ⤳ rechts auf einer Straße Richtung Ortsmitte ⤳ durch den Ort dem Straßenverlauf folgen.

Heiterwang am See

PLZ: 6611; Vorwahl: 05674

Tiroler Zugspitz Arena, Oberdorf 4, ✆ 20000-700, *www.zugspitzarena.com*

Man merkt der Region an, dass Sie etwas höher liegt als Reutte. Sie mutet deutlich alpiner an. Es war hier auch immer härter, der Natur Früchte abzuringen. Davon zeugt der weithin sicht-

bare Mähberg. Um genügend Futter für die vielen Pferde zu haben, die die Region passierten, wurde der Berg bis weit hinauf regelmäßig gemäht.

Touristisch beginnt hier die Tiroler Zugspitz Arena mit ihren Orten Heiterwang am See, Bichlbach, Berwang, Lähn, Wengle, Lermoos, Ehrwald und Biberwier.

4 7,6 (995) Bei der Kirche links halten und dann nochmals links Richtung Hotel-Restaurant Fischer am See ~ weiterhin den Hotelschildern folgen ~ an einer Weggabelung mit einem Bildstock rechts halten.

AUSFLUG Links geht es zur Anlegestelle der Ausflugsschiffe am Ufer des Heiterwanger Sees.

Der **Heiterwanger See** und der anschließende **Plansee** waren früher ein einziger großer See. Schon im Mittelalter für ihren Fischreichtum bekannt, sind die beiden Seen heute durch einen künstlichen Kanal verbunden. Bademöglichkeiten, Bootsverleih, Ausflugsschifffahrt.

Die Route führt über eine Holzbrücke ~ kurz danach rechts Richtung Bichlbach ~ ca. 500 m am Bach entlang

5 9,3 (995) Kurz über Serpentinen hinauf zum südöstlichen Berghang ~ danach am **Panoramaweg** zwei Mal links halten ~ zur Fernpassbundesstraße ~ ca. 500 m an der Bundesstraße entlang.

6 11,9 (1.050) Danach wieder links weg ~ gleich danach nochmals links ~ immer den Wegweisern des Panoramaweges folgen.

7 13,4 (1.070) Am **Bahnhof Bichlbach** vorbei.

Bichlbach

PLZ: 6621; Vorwahl: 05673

Tiroler Zugspitz Arena/Tourismusbüro Heiterwang, Oberdorf 4, Heiterwang, ✆ 20000-700, *www.zugspitzarena.com*

Zunftmuseum, bei der Tourist-Information, ✆ 5205, ÖZ: Mo-Fr 9-12 Uhr, Mi 16.30-18 Uhr. Wertvolle Objekte zeigen die Geschichte der Handwerkszünfte und geben Einblick in den historischen Arbeitsalltag von Zimmerern, Maurern, Malern und Bildhauern. *www.zunftmuseum.at*

Die barocke **St. Josefs-Kirche** (1710-12) ist die einzige Zunftkirche Österreichs. Die Außerferner Bauhandwerker mussten mangels örtlicher Verdienstmöglichkeiten ab dem 17. Jh. verstärkt als Wanderhandwerker ihr Auskommen suchen. Die Handwerksbruderschaft St. Josef hatte in Bichlbach, nicht im Bezirkszentrum Reutte ihren Sitz und war ein starker Faktor im wirtschaftlichen, sozialen und religiösen Leben ihrer Mitglieder. Sie unterstützte auch den Bau der Kirche.

In weiterer Folge führt der Panoramaweg direkt an einem **Streichelzoo** mit Spielplatz vorbei.

Streichelzoo, Sämerhof 47, ✆ 5209, ÖZ: Mai-Okt., tägl. 10-18 Uhr. Tierarten von A-Z (von Affen über Lamas bis zu den Ziegen), darunter Österreichs größte Eselzucht, können hautnah erlebt werden. Mit **Märchenwelt**. *www.streichelzoo.com*

Immer geradeaus zwischen Waldrand und Eisenbahntrasse dahin ~ kurz in Bachnähe bergauf ~ dann rechts über eine große Wiese ~ eine bergauf führende Abzweigung links liegen lassen.

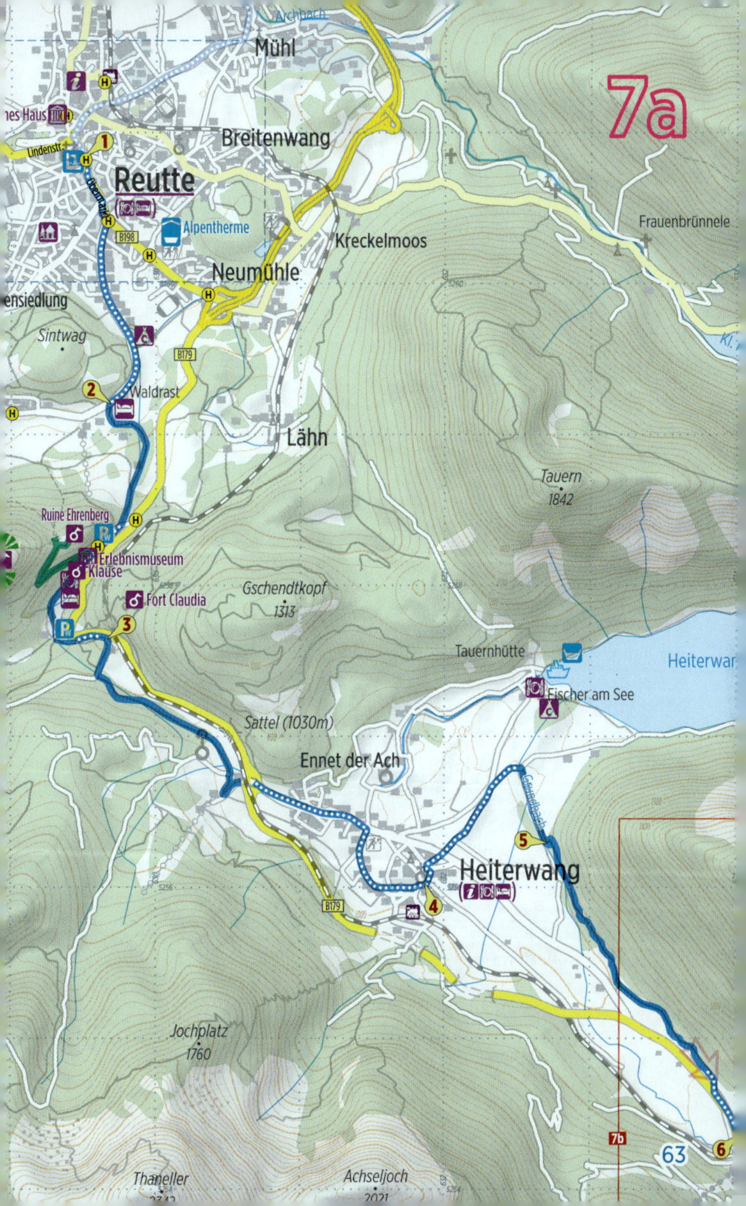
7a
Archbach
Mühl
Breitenwang
Reutte
Lindenstr.
Obermarkt
Alpentherme
B198
Neumühle
Kreckelmoos
Frauenbrünnele
Sintwag
Waldrast
B179
Lähn
Tauern
1842
Ruine Ehrenberg
Erlebnismuseum
Klause
Fort Claudia
Gschendtkopf
1313
Tauernhütte
Heiterwang
Fischer am See
Sattel (1030m)
Ennet der Ach
Heiterwang
B179
Jochplatz
1760
Thaneller
Achseljoch
2021
7b

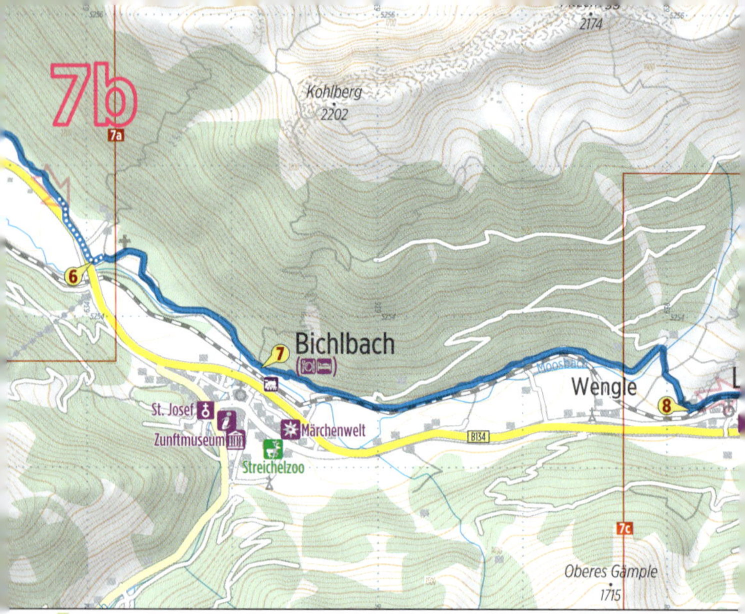

8 17,0 (1.105) Vor dem Ort **Lähn** wieder links haltend an der Eisenbahn entlang.

Lähn (Bichlbach)

Der Name kommt vom Wort „Lahn" – Lawine. Der frühere Ort wurde 1450 von einer Lawine zerstört und an anderer Stelle wieder aufgebaut.

Nach rechts zur Bundesstraße hinüber ~ kurz daran entlang ~ der Panoramaweg folgt längere Zeit dem Tal immer etwas oberhalb der Eisenbahn.

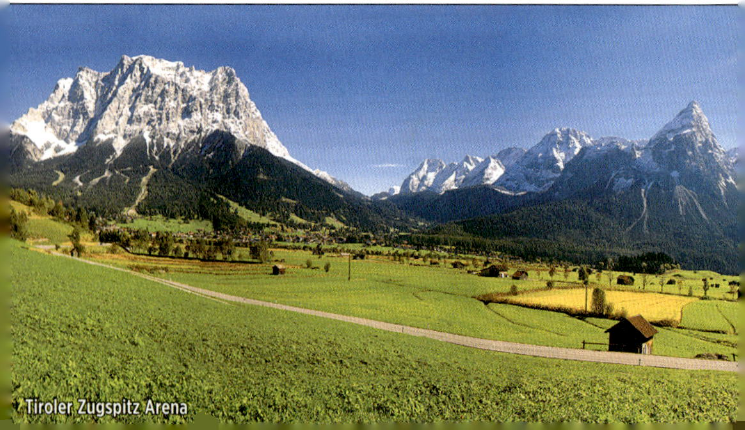

Tiroler Zugspitz Arena

9 20,6 (1.105) Schließlich vom Forstweg rechts bergab auf einen Pfad ~ ein Bach wird überquert ~ parallel zum Bach bergab ~ vorbei am Panoramabad ~ bald danach rechts, durch die Bahnunterführung ~ links am Gehsteig der **Reuttener Straße** entlang durch den Ort.

10 22,0 (980) Etappenende an der Tourist-Information Lermoos.

Lermoos

PLZ: 6631; Vorwahl: 05673

Tiroler Zugspitz Arena, Unterdorf 15, ✆ 20000-300, *www.zugspitzarena.com*

Pfarrkirche Hl. Katharina, barocker Bau aus dem 18. Jh. nach den Plänen des Baumeisters Franz Kleinhans. Innen reich verziert mit Rokoko-Elementen, außen ein 48 m hoher Turm mit 5 Glocken. Eine davon stammt aus dem Jahre 1411 und ist damit die älteste Glocke Nordtirols.

Römischer Prügelweg im sogenannten „Moos“ zwischen Lermoos, Ehrwald und Biberwier. Der einzigartige Abschnitt der Römerstraße wurde unter Einsatz vieler Arbeitskräfte schwimmend durch das Moor gelegt. Tausende Baumstämme waren leicht V-förmig verlegt, darüber befand sich der „Straßenbelag“ aus Schotter. Da die Straße im Verlauf der Jahrhunderte immer wieder absank, wurden mehrfach neue Schichten darüber gelegt. Archäologen legten schließlich Schichten in einer Gesamthöhe von 1,80 m frei. Durch ein sogenanntes Durchblick-Panorama (unterhalb der Pfarrkirche Lermoos) kann man einen Römischen Wagen auf dem Prügelweg wieder durchs Moor fahren sehen.

Panoramabad, Reuttener Str. 20, ✆ 3673

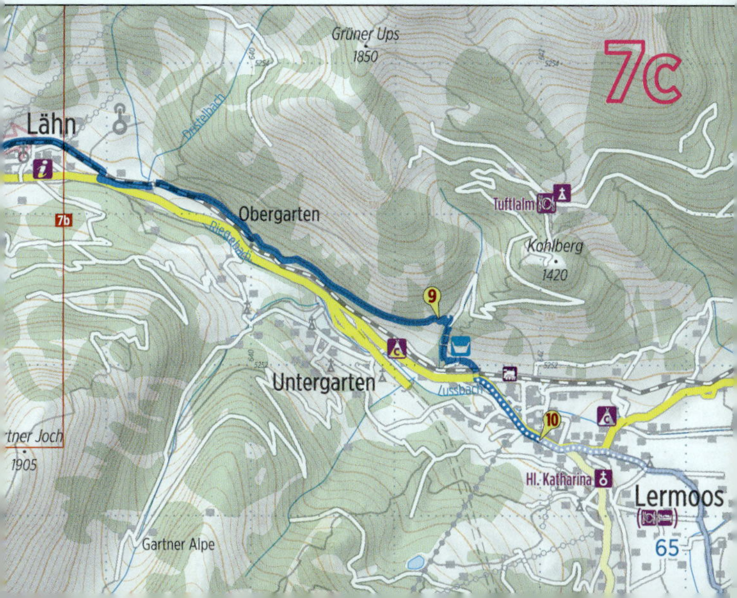

Etappe 8 19,2 km

Lermoos – Nassereith

Start: Lermoos, Tourist-Information
Ziel: Nassereith, Tourist-Information
Gehzeit: 5 -5½ Std.

Aufstieg: 495 m
Abstieg: 635 m
Hartbelag: 32 %
Wanderwege: 65 %
Wanderpfade: 3 %

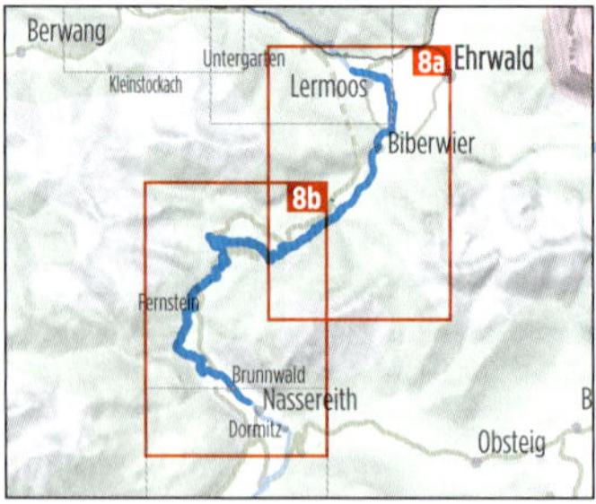

Charakteristik: Die Route führt zunächst durchs Feuchtgebiet „Moos". Hier vollbrachten die Römer beim Bau ihrer Via Claudia Augusta eine Meisterleistung: Die römische Straße führte auf tausenden Baumstämmen „schwimmend" durch das sumpfige Gebiet. Nach Biberwier, in dem sich einst eine römische Straßenstation befand, steigt die Wanderroute an und taucht in die karge Natur rund um den Fernpass, die durch einen Bergsturz vor 10.000 Jahren geprägt ist. Ein landschaftliches Juwel sind hier sieben glasklare Gebirgsseen. Danach verläuft die Wanderroute auf der Originaltrasse der Via Claudia, heute ein Hohlweg, und dann geht es auf Forststraßen und Wandersteigen vorbei am Ensemble des Schloss-Hotels Fernstein in den Knappenort Nassereith.

Öffentliche Verkehrsmittel: Drei Mal täglich verkehrt ein Via-Claudia-Au-

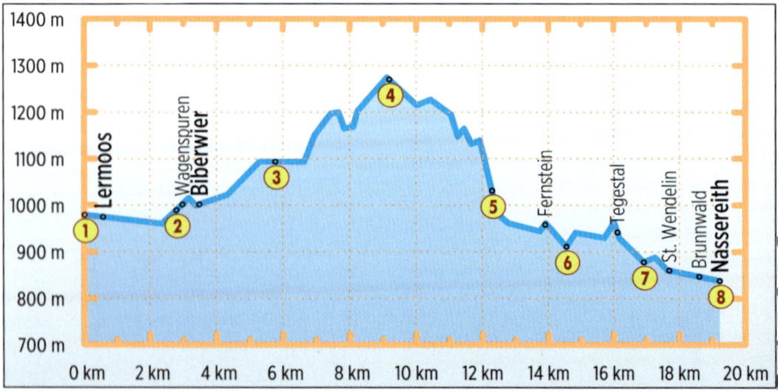

gusta-Shuttle über den Fernpass. Außerdem gibt es über den Tag verteilt mehrere Linienbusse von Lermoos nach Nassereith. Sinnvolle Abkürzungsmöglichkeiten bieten ein Bus von Lermoos nach Biberwier bzw. am frühen und späten Nachmittag ein Bus von Fernstein nach Nassereith.

Lermoos

1 0,0 (980) Von der Tourist-Information auf der Hauptstraße in östliche Richtung durch den Ort → nach 200 m links der **Garmischer Straße** folgen → nach einem Autohaus rechts in den **Moosweg** → bei der Kapelle leicht links, wo bald der Asphaltbelag endet → an der folgenden Weggabelung rechts halten → an den zwei nachfolgenden Wegkreuzungen links, dann geradeaus und schließlich rechts, wieder auf Asphalt → der Weg führt direkt an den Ortsrand von Biberwier, wo er in die Innsbrucker Straße einmündet.

2 2,8 (990) An der Straßenkreuzung mit einer Thementafel zur Via Claudia Augusta rechts halten.

Mittelalterliche Wagenspuren. Etwas rechts parallel zur Straße finden sich hinter der Leitplanke mittelalterliche Karrengeleise.

Auf dem Gehsteig auf der linken Seite der Fernpassstraße ins Zentrum.

Biberwier

PLZ: 6633; Vorwahl: 05673

Tiroler Zugspitz Arena, Fernpassstr. 15, ✆ 20000-600, *www.zugspitzarena.com*

Der Ort vor dem Anstieg zum Fernpass war Standort einer römischen Straßenstation. Außerdem befand sich in den Abhängen des Mieminger Gebirges im Südosten des Ortes mit der sogenannten „Silberleite" der größte Bergbaubetrieb des Außerfern, in dem schon 1511 Galmei, Blei- und Zinnerze geschürft wurden. Der Bergbau wurde erst 1921 eingestellt.

Bald nach der Tourist-Information links in das kleine Sträßchen **Mösle** → am kleinen Platz in die mittlere Straße → an der Einmündung in die Fernpassstraße nach links → das moderne Cubehotel im Blick, die Straßenseite wechseln → später auf dem straßenbegleitenden Radweg bis zu einem Autorastplatz.

3 5,8 (1.095) Unmittelbar davor durch ein Gatter links in den geschotterten **Römerweg** → am **Weißensee** vorbei → später dem Hohlweg auf der Originaltrasse der Römerstraße über eine Anhöhe folgen → an der Wegkreuzung bergwärts.

Alter Fernpass

Der Fernpass wurde vor ca. 10.000 Jahren durch einen Felssturz geformt. Auf dem Gestein konnte sich

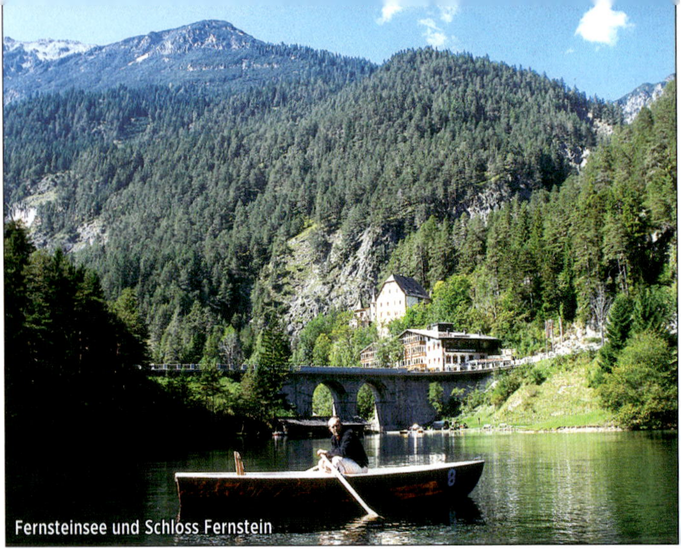

Fernsteinsee und Schloss Fernstein

nur eine dünne Humusschicht bilden. Daher mutet der Bewuchs trotz der geringen Höhenlage von 1.200 Metern hochalpin an. Die Abbruchnische des Fernpass-Bergsturzes ist ein Natura-2.000-Gebiet, das den größten Birkenholzbestand der Ostalpen beheimatet. Ein weiteres Highlight sind die insgesamt 7 Seen. An dreien führt der Weg direkt vorbei: Am Weißensee, am Samerangersee und am Fernsteinsee.

Einige Schautafeln, die zum „Alpinpark" mit mehreren Themenwegen in der Region Mieminger Plateau- Fernpass Seen gehören, erklären die Natur rund um den Fernpass.

4 9,2 (1.270) An der alten Fernpasshöhe, über die auch die historische Via Claudia Augusta führte, rechts an der Thementafel vorbei ⁓ bald danach ist links im Wald der Hohlweg der originalen Via Claudia Augusta zu sehen ⁓ dem Forstweg weiter bis zur Bundesstraße folgen ⁓ diese schräg queren ⁓ bald danach die erste Abzweigung links Richtung Schloss Fernstein nehmen ⁓ über eine kleine Brücke und gleich danach links halten ⁓ an der Bundesstraße links am Steinschlagnetz vorbei ⁓ kurz nach rechts an der Begrenzungsmauer entlang.

5 12,3 (1.030) Bei der Unterbrechung des Netzes wieder die Straße queren ⁓ am gegenüberliegenden Straßenrastplatz führt ein Weg hinunter Richtung Sameranger See ⁓ unten angelangt rechts, danach noch einmal rechts halten ⁓ durch ein Gatter ⁓ am Ufer des **Sammeranger**- und des **Fernsteinsees** entlang.

Schloss Sigmundsburg (1462) liegt auf einer bewaldeten Insel im Fernsteinsee. Das Schloss trägt den Namen seines Erbauers,

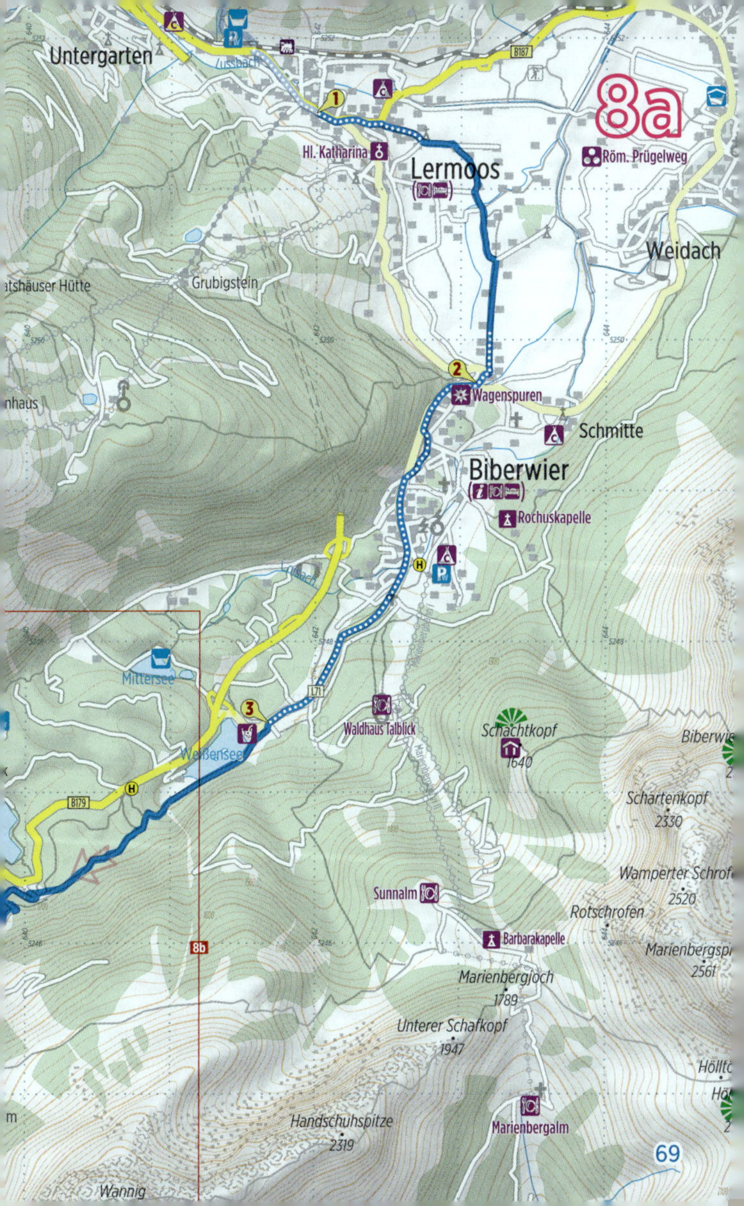
8a
Untergarten
Lermoos
Hl. Katharina
Röm. Prügelweg
Weidach
Grubigstein
Wagenspuren
Schmitte
Biberwier
Rochuskapelle
Mittersee
Weißensee
Waldhaus Talblick
Schachtkopf
1640
Schartenkopf
2330
Wamperter Schrof
2520
Rotschrofen
Sunnalm
Barbarakapelle
Marienbergjoch
1789
Unterer Schafkopf
1947
Marienbergalm
Handschuhspitze
2319
Wannig
B187
B179
L71
8b

des Erzherzogs Sigmund der Münzreiche. Er nutzte den ursprünglich dreistöckigen Bau vor allem als Jagd- und Lustschloss. Bald nach Sigmunds Tod begann der Bau zu verfallen. Im 19. Jh. nutzten die Nassereither die Ruine noch als Steinbruch, und so sind heute nur mehr einige Reste erhalten.

Der Weg mündet direkt ins Areal des **Hotels Schloss Fernsteinsee** ⤳ durch ein Gatter bei der Kapelle ⤳ hier gibt es eine Via Claudia Augusta Raststation

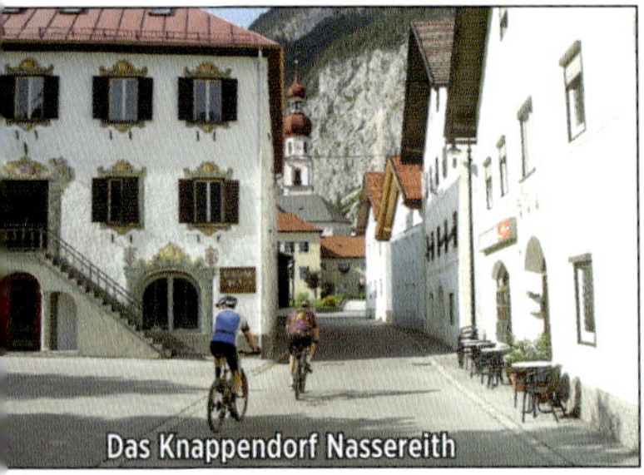

Das Knappendorf Nassereith

Fernstein

Die Klause Fernstein wurde erstmals urkundlich 1288 erwähnt und war die ehemalige Zollstation an der Fernpass-Straße. Der wie das ganze Areal in Privatbesitz befindliche Fernsteinsee zählt zu den schönsten Tauchrevieren Tirols.

Die Route führt geradeaus weiter, am Bach entlang ⤳ durch den Campingplatz.

6 14,6 (910) Bald danach rechts dem Schild Richtung Tegestal folgen ⤳ durch das Wäldchen einmal rechts halten ⤳ an der Forststraße links.

7 16,9 (880) Kurz vor dem **Rastland Nassereith** scharf rechts abbiegen ⤳ am Rand des Nassereither Ortsteiles **St. Wendelin** links in die Wohnstraße ⤳ an der ersten Kreuzung geradeaus, dann immer dem Straßenverlauf folgen ⤳ auf der Überführung über die Bundesstraße, danach am Gehsteig entlang der **Fernpassstraße** bzw. **Karl-Mayr-Straße** in den Ort.

8 19,2 (840) Etappenende am **Dorfplatz** bei der Tourist-Information.

Nassereith

PLZ: 6465; Vorwahl: 05265

Imst Tourismus, Infobüro Nassereith, Postpl. 28, ✆ 05412/691041, *www.imst.at*

Fasnachtshaus, Sachseng. 81a, ✆ 0680/5508806. Die Masken der Fasnacht sind in einem Schauraum ausgestellt. Erleben Sie zudem eine beeindruckende Panoramashow.

Pfarrkirche Zu den Heiligen Drei Königen (19. Jh., älterer Turm). Das Hochaltarbild von Josef Jele war ein Geschenk der Frau von Kaiser Ferdinand I., der in der Zeit der Revolution mit seiner Familie nach Tirol geflohen war. Die Kirche ist mit 400 Sitzplätzen eine der größten Dorfkirchen Tirols.

Badesee am Fuß des Hausberges Wannig

Der Ort liegt unmittelbar nach dem Fernpass am Beginn des Gurgltales. Er ist vom über Jahrtausende bedeutenden Verkehrsknoten und vom Bergbau geprägt, von dem zahlreiche Mundlöcher in den steilen Felswänden des Wannig zeugen. Geführte Wanderungen, die von der Tourist-Information vermittelt werden, geben Einblick in die Themen Geologie und Bergbau.

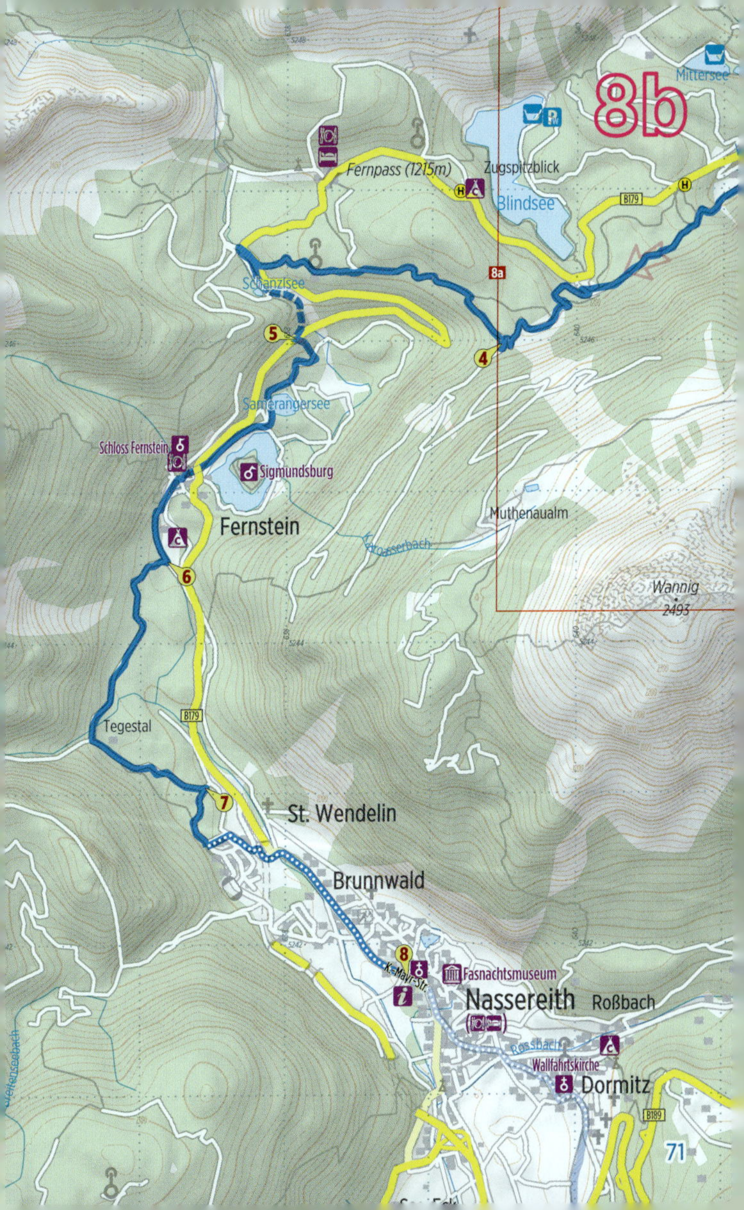

8b
Mittersee
Fernpass (1215m)
Zugspitzblick
Blindsee
B179
8a
Schanzisee
Samerangersee
Schloss Fernstein
Sigmundsburg
Fernstein
Karrøsserbach
Muthenaualm
Wannig
2493
Tegestal
B179
St. Wendelin
Brunnwald
K.-Mayr-Str.
Fasnachtsmuseum
Nassereith
Roßbach
Rossbach
Wallfahrtskirche
Dormitz
B189

Etappe 9 16,4 km

Nassereith – Imst

Start:	Nassereith, Tourist-Information	*Aufstieg:*	325 m
Ziel:	Imst, Zentrum	*Abstieg:*	355 m
Gehzeit:	4 - 4½ Std.	*Hartbelag:*	43 %
		Wanderwege:	54 %
		Wanderpfade:	3 %

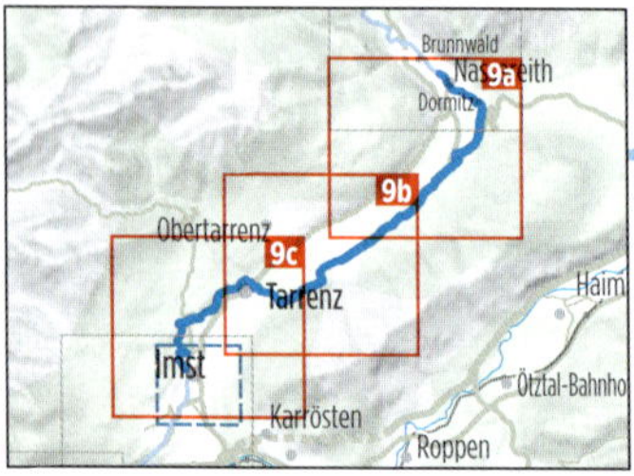

Charakteristik: Die Route führt durchs Gurgltal nach Imst. Vom Zentrum von Nassereith geht es in den Wallfahrtsort Dormitz, an dem sich einst eine römische Straßenstation befunden haben dürfte. Dann führt die Route durch Wald und Wiese, über weite Strecken auf der Originaltrasse der Via Claudia Augusta nach Strad. Direkt am Weg liegt die Knappenwelt Gurgltal, bevor es durch Tarrenz und dann über das Schloss Starkenberg mit Biererlebniswelt „Biermythos" beim Starkenberger See vorbei nach Imst geht, wo u. a. das Haus der Fasnacht lockt.

Öffentliche Verkehrsmittel: Bis in den frühen Abend verkehren fast stündlich Busse von Nassereith über Tarrenz nach Imst. Eine besondere Attraktion stellt der Bummelbärzug dar, der von der Knappenwelt Gurgltal zwei Mal pro Tag nach Imst fährt.

Nassereith

1 0,0 (840) Vom Dorfplatz der Hauptstraße Richtung Südosten folgen ↝ nach 300 m, an einer Straßengabelung, links in die **Badergasse** ↝ über den Roßbach zu einer T-Kreuzung ↝ hier beginnt ein befestigter Fußweg, der halb links direkt

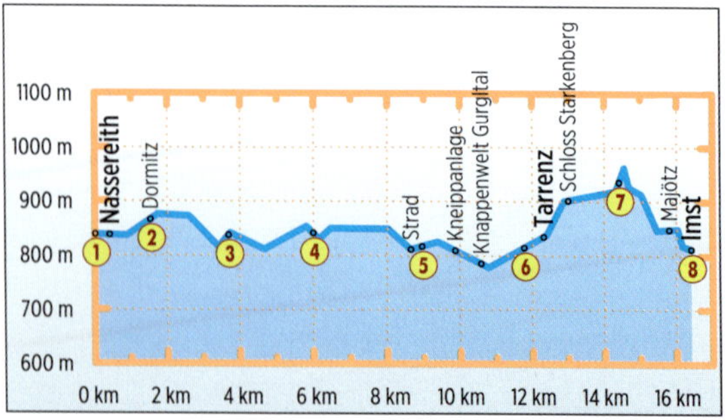

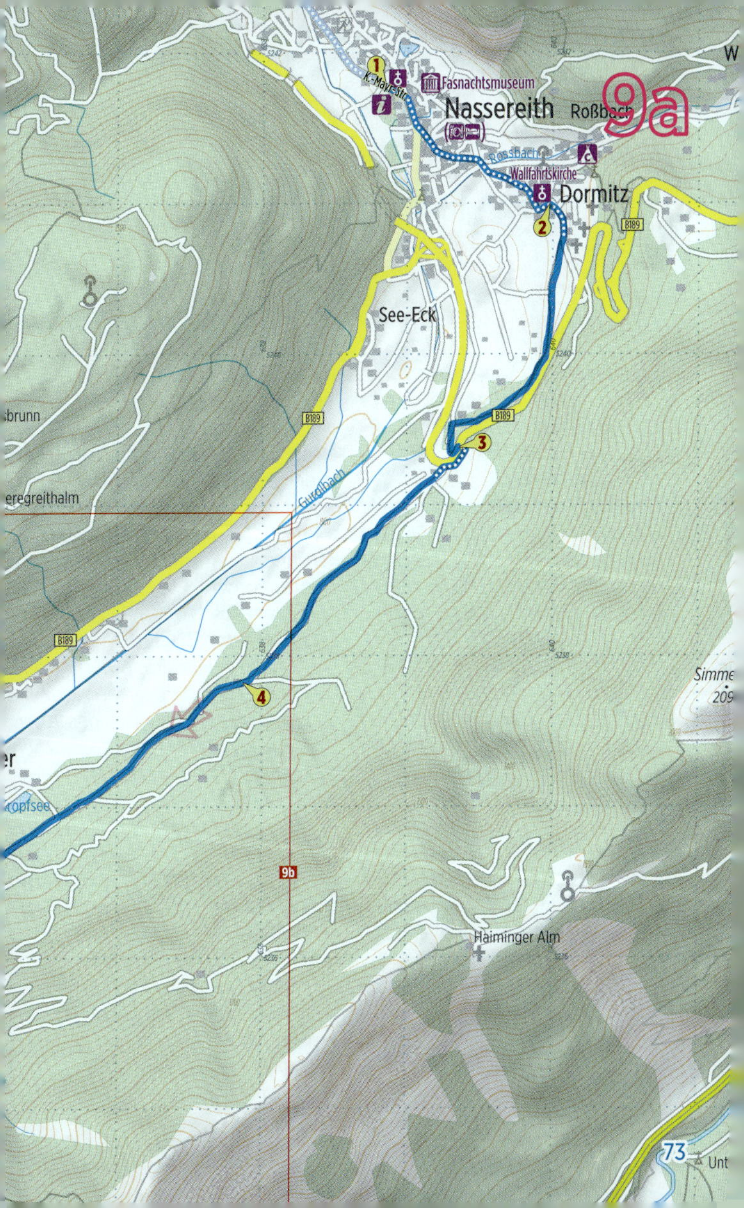

9a
Nassereith
Roßbach
Fasnachtsmuseum
K.-Mayr-Str.
Rossbach
Wallfahrtskirche
Dormitz
B189
See-Eck
Gurglbach
9b
Haiminger Alm
73

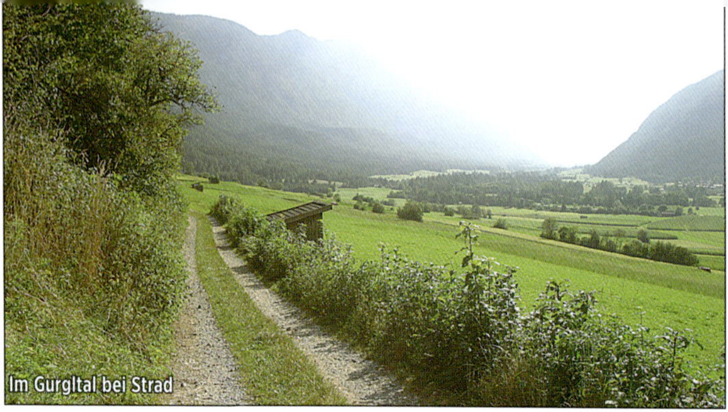

Im Gurgltal bei Strad

ins Zentrum des Ortsteils **Dormitz** führt ⤳ an der Einmündung des Fußweges in die Straße links.

Dormitz (Nassereith)

Die **spätgotische Wallfahrtskirche** ist eine der ältesten und schönsten des Tiroler Oberlandes. Der Innenraum wurde 1726-46 barockisiert, am Hochaltar befindet sich eine Muttergottes-Statue mit Kind aus dem 15. Jh.

Hier an der Kreuzung der historisch bedeutsamen Wege über den Fernpass und den Holzleitensattel, ist schon seit dem 3. Jahrhundert v. Chr. eine Siedlung nachgewiesen.

2 1,5 (865) An der darauffolgenden T-Kreuzung nach rechts, links bietet sich ein Abstecher zur Wallfahrtskirche an ⤳ bald nach rechts auf einen Karrenweg Richtung Imst ⤳ zunächst über Wiesen ⤳ danach durch ein Wäldchen parallel zur Holzleiten-Bundesstraße ⤳ kurz davor an einer Wegkreuzung links und wieder auf Asphalt.

3 3,7 (835) Nach einer Linkskurve durch die Straßenunterführung ⤳ beim Schotterwerk geradeaus in einen Forstweg ⤳ ohne große Höhenunterschiede immer etwas oberhalb des Waldrandes dahin.

4 6, (840) Bei einer Forsthütte weiter in der eingeschlagenen Richtung ⤳ immer auf dem flachen Hauptweg bleiben ⤳ an mehreren Abzweigungen und einer Thementafel zur Via Claudia vorbei.

Auf diesem Abschnitt verläuft der Forstweg direkt auf der Trasse der historischen Via Claudia Augusta, die nur wenige Zentimeter darunter begraben liegt. Im Strader Wald haben Archäologen in den letzten Jahren die Reste eines römischen Gasthofes erforscht, in dem normale Reisende einkehrten. Für im Staatsauftrag reisende Römer waren Straßenstationen (mansiones) eingerichtet.

Der Forstweg mündet in die Hauptstraße des Tarrenzer Ortsteils Strad.

Strad (Tarrenz)

5 8,9 (815) Im Dorfzentrum links auf ein Sträßchen Richtung Kneippanlage ⤳ dem Waldrand nach rechts folgen ⤳ nach knapp 1 km an der **Kneippanlage** vorbei.

Kneippanlage Frauenbrunnen mit Barfußpfad

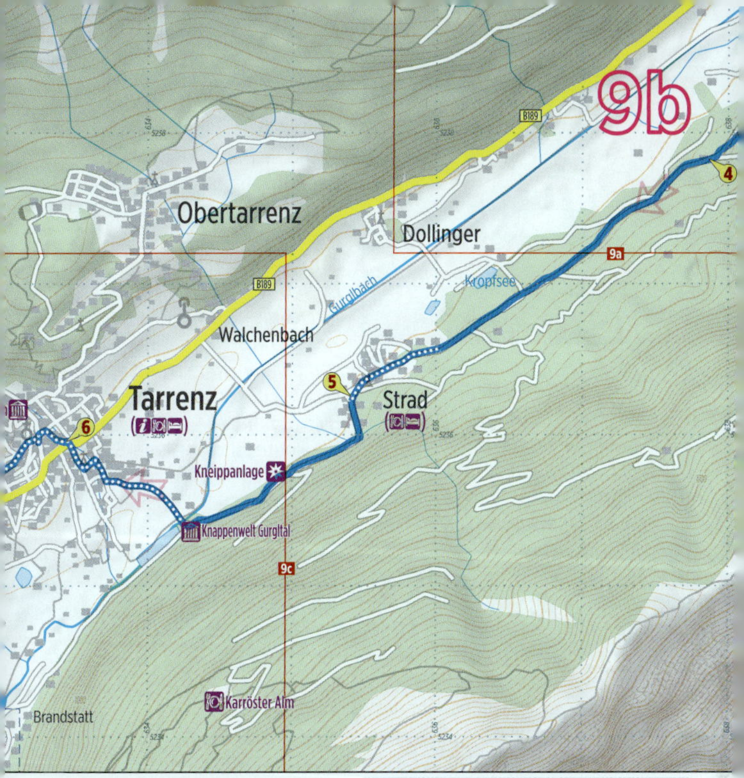

Die Route wendet sich nach rechts über eine Brücke.

TIPP: Links vor der Brücke befindet sich das Ausflugsziel Knappenwelt Gurgltal.

Knappenwelt Gurgltal & Heilerin vom Strader Wald, Tschirgant 1, ✆ 63023. Neun authentisch errichtete Gebäude laden zum Entdecken des faszinierenden Lebens der Bergknappen ein. *www.knappenwelt.at*

Weiter nach Tarrenz ⇝ links über einen Bach ⇝ gleich darauf an einer T-Kreuzung rechts.

Tarrenz

PLZ: 6464; Vorwahl: 05412

Imst-Tourismus, Ortsstelle Tarrenz, Hauptstr. 14, ✆ 69100

Tarrenzer Heimatmuseum, Schulgasse, ✆ 0650/4437431. In einem alten Bauernhaus untergebracht, werden hier Gegenstände aus dem 17. und 18. Jh. gezeigt. Originalräume, wie Küche, Kammer und Stube sind erhalten. Außerdem ist im Gebäude eine Galerie untergebracht.

Das sogenannte Hexendorf Tarrenz ist in rätoromanischer Weise dicht ver-

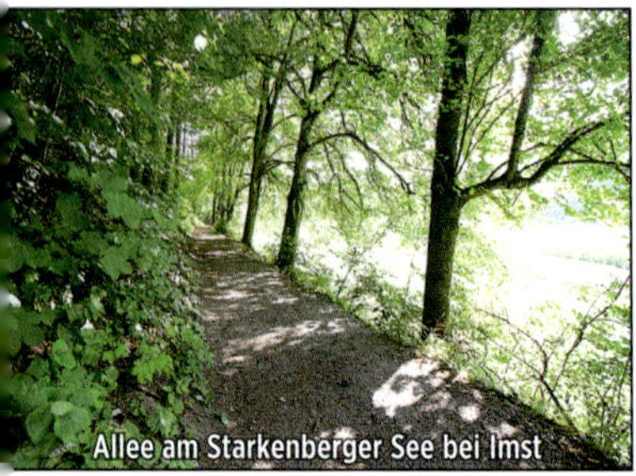

Allee am Starkenberger See bei Imst

baut. Auch hier, zwischen den Fastnachtsmetropolen Imst und Nassereith, hat die Fasnacht eine große Tradition. Außerdem war die Gemeinde einst ein Dorf der Nagelschmiede und hat große Bergbautradition. Neben Kitzbühel und Schwaz war hier eine der bedeutendsten Bergbauregionen Tirols.

6 11,8 (815) Die Bundesstraße etwas nach links versetzt überqueren ⤳ in die **Mittergasse** ⤳ an einer Gabelung links weiter der Mittergasse folgen ⤳ am Brunnen geradeaus weiter in ein steilansteigendes Gässchen ⤳ auf halber Höhe rechts zur Kirche hinauf ⤳ oben angelangt links ⤳ an einer Gabelung, die am Beginn durch eine Leitplanke geteilt wird, rechts ⤳ bergauf zur **Brauerei Schloss Starkenberg**.

Schloss Starkenberg

Schlossbrauerei Starkenberg & Biermythos, Griesegg 1, im ehemaligen Schloss der Starkenberger. Hier wird das meistprämierte Bier Österreichs gebraut. Folgende Angebote: Brauereiführungen, Rundgang im Kellergewölbe, Erlebniswelt zur Geschichte des Brauens, Ausstellung und Brauereigasthof.
www.starkenberger.at/bier-mythos.html

Schloss Starkenberg

Das Rittergeschlecht der Starkenberger war einst einflussreichster Grundbesitzer im Tiroler Oberland. Die Burg Altstarkenberg stammt aus dem 12. Jahrhundert. Neustarkenberg wurde im 14. Jahrhundert zum Schutz der Via Claudia Augusta erbaut. 1780 erwarb die Imster Kaufmannsfamilie Strele die Burg und erweiterte sie zu einem Schloss. 1810 erhielt man von der damaligen französischen Besatzung die Erlaubnis, gewerbsmäßig Bier zu brauen.

Die Route führt am Areal Starkenberg links weiter ⤳ bald nach dem Fahrverbot einmal links halten und durch eine Allee.

TIPP: Hier treffen Sie auf die erste Waalrinne zur Bewässerung, von denen in Südtirol noch einige folgen. Sie zeigt, dass es im „Meran des Nordens" im Sommer relativ trocken sein kann.

Am **Starkenberger See** entlang ⤳ danach nochmals links halten ⤳ an einem Parkplatz beim ersten Haus rechts abbiegen ⤳ am Waldrand entlang.

7 14,4 (935) Die **Hahntennjochstraße** bei einer Kehre überqueren und auf einem Schotterweg bergauf ⤳ oben angelangt, der **Gafiailgasse** talwärts folgen, die direkt ins alte Zentrum von Imst hineinführt ⤳ bei der Aufbewahrungskapelle an der Pfarrkiche rechts in die **Voglhändlergasse** ⤳ über drei kleine Kreuzungen immer geradeaus ⤳ an der Kreuzung mit der etwas breiteren Straße geradeaus weiter über die Brücke ⤳ danach folgt eine

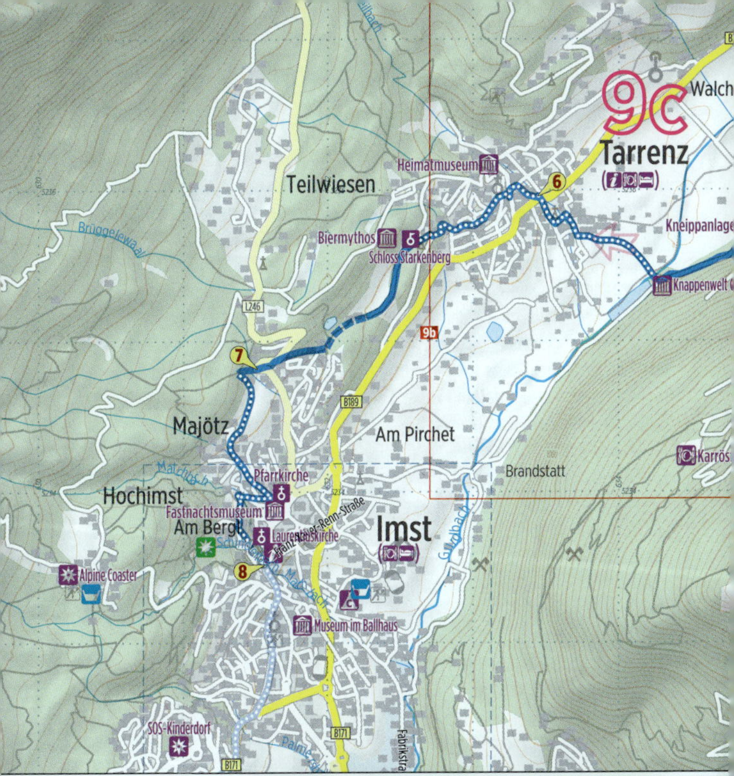

Straßenkehre ⤳ an der **Pestkapelle** vorbei ⤳ bevor es wieder steiler bergab geht, links auf einen Weg zur **Laurentiuskirche** ⤳ von dort über einen Steig direkt ins Zentrum.

8 16,4 (810) Etappenende im Zentrum von Imst.

Imst

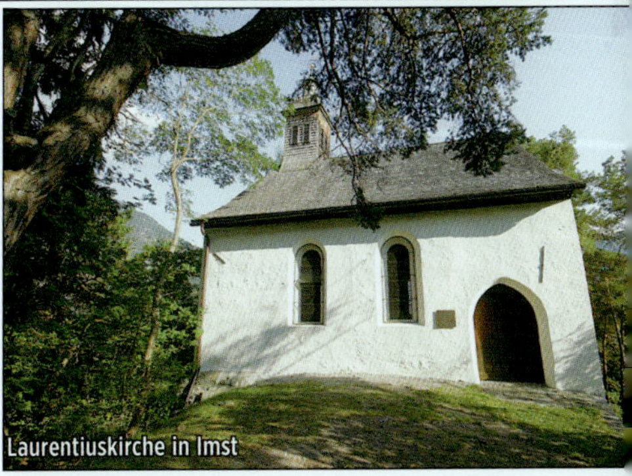
Laurentiuskirche in Imst

Imst

PLZ: 6460; Vorwahl: 05412

Imst Tourismus, Johannespl. 4, ✆ 69100, *www.imst.at*

Museum im Ballhaus, Ballg. 1, ✆ 64927. Das Museum veranschaulicht die so reiche Geschichte von Imst. Kunstwerke und Alltagsgegenstände begleiten als „Fundstücke" die Zeitreise von der Urnenfelderkultur über den Bergbau und das Zunftwesen im Mittelalter zum Vogelhandel sowie barockem bis modernem Kunstschaffen in Imst. Sonderausstellungen im Dachgeschoss.

Haus der Fasnacht, Streleweg 6, ✆ 6910. Eine lebendige Präsentation eines archaischen Brauchs – dem Imster Schemenlaufen. Alte und neue Masken, eine beeindruckende Filmpräsentation und eine ausgeklügelte Diashow lassen die Imster Fasnacht täglich erleben.
www.fasnacht.at

Pfarrkirche Maria Himmelfahrt, Oberstadt. Der um 1350 errichtete Bau zeigt vom Äußeren her Züge der Gotik mit Treppengiebel und Fensterrose, ein mächtiger Christophorus von 1495 ist von den äußeren Wandfresken erhalten. Der mit 84,5 m höchste Kirchturm Nordtirols wurde um 1900 in seiner ursprünglichen Form wiederhergestellt. Der Innenraum der Kirche ist heute größtenteils neugotisch ausgestattet.

Laurentiuskirche, Kalvarienberg. Die ursprünglich romanische Kirche wurde im 18. Jh. umgebaut. Um 1960 fand man unter der Kirche eine kristalline Platte mit Christogramm aus dem 5. Jh. sowie schöne Fresken aus dem 14. Jh.

Spätgotische, doppelstöckige **St. Michaels-Kapelle** im Friedhof (1490), die Oberkirche besitzt runde Maßwerkfenster, ein schönes Portal und ein Rippennetz. In der Altarnische ist noch ein guterhaltenes Wandfresko zu sehen.

Stationskapellen, zwischen Heilig-Grab-Kapelle und Pestkapelle. Die 7 Stationskapellen (17. Jh.) führen über die Laurentiuskirche zur Pestkapelle, einem in Tirol einmaligen Bau aus Stein und Holz mit gemauertem Altarraum.

SOS-Kinderdorf, ✆ 66234, ÖZ: Spaziergang durch das Dorf und Besuch des Grabes von Hermann Gmeiner ist möglich, angemeldete Besucher werden betreut. 1949 wurde von Hermann Gmeiner in Imst das 1. SOS-Kinderdorf der Welt gegründet. Die Vision, Kindern die Wärme und Geborgenheit der Familie, Ausbildung und Chance und eine Zukunft zu geben, ist heute rund um den Globus Wirklichkeit.

Imster Bergbahnen und Alpine Coaster, Hoch-Imst 19, ✆ 66322. Die längste Alpen-Achterbahn der Welt. Auf Schienen geht es 3,5 km talwärts – bis zu 6 m oberhalb des Bodens. Die Imster Bergbahnen bringen Sie mit zwei Doppelsesselbahnen auf 2.100 m.
www.imster-bergbahnen.at/de/sommer/

Rosengartenschlucht, Eingangsbereich bei der Johanneskirche. Auf einer Länge von 1,5 km gräbt sich der Schinderbach von der Blauen Grotte (einem handgeschlagenen Stollensystem aus dem 15. Jh., wo nach silberhältigem Bleiglanz gesucht wurde) bis zur Johanneskirche eindrucksvoll durch die Felsrücken der Imster Mittelgebirgsterrassen. Neben geologischen Besonderheiten oder den Kolken im Bachlauf auch zahlreiche seltene Pflanzen- und Tierarten.

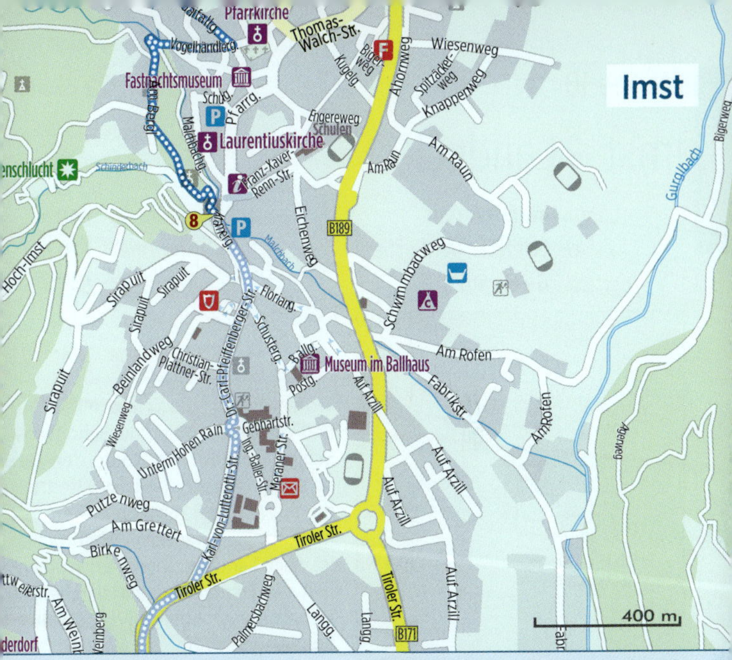

Der Besuch der Schlucht ist kostenlos. In den Sommermonaten finden geologisch-botanische Führungen statt.

Die Stadt Imst an der Einmündung des Gurgltales in das Oberinntal wird wegen seiner klimatisch begünstigten Lage am Sonnenhang auch als das „Meran Nordtirols" bezeichnet. Die erste Besiedlung erfolgte in der Bronzezeit, später war hier die römische Straßenstation „Humiste". Urkundlich wird Imst 763 erstmals als „oppidum (opido) humiste" (hervorsprudelnde Quelle) erwähnt.

Im 15. und 16. Jahrhundert brachten die rege Handelstätigkeit und die Blüte des Bergbaus wirtschaftlichen Aufschwung. Nach dessen Niedergang geringere Bedeutung als Textilindustriestandort. Die Imster Vogelhändler, die gezüchtete Singvögel in ganz Europa verkauften, sind in der bekannten Operette „Der Vogelhändler" verewigt. Der Anschluss an die 1881-84 erbaute Arlbergbahn erfolgte ziemlich spät. Erst der moderne Tourismus brachte wieder Belebung.

Die Bezirkshauptstadt Imst gilt auch als Stadt der Brunnen – 40 Brunnen, davon 18 historische, schmücken das Stadtbild.

Etappe 10 **22,9 km**

Imst – Landeck

Start: Imst, Zentrum
Ziel: Landeck, Pfarrkirche
Gehzeit: 6 - 6½ Std.

Aufstieg: 640 m
Abstieg: 620 m
Hartbelag: 54 %
Wanderwege: 43 %
Wanderpfade: 3 %

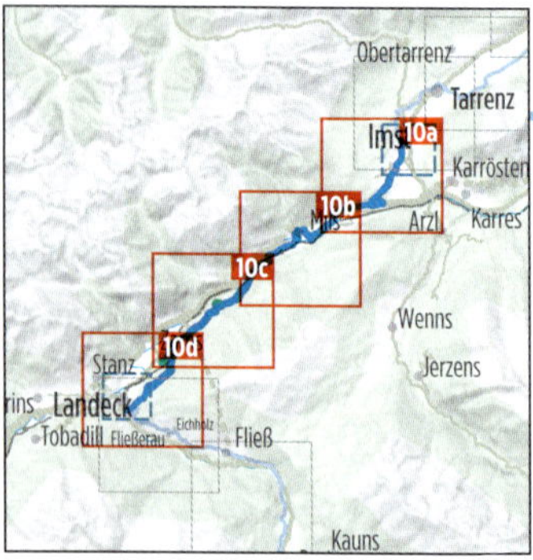

Charakteristik: Diese Etappe führt durch das Inntal nach Landeck. Zunächst geht es auf den Spuren der Römerstraße aus Imst hinaus, einen Forstweg den Hang entlang und dann ins Tal hinunter, wo die Route auf den Inn-Radweg trifft. Auf diesem geht es vorbei am Erlebnisdorf Trofana Tyrol, durch die Milser Au und die Dörfer Mils und Schönwies. Schließlich führt die Route den Gegenhang hinauf und größtenteils durch Wald, der nur von Lichtungen mit einzelnen Häusern unterbrochen ist, nach Landeck. Direkt am Weg liegen die Marien-Wallfahrtskirche unterhalb der Kronburg und das Naherholungsgebiet Tramser Weiher.

Öffentliche Verkehrsmittel: Stündliche Busverbindung zwischen Imst-Postamt und Landeck.

Imst

1 0,0 (810) Durch das Zentrum der **Kramergasse** und der **Dr.-Carl-Pfeiffenberger-Straße** folgen ↝ am Kreisverkehr rechts ↝ auf der **Karl-Von-**

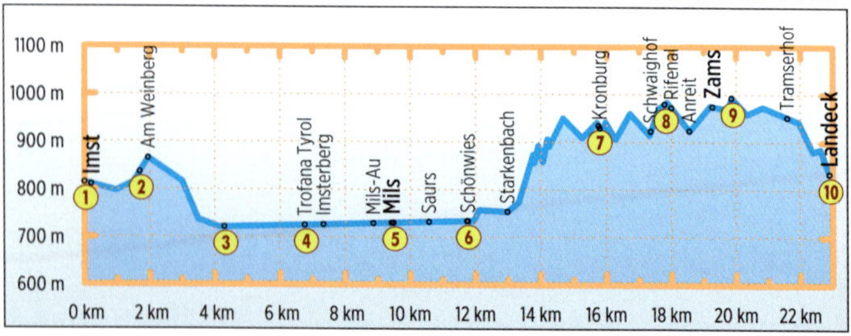

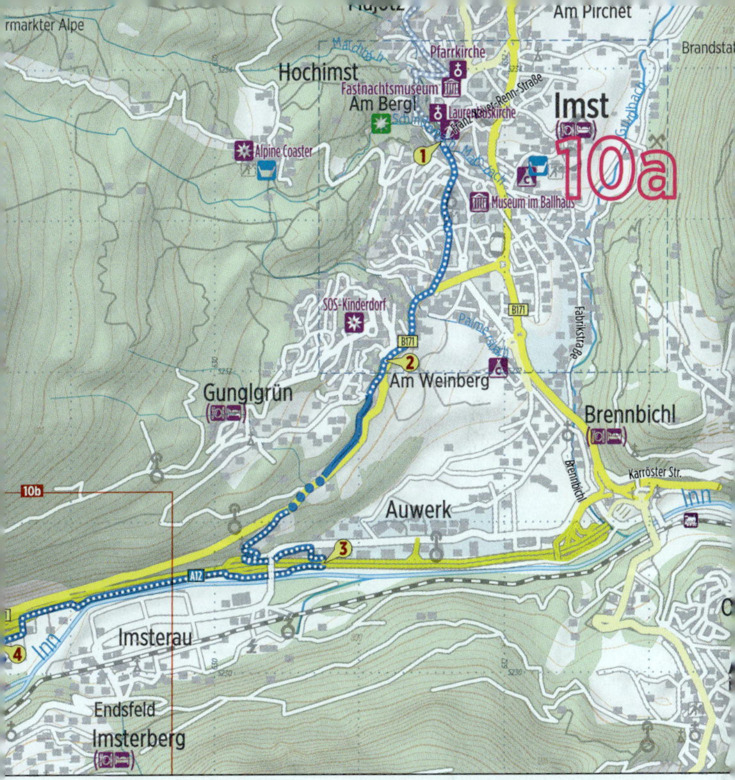

Lutterotti-Straße zur Bundesstraße Richtung Landeck ⤳ dieser kurz folgen.

2 1,7 (835) An der Einfahrt 5 rechts Richtung Gunglgrün Sonnberg ⤳ bald links in den **Römerweg**, der zunächst noch asphaltiert ist ⤳ später wieder einige Zeit an der Straße entlang ⤳ dann links dem Sträßchen Richtung Gschnallenhöfe folgen.

Gschnallenhöfe

Danach immer auf dem asphaltierten Fahrweg bleiben ⤳ am Talboden angelangt, kurz an der Hauptstraße entlang ⤳ dann rechts dem Radwegschild folgen.

3 4,3 (720) In einer engen Röhre unter der Autobahn durch ⤳ danach gleich rechts dem Inn-Radweg folgen ⤳ unter einer Brücke durch ⤳ zwischen Inn und Autobahn dahin.

Erlebnisdorf Trofana Tyrol, An der Au 1, ✆ 05418/6010. Mit frei zugänglichem Abenteuer- und Tierpark, mehrfach prämierter Raststätte mit vielfältiger Gastronomie und einem breiten Angebot an regionalen Köstlichkeiten. *www.trofanatyrol.at*

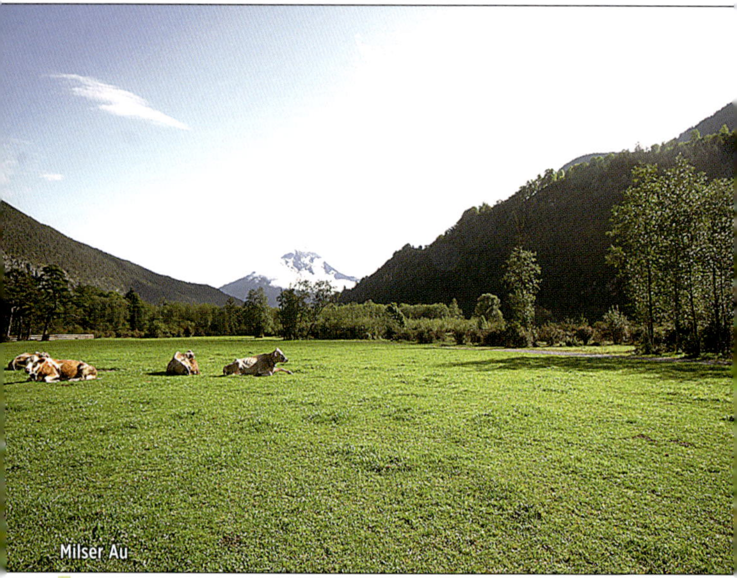
Milser Au

4 6,8 (725) Vis-à-vis des Eingangs ins Erlebnisdorf führt die Route links in die **Milser Au**.

Milser Au. Einst war der gesamte Inn von Auwäldern umgeben. Heute ist die 36,8 ha umfassende Milser Au die größte noch erhaltene Aulandschaft im oberen Inntal.

Bald rechts und durch ein Tor ⇝ gleich danach links ⇝ die Route führt über einen Wiesenweg, dann wieder über Schotter zum Sportplatz von **Mils bei Imst** ⇝ unmittelbar davor rechts und am Fußballfeld entlang ⇝ durch ein Gatter und dann links ⇝ bei der ersten Gelegenheit wieder rechts ⇝ an der T-Kreuzung links und dann gleich wieder rechts ⇝ an der T-Kreuzung mit dem Radweg links ⇝ über die Bundesstraße, danach einmal rechts.

Mils bei Imst

PLZ: 6491; Vorwahl: 05418

Imst Tourismus, 6460 Imst, Johannespl. 4, ✆ 69100, *www.imst.at*

Pfarrkirche Hl. Sebastian. Eine ursprünglich bestehende Kapelle zu Ehren des Pestheiligen wurde im 19. Jh. zur Kirche umgebaut.

Am **Milser Gstoag**, dem Abstieg vom Galgenbichl (ehemalige Richtstätte), kamen 1934 durch eine Sprengung Reste einer mittelalterlichen Geleisestraße zum Vorschein.

5 9,5 (730) An der Dorfstraße links ⇝ gegen Ende des Dorfzentrums links abbiegen, am Friseur und der Schule vorbei ⇝ einmal links halten ⇝

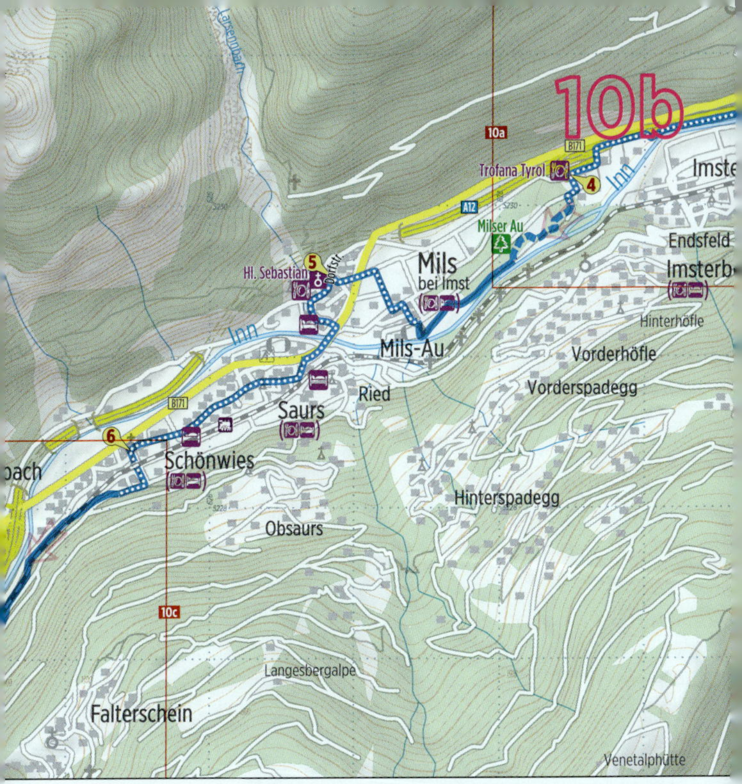

durch die Unterführung, gleich danach rechts und über die Innbrücke. Am Ortseingang von **Schönwies** bei einem Rastplatz leicht links in ein ruhiges Sträßchen ⇝ an einer Kapelle geradeaus in eine verkehrsberuhigte Zone parallel zur Dorfstraße.

Schönwies

Imst Tourismus, 6460 Imst, Johannespl. 4, ✆ 05412/69100, *www.imst.at*

6 11,7 (735) Bei der Kirche links ⇝ durch eine Bahnunterführung ⇝ knapp 100 m danach rechts ⇝ im Bereich der letzten Häuser zweigt die Route rechts auf einen Karrenweg ab ⇝ zunächst parallel zur Eisenbahn ⇝ dann leicht ansteigend am Hang entlang ⇝ durch eine Kehre ⇝ bald danach an einer Wegkreuzung rechts Richtung Kronburg ⇝ der Weg wird kurz schmäler und führt über die tief eingeschnittene Schlucht des Kronburger Baches ⇝ auf breiterem Weg zur Einmündung in den Fahrweg Richtung Kronburg ⇝ hier halblinks weiter.

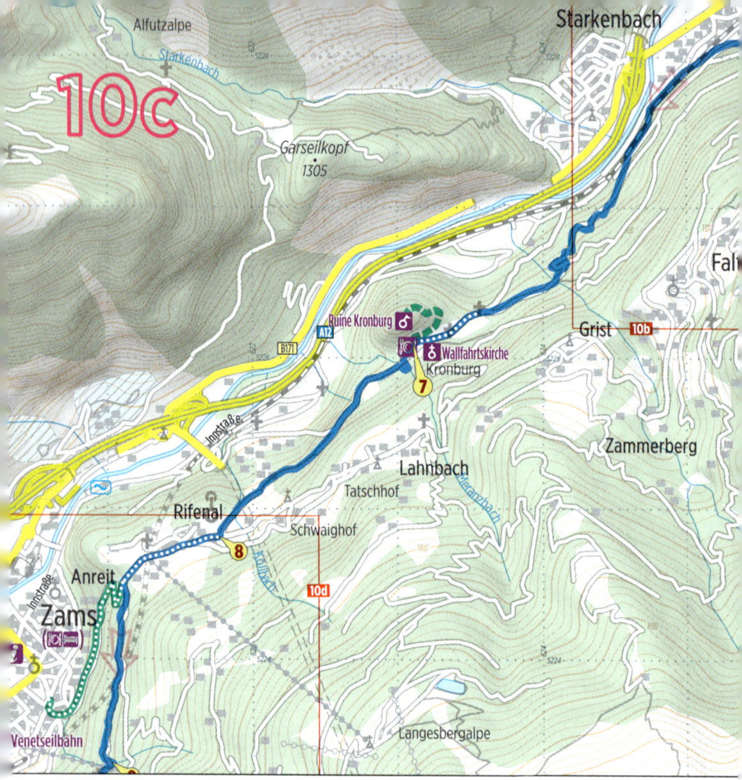

Kronburg

Klostergasthof, Kronburg 103-107, ✆ 05442/63345, ÖZ: Di-So, *www.kronburg-tirol.at*

Ruine Kronburg. Beeindruckend ist der Anblick auf die Kronburg, die 1380 von den Starkenbergern, damals eine der mächtigsten Adelsfamilien in Tirol, erbaut wurde. Vom Verfall bedroht, wurde sie 1985 restauriert. Unterhalb befindet sich der Marien-Wallfahrtsort Kronburg.

Das ehemalige Klösterle hatte schon ab dem Baubeginn des Klostergebäudes 1846 mit andauernden Schwierigkeiten zu kämpfen. Erst gegen Ende des 19. Jahrhunderts erlebte es einen Aufschwung. 1933 brannten Gasthaus, Stall- und Stadelgebäude ab. Ab den 1950er Jahren traten Probleme mit dem Nachwuchs auf. Wegen zusätzlicher finanzieller Schwierigkeiten wurde das Kloster 2005 geschlossen und ist heute als Veranstaltungsort im Besitz der Barmherzigen Schwestern von Zams.

7 **15,8 (935)** Beim ehemaligen Kloster geradeaus weiter ~ über einen weiteren, tief eingeschnittenen Bach ⤳ am unteren Rand einer Wiese entlang ⤳ ohne große Höhenunterschiede weiter durch Wald.

8 17,8 (980) Im Zammer Ortsteil **Rifenal** rechts.

Rifenal (Zams)

Auf der Asphaltstraße flach an den Häusern vorbei ⤳ bald nach Beginn des Gefälles zweigt links ein Schotterweg Richtung Trams ab.

AUSFLUG: Wenn Sie hingegen der Straße weiter bergab folgen, kommen Sie ins Städtchen Zams.

Zams

PLZ: 6511; Vorwahl: 05442

Tourismusverband TirolWest, Hauptpl. 6, ✆ 65600, *www.tirolwest.at*

Genussberg Venet, ✆ 62663. Die **Venetseilbahn** fährt in 8 Min. von 780 m auf 2.200 m Höhe zum Krahberg im Venetmassiv – dem bekanntesten Aussichtspunkt der Westtiroler Bergwelt mit sei-

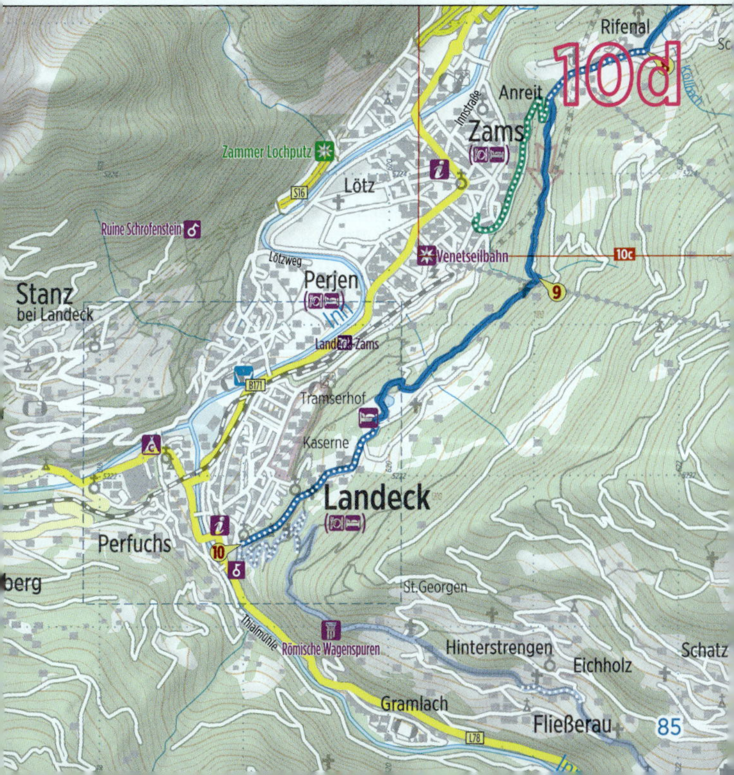

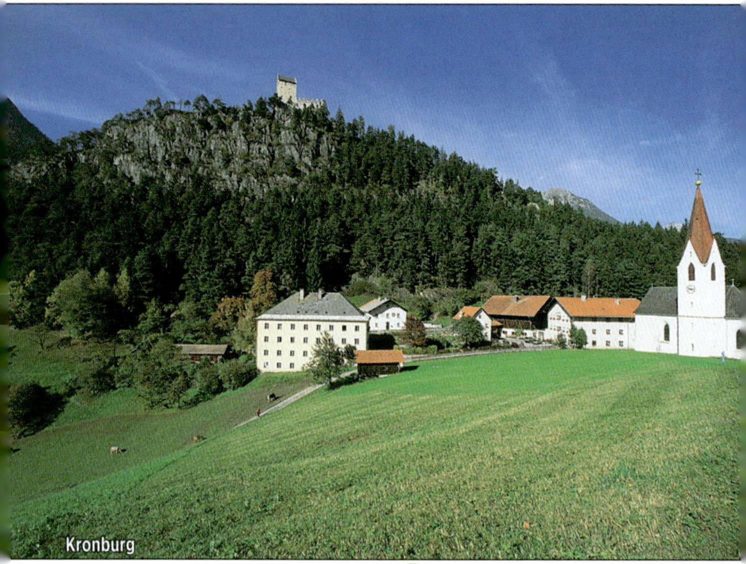
Kronburg

nem unvergesslichen Rundum-Panoramablick.
www.tirolwest.at/venet-bahn.html

Zammer Lochputz-Klamm, ÖZ: Mai-Sept., 9.30-17.30 Uhr, Okt. 10-17 Uhr. In jahrtausendelanger Arbeit hat sich der Lötzbach tief in den Untergrund gegraben und damit die Klamm geschaffen. Der Wasser-Erlebnis-Steig macht die mystische Klamm mittels Stollen und Brücken zugänglich. Highlight ist ein 30 m hoher Wasserfall. Am Eingang (im Ortsteil Lötz) befinden sich Tirols erstes Schaukraftwerk, Informationen über Wassermythen aus aller Welt und eine Kneippanlage.

Auf der Hauptroute nach 600 m auf der rechten, flacheren Möglichkeit weiter.

9 19,9 (995) Nach einem Graben unter der **Venetbahn** durch ⇝ nach dem **Tramser Weiher** und einem kleinen Hügel nach links ⇝ beim **Hotel Tramserhof** beginnt wieder eine Straße, der man bis nach **Landeck** folgt.

10 22,9 (835) Etappenende an der Pfarrkirche.

Landeck

Landeck

PLZ: 6500; Vorwahl: 05442

Tourismusverband TirolWest, Malserstr. 10, ✆ 65600, *www.tirolwest.at*

Museum Galerie Schloss Landeck, Schlossweg 2, ✆ 63202. Museum „Bleiben oder Gehen. - Die bewegte Geschichte des Tiroler Oberlandes“, ein Heimatmuseum der anderen Art lässt die Gäste in der Burg aus dem 13. Jh. in die Geschichte unserer Vorfahren eintauchen, in ihren Kampf ums Überleben. Die Geschichten dieser Zeit werden im Schloss Landeck erzählt. Die Galerie bietet Einblick in die zeitgenössische Arbeiten regionaler Künster. *www.schlosslandeck.at*

6 **Schloss Landeck**, Schlossweg, ✆ 63202. Die im 13. Jh. erbaute Burg mit dem gewaltigen Bergfried war Sitz der landesfürstlichen Pfleger, um 1530 entstand unter Kaiser Maximilian I. das spätgotische Hallengewölbe über dem Hof und das Renais-

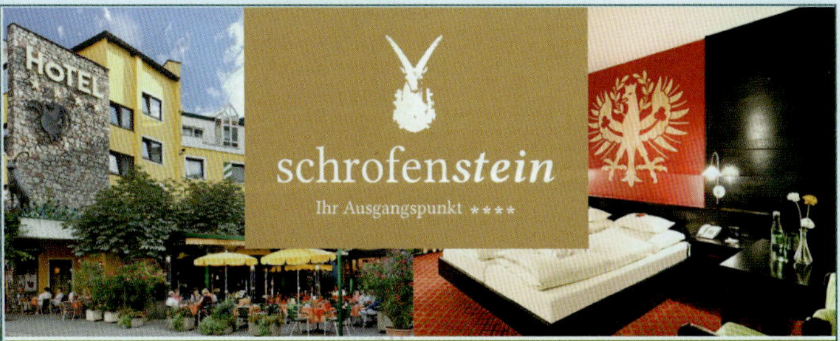

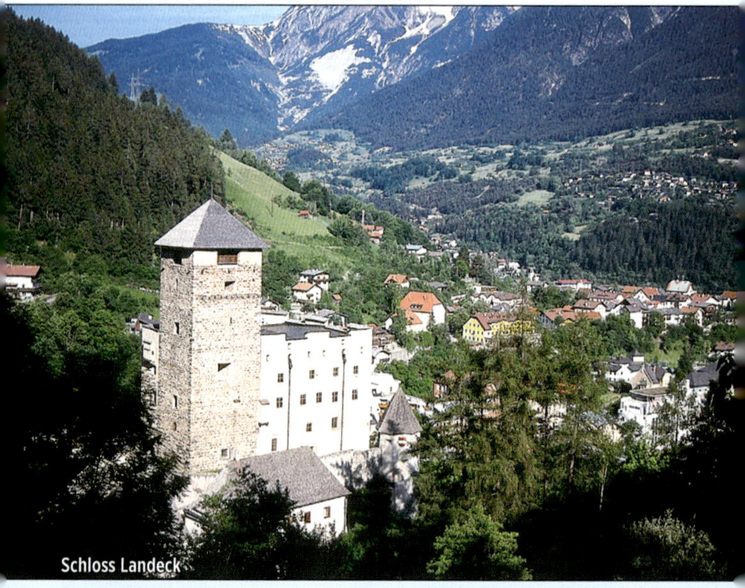

Schloss Landeck

sance-Tor. Die heutige Form des Schlosses entstand nach einem Brand im 18. Jh. Bis 1840 Gerichtssitz, nach 1949 restauriert. *www.schlosslandeck.at/*

Stadtpfarrkirche, Schulhauspl. 4. Der spätgotische, dreischiffige Bau der Liebfrauenkirche entstand zw. 1471 und 1521, Treppengiebel und Helm von 1861. Die heute neben Seefeld und Schwaz bedeutendste gotische Kirche in Nordtirol war eine Stiftung des Ritters Oswald von Schrofenstein, an ihn erinnern Grabstein und Gruftplatte.

Burschlkirche, Burschlweg, ÖZ: Besichtigung nur im Rahmen der Stadtführung. Die ehemalige Pestkirche wurde um 1650 aufgrund eines Gelöbnisses erbaut und verfügt über eine Holzkassettendecke im Stil der Renaissance sowie drei bemerkenswerte Altäre. Eingang, Fenster und Chorraum sind gotisch.

Ruine Schrofenstein, 2 km nördlich. Bereits 1196 erwähnt. Das Geschlecht der Schrofensteiner erlosch 1546. Heutige Anlage mit herrlichem Ausblick in Privatbesitz.

Gerberbrücke, am Inn unterhalb des Schlosses. 1703 Schauplatz der Tiroler Freiheitskämpfe, Gedenktafel für Dominikus Tasch.

Die kleine Stadt an des Landes Eck ist Bezirksstadt der tourismusintensivsten Region Tirols. Rund um Landeck gibt es einige vorrömische Siedlungsspuren. Schon in der Römerzeit war der Talkessel mit der Via

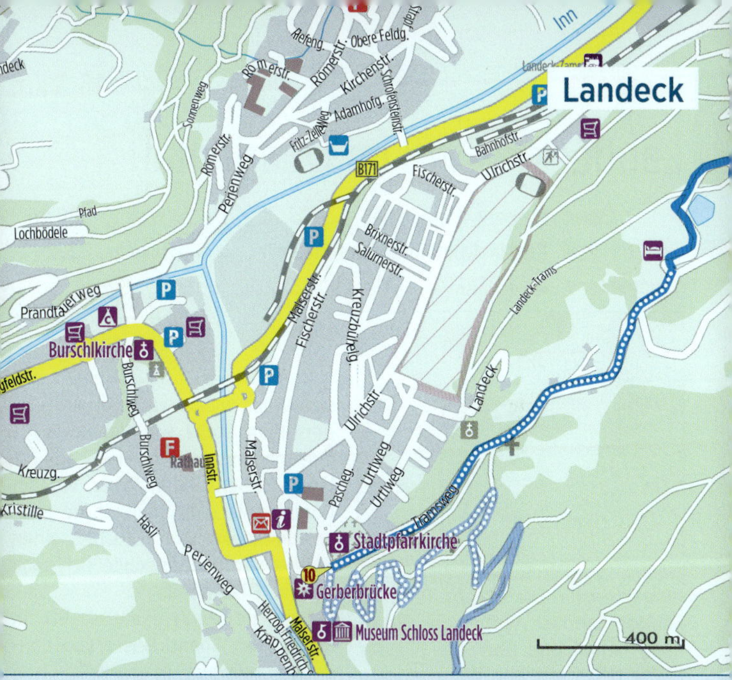

Claudia Augusta über den Reschenpass und dem Pfad über den Arlberg ein Verkehrsknoten. Im Mittelalter wurde dieser von den drei Burgen – Schloss Landeck, Schloss Schrofenstein und der Kronburg – ringsum kontrolliert. Die heutige Gemeinde Landeck entstand erst im 20. Jahrhundert durch Zusammenlegung der vier Orte Bruggen, Perfuchs, Angedair und Perjen. 1923 erhielt sie das Stadtrecht. Mit dem Schloss Landeck, dem alten Kino oder dem Stadtsaal hat die kleine Metropole einige kulturelle Treffpunkte. Das Fehlen eines großen Einkaufszentrums an der wegen der Enge des Tales kaum vorhandenen Peripherie sorgt für eine lebendige Innenstadt. Ein Tipp für Fans von qualitätsvollen Destillaten: Der sonnenbegünstigte Brennereiort Stanz oberhalb von Landeck ist für seine vielfach prämierten Edelbrände, aus denen auch die „Tiroler Edle" Schokolade handgeschöpft wird, bekannt.

Etappe 11 | 16,3 km

Landeck – Ried im Oberinntal

Start: Landeck, Pfarrkirche
Ziel: Ried im Oberinntal, Infoterminal
Gehzeit: 4 - 4½ Std.

Aufstieg: 490 m
Abstieg: 420 m
Hartbelag: 51 %
Wanderwege: 38 %
Wanderpfade: 11 %

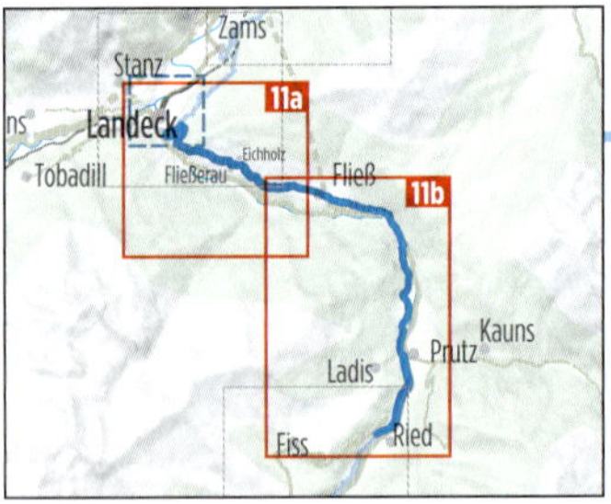

Charakteristik: Die Etappe führt an Schloss Landeck vorbei den Berghang hinauf und über die Fliesser Platte mit römischen Wagenspuren ins archäologische Mekka Tirols, die kleine Gemeinde Fließ. Über die Fließer Trockenhänge, eine der vielen Naturschönheiten des Naturparks Kaunergrat, führt die Route schließlich wieder zu Tal, quert – an derselben Stelle wie die Römer – den Inn und erreicht dann auf ruhigen Nebenstraßen Prutz, wo am Campingplatz die heilkräftige Sauerbrunnquelle wartet. Über einen Spazierweg geht es schließlich nach Ried im Oberinntal.

Öffentliche Verkehrsmittel: Bis in den frühen Abend Busse von Landeck – teilweise über Fließ – und Prutz nach Ried

Landeck

1 0,0 (830) Mit der Pfarrkirche im Rücken geradeaus auf dem **Schloßweg** hinauf zum **Schloss Landeck** hier an der Via-Claudia-Thementafel vorbei links auf eine Forststraße nach dem örtlichen Schießstand auf Schotter die Route folgt den Serpentinen.

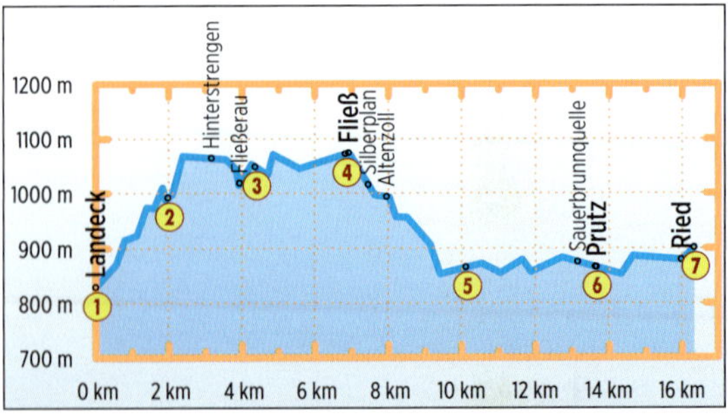

VARIANTE Sie können die Kehren auch abkürzen, indem Sie der Beschilderung Richtung Fließer Platte folgen.

2 2,0 (990) In einer Linkskehre geradeaus weiter ⤳ vorbei an einem Bildstock ⤳ bald darauf zur **Fließer Platte**, einem markanten Felsriegel.

Römische Wagenspuren. Auf der Fließer Platte sind eindrucksvoll römische Wagenspuren im Fels zu erkennen.

In einer Siedlung quert die Route die Straße ⤳ danach zwei Mal rechts halten ⤳ an der Einmündung in eine Straße links weiter.

3 4,4 (1.050) In der Linkskehre verlässt die Route wieder die Straße ⤳ geradewegs nach **Fließ** ⤳ vorbei an einer malerisch gelegenen kleinen Kapelle und der Nachbildung eines römischen Meilensteins ⤳ auf der Dorfstraße durch den Ort.

Fließ

PLZ: 6521; Vorwahl: 05449

Tourismusverband TirolWest, Dorf 120, ✆ 5234, *www.tirolwest.at*

Archäologisches Museum Fließ, Dorf 89, ✆ 20665. Im archäologischen Museum in Fließ sind Funde vom bronzezeitlich-eisenzeitlichen Brandopferplatz und römischen Kultplatz am Piller Sattel und der hallstattzeitliche Bronzehort von Fließ ausgestellt. *www.museum.fliess.at*

Dokumentationszentrum Via Claudia Augusta, Dorf 89, ✆ 20065. Besondere Schätze beherbergen die beiden Museen an der 2.000 Jahre alten Via Claudia Augusta. Im Dokumentationszentrum Via Claudia Augusta wird die römische Kaiserstraße dokumentiert. In den Vitrinen können Funde von der Via Claudia Augusta sowie eine Kopie der Tabula Peutingeriana, der einzigen erhaltenen römischen Straßenkarte, bewundert werden. *www.museum.fliess.at*

Naturpark Kaunergrat, Gachenblick 100, ✆ 6304. Zu den vielen Besonderheiten des Naturparks zählen u. a. die **Fließer Steppen-**

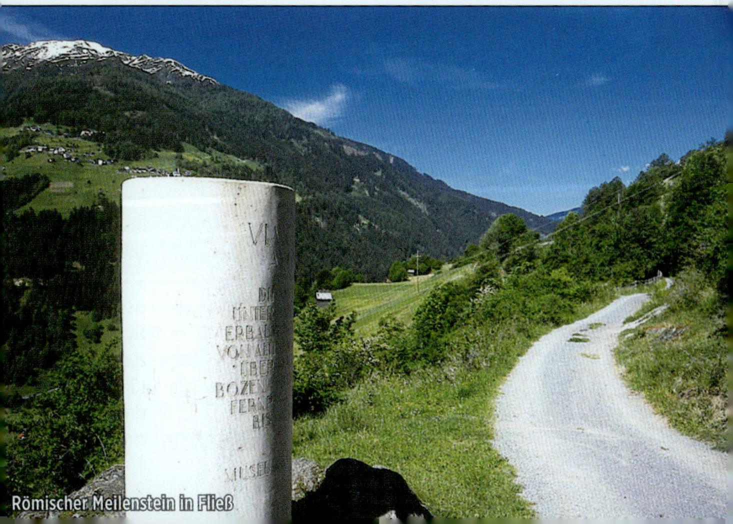

Römischer Meilenstein in Fließ

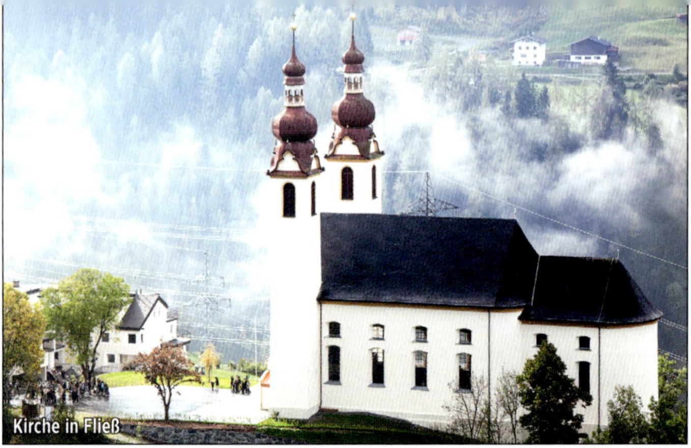

Kirche in Fließ

hänge mit 1.300 verschiedenen Schmetterlingsarten direkt an der Via Claudia, das **Piller Moor** oberhalb von Fließ und das **Naturparkhaus** am Gachen Blick. Dort gibt die außergewöhnliche Ausstellung „3.000 m vertikal" Einblick in den Lebensraum Naturpark.
www.kaunergrat.at

Auf dem kleinen, sonnenbegünstigten Plateau, südlich von Landeck, siedelten schon die Räter und dann die Römer, wovon zahlreiche Funde zeugen, die allesamt im Archäologischen Museum im Ort zu bewundern sind. Das Haufendorf besitzt die älteste Kirche der Region – hier fand man Grundmauern aus dem 6. Jahrhundert. Nach einem Großbrand im Jahre 1933 wurde Fließ wesentlich weitläufiger wieder aufgebaut. Heute ist der Ort einer der Eingänge zum Naturpark Kaunergrat.

4 6,9 (1.070) Geradeaus an der Kirche vorbei ⤳ 200 m danach bergab weiter ⤳ kurz vor der ersten Kehre links auf einen Karrenweg abzweigen ⤳ auf der historischen Originalroute wieder zum Talboden ⤳ dabei immer talwärts halten ⤳ unten angelangt die Straße queren ⤳ gegenüber zum Radweg hinunter ⤳ auf diesem nach links zur **Pontlatzbrücke** folgt.

Pontlatzbrücke

Wahrscheinlich stammt der Name vom lateinischen „pons latus" (lange Brücke) und weist daher auf eine Römerbrücke hin. Diese soll sich am gleichen Ort wie die heutige Brücke befunden haben, aber wegen der Felsen schräg über den Inn geführt haben und deshalb besonders lang gewesen sein. Ein Denkmal erinnert außerdem daran, dass an dieser Engstelle im Tiroler Freiheitskrieg französische Soldaten eingekesselt und geschlagen wurden.

5 10,1 (865) Über die Brücke ⤳ jetzt immer der alten Landesstraße folgen ⤳ unter einer Stromleitung durch ⤳ danach den Schwemmkegel queren ⤳ nach **Prutz** hinein ⤳ am Campingplatz vorbei, gleich gegenüber liegt die Sauerbrunnquelle.

Sauerbrunnquelle. Ihr Wasser soll unter anderem bei Gallenleiden helfen und wird in Flaschen abgefüllt verkauft. Zu verkos-

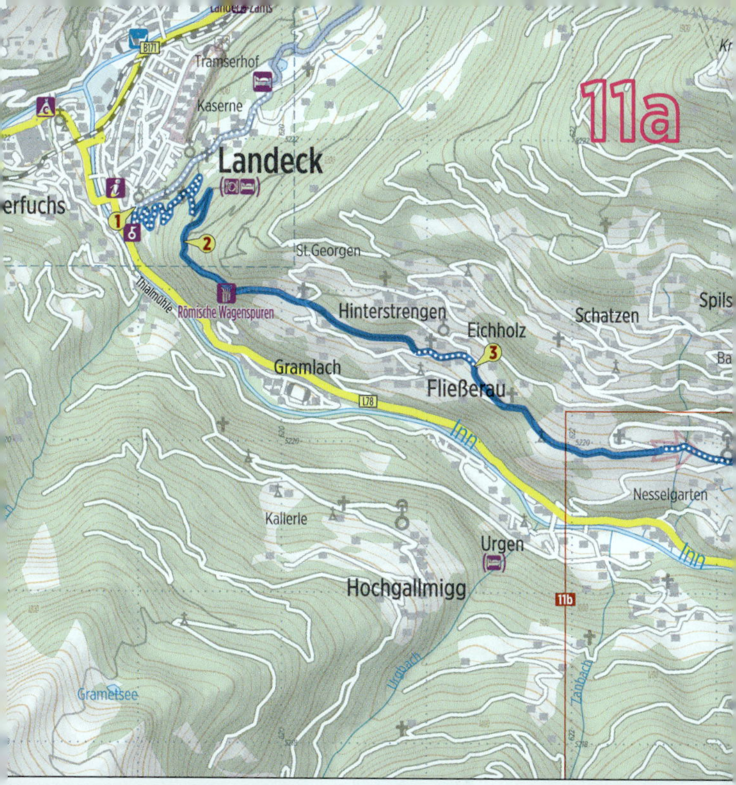

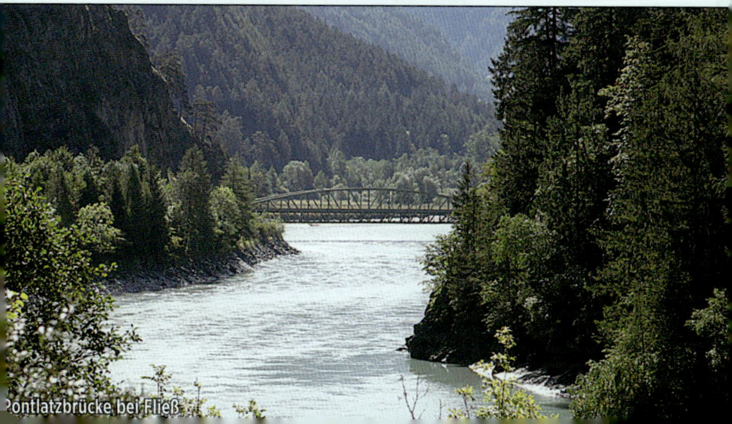

ontlatzbrücke bei Fließ

ten ist es u. a. im Hotel Post, dies befindet sich gleich hinter der Brücke am Beginn des Ortszentrums.

Prutz

PLZ: 6522; Vorwahl: 05472

Tourismusverband Tiroler Oberland, Kirchpl. 48, Ried im Oberinntal, ✆ 225100, *www.tiroler-oberland.com*

Pfarrkirche Maria Himmelfahrt. Spätgotische Kirche mit romanischem Turm, das Innere wurde im 17. Jh. barockisiert.

Prutz ist ein Zentralort am Schwemmkegel des Faggenbaches, am Ausgang des Kaunertales, was sich im ausgedehnten alten Ortskern widerspiegelt, der typisch für westtiroler Dörfer ist. Urkundlich schon 1028 erwähnt, war Prutz in der Karolingerzeit Raststätte und später Poststation.

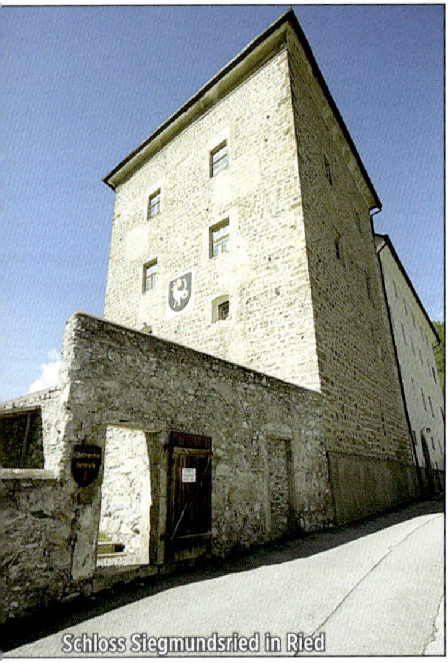

Schloss Siegmundsried in Ried

6 13,6 (865) An der Brücke gerade weiter (die Radroute führt in den Ort hinein) ~ direkt am rechten Innufer Richtung Ried.

7 16,3 (900) Etappenende an der Innbrücke bei **Ried**.

INS ZENTRUM: Wollen Sie ins Zentrum von Ried im Oberinntal, gehen Sie links über die Brücke.

Ried im Oberinntal

PLZ: 6531; Vorwahl: 05472

Tourismusverband Tiroler Oberland, Kirchpl. 48, ✆ 6421, *www.tiroler-oberland.com*

Pfarrkirche St. Leonhard, erstmals 1397 erwähnt, im 18. Jh. barockisiert und zu ihrer heutigen Größe erweitert.

Schloss Sigmundsried. Aus einem Turm zur Bewachung der historischen Straße zum Jagdschloss und Gerichtssitz ausgebaut. In der Eingangshalle sind Rankenmalereien und das Wappen der Herren von Ried aus dem 16. Jh. zu sehen, das heute das Gemeindewappen ist. Leider nur von außen zu besichtigen.

Badesee in schöner Lage mit Wald und weitläufigen Liegeflächen.

Auch in Ried weisen reiche bronzezeitliche und römische Funde auf eine frühe Besiedelung hin. Das Dorf entstand rund um einen Turm, von dem aus die wichtige Straßenverbindung überwacht wurde. Die erste urkundliche Erwähnung stammt aus dem 12. Jahrhundert. Ab dem 17. Jahrhundert war das Schloss Siegmundsried Verwaltungssitz und Sitz des Gerichtes, das der Region, zwischen Landeck und Nauders, den Namen „Oberes Gericht" gab. Heute ist Ried zweisaisonales Tourismuszentrum.

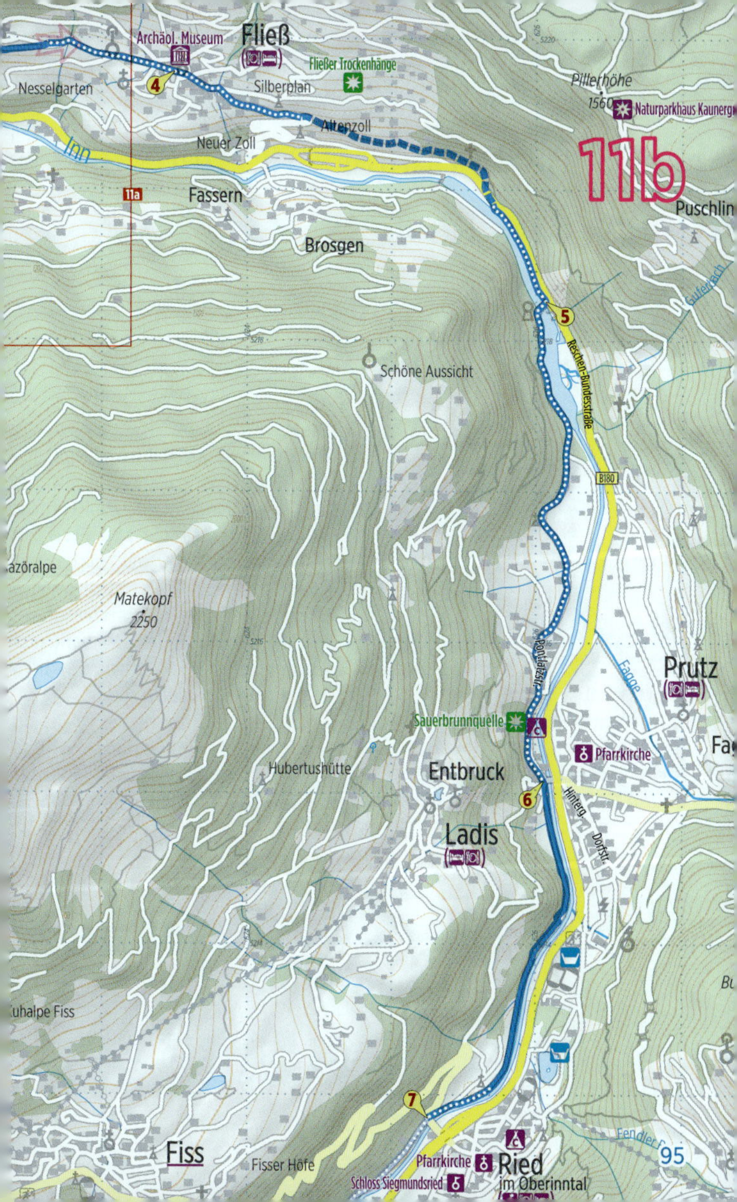
11b
Archäol. Museum
Fließ
Fließer Trockenhänge
Nesselgarten
Silberplan
Pillerhöhe
1560
Naturparkhaus Kaunerg
Altenzoll
Neuer Zoll
Inn
11a
Fassern
Brosgen
Puschlin
Gufer
Reschen-Bundesstraße
Schöne Aussicht
B180
Matekopf
2250
Pontlatzstr.
Prutz
Fagge
Sauerbrunnquelle
Pfarrkirche
Hubertushütte
Entbruck
Ladis
Hinterg.
Dorfstr.
Fiss
Fisser Höfe
Pfarrkirche
Ried
im Oberinntal
Schloss Siegmundsried

Etappe 12 — 21,7 bzw. 26,6 km

Ried im Oberinntal – Hochfinstermünz bzw. Nauders

Start: Ried im Oberinntal, Infoterminal
Ziel: Hochfinstermünz bzw. Nauders, Tourist-Information
Gehzeit: 6½ - 7 Std.

Aufstieg: 880 m
Abstieg: 650 m
Hartbelag: 23 %
Wanderwege: 33 %
Wanderpfade: 44 %

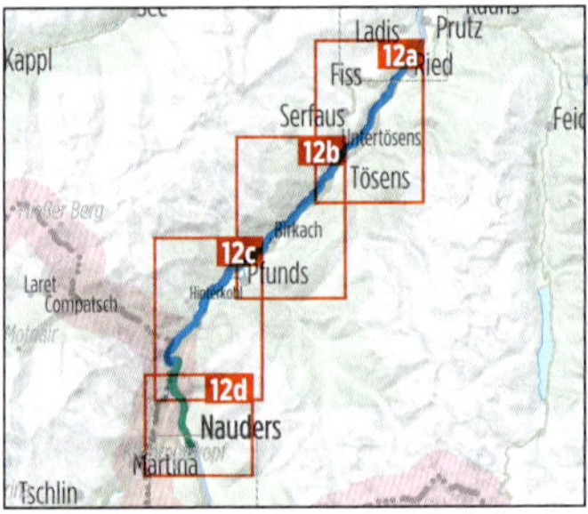

Charakteristik: Von Ried geht es auf wunderschönen Steigen und Forstwegen am Inn entlang bis Tösens, wo die Route über eine mittelalterliche Steinbrücke führt. Auf der alten Landesstraße wandern Sie am Hang entlang durch kleine Dörfchen nach Pfunds, weiter über den Modellpark Mini-Fundus, dann zwischen Straße und Fluss zur Innüberquerung bei der mittelalterlichen Zollstation Finstermünz. Danach steigen Sie hinauf zur Reschenstraße. Um den anschließenden sehr verkehrsreichen Abschnitt zu vermeiden, fahren Sie mit dem Bus nach Nauders.

Öffentliche Verkehrsmittel: Bis in den frühen Abend verkehren Busse vom Postamt Pfunds oder von der Kajetansbrücke nach Nauders.

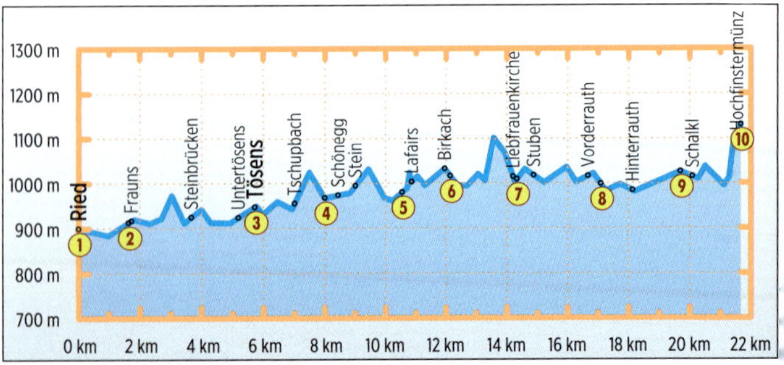

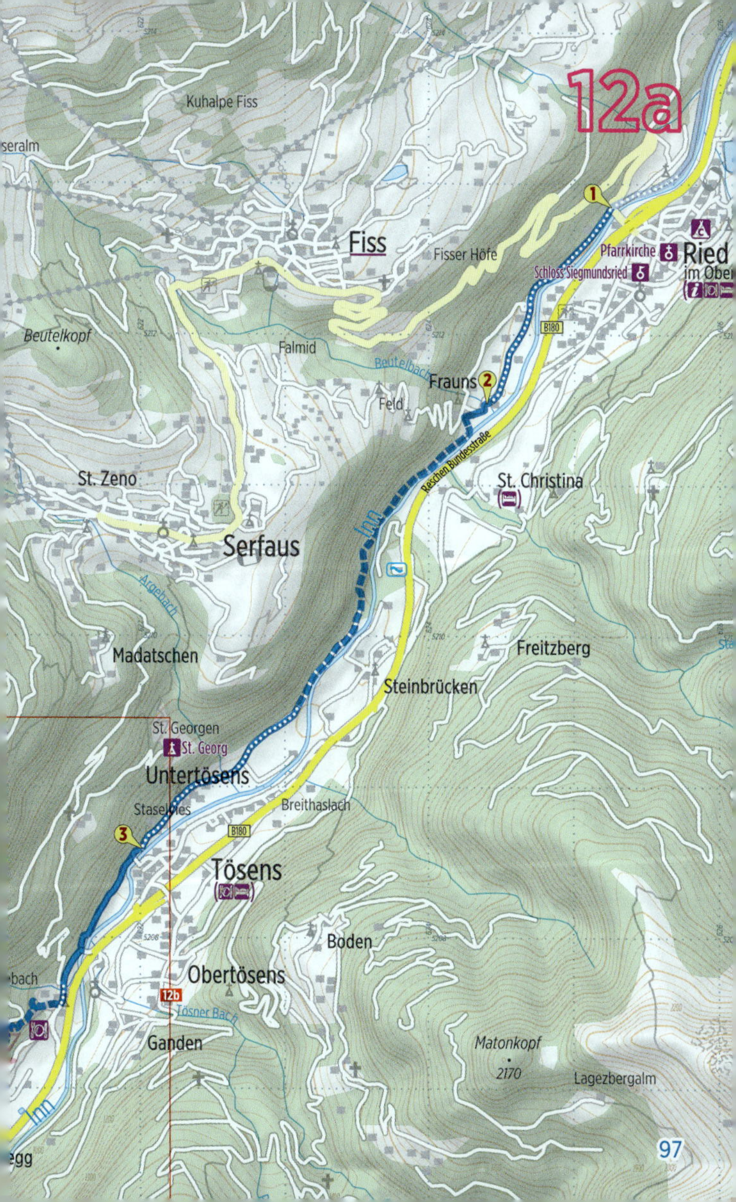
12a
Kuhalpe Fiss
seralm
Fiss
Fisser Höfe
Pfarrkirche
Ried
im Ober
Schloss Siegmundsried
B180
Beutelkopf
Falmid
Beutelbach
Frauns
Feld
Reschen Bundesstraße
St. Zeno
St. Christina
Serfaus
Inn
Argebach
Madatschen
Freitzberg
Steinbrücken
St. Georgen
St. Georg
Untertösens
Staselvies
Breithaslach
B180
Tösens
Boden
bach
Obertösens
12b
Tösner Bach
Ganden
Matonkopf
2170
Lagezbergalm
Inn
egg

Ried im Oberinntal

1 0,0 (900) Von der Innbrücke bei Ried geht es am rechten Ufer flussaufwärts ⇝ an einer Gabelung vor einem Haus links ⇝ an einer weiteren Gabelung, im Wald, nochmals links halten ⇝ bevor das Sträßchen schließlich, nach weitläufigen Wiesen, rechts von einem Hof durch einen Baumriegel zum letzten Hof führt, rechts auf einen Fahrweg.

2 1,6 (915) Auf einer Brücke über den Beutelbach ⇝ wieder zum Inn ⇝ bald danach auf einem Wandersteig einige Zeit in Flussnähe weiter ⇝ am Waldrand entlang und später über Wiesen ⇝ durch eine Baumzeile nach **Untertösens**.

Untertösens (Tösens)

3 5,7 (945) Kurz vor der Innbrücke, die hinüber nach Tösens führt, rechts weg.

Tösens

PLZ: 6541; Vorwahl: 05472

St.-Georg-Kapelle (15. Jh.). Das oberhalb des Ortes gelegene Bauwerk weist romanische sowie gotische Bauelemente auf, sehenswert das Christophoro-Fresko von 1500 (außen) sowie die Fresken von Max Maller aus dem 15. Jh. (innen).

Die langgezogene Gemeinde Tösens liegt an einer Engstelle des Inntales. Seit dem 15. Jahrhundert wurden hier Silber, Bleiglanz und Schwerspat abgebaut. Der Bergbau wurde zunächst zwischenzeitig wegen der vorrückenden Gletscher und dann endgültig wegen mangelnder Rentabilität geschlossen werden.

Abwechselnd durch Wald und Wiesen ⇝ kurze Zeit an der Straße entlang ⇝ über eine Steinbrücke.

Römerbrücke. An dieser Stelle dürfte sich eine Römerbrücke befunden haben. Deswegen übernahm der Volksmund die Bezeichnung, tatsächlich stammt diese wahrscheinlich älteste erhaltene Steinbrücke Tirols aber aus dem Mittelalter.

Sie erreichen den nächsten Weiler.

Tschupbach (Serfaus)

Hier nach dem ersten Gebäude im rechten Winkel auf einen bergauf führenden Weg ⇝ dieser mündet in einen Forstweg.

4 8,0 (970) Kurz vor der Einmündung in die Straße rechts weg ⇝ an einem Linksabzweig Richtung Schönegg vorbei geradeaus durch ein Gatter ⇝ wenig später wird der Weg zum Steig und quert eine Rinne, durch die alljährlich Geröll zu Tal donnert ⇝ danach wieder auf einem breiteren Weg weiter ⇝ oberhalb des Weilers Stein vorbei ⇝ bald danach führt die Route wieder kurz über einen Steig ⇝ in einer Forststraßenkehre links weiter ⇝ für 200 m rechts der Straße folgen.

5 10,6 (980) Kurz vor **Lafairs** rechts über einen Damm bergwärts ⇝ über eine Hängebrücke und dann an einem Waal entlang ⇝ durch offenes Gelände, oberhalb von kleinen Baumgruppen und einer Trockensteinmauer ⇝ an einem vom Tal kommenden Fahrweg geradeaus ⇝ vor einem Wall links halten ⇝ auf einer Anhöhe über eine kleinen Steg die Waalrinne queren ⇝ nach einem kurzen Gefälle geradeaus weiter, am bergseitigen Siedlungsrand von **Birkach** entlang.

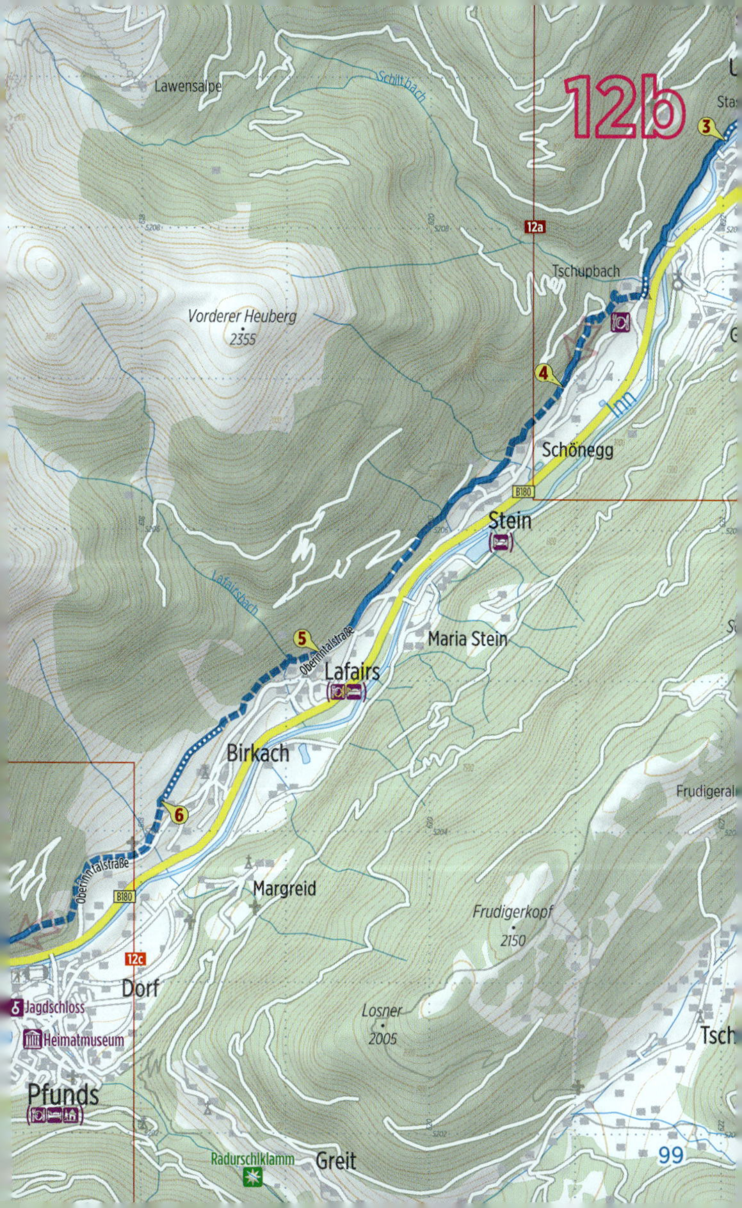

12b
Lawensalpe
Schiltbach
Tschupbach
Vorderer Heuberg
2355
Schönegg
Inn
Stein
Maria Stein
Lafairsbach
Oberinntalstraße
Lafairs
Birkach
Oberinntalstraße
Margreid
Frudigeralm
Frudigerkopf
2150
Losner
2005
Dorf
Jagdschloss
Heimatmuseum
Pfunds
Radurschlklamm
Greit

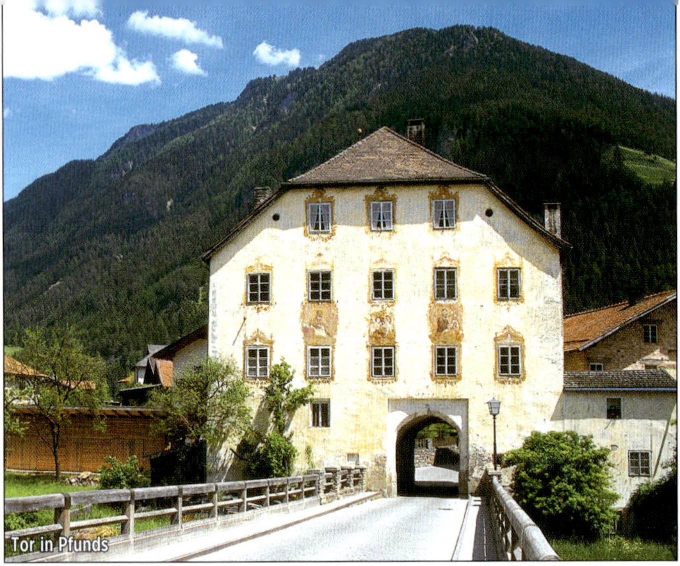
Tor in Pfunds

Birkach (Pfunds)

6 12,1 (1.015) Bald danach auf einem Steig parallel oberhalb der Straße weiter ~ vor der Einmündung in die Hauptstraße rechts haltend bergauf ~ durch Wald an den Ortsrand von **Pfunds-Stuben**.

7 14,3 (1.010) Auf einer Brücke über den Stubnerbach.

INS ZENTRUM: Wollen Sie dem Zentrum von Pfunds einen Besuch abstatten, gehen Sie nach der Brücke links bergab.

Pfunds

PLZ: 6542; Vorwahl: 05472

Tourismusverband Tiroler Oberland - Infobüro Pfunds/Spiss, Stuben 40, 6542 Stuben, ✆ 050/225300, *www.tiroler-oberland.com*

Heimatmuseum, Dorfstr. 103, ✆ 5229. Hier werden Geräte aus dem Haushalt, der Landwirtschaft und auch Kriegsgeräte gezeigt.

Liebfrauenkirche Stuben. (1420) mit spätgotischem Hochaltar von Jörg Lederer.

Radurschlklamm, südöstlich des Ortes

Pfunds, das römische Fundus, wurde 1282 erstmals erwähnt. Die Lage an der Handelsverbindung zwischen Augsburg und Venedig über den Reschenpass brachte beachtlichen Wohlstand, was sich in den stattlichen Bürgerhäusern zeigte, die beidseits des Inn stehen. Sie sind im Engadiner Stil erbaut, mit vorspringenden Giebeldächern, freien Treppenaufgängen und Fassadenmalereien. Ein repräsentatives Beispiel für Wohlstand ist auch das ehemalige Richterhaus in Stuben, durch das die Verbindungsstraße, zwischen den beiden Orten führt.

Ein Bauwerk aus der jüngeren Vergangenheit ist die markante Hochwasserverbauung des Stubnerbaches, die nach der großen Tiroler Hochwasserkatastrophe von 2005 errichtet wurde, als ein Teil des Ortes mit Geröll verschüttet worden war.

Die Hauptroute folgt einer kleinen Straße kurz bergauf ⇝ bald links auf einen Wandersteig ⇝ durch den Mini-Fundus.

Mini-Fundus. Kleiner Park oberhalb des Ortes mit Miniaturen von Häusern aus der Gemeinde, die bei den Römern Fundus hieß.

An zwei Kreuzungen jeweils geradeaus ⇝ dann auf einem Fahrweg bergauf ⇝ in einen Taleinschnitt ⇝ hier links über eine Brücke ⇝ dann am Hang entlang durch den Wald ⇝ schließlich mündet der Wanderweg in einen Fahrweg ⇝ auf diesem über eine Wiese und dann zur Bundesstraße.

8 17,1 (995) Die Straße überqueren und kurz der Zufahrtsstraße zum Hotel Kajetansbrücke Richtung Norden folgen ⇝ dann im spitzen Winkel nach rechts ⇝ unter der **Kajetansbrücke** hindurch ⇝ Sie wandern nun längere Zeit dicht am Inn-Ufer ⇝ kurz an der Engadiner Bundesstraße entlang.

9 19,7 (1.025) Links auf einen Fahrweg Richtung Schalklhof ⇝ nach einem Seitenbach vorbei am **Schalklhof** ⇝ 800 m danach links über die Innbrücke ⇝ durch das Ensemble der mittelalterlichen Zollstation **Altfinstermünz**.

Altfinstermünz

Altfinstermünz, Trägerverein ✆ 0664/3959471. Die Festungsanlage in der tiefen Finstermünzschlucht besteht aus dem mitten im Inn stehenden spätromanischen Wehrturm mit den beidseitigen Holzbrücken, der an den Felsen geklebten Befestigung Sigmundseck (15. Jh.), dem Klausenturm (1502-1537) und einer kleinen Kapelle (1605).
www.altfinstermuenz.com

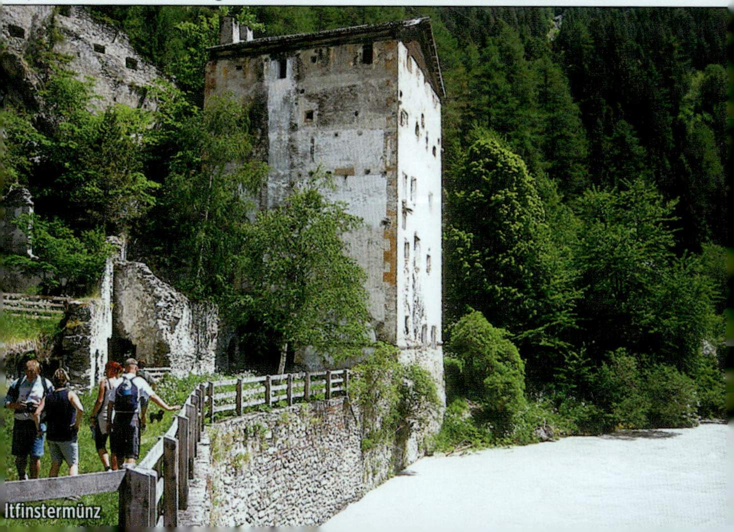

ltfinstermünz

Der Name Altfinstermünz kommt vom indogermanischen „mintsja" (bedrohlich emporragender Fels). Vom 9.-11. Jahrhundert befand sich hier die Gerichtsstätte für das Unterengadin, Nauders und Pfunds. Ab 1300 wurden nachweislich Maut und Zoll eingehoben, die ältesten Zolltarife sind von 1534 überliefert. Ab 1652 war Finstermünz die Grenze zwischen Tirol und Graubünden. Das Zollamt wurde 1779 nach Martinsbruck verlegt und die Anlage kam in Privatbesitz. Ein Gasthaus und eine Brauerei wurden eingerichtet. Der Verkehr führte bis ins 19. Jahrhundert zur Gänze über die schmale Brücke und anschließend steil hinauf nach Nauders. Nach jahrzentelanger Diskussion, ob die Straße auf der bestehenden Trasse verbessert oder neu angelegt werden sollte, setzten sich schließlich doch die modernen Straßenbaumeister mit ihrem fortschrittlichen Projekt durch. Die stetig steigende, hangbegleitende Reschenstraße in ihrer heutigen Form wurde von Carl Ritter von Ghega geplant und 1856 eröffnet.

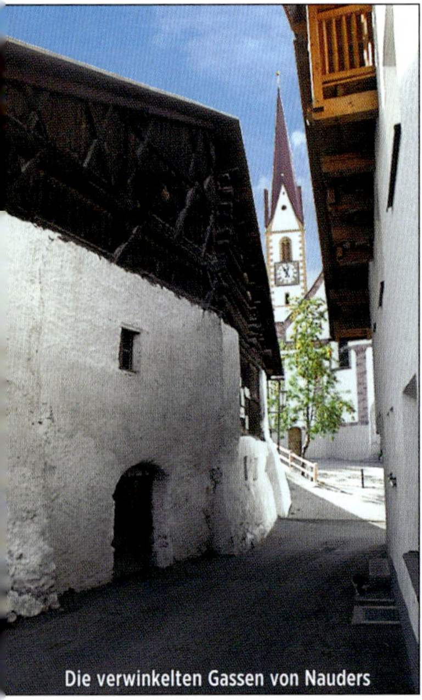

Die verwinkelten Gassen von Nauders

Vor der Brücke auf einen kleinen Steig ⇝ in Serpentinen hinauf.

10 21,7 (1.130) Die Etappe endet in Hochfinstermünz.

Hochfinstermünz

TIPP: Ab hier bis zur Festung Nauders verläuft die Route auf der Bundesstraße. Daher empfiehlt es sich, bis dorthin oder gleich bis Nauders den Bus zu nehmen. Die Wartezeit lässt sich gut in Altfinstermünz verbringen, der Bus hingegen verkehrt oben auf der Reschenstraße. Für den Weg vom Ort hinauf zur Haltestelle sollten Sie mind. 20 Min. einplanen.

Zu Fuß nach Nauders 6,5 km

Entlang der Bundesstraße bzw. auf der älteren Streckenführung bergauf zur Festung Nauders.

Festung Nauders, ✆ 05473/86222. Nördlichste Festung der österreichisch-ungarischen Monarchie aus dem Ersten Weltkrieg, mit Ausstellung zum Verkehr über den Reschenpass.

Knapp 1 km danach links auf einen Weg Richtung Nauders ⇝ bald etwas nach rechts versetzt die Bundesstraße queren ⇝ am Ortsrand für 200 m der Hauptstraße folgen

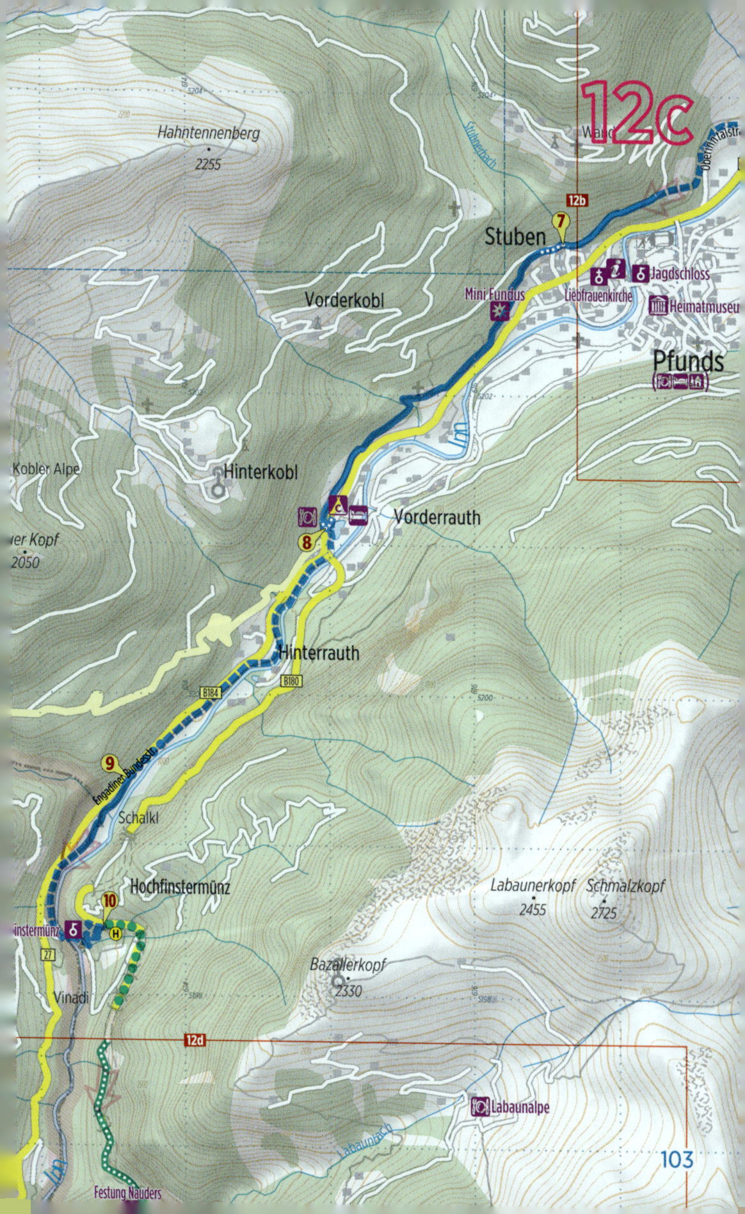
12c
Hahntennenberg
2255
Wand
Oberinntalstr.
12b
7
Stuben
Jagdschloss
Mini Fundus
Liebfrauenkirche
Heimatmuseu
Vorderkobl
Pfunds
Hinterkobl
Kobler Alpe
Vorderrauth
8
2050
Hinterrauth
B180
B184
9
Engadiner Bundesstr.
Schalkl
Hochfinstermünz
10
Labaunerkopf
2455
Schmalzkopf
2725
27
Vinadi
Bazallerkopf
2330
12d
Labaunalpe
Labaunbach
Inn
Festung Nauders

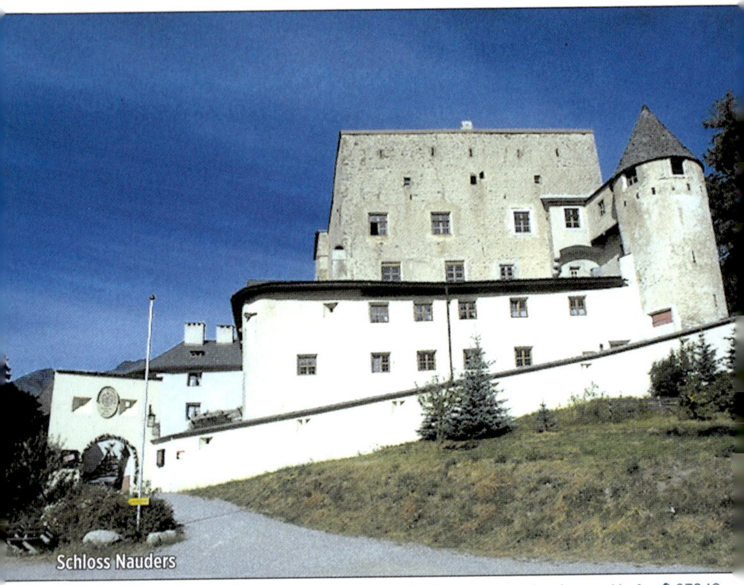

Schloss Nauders

⤳ dann links weg ins Zentrum ⤳ an einer T-Kreuzung links ⤳ beim **Hotel Post** rechts ⤳ gleich danach an der Gabelung links zur Tourist-Information, die Sie bei km 28,2 erreichen.

Nauders

PLZ: 6543; Vorwahl: 05473

- **Tourismusverband**, Dr.-Tschiggfrey-Str. 66, ✆ 050/225400, *www.nauders.com*
- **Pfarrkirche St. Valentin**. Die Vorgänger der heutigen Valentinskirche im oberen Ortskern sollen schon auf die Christianisierung um 400 zurückgehen. Die heutige Pfarrkirche stammt aus 1509, wurde später barockisiert und schließlich neuromanisch umgestaltet.
- **Schloss Naudersberg**, Nr. 1, ✆ 87242. Schon seit dem 13./14. Jh. konnte man von dieser Burg aus das ganze Grenztal überblicken. Baulich wurde die Anlage im 15. und 16. Jh. noch weiter ergänzt. Arreste, Gerichtskanzlei, Burgkapelle mit Museum, Ausstellung über Handwerk und Gewerbe in Nauders. *www.schloss-nauders.at*
- **Denkmal für Franz Senn**. Der Pfarrer von Nauders gilt als einer der Gründer des Alpenvereins.

Die Gemeinde im Hochtal oberhalb des Inntales gehört politisch zu Tirol, aber geografisch schon zum Vinschgau. Schon zur Römerzeit fand sich hier die Straßenstation Inutrium, die in einer Karte der Via Claudia Augusta

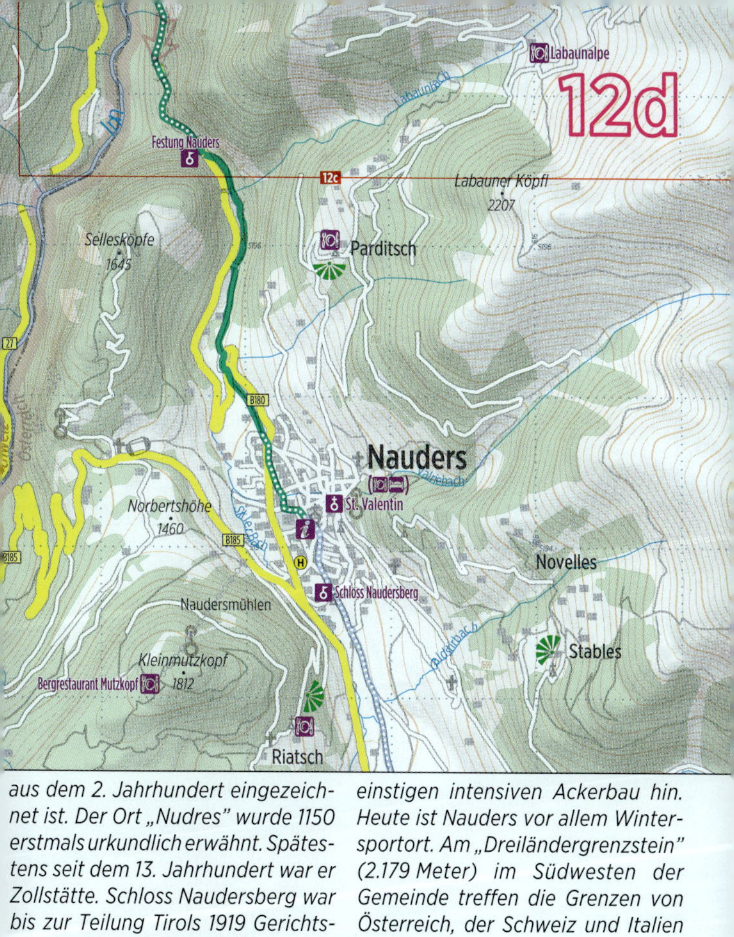

aus dem 2. Jahrhundert eingezeichnet ist. Der Ort „Nudres" wurde 1150 erstmals urkundlich erwähnt. Spätestens seit dem 13. Jahrhundert war er Zollstätte. Schloss Naudersberg war bis zur Teilung Tirols 1919 Gerichtssitz, dessen Zuständigkeitsbereich von Finstermünz bis ins Engadin und in den Vinschgau hinreichte. Der Ortskern weist wie Pfunds einen starken rätoromanischen Einfluss auf. Das stark terrassierte Gelände an den Berghängen deutet auf einen einstigen intensiven Ackerbau hin. Heute ist Nauders vor allem Wintersportort. Am „Dreiländergrenzstein" (2.179 Meter) im Südwesten der Gemeinde treffen die Grenzen von Österreich, der Schweiz und Italien aufeinander.

Etschtal

Etappen 13 – 22:
Nauders – Martignano (Trento)

Länge: 194,5 km
Start: Nauders, Tourist-Information
Ziel: Trento, Ortsteil Martignano
Aufstieg: 6.405 m
Abstieg: 7.360 m

Charakteristik: Der Weg verläuft hier auf den Hängen oberhalb des Etschtales, wobei Sie sehr oft auf den wunderschön zu begehenden Waalwegen unterwegs sind. Die Talsohle selbst wird auf der gesamten Länge nur vier Mal überquert.

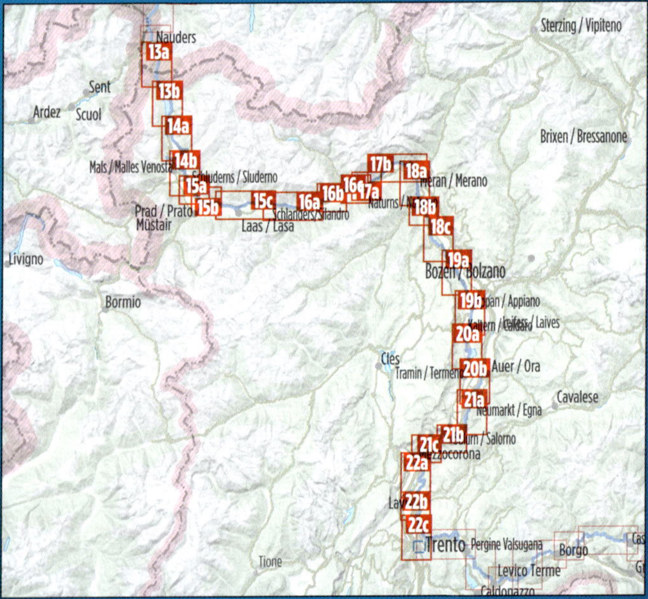

Etappe 13 — 18,5 km

Nauders – St. Valentin a. d. Haide

Start: Nauders, Tourist-Information
Ziel: St. Valentin, Hauptstraße
Gehzeit: 4 - 4½ Std.

Aufstieg: 345 m
Abstieg: 230 m
Hartbelag: 88 %
Wanderwege: 12 %
Wanderpfade: 0 %

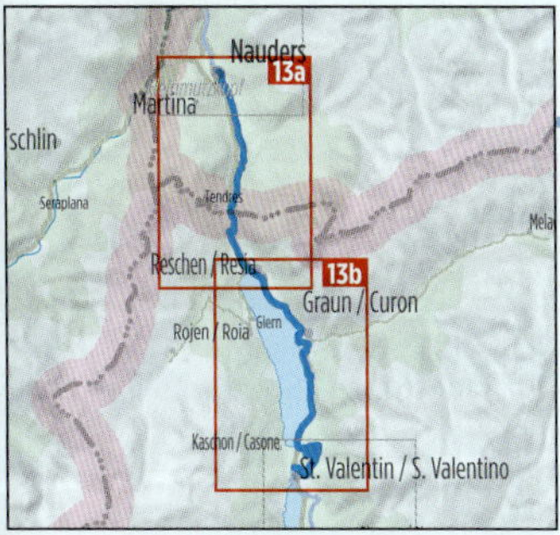

Charakteristik: Diese Etappe führt über die Hochebene des Reschenpasses, die mit ihren zwei Seen zwar geografisch komplett zum Vinschgau gehört, aber zum Teil auf österreichischem und zum Teil auf italienischem Staatsgebiet liegt. Der höchste Punkt, die Wasserscheide, liegt nicht an der Staatsgrenze, sondern bereits im zu Italien gehörenden Südtirol. Zunächst geht es über Wiesen, die wegen der Trockenheit auf italienischer Seite regelmäßig bewässert werden. Dann führt die Route an den Ufern von Reschen- und Haidersee entlang. Unterwegs warten die beiden Orte Reschen und Graun. In letzterem befindet sich mit dem ehemaligen Grauner Kirchturm im aufgestauten Reschensee eines der meistfotografierten Motive im Vinschgau. Knapp vor dem Etappenort passieren Sie übrigens auch den höchsten Punkt der gesamten Via Claudia.

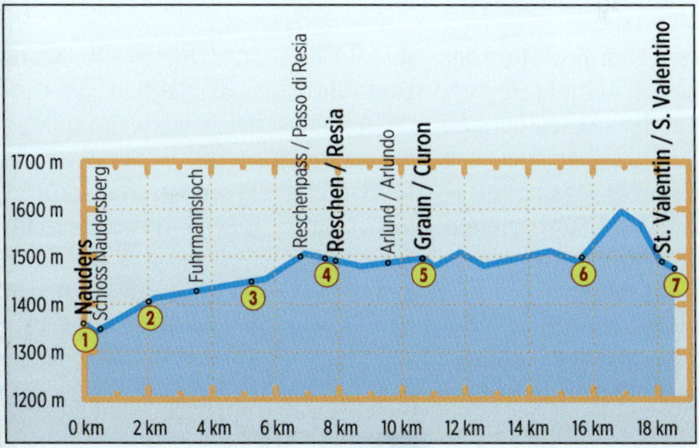

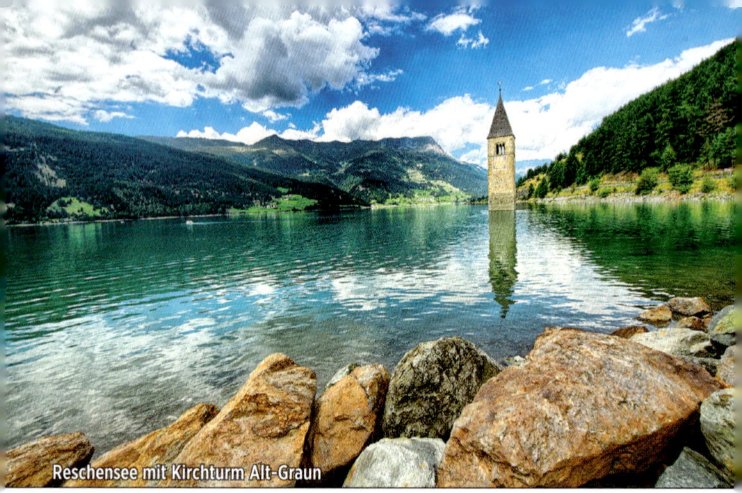

Reschensee mit Kirchturm Alt-Graun

Öffentliche Verkehrsmittel: Vom Postamt Nauders oder Nauders-Mühle verkehrt ein Bus bis zum Reschensee, an Werktagen stündlich, sonst alle 2 Stunden.

Nauders

1 0,0 (1.130) Von der Tourist-Information starten Sie Richtung Süden ⤳ auf einem kleinen Platz rechts halten ⤳ links vorbei an **Schloss Naudersberg** ⤳ auf der alten Landesstraße über Wiesen.

2 2,0 (1.405) Vorbei an der Talstation der Seilbahn Bergkastell ⤳ mehrere zum Waldrand führende Abzweigungen ignorieren ⤳ bei einigen Häusern an einer Straßengabel links halten ⤳ kurz vor der ehemaligen Grenzstation beim Hotel links halten ⤳ ab hier dem Vinschger Radweg folgen.

Reschenpass

3 5,3 (1.445) Sie passieren die **Staatsgrenze zwischen Österreich und Italien** und gehen links an den Gebäuden der ehemaligen Grenzstation und einigen Souvenirshops und Kiosken vorbei ⤳ 700 m darauf die Hauptstraße überqueren ⤳ Linksbogen ⤳ in Sichtweite der Straße Richtung Süden ⤳ einen Fahrweg queren.

Reschen/Resia

PLZ: 39027; Vorwahl: 0473

Ferienregion Reschenpass, Hauptstr. 22, 39027 Graun/Curon, ✆ 633101, *www.reschenpass.it*

4 7,6 (1.495) An einer Querstraße, die ins Dorf führt, links dem Schild „Seerunde" folgen ⤳ gleich wieder im spitzen Winkel nach rechts ⤳ der Radweg führt jetzt direkt am **Reschensee** entlang, immer den Radwegschildern folgend.

5 10,7 (1.495) Direkt am bekannten, aus dem See ragenden Kirchturm von **Alt-Graun** vorbei.

Graun/Curon

PLZ: 39027; Vorwahl: 0473

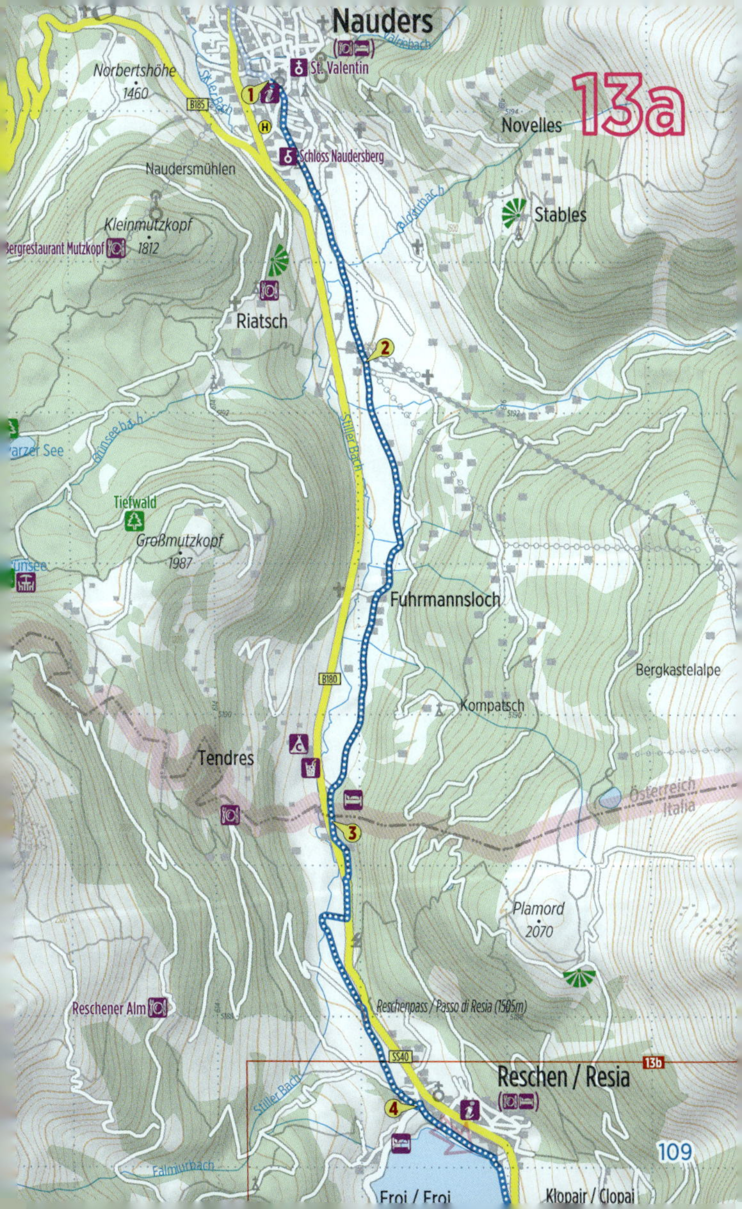
Nauders
St. Valentin
Valnebach
13a
Norbertshöhe
1460
B185
Stiller Bach
Novelles
Schloss Naudersberg
Naudersmühlen
Stables
Kleinmutzkopf
1812
Bergrestaurant Mutzkopf
Riatsch
Stiller Bach
Tiefwald
Großmutzkopf
1987
Fuhrmannsloch
Bergkastelalpe
B180
Kompatsch
Tendres
Österreich
Italia
Plamord
2070
Reschener Alm
Reschenpass / Passo di Resia (1505m)
SS40
13b
Reschen / Resia
Stiller Bach
Falmurbach
Froi / Froi
Klopair / Clopai

Ferienregion Reschenpass, Hauptstr. 22, ✆ 633101

Museum Vintschger Oberland, Altes Gemeindehaus, ✆ 633101, 633127. Auskunft bei der Tourist-Information. Fotodokumentation zur Seestauung am Reschen, Untergang und Wiederaufbau der Dörfer, sakrale Gegenstände und Figuren.

Kirchturm Alt-Graun. Im Jahr 1950 verschwand ein Dorf in den Fluten des Stausees, einziges Relikt ist der vielfotografierte Kirchturm, der zur Hälfte noch aus dem Wasser herausragt.

Gotisches **Kirchlein St. Anna**, auf einem kleinen Hügel, wo bei Grabungen sehr viel ältere Funde zum Vorschein kamen.

Der Reschensee wurde 1949 zur Stromgewinnung aufgestaut. Das gesamte Dorf Graun – bis auf den als Fotomotiv beliebten Kirchturm – fiel der Überflutung des Talbodens zwischen St. Valentin und Reschen zum Opfer. Das neue Dorf entstand in den 1950er Jahren am Ufer des Sees.

Die Route führt etwas nach rechts auf eine Landzunge ⤳ an ihrem Ende durch eine Linkskurve ⤳ danach an einer Gabelung geradeaus ⤳ in der Nähe der Straße durch eine scharfe Rechtskurve ⤳ für ca. 20 Min. am Ufer entlang ⤳ danach mangels Platz zwischen Straße und See ein Stück direkt an der Straße entlang ⤳ dann wieder etwas ab von der Straße am See ⤳ vor der Staumauer auf die Straße ⤳ dieser ganz kurz folgen.

6 15,7 (1.500) Auf Höhe der Staumauer links auf den Fahrweg ⤳ bald an der Gabelung links Richtung Wald halten und geradeaus durch einen Viehzaun in den Wald ⤳ bald darauf macht der Weg eine Rechtskurve ⤳ dann wieder eine Linkskurve, am Waldrand entlang und wieder links ⤳ bei der nächsten Möglichkeit rechts und bald rechts auf einen Wiesenweg am Waldrand entlang ⤳ durch ein Gatter ⤳ an der spitzwinkeligen Einmündung in einen Forstweg rechts ⤳ an einer T-Kreuzung rechts nach **St. Valentin**.

7 18,5 (1.475) Etappenende an der Hauptstraße.

St. Valentin a. d. Haide/ S. Valentino alla Muta

PLZ: 39027; Vorwahl: 0473

Ferienregion Reschenpass, ✆ 634101

Die erste Besiedlung im heutigen Ortskern geht auf ein Hospiz zurück, das der wohlhabende und fromme Burgeiser Ulrich Primele 1140 zur Rettung und Aufnahme von Reisenden gründete. In der Nähe befand sich auch eine erste St.-Valentins-Kapelle. Damals gab es übrigens noch drei Seen an der Stelle des heutigen Haidersees. Seit 1314 scheint die Ortschaft als Gemeinde auf und seit 1408 mit den Beinamen „auf der Haid". Die Bewohner St. Valentins lebten über Jahrhunderte von der Landwirtschaft, bis ca. ab 1900 der Tourismus etablierte. Dies wurde durch den Bau der Vinschgauer Eisenbahn 1905 erleichtert und der Ort wurde quasi als Wintersportdepandance für Meran beworben. 1957 wurde in St. Valentin der erste Skilift errichtet, 1962 folgte der Ausbau des Skigebiets Haideralm. Bis heute stellen die damit verbundenen Einnahmen die Haupterwerbsquelle des Ortes dar.

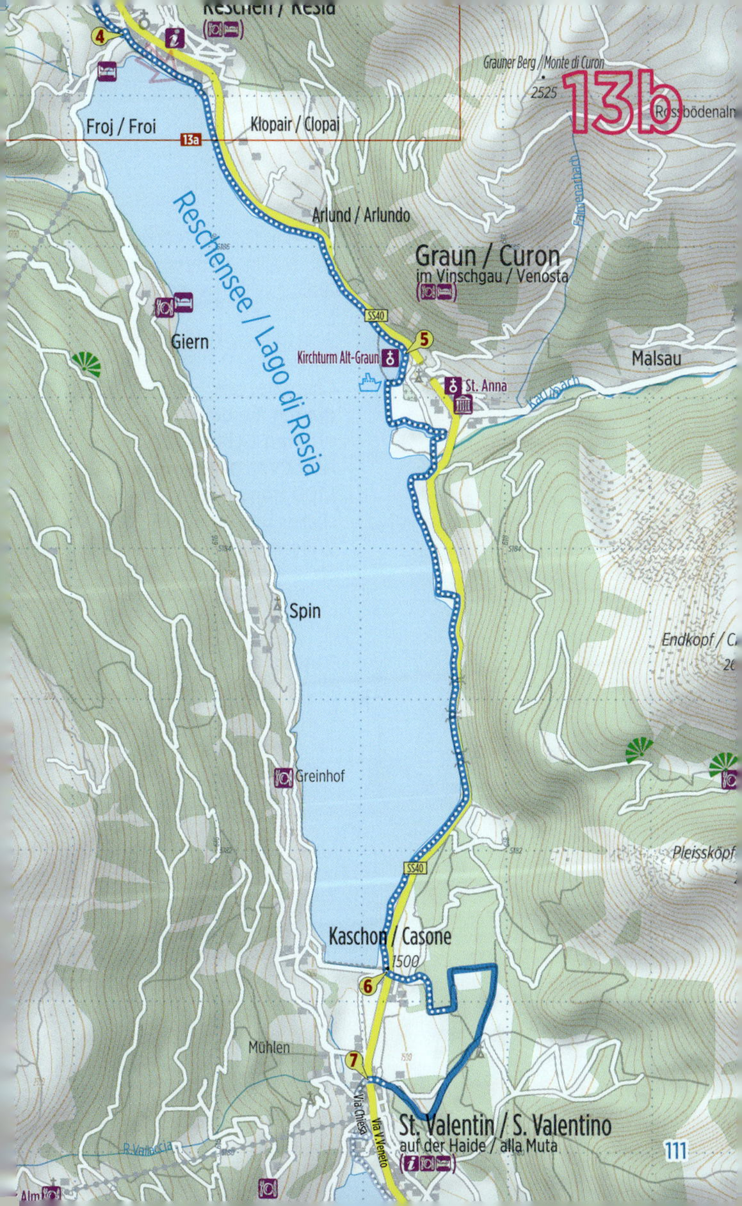
Reschen / Resia
13b
Grauner Berg / Monte di Curon
2525
Rossbödenalm
Froj / Froi
13a
Klopair / Clopai
Arlund / Arlundo
Reschensee / Lago di Resia
Graun / Curon
im Vinschgau / Venosta
SS40
Giern
Kirchturm Alt-Graun
St. Anna
Malsau
Spin
Endkopf
Greinhof
Pleisskopf
SS40
Kaschon / Casone
1500
Mühlen
Via Chiesa
Via V. Veneto
R. Valbella
St. Valentin / S. Valentino
auf der Haide / alla Muta
Alm

Etappe 14 — 20,7 km

St. Valentin – Schluderns

Start: St. Valentin, Hauptstraße
Ziel: Schluderns, Vintschger Museum
Gehzeit: 6 - 6½ Std.

Aufstieg: 555 m
Abstieg: 1.095 m
Hartbelag: 41 %
Wanderwege: 25 %
Wanderpfade: 34 %

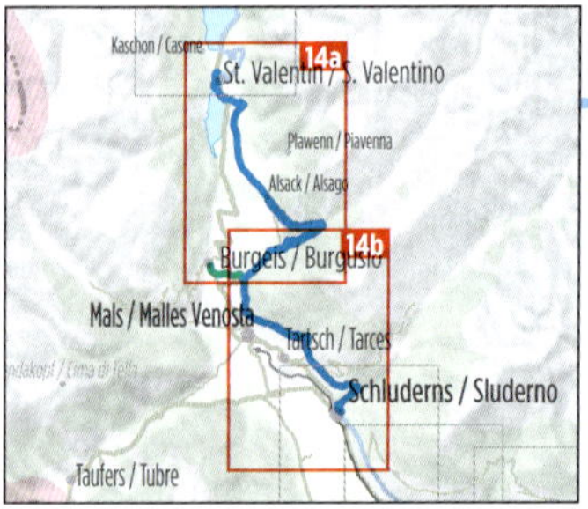

Charakteristik: Auf dieser Etappe queren Sie bald nach dem Start den größten Schuttkegel der Alpen. Er reicht von der Plawenner Alm bis ins 1.100 Höhenmeter tiefer gelegene Glurns und ist – weil von blühenden Wiesen bedeckt – gar nicht mehr als solcher erkennbar. Darauf deu-

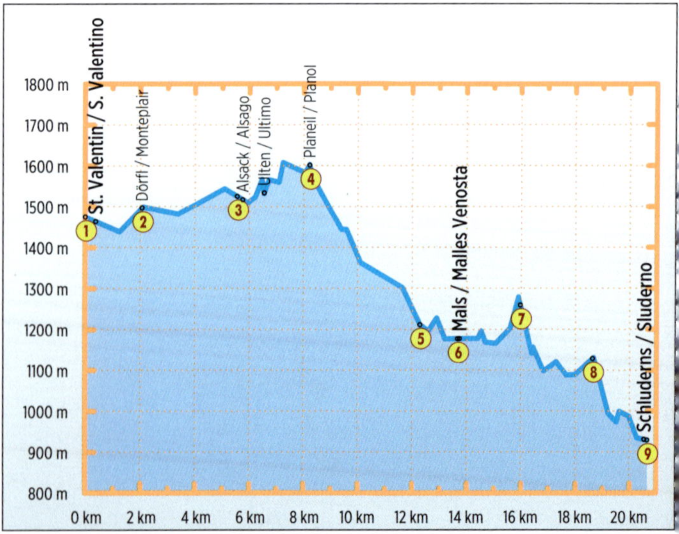

tet auch der Flurname Malser Haide hin. Hier wurde erst kürzlich eine römische Straßenstation entdeckt. Bei Ulten geht es zunächst in ein kleines Seitenteil ins Bergdorf Planeil und dann über einen alten Waalweg am Hang, oberhalb von Burgeis, Mals und Glurns. Zuletzt wandert man direkt durch die urgeschichtliche Höhensiedlung am Ganglegg hinunter nach Schluderns. Unterwegs bieten sich herrliche Blicke auf das Kloster Marienberg am Gegenhang hoch über Burgeis, auf Mals, die kleine Stadt Glurns mit ihrer vollständig erhaltenen Stadtmauer und den markanten Tartscher Bichl.

Öffentliche Verkehrsmittel: Zwischen St. Valentin und Mals gibt es eine Busverbindung (stündlich, an Wochenenden im 2-Stunden-Takt), von Mals nach Schluderns verkehrt stündlich die Vinschgerbahn oder der Citybus.

St. Valentin a. d. Haide/ S. Valentino alla Muta

1 0,0 (1.475) Am Zebrastreifen die Straße queren ⇝ dem Straßenverlauf in einem Linksbogen folgen ⇝ beim ersten Blick auf den See rechts der Straße ⇝ gut 100 m danach, bei der Brücke, links auf den Seerundweg ⇝ fast am Ende des Dorfes links auf einen Weg Richtung St. Valentin Post ⇝ die Straße queren und Richtung Dörfl weiter ⇝ an einem Bildstock zwischen zwei Bäumen rechts nach **Dörfl**.

Dörfl/Montaplair

2 2,0 (1.495) In der Dorfmitte rechts dem Weg Nr. 3 folgen ⇝ bald am Waldrand entlang ⇝ nach 250 m an einer Gabelung links in den Wald hinein ⇝ am Weiderost geradeaus weiter auf den Weg Nr. 15 bis zu den Häusern von **Alsack/Alsago**.

3 5,5 (1.525) Die Straße queren ⇝ der Weg steigt nun an und führt durch ein malerisch am Hang gelegenes altes Gehöft ⇝ oberhalb von Ulten vorbei ⇝ einige Zeit am Hang entlang ⇝ kurz vor **Planeil** mündet der Weg wieder in die Straße ⇝ auf dieser in den kleinen Ort.

Planeil/Planol (Mals)

4 8,2 (1.605) Gleich rechts steil bergab ⇝ talauswärts 2 Mal links halten ⇝ an der Einmündung in die Straße ebenfalls links ⇝ für 1,7 km dieser Straße folgen.

5 12,3 (1.210) Links auf einen Steig abzweigen (Wanderweg 17).

AUSFLUG: Wenn Sie hier dem Wanderweg 17 nach rechts folgen, kommen Sie nach Burgeis, wo sich am Gegenhang das Benediktinerstift Marienberg befindet.

Burgeis/Burgùsio

PLZ: 39024; Vorwahl: 0473

- **Tourismusbüro**, Dorfpl. 46, ✆ 831422
- **Fürstenburg**, Burgeis 7, ÖZ: Führungen: Juli, Aug, Mo und Do, 14 Uhr. 1280 von den Churer Fürstbischöfen errichtet, heute eine Bildungsstätte.
- **Benediktinerstift Marienberg**, ✆ 843980, ÖZ der Schauräume: März-Okt. Das höchstgelegene Benediktinerkloster Europas wurde um 1200 von den Grafen von Tarasp aus dem Engadin erbaut. Der älteste Teil ist die Krypta mit romanischen Fresken. Von hier aus entwickelte sich Deutsch zur Muttersprache in Südtirol.
- **Historischer Ortskern**

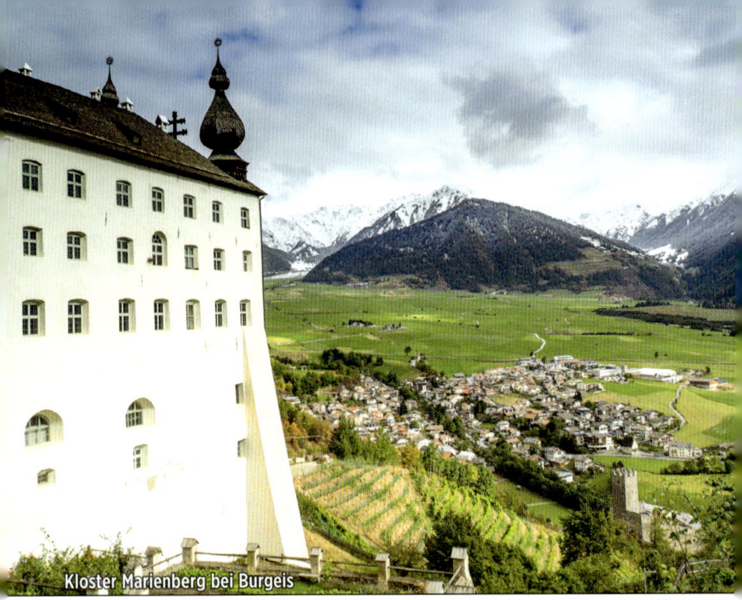
Kloster Marienberg bei Burgeis

Die Wanderroute Nr. 17 führt zunächst über einen alten Waalweg ⇝ eine Abzweigung nach Mals rechts liegen lassen.

Mals im Vinschgau/Malles Venosta

PLZ: 39024; Vorwahl: 0473

Ferienregion Obervinschgau, ✆ 831190, *www.ferienregion-obervinschgau.it*

Kirche St. Benedikt, ✆ 831190, ÖZ: Apr.-Nov., Mo-Sa 9.30-11 Uhr, Juli, Aug., Mo-Do 15-16 Uhr, Gruppen auf Anfrage. Kirchenbau aus dem 8. Jh. mit wertvollen karolingischen Fresken, die zu den ältesten im deutschen Sprachraum zählen.

Fröhlichsturm. Rest einer gleichnamigen Burg aus dem 12. Jh.

6 13,7 (1.175) Eine Forststraße queren ⇝ weiter der Markierung 17 folgen ⇝ ca. 1,5 km später mündet der Weg in eine Forststraße ein ⇝ diese führt über einen Graben.

AUSFLUG

Danach zweigt rechts der Abstieg nach Tartsch ab.

Tartsch/Tarces (Mals)

Romanisches Kirchlein **St. Veit** (11. Jh.) am Tartscher Bichl, dem Standort eines vorchristlichen Kultplatzes.

Auf der markanten Erhebung des Tartscher Bichls, eines von eiszeitlichen Gletscher geformten, kahlen Felsbuckels aus Glimmerschiefer, wurden in den vergangenen Jahren Überreste einzelner rätischer Häuser aus der Frühlatènezeit entdeckt. Die Grabungen ergaben, dass es sich um eine Siedlung von mindestens 80 Häusern gehandelt haben muss.

Die Hauptroute folgt der Forststraße einige hundert Meter bergauf.

7 16,0 (1.260) In einer markanten Linkskurve auf einen bergab führenden

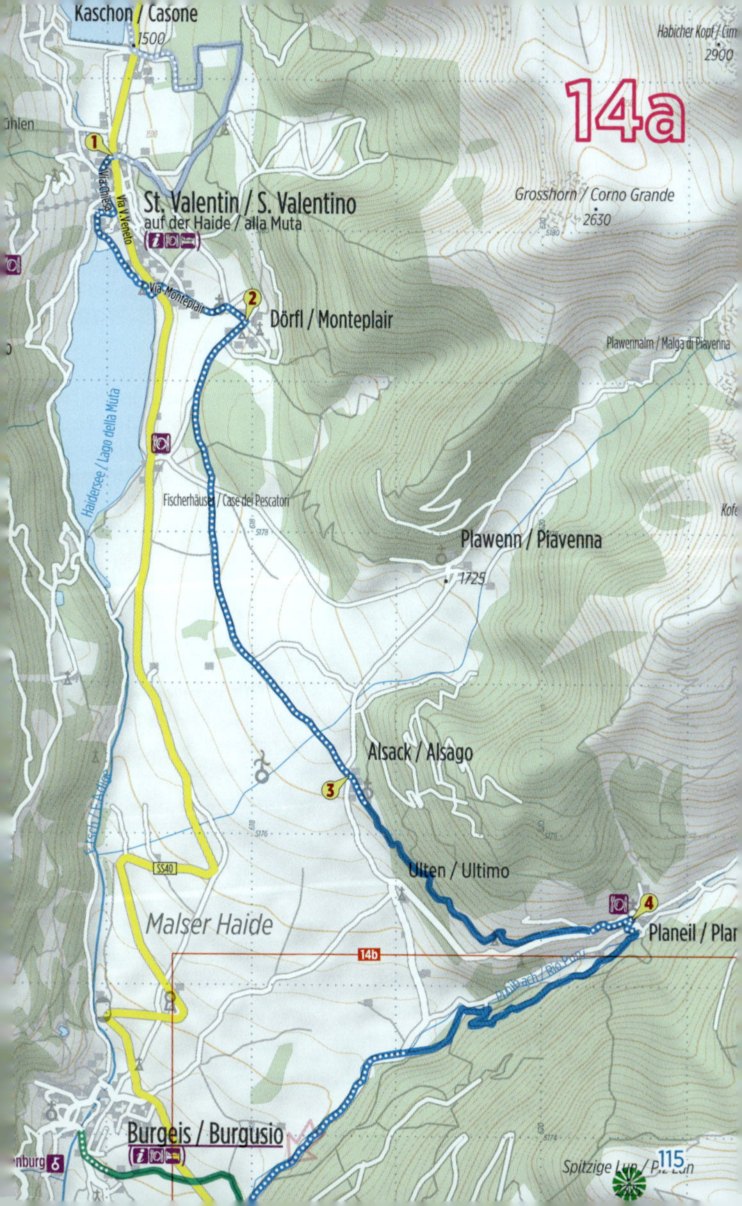
14a
Kaschon / Casone
1500
Habicher Kopf / Cim
2900
Grosshorn / Corno Grande
2630
1
Via Chiesa
Via V. Veneto
St. Valentin / S. Valentino
auf der Haide / alla Muta
Via Monteplair
2
Dörfl / Monteplair
Plawennalm / Malga di Piavenna
Haidersee / Lago della Muta
Fischerhäuser / Case dei Pescatori
Plawenn / Piavenna
1725
Alsack / Alsago
3
Ulten / Ultimo
4
Planeil / Plan
SS40
Malser Haide
14b
Burgeis / Burgusio
Spitzige Lun / Piz Lun

Steig ⤳ die Abzweigung des Weges 17a rechts liegen lassen ⤳ die Asphaltstraße nach Matsch queren ⤳ der auch als **Sonnensteig** bezeichnete Weg Nr. 17 quert hinüber zum **Ganglegg**.

Höhensiedlung am Ganglegg. Auf dieser Schieferkuppe nördlich von Schluderns wurden Überreste einer Höhensiedlung aus der Bronze- und Eisenzeit entdeckt, ab 1997 ergraben und gut erforscht. Einzelne Gebäude wurden rekonstruiert. Die Siedlung war befestigt, wurde über 2.000 Jahre ununterbrochen bewohnt und im 1. Jh. v. Chr. verlassen.

8 18,6 (1.130) Rechts bergab auf die Markierung 18a ⤳ in Kehren bergab ⤳ kurz vor Schluderns auf der Wanderroute 18 in den Ort ⤳ Einmündung in die **Via Kalvarienberg** ⤳ an der ersten Kreuzung rechts bergab ⤳ links in die **Via Haflinger**, die zur **Via Meraner** wird.

9 20,7 (930) Etappenende beim **Vintschger Museum**.

Schluderns/Sluderno

PLZ: 39020; Vorwahl: 0473

Ferienregion Obervinschgau, ✆ 615590, *www.ferienregion-obervinschgau.it*

Vintschger Museum, Meranerstr. 1, ✆ 615590, ÖZ: April-Okt., Di-So 10-12.30 und 14-18 Uhr, Juli-Aug., Di-So 10-18 Uhr. Dauerausstellung über den bäuerlichen Alltag, den Handel, die religiösen Opferhandlungen und handwerkliche Arbeiten der prähistorischen Bevölkerung. In dem restaurierten Gebäude aus dem 16. Jh. sind auch Funde aus Ganglegg und eine Ausstellung über traditionelle Bewässerungssysteme untergebracht.
www.vintschgermuseum.com

Rüstungssammlung in der Churburg, ÖZ: Mitte März-Okt., Di-So 10-12 Uhr und 14-16.30 Uhr. Größte private Rüstkammer Europas mit Rüstungen und Waffen der Burgherren.

Churburg, ✆ 615241, ÖZ: April-Okt., Di-So 10-12 Uhr und 14-16.30 Uhr, Besichtigung nur mit Führung. Im 13. Jh. unter den Bischöfen von Chur errichtet, seit Beginn des 16. Jhs. bis heute im Besitz der Grafen von Trapp, von diesem Geschlecht zu einer der schönsten Renaissance-Schlösser Südtirols umgestaltet, mit Nikolauskapelle und Kreuzgratgewölbe.
www.churburg.com

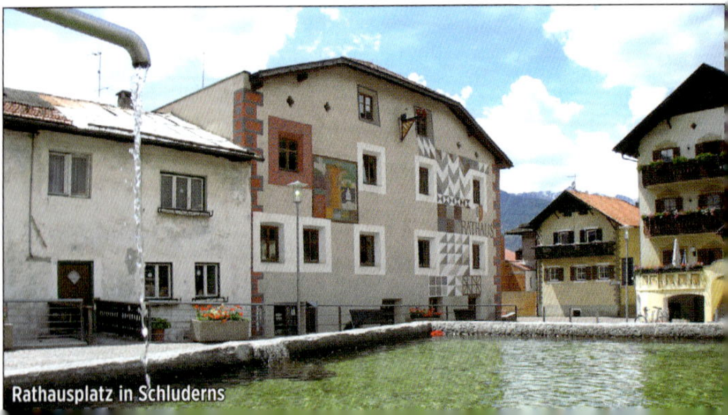

Rathausplatz in Schluderns

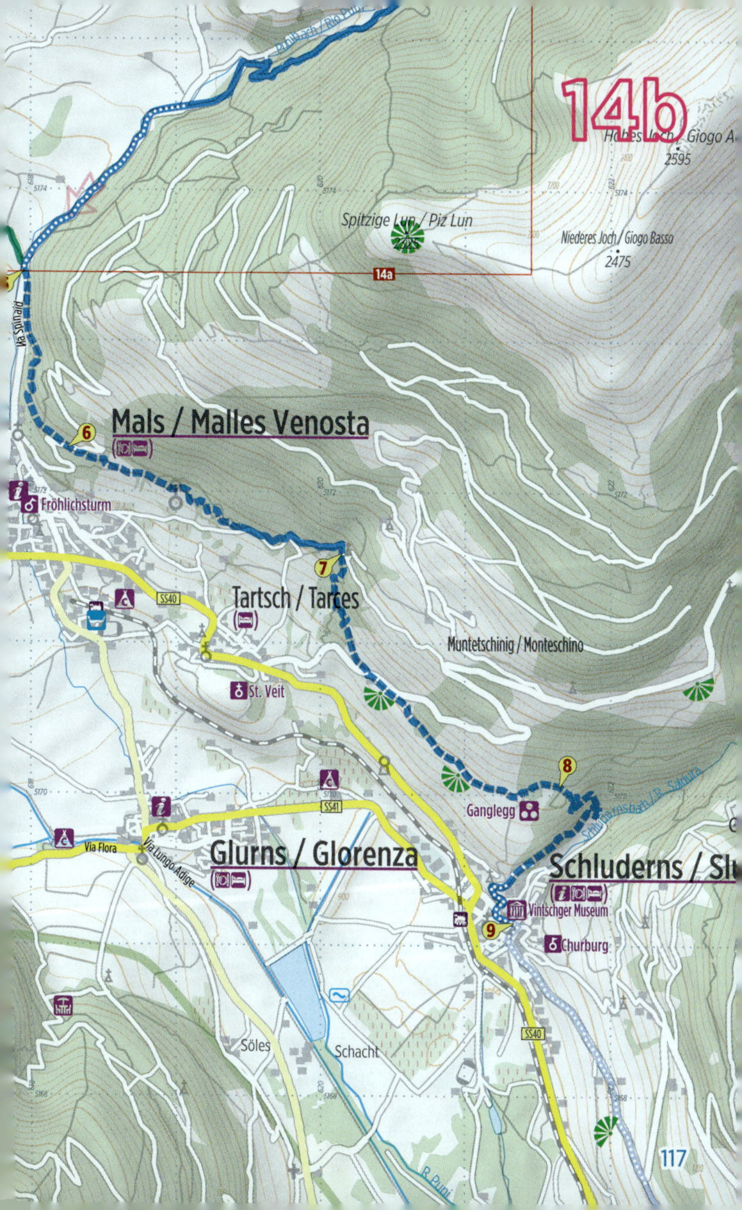

14b
Hohes Joch / Giogo A
2595
Spitzige Lun / Piz Lun
Niederes Joch / Giogo Basso
2475
14a
Via Spinaid
Mals / Malles Venosta
6
Fröhlichsturm
7
Tartsch / Tarces
SS40
St. Veit
Muntetschinig / Monteschino
8
Ganglegg
SS41
Via Flora
Via Lungo Adige
Glurns / Glorenza
Schluderns / Sl
Vintschger Museum
9
Churburg
Söles
Schacht
SS40
R. Puni

Etappe 15 — 18,5 km

Schluderns – Schlanders

Start: Schluderns, Vintschger Museum
Ziel: Schlanders, St. Franziskusstraße am Ortsrand
Gehzeit: 5½ - 6 Std.

Aufstieg: 725 m
Abstieg: 905 m
Hartbelag: 32 %
Wanderwege: 51 %
Wanderpfade: 17 %

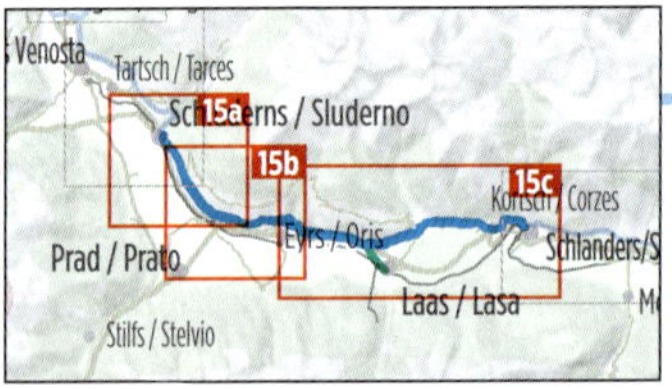

Charakteristik: Diese Etappe führt über den Fuß des Vinschger Sonnberges von Schluderns über Eyrs, Laas, Allitz und Kortsch in den Bezirkshauptort Schlanders. Ist der Hang am Beginn der Etappe noch großteils bewaldet, verursacht das trockene Mikroklima gegen Laas hin eine ganz eigene und zusehends spärliche Vegetation. Als Kontrast taucht man gegen Ende der Etappe in eines der intensivsten Obstbaugebiete des Vinschgaus ein – Apfelbäume, soweit man sieht. Oberhalb befinden sich zudem die ersten Weinberge.

Öffentliche Verkehrsmittel: Stündliche Zugverbindung der Vinschgerbahn auf der gesamten Etappe.

Schluderns/Sluderno

1 0,0 (930) Vom Vintschger Museum in der **Via Meraner** entlang des Baches leicht bergab ~ bald links in die **Via Großfeld** Richtung Gschneir ~ einige Zeit am Hang schräg bergauf.

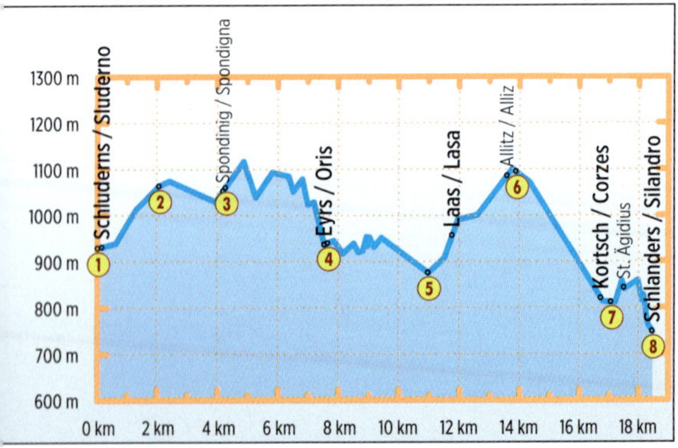

2 2,1 (1.065) In der ersten Kehre geradeaus in den unbefestigten Fahrweg (Wanderroute 22) ~ flach am Hang entlang ~ nach 750 m einen Abzweig rechts liegen lassen.

3 4,3 (1.060) Auf Höhe des Ortes

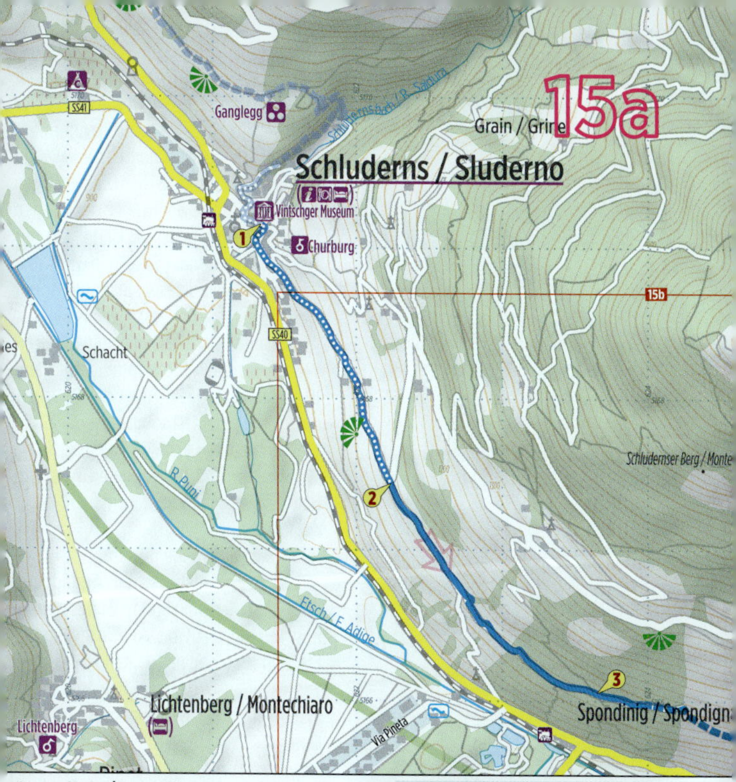

Spondinig/Spondigna wechselt die Via Claudia auf die Wandermarkierung 23a ⤳ auf einem Gehweg weiter den trockenen Hang queren ⤳ oberhalb von Eyrs mündet die Wanderroute in einen Fahrweg ⤳ auf einer Anhöhe vor einem Taleinschnitt in einer Linkskurve rechts bergab auf den Steig 21 ⤳ dieser wird bald wieder besser.

Eyrs/Oris

4 7,6 (940) An der Einmündung in ein Asphaltsträßchen links bergauf, jetzt mit der Markierung 25.

AUSFLUG Rechts geht es hinunter in das hübsche Dörfchen Eyrs/Oris mit seinen alten Häusern.

Bald wieder auf Schotter ⤳ über den Tanasbach ⤳ gleich darauf, in einer Kehre, rechts auf den Weg 20 Richtung Laas ⤳ im Schatten von Föhren und Laubbäumen am Talrand entlang ⤳ an der Einmündung des Fahrweges 18a und wenig später der Wanderroute 18 vorbei ⤳ bald darauf wieder auf Asphalt ⤳ bei einem Haus in die Auffahrt der Vinschgerstraße einmündet ⤳ kurz nach links.

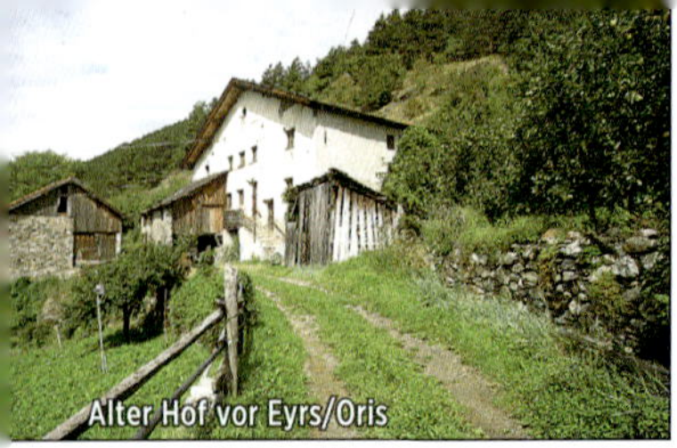
Alter Hof vor Eyrs/Oris

AUSFLUG Durch die Unterführung gelangt man ins Zentrum des Marmordorfes Laas. Dafür kurz der Orteinfahrt und dann links dem Wandersteig 16 Richtung St.-Sisinus-Kapelle und Laas folgen.

Laas/Lasa

PLZ: 39023; Vorwahl: 0473

Tourismusverein Schlanders-Laas, Kapuzinerstr. 10, 39028 Schlanders, ✆ 730155, *www.schlanders-laas.it*

Pfarrkirche St. Johannes. Das schönste und wertvollste ist sicherlich die Apsis (12. Jh.), die zur Gänze aus Laaser Marmor besteht. Die Pfarrkirche wurde erst später dazu gebaut. Auffallend sind im Altarraum die Arbeiten aus Marmor: der Volksaltar, der Ambo mit symbolischen Darstellungen der Evangelisten, der Träger des ewigen Lichts. Ebenso sehenswert ist der angrenzende Friedhof: Jeder Grabstein wurde auf Bestellung von Laaser Bildhauern mit christlichen Motiven geschaffen.

St.-Sisinus-Kirchlein auf einem Hügel im Westen von Laas. Die vermutlich aus dem 10. Jh. stammende Kirche wurde 1290 erstmals erwähnt und ist somit einer der ältesten Sakralbauten des Vinschgaus.

Führungen und Expeditionen rund um den Laaser Marmor. Information unter ✆ 730155

Dorfplatz aus weißem Marmor

Reste eines historischen Aquädukts. Einst überquerte ein 600 m langes hölzernes Aquädukt auf bis zu 15 m Höhe die Etsch. Das so genannte „Kandlwaal" war Teil eines ausgedehnten Bewässerungssystems und fiel 1907 einem Brand zum Opfer.

Laas ist schon lange bekannt für seinen Marmor, der unter anderem für Bildhauerarbeiten verwendet wird. Das „weiße Gold" wird oberhalb des Ortes auf 1.600 Metern in großen Mengen abgebaut und mit einer weithin sichtbaren Schrägbahn zu Tal befördert.

5 11, (875) Die Hauptroute biegt gleich nach dem Fernheizwerk Laas-Eyrs nach links in den Weg Nr. 20, der am Sportplatz entlang führt ⤳ dann den

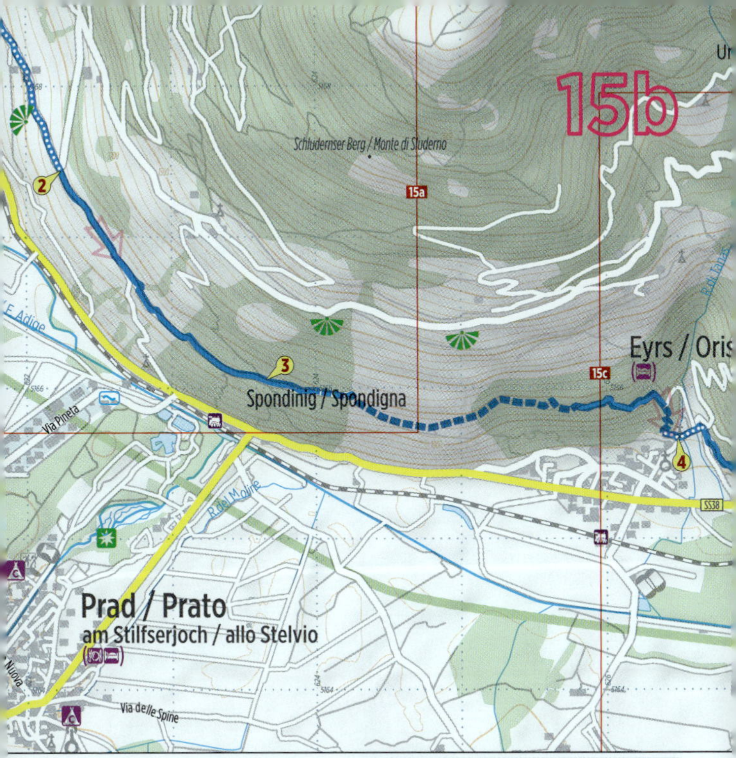

trockenen Hang des Sonnenberges hinauf → Einmündung in den Weg Nr. 19, den **Leitenwaal-Lehrpfad** Richtung Allitz → vor dem Ort münden Sie in ein Hauszufahrtsträßchen → an der Straße links bergauf → am Ortsrand rechts über die Brücke → in einem Bogen durch den Ort.

Allitz/Alliz (Laas)

Kirche Maria Heimsuchung (1640)

6 13,9 (1.095) An einer Gabelung im Ort rechts der Route 22 folgen → in einer Rechtskurve links durch ein Eisengatter.

TIPP: Obwohl es den Anschein hat, ist das Eisengatter nicht versperrt – Sie können hier also passieren.

Nochmals durch ein Gatter auf die Wanderroute 15a → dem Berghang entlang nach **Kortsch** → ab dem Sportplatz auf Asphalt → im Ort die zweite Straße nach links.

Kortsch/Corces (Schlanders)

Pfarrkirche Hl. Johannes der Täufer, im Inneren zeitgenössische Werke einheimischer Künstler

7 17,1 (810) An der folgenden Kreuzung links steil bergauf → bei einer Häu-

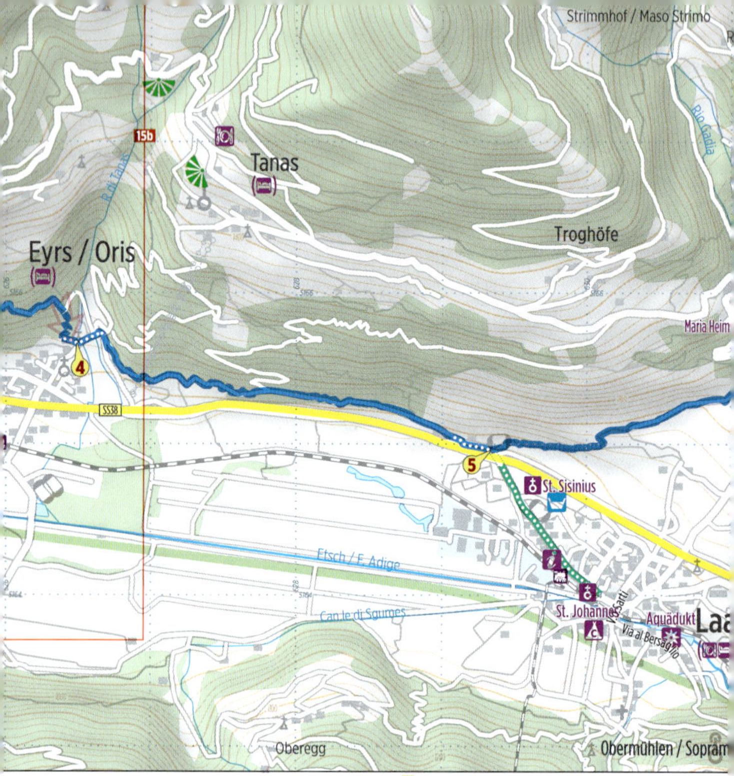

sergruppe rechts in den Ilswaalweg 5 Richtung Schlanders ⤳ bald vorbei an dem malerisch am Berghang gelegenen **Ägidiuskirchlein**.

St. Ägidius. Die Kirche stammt aus romanischer Zeit, an der südlichen Außenmauer finden sich Christophorus-Fresken (1330).

Flach am Hang entlang ⤳ auf den Weg Nr. 2 abbiegen ⤳ zuletzt am Weg 4 Richtung Schlanders ⤳ oberhalb des Ortes mündet der Weg in eine Asphaltstraße ⤳ deren Verlauf folgen ⤳ an einer Kirche vorbei.

8 18,5 (745) Etappenende an der Linksabzweigung der Route bei einem Wohnblock.

INS ZENTRUM: Wenn Sie ins Ortszentrum von Schlanders möchten, folgen Sie der Rechtskurve bergab.

Schlanders/Silandro

PLZ: 39028; Vorwahl: 0473

Tourismusverein Schlanders-Laas, Kapuzinerstr. 10, ✆ 730155, *www.schlanders-laas.it*

Pfarrkirche Maria Himmelfahrt. Die Pfarrkirche wurde in den Engadiner Kriegen

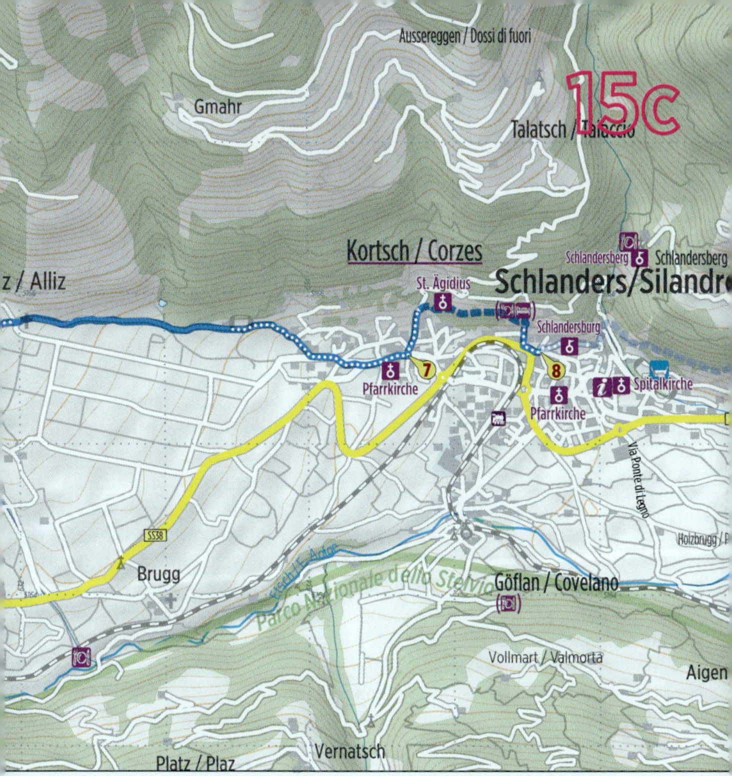

1499 schwer in Mitleidenschaft gezogen, im gotischen Stil wieder errichtet und Mitte des 18. Jhs. umgestaltet. Der mit 97 m höchste Kirchturm Gesamttirols ist das Wahrzeichen der Gemeinde.

Spitalkirche. Auch dieses gotische Gotteshaus neben dem Krankenhaus wurde nach der Brandschatzung während der Engadiner Kriege wieder aufgebaut, reicher Freskenschmuck im Inneren.

Schloss Schlandersburg, errichtet um 1600 von der adeligen Familie Hendl. Der zweistöckige Renaissancebau umgibt einen schönen Arkadenhof. Seit 1988 im Besitz des Landes, heute als Verwaltungszentrum benutzt.

Schloss Schlandersberg am Sonnenberg über Schlanders auf einem kahlen Felsen. Errichtet im 13. Jh. von den Herren von Montalban, im 15. Jh. Stammsitz der Herren von Schlandersberg, einer der bedeutendsten Tiroler Adelsfamilien. Im 16. Jh. erhielt der Bau seine heutige Gestalt. Nach dem Aussterben der Schlandersberger wurde das Schloss an Bauern verkauft, heute sind dort Nobelwohnungen untergebracht.

Etappe 16 — 22,4 km

Schlanders – Naturns

Start: Schlanders, St. Franziskusstraße am Ortsrand
Ziel: Naturns, Via Castello im Zentrum
Gehzeit: 7½ - 8 Std.

Aufstieg: 695 m
Abstieg: 910 m
Hartbelag: 38 %
Wanderwege: 48 %
Wanderpfade: 14 %

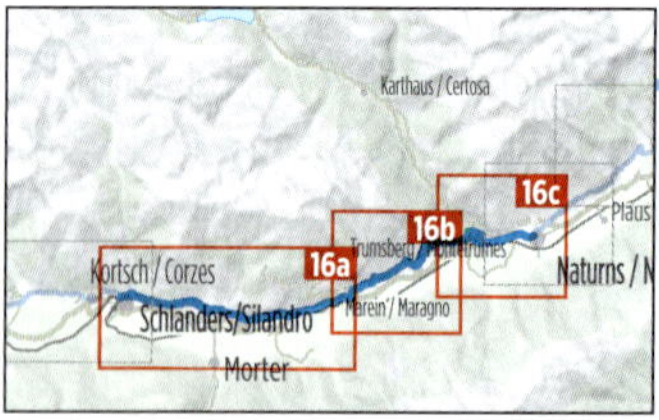

Charakteristik: Diese Etappe führt von Ort zu Ort durch den „Obstgarten Vinschgau" am Hang entlang. Von Schlanders geht es über die Sonnenpromenade und einen Wandersteig in die Ortschaften Vetzan und Goldrain. Bald nach Tiss beginnt der Latschander Waalweg, dem die Route nach Kastelbell und Galsaun folgt. Kastelbell beherbergt eine Dauerausstellung zur Via Claudia Augusta. Nach Tschars geht es am Archäologischen Wanderweg ziemlich weit hinauf – fast bis zu Reinhold Messners Schloss Juval, das hoch über dem Tal thront und in dem ein Teil des Messner Mountain Museum untergebracht ist. Nach einigen Serpentinen talwärts führt die Route schließlich vor Naturns direkt

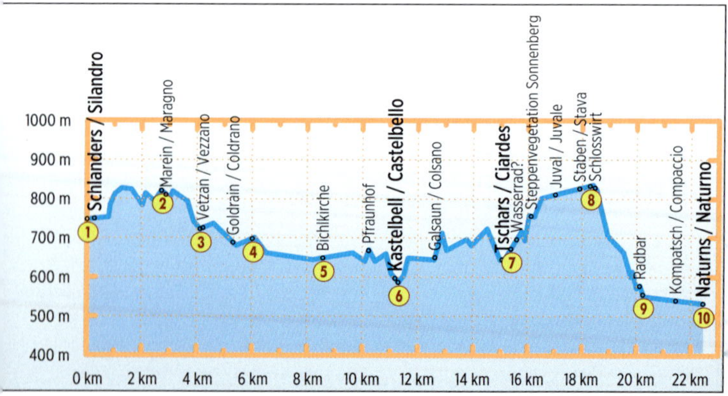

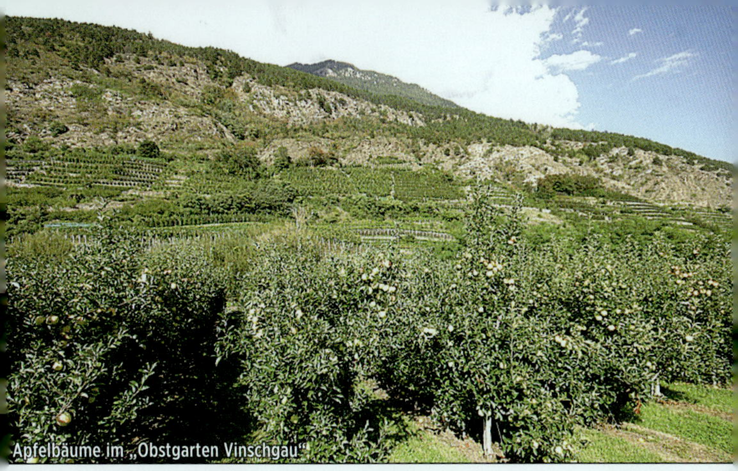

Apfelbäume im „Obstgarten Vinschgau“

am Vinschger Bauernladen vorbei, wo Sie den durchwanderten „Obstgarten Vinschgau“ in Produktform erstehen können.

Öffentliche Verkehrsmittel: **Stündliche Zugverbindung der Vinschgerbahn auf der gesamten Etappe.**

Schlanders/Silandro

1 0,0 (745) Von der **Franziskusstraße** links, zwischen Wohnblocks, bergauf ~ gleich wieder rechts in die asphaltierte Sonnenpromenade (Markierung Nr. 7) ~ über den Schlandraunbach ~ weiter auf einem Steig (Markierung Nr. 13) ~ die Abzweigung des Weges 14 links liegen lassen ~ oberhalb der Weinhänge auf einer Geländestufe durch Wald.

2 2,7 (820) Für einige hundert Meter einer Straße folgen ~ danach wieder links weg ~ Einmündung in den Weg Nr. 12 ~ auf diesem bergab nach **Vetzan**.

Vetzan/Vezzano (Schlanders)

3 4,1 (725) Beim Café links weiter (Markierung 12) Richtung Goldrain ~ auf einen Schotterweg ~ an einer Gabelung rechts und an der nächsten links ~ auf einem Steig über eine Brücke ~ auf Goldrainer Seite wird der Steig wieder zum Fahrweg und heißt nun **Goldrainer Panoramaweg** ~ ab den ersten Häusern auf Asphalt.

Goldrain/Coldrano (Latsch)

An der T-Kreuzung rechts ~ gleich wieder links ~ vorbei an Schloss Goldrain.

Schloss Goldrain war Wohnsitz der Grafen von Hendl und entstand im 12. Jh. Heute ist es Bildungs- und Begegnungsstätte.

Danach der Route 3 über die Tisser Straße folgen.

4 6,0 (695) Im kleinen Ort zunächst links und dann rechts hinunter ~ in einem kleinen bewaldeten Abschnitt nach einer Anhöhe links auf den **Latschander Waalweg** ~ bald wieder am Talrand entlang ~ längere Zeit in der Nähe der Hauptstraße.

Latsch/Laces

5 8,6 (650) Am Rand von Latsch/Laces vorbei an einem Kreisverkehr ~ weiter-

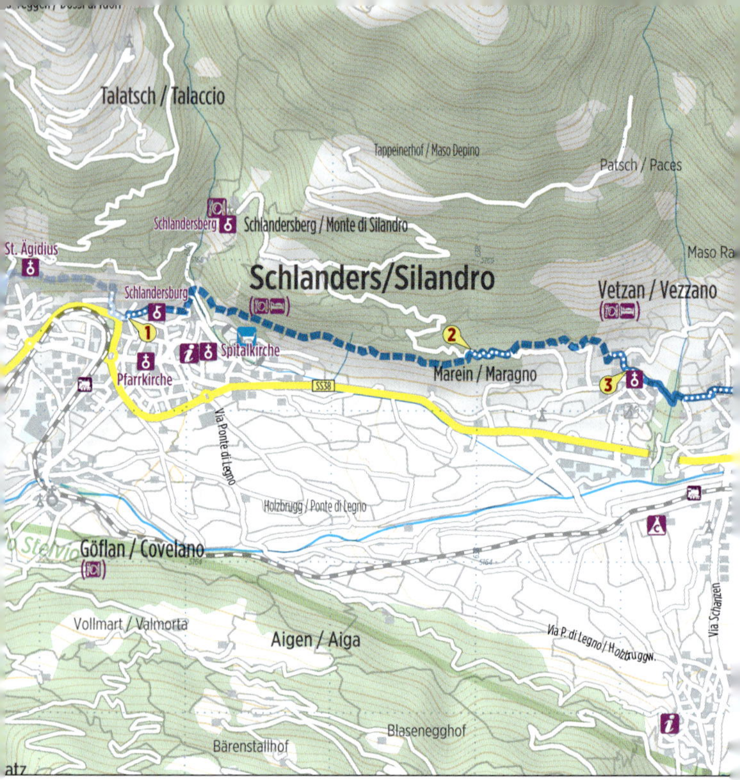

hin dem Waalweg folgen ⤳ oberhalb von **Kastelbell** Einmündung in einen steilen, gepflasterten Weg zum Schloss ⤳ danach in einer Kehre dem Schild „Latschander Waalweg" nach links folgen ⤳ über einen kleinen Platz.

Kastelbell/Castelbello

PLZ: 39020; Vorwahl: 0473

Tourismusverein Kastelbell-Tschars, 624193, *www.kastelbell-tschars.com*

Dauerausstellung „Via Claudia Augusta – eine römische Hauptstraße durch den Vinschgau", Schloss Kastelbell, ÖZ: Mai-Okt., Di-So

Schloss Kastelbell, Schlossweg 1, ÖZ: Di-So, Führungen Juli-Mitte Sept. um 11, 14, 15 und 16 Uhr. 1238 von den Herren von Montalban erbaut, 1531 verpfändete König Ferdinand I. die Burg an Sigmund Hendl. Seit 1956 dem Staat Italien gehörig. Wechselausstellungen mit Werken bekannter Künstler.

6 11,3 (585) Hinauf zum **Köfelgut** ⤳ im Gut links hinauf, dem Latschander Waalweg 3 folgen ⤳ oberhalb von Galsaun und Schloss Kasten

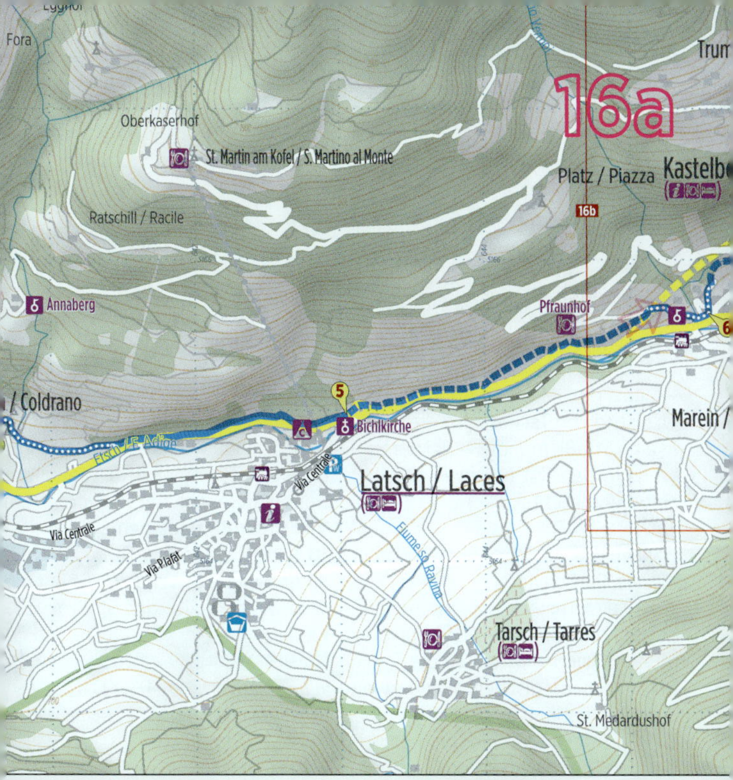

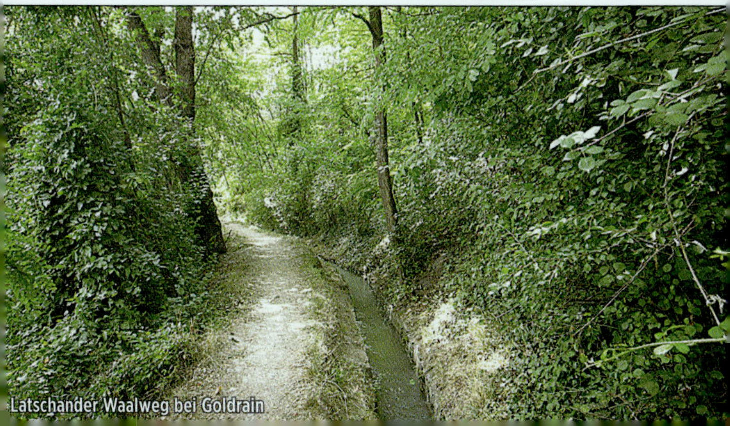

Latschander Waalweg bei Goldrain

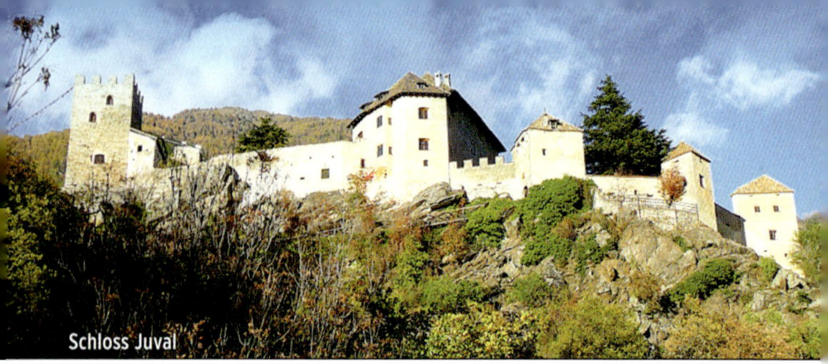

Schloss Juval

ein Sträßchen queren ~ danach auf dem Schnalser Waalweg weiter ~ auf der Markierung 2 an den Ortsrand von **Tschars**, wo die Route in eine Straße mündet ~ geradewegs in den Ort hinein ~ an einer Gabelung rechts .

Tschars/Ciàrdes

Danach dreimal links halten und über die **Via Garl** weiter.

7 15,4 (670) An einer Linkskurve geradeaus auf die Route 3 b ~ der Weg mündet wieder in die Route 3, die dem **Archäologischen Wanderweg** am Hang entlang folgt.

8 18,2 An der beschilderten Abzweigung zu **Schloss Juval** vorbei bergab.

Messner Mountain Museum im **Schloss Juval**, hoch über dem Eingang ins Schnalstal gelegen, ✆ 0471/631264, ÖZ: April-Juni und Sept.-Okt., Do-Di 10-16 Uhr, Besichtigung nur mit Führung möglich. In dem von Hugo von Montalban im 13. Jh. errichteten Bauwerk residiert seit 1983 Reinhold Messner. Thema: Tibetika-Sammlung, Bergbildgalerie, Maskensammlung aus verschiedenen Kontinenten usw.
www.messner-mountain-museum.it

Links ab, über die Wanderroute 1 ~ dann wieder auf dem Fahrweg die Serpentinen zum Talboden hinunter.

9 20,2 (555) Es folgt ein unangenehmes Wegstück entlang der Staatsstraße ~ vor dem Tunnel der Ortsumfahrung rechts weg ~ nach **Naturns** hinein ~ immer dem Verlauf der Hauptstraße entlang ~ vorbei am **Vinschger Bauernladen**.

10 22,4 (535) Etappenende im Zentrum an der links abzweigenden **Via Castello** in der Nähe der St.-Prokulus-Kirche.

Naturns/Naturno

PLZ: 39025; Vorwahl: 0473

Tourismusverein, Rathausstr. 1, ✆ 666077,
www.naturns.it

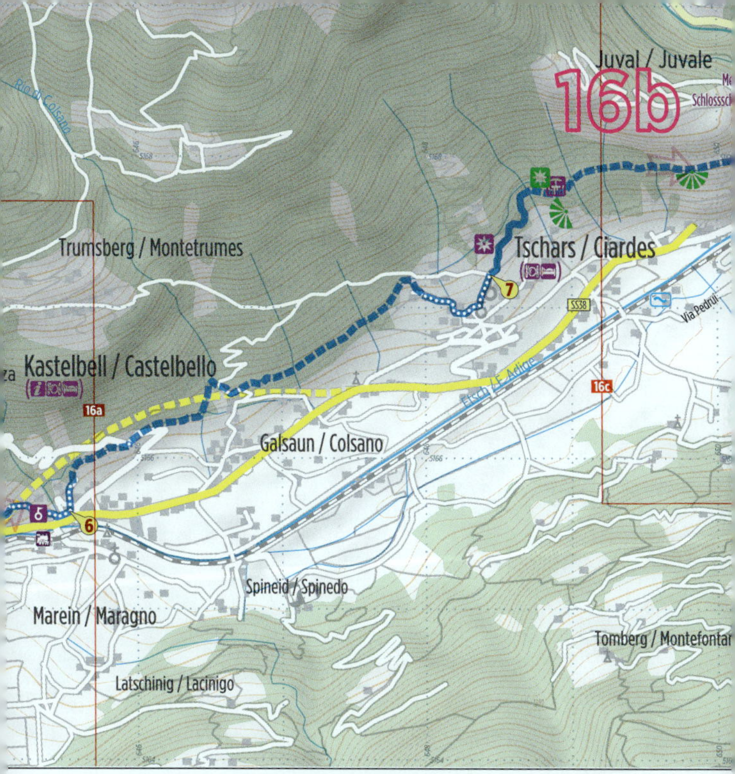

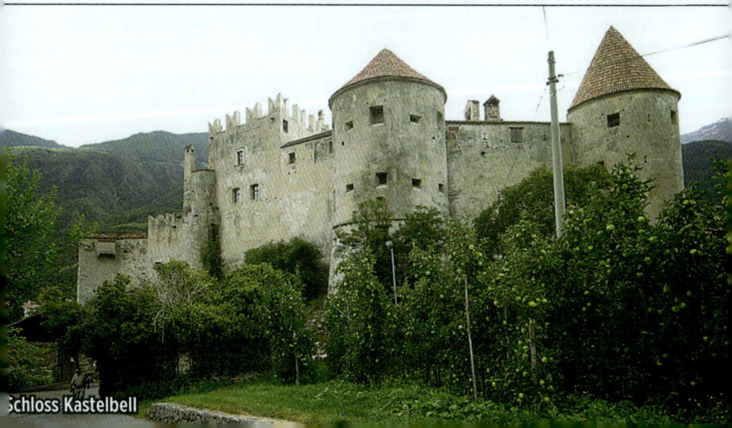

Schloss Kastelbell

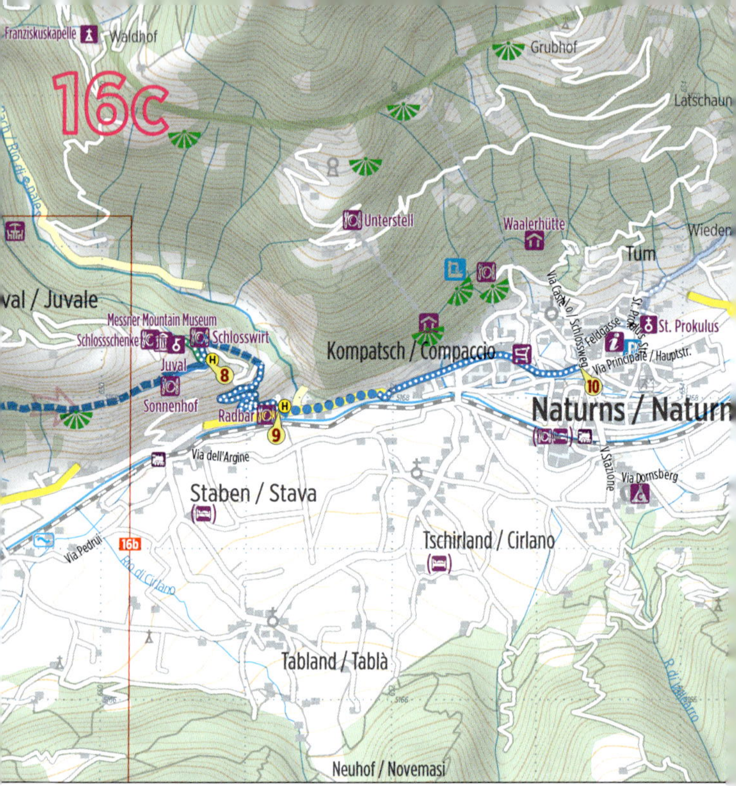

Naturparkhaus Texelgruppe, Feldg. 3, ✆ 668201, ÖZ: April-Okt., Di-Sa 9.30-12.30 Uhr und 14.30-18 Uhr, Juli, Aug., Sept., So 9.30-12.30 Uhr und 15-18.30 Uhr. Multimediale Präsentation der Südtiroler Naturparks, im Besonderen über den Naturpark Texelgruppe.

Archäologische Ausstellung und **gotische Fresken** im Bürger- und Rathaus, Rathausstr. 1, ✆ 668256, ÖZ: April-Okt., Mi 14-18 Uhr. Archäologische Ausstellung und gotische Fresken von St. Prokulus aus dem 14. Jh.

St.-Prokulus-Kirche, ✆ 668256, ÖZ: 19. März-5. Nov., Di-So 9.30-12 Uhr und 14-17 Uhr. Hier befinden sich die ältesten Fresken des deutschen Sprachraums, sie entstanden in vorkarolingischer Zeit zwischen 720 und 770.

Vinschger Bauernladen, Hauptstr. 78, ✆ 667723, ÖZ: Mitte März-Dez. Direktvermarktung von erntefrischem Obst, Gemüse und Kräutern aus der Region, außerdem Marmeladen, Honig, Speck, Käse, Essig und Säfte.

Etappe 17 14,7 km

Naturns – Algund

Start: Naturns, Via Castello im Zentrum
Ziel: Algund, Alte Landstraße im Zentrum
Gehzeit: 4 - 4½ Std.

Aufstieg: 645 m
Abstieg: 825 m
Hartbelag: 48 %
Wanderwege: 32 %
Wanderpfade: 20 %

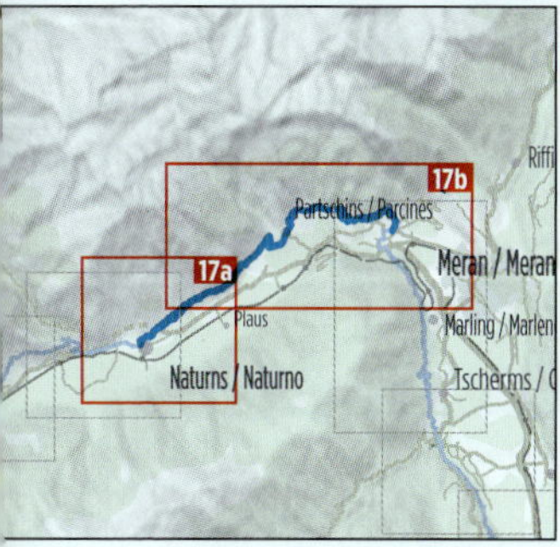

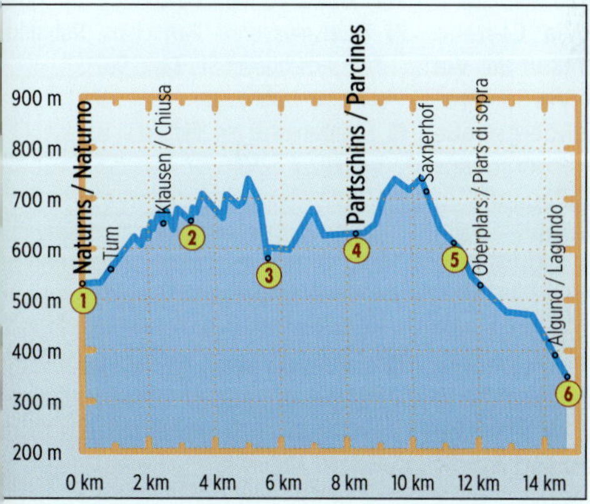

Charakteristik: Die Etappe führt nach einem kurzen Abstecher zur vermutlichen ältesten Kirche des deutschsprachigen Kulturraumes zunächst noch einmal ziemlich hoch hinauf, wo sich Wald und einsame Bergbauernhöfe abwechseln. Immer wieder bieten sich herrliche Blicke auf die Kulturlandschaft im Tal. Zwischen Rabland und Partschins, wo das Schreibmaschinenmuseum wartet, führt die Route über den Rablander Waalweg. Über den Sagenweg, den Partschinser Waalweg und den Algunder Waalweg geht es schließlich nach Algund hinunter. Im klimabegünstigten Meraner Becken geben mediterrane Pflanzen einen ersten Vorgeschmack aufs Meer und an den sonnigen Hängen dominiert der Wein.

Öffentliche Verkehrsmittel: Stündliche

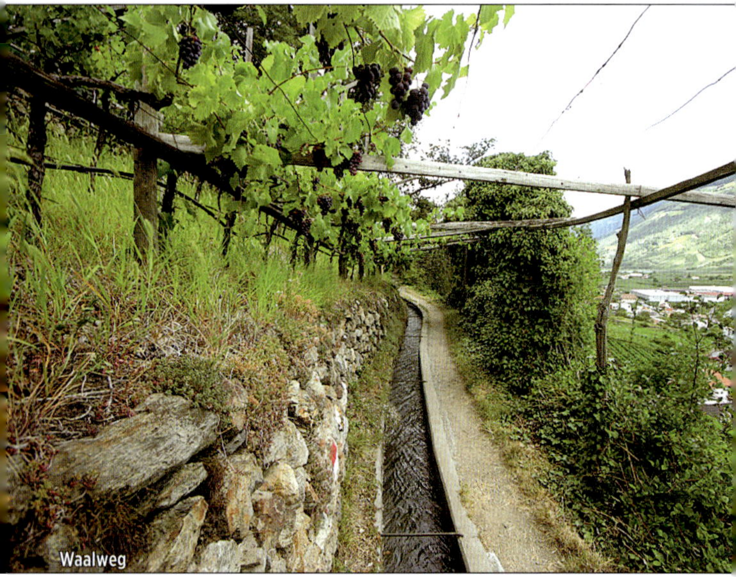

Waalweg

Zugverbindung der Vinschgerbahn mit Zustiegsmöglichkeiten in Plaus und Rabland.

Naturns/Naturno

1 0,0 (535) Links in die **Via Castello** (Markierung 91) ⤳ rechts in die **Via dei Campi** ⤳ links in die **Via San Procolo** ⤳ kurz der **Sonnenbergstraße** folgen ⤳ in einer Kehre geradeaus weiter ⤳ am Straßenende in den anschließenden Weg ⤳ nach einiger Zeit folgt die Route kurz einer Straße.

2 3,3 (655) Diese Straße nach links verlassen ⤳ immer am – teilweise steilen und steinigen – Berghang entlang ⤳ weiter der Markierung Nr. 91 folgen ⤳ erst oberhalb von **Rabland** auf die Markierung 26 wechseln ⤳ auf dieser rechts bergab zum Ortsrand.

Rabland/Rablà (Partschins)

PLZ: 39020; Vorwahl: 0473

Tourismusverein Partschins, Rabland, Töll, Vinschgauer Str. 34, ✆ 967157, *www.partschins.com*

Eisenbahnwelt mit Südtirol in Miniatur, Geroldplatz, ✆ 521460, ÖZ: März-Nov., Di-So 10-17 Uhr, außerhalb der Saison jeden So geöffnet. Größte Modelleisenbahnanlage Italiens mit rund 800 m Gleisen, die sich auf über 1.000 m² durch die Landschaft Südtirols schlängeln. *www.eisenbahnwelt.eu*

Jakobuskirchlein, Geroldplatz. Erbaut 1513 im spätgotischen Stil, an der Außenmauer zwei Sonnenuhren aus dem 16. Jh.

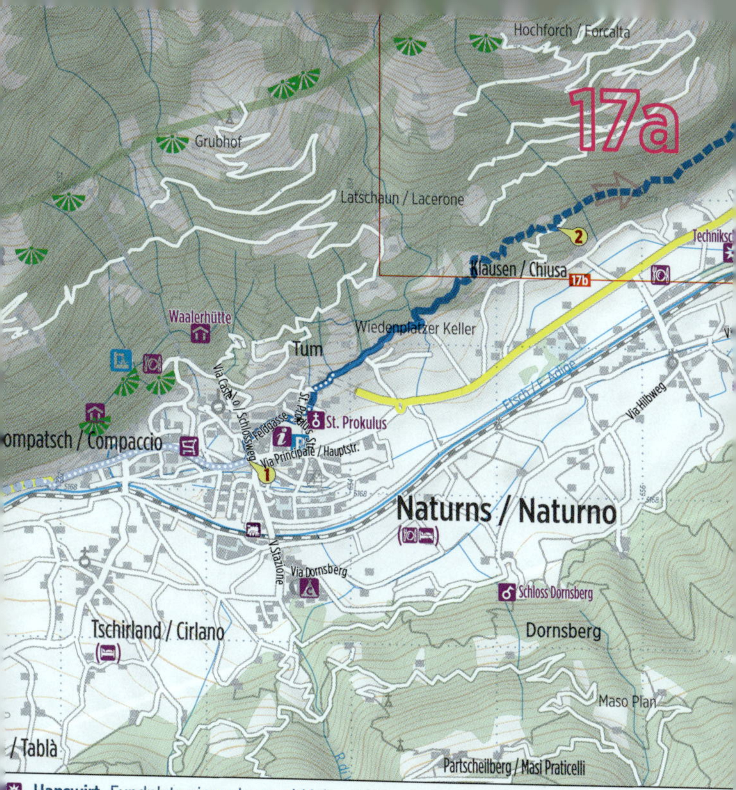

Hanswirt, Fundplatz eines der zwei Meilensteine, der die Via Claudia Augusta überliefert. Eine Nachbildung steht am Fundort. Das Original ist im Stadtmuseum Bozen untergebracht.

3 5,6 (580) Links auf den **Rablander Waalweg** (Markierung 91a) ⇝ an den Talrand ⇝ bald einer ruhigen Nebenstraße folgen ⇝ an der Texelbahn vorbei ⇝ an einem Linksknick vor einem Bach rechts der Markierung 1 Richtung Süden folgen ⇝ an der Straße (kurz **Via Ziel**, dann **Via Peter Mitterhofer**) nach links ⇝ ins Zentrum von **Partschins**.

Partschins/Parcines

PLZ: 39020; Vorwahl: 0473

Tourismusverein Partschins, Rabland, Töll, Spaureggstr. 10, ✆ 967157, *www.partschins.com*

Peter Mitterhofer Schreibmaschinen-Museum, Kirchpl. 10, ✆ 0473967581, ÖZ: April-Okt., Mo 14-18 Uhr, Di-Fr 10-12 Uhr und 14-18 Uhr, Sa 10-12 Uhr. Nov.-März, Di 10-12 Uhr. 2.000 Exponate dokumentieren die Entwicklungsgeschichte der Schreibma-

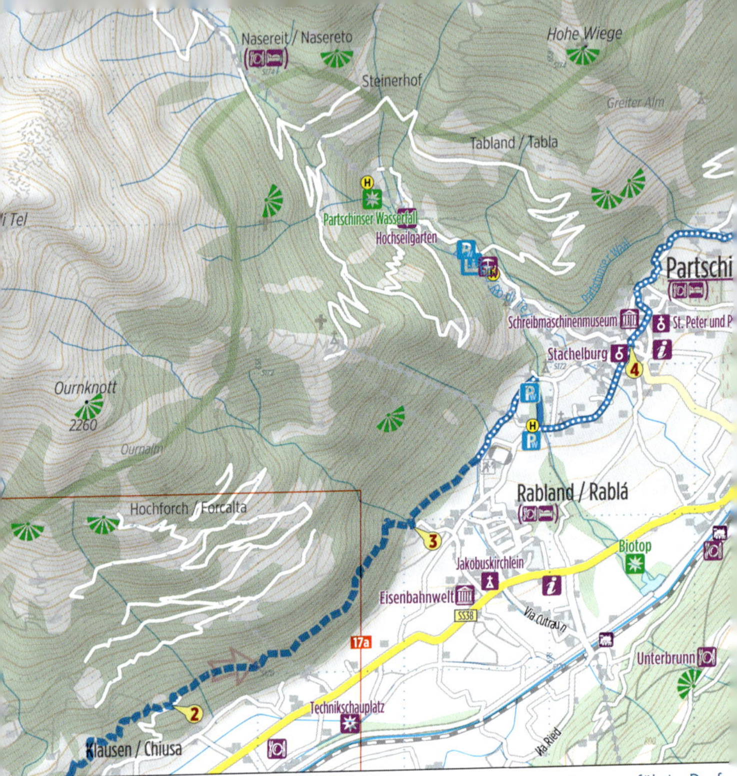

schine von hölzernen Modellen des Partschinser Erfinders Peter Mitterhofer über verschiedene außergewöhnliche Schreibmaschinentypen aus aller Welt bis zum Computerzeitalter.
www.schreibmaschinenmuseum.com

Pfarrkirche St. Peter und Paul, Kirchplatz, ÖZ: 9-19 Uhr. 1264 erstmals erwähnt und 1502 im spätgotischen Stil umbaut. Bemerkenswert sind einige Marmorskulpturen und Wandmalereien sowie eine Holzskulptur des berühmten Künstlers Jörg Lederer.

Sehenswerter **Dorfkern**, geführte Dorfrundgänge Mo 9.30 Uhr bei der Tourist-Information

4 8,2 (630) Links in die **Hubenstraße** ⁓ gleich wieder rechts in die **Via Spauregg** ⁓ schließlich der **Via di Romani** bergauf folgen ⁓ sie geht nach einer Links- und 2 Rechtskurven in die **Vertigenstraße** über ⁓ links weg auf die Route 7a ⁓ die Via-Claudia-Markierung führt über den **Partschinser Waalweg**.

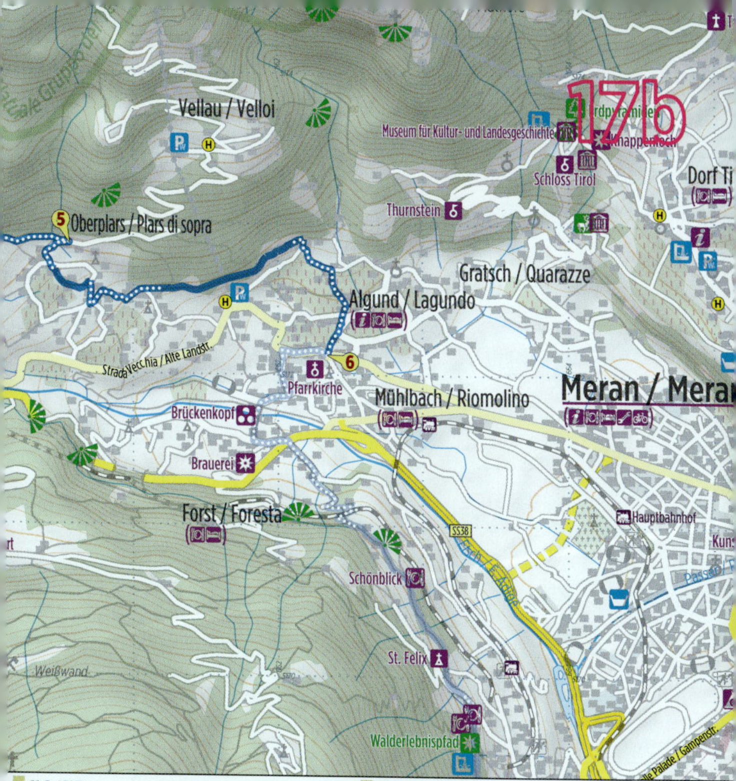

5 11,2 (615) An einem Fahrweg kurz nach rechts ⇝ an einer Busstation links ⇝ weiter am **Algunder Waalweg** ⇝ unter einem Lift durch ⇝ der Waalweg trifft am Hang nördlich von **Algund** auf einen bergab führenden Fahrweg ⇝ auf der Markierung 25a in den Ort hinunter ⇝ teilweise auf Asphalt und teilweise auf den gepflasterten, von Wein überwachsenen Wegen („Berglen" im einheimischen Dialekt).

6 14,7 (350) Etappenende an der **Alten Landstraße**.

Algund/Lagundo

PLZ: 39022; Vorwahl: 0473

Tourismusbüro, Hans-Gamper-Pl. 3, ✆ 448600, *www.algund.com*

Die spitzhaubige **Pfarrkirche** ist eine der schönsten modernen Pfarrkirchen.

Etappe 18 — 21,7 km

Algund – Nals

Start: Algund, Alte Landstraße im Zentrum
Ziel: Nals, Zentrum
Gehzeit: 6½ - 7 Std.

Aufstieg: 1.035 m
Abstieg: 1.085 m
Hartbelag: 43 %
Wanderwege: 53 %
Wanderpfade: 4 %

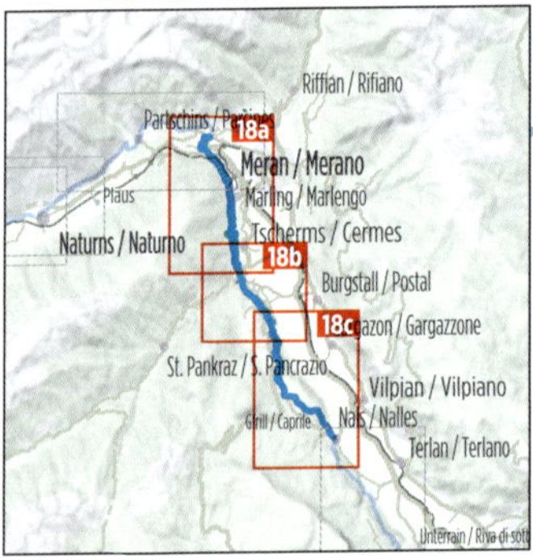

Charakteristik: In Algund quert die Wanderroute wie einst die Römerstraße das Tal und führt wieder bergwärts und dann am Westhang weiter. Am Marlinger Waalweg, entlang dem längsten Waal Südtirols, und dem Tschermser Waalweg bis Lana überwiegt wieder der Apfelanbau. Unterwegs warten herrliche Blicke auf Meran und das Etschtal bis Bozen. Immer wieder laden Jausenstationen zur Einkehr. In der Apfelmetropole Lana wartet das Südtiroler Obstbaumuseum. Danach geht es am Brandiser Waal, auf Fahrwegen und ruhigen Nebenstraßen durch Laubwälder hinauf ins für sei-

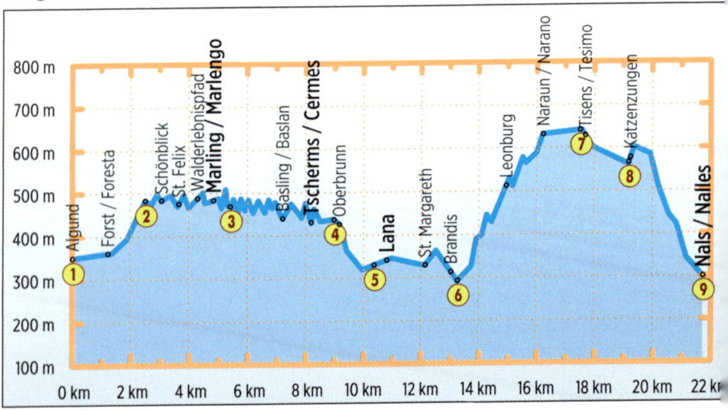

ne Edelkastanien bekannte Tisens. Im zweiten Abschnitt der Etappe beginnt das an Burgen reichste Gebiet Europas, der Etappenort Nals wartet unter anderem mit der Stachelburg, der Schwanburg und Burg Payrsberg auf.

Öffentliche Verkehrsmittel: Direkte Einstiegsmöglichkeit nur zu Etappenbeginn, später Busverbindungen von den einzelnen Dörfern zur Vinschgerbahn auf die andere Talseite, Einstiegsmöglichkeiten z. B. in Burgstall oder Vilpian.

Algund/Lagundo

1 0,0 (350) Der **Alten Landstraße** in westliche Richtung durch das Zentrum folgen ⤳ am Kreisverkehr links in die **Via Stainach** ⤳ in einer Linkskurve rechts Richtung Schwimmbad ⤳ nach dem Schwimmbad links zu einer hölzernen Brücke.

Historischer Brückenkopf. Im Bereich dieses Steges zwischen dem Schwimmbad und dem Ortsteil Forst dürfte sich auch eine römische Brücke befunden haben. Momentan wird hier ein etwas jüngerer historischer Brückenkopf erforscht und zugänglich gemacht.

Auf der Brücke über die Etsch ⤳ auf der anderen Etschseite in die **Via Pendlerweg** ⤳ dann links ⤳ bei der **Brauerei Forst** die Hauptstraße queren.

Forst/Foresta

Brauerei Forst, Vinschgauerstr. 8, ✆ 0473/260111, Führungen nach tel. Anmeldung Mi 14 Uhr. Die Brauerei Forst wurde 1857 vom damaligen Meraner Stadtschreiber Franz Tappeiner und dem Bauern Johann Wallnöfer gegründet. Im Jahr 1863 wurde das Unternehmen von Johann Fuchs übernommen, der auch den heutigen Standort erbauen ließ. Heute führt die Familie Fuchs die Brauerei, die zu den größten Italiens zählt, in der 4. Generation. *www.forst.it*

Der bergauf führenden Straße Richtung Marling folgen ⤳ hier treffen Sie bereits auf die Schilder „Zum Marlinger Waalweg" ⤳ nach 300 m rechts ab in einen schmäleren Fahrweg ⤳ in Serpentinen zum Waalweg hinauf.

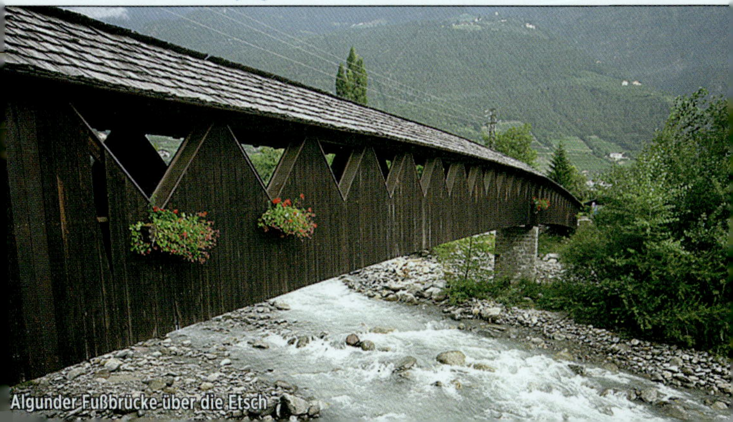
Alguner Fußbrücke über die Etsch

2 2,6 (480) Links auf den **Marlinger Waalweg** ⇝ dem gut beschilderten Weg am Berghang entlang folgen ⇝ unterhalb der **Kapelle** vorbei.

Kapelle St. Felix. Dem offenen Brunnen im Langhausboden werden Heilkräfte zugeschrieben.

3 5,4 (470) Oberhalb von **Marling** eine Forststraße queren ⇝ der Waalweg wird zum Walderlebnisweg.

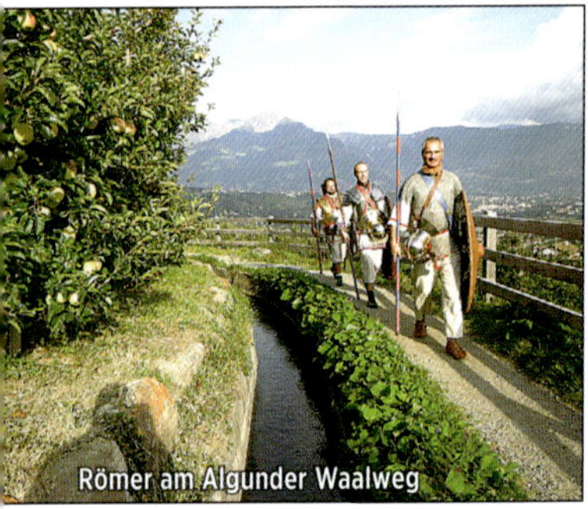
Römer am Algunder Waalweg

Marling/Marlengo

PLZ: 39020; Vorwahl: 0473

Tourismusverein, Kirchpl. 5, ✆ 447147, *www.marling.info*

Pfarrkirche Maria Himmelfahrt. In neugotischem Stil mit Rundbogenfenstern und romanischem Glockenturm, sehenswert ist das große Mosaik.

An einem Parkplatz vorbei.

AUSFLUG: Rechts kommen Sie in wenigen Minuten hinauf zum Schloss Lebenberg, links geht es nach Tscherms.

Tscherms/Cermes

PLZ: 39010; Vorwahl: 0473

Tourismusverein Lana und Umgebung (Filiale Tscherms), Gampenstr. 22, ✆ 561015

Castel Lebenberg, ✆ 561425, ÖZ: Ostern-Okt., Mo-Sa 10.30-12.30 Uhr und 14-16.30 Uhr. Ausgedehnte Burganlage aus dem 13. Jh. mit dreigeschossiger Kapelle, malerischen Innenhöfen, französischem Ziergarten, Spiegel- und Rittersaal, Bauernzimmer mit gotischen Bauernmöbeln, Waffensaal.

Der Marlinger geht in den **Tschermser Waalweg** über ⇝ oberhalb des Ortes vorbei.

4 9,0 (435) Oberhalb von **Lana** endet der Waalweg bei einem Haus ⇝ auf einer kleinen Straße links hinunter ⇝ bei der nächsten Gelegenheit gleich wieder rechts hinauf und durch die Buschenschank **Glögglkeller** ⇝ dann am Gehsteig entlang der Straße hinunter ⇝ an der T-Kreuzung rechts ⇝ an der Hauptstraße, am Gehsteig nach links ⇝ am Kreisverkehr Richtung Zentrum.

Lana

PLZ: 39011; Vorwahl: 0473

Tourismusverein Lana und Umgebung, Andreas-Hofer-Str. 9/1, ✆ 561770, *www.lana.info*

Südtiroler Obstbaumuseum, Brandis-waalweg 4, ✆ 564387, ÖZ: Mitte März-Okt., Mo-Sa 10-17 Uhr, Juni/Juli nur Mo-Fr. Dokumentation zur geschichtlichen Entwicklung und heutigen Situation des Obstbaues in Südtirol auf einer Ausstellungsfläche von 1.000 m^2.

Pfarrkirche Niederlana, ✆ 561770, nur mit Führung zu besichtigen. Aus dem 15. Jh., sehenswert ist der kostbare, spätgotische Schnatterpeck-Altar, größter noch erhaltener Schnitzaltar im gesamten Alpenbereich.

Schloss Braunsberg, kleine Burganlage aus dem 14. Jh. auf einem Felsvorsprung

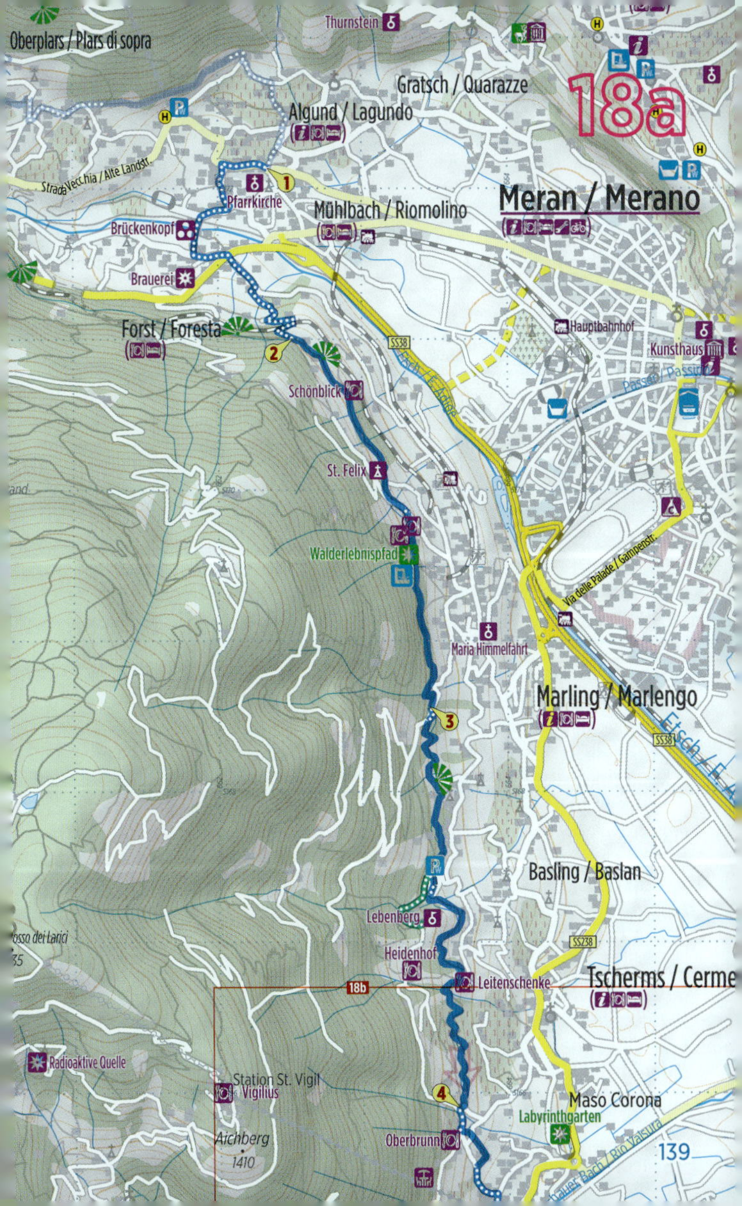
18a
Oberplars / Plars di sopra
Thurnstein
Gratsch / Quarazze
Algund / Lagundo
Strada Vecchia / Alte Landstr.
Pfarrkirche
Brückenkopf
Mühlbach / Riomolino
Meran / Merano
Brauerei
Forst / Foresta
Hauptbahnhof
Kunsthaus
Schönblick
St. Felix
Walderlebnispfad
Via delle Palade / Gampenstr.
Maria Himmelfahrt
Marling / Marlengo
Basling / Baslan
Lebenberg
Heidenhof
Leitenschenke
18b
Tscherms / Cerme
Radioaktive Quelle
Station St. Vigil
Vigilius
Aichberg
1410
Maso Corona
Labyrinthgarten
Oberbrunn

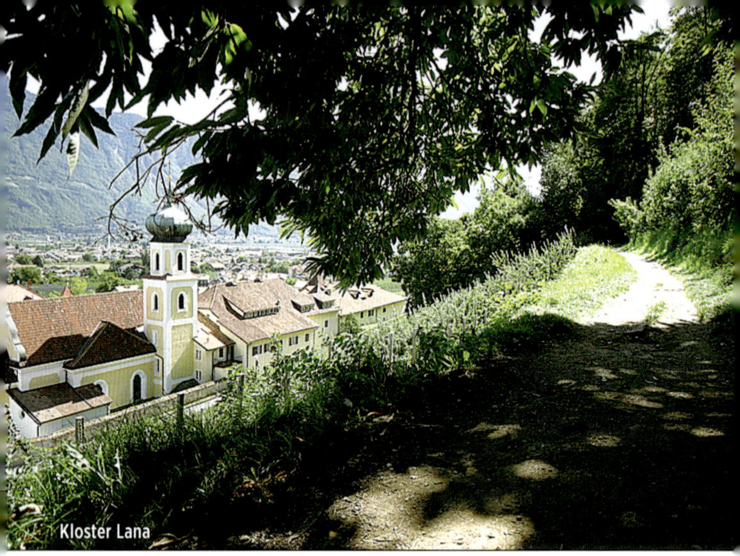

Kloster Lana

oberhalb der Gaulschlucht, Besichtigung nur von außen möglich.

Schloss Leonburg (11.-12. Jh.) südlich von Brandis. Mit ehemals großer strategischer Bedeutung durch ihre Lage an der Straße zum Gampenpass. Im 13. Jh. durch einen Brand zerstört und danach wieder errichtet. Seit 1463 im Besitz der Grafen Brandis, heute ist nur die Schlossschänke öffentlich zugänglich, ÖZ: Di-So.

Mit seinen weit verstreuten Ortsteilen hat die Obstbaugemeinde Lana über 10.000 Einwohner. Bis ins 19. Jahrhundert verdienten sie ihren Lebensunterhalt vor allem mit Weinbau, erst danach wurde auf Apfelanbau umgestellt. Heute reifen in Lana 10% der Vinschgauer Äpfel.

5 10,0 Gleich nach der Brücke rechts in die verkehrsberuhigte Zone ⤳ dann am Gehsteig der Hauptstraße entlang, die schließlich ansteigt ⤳ auf halber Strecke zu den nächsten Häusern links auf den **Brandis Waal** ⤳ oberhalb der frei stehenden Kirche **St. Margaretha** vorbei ⤳ auf einem breiteren Weg durch eine Linkskurve.

6 13,2 (290) Gleich danach an der T-Kreuzung rechts ⤳ unterhalb der **Ruine Brandis** vorbei.

Burgruine Brandis. Eine Schlossanlage aus dem 12. Jh. ergänzte einen älteren, heute nicht mehr vorhandenen Turm. Bis 1807 bewohnt, seither dem Verfall preisgegeben, Besichtigung nur von außen möglich.

Über einen Hohlweg Richtung Tisens ⤳ über den Hauptanstieg der Tagesetappe stetig bergauf ⤳ an mehreren Marterln vorbei ⤳ kurz vor **Tisens** beginnt wieder Asphalt ⤳ an der Straße angelangt, am Gehsteig nach links ⤳ ins Zentrum.

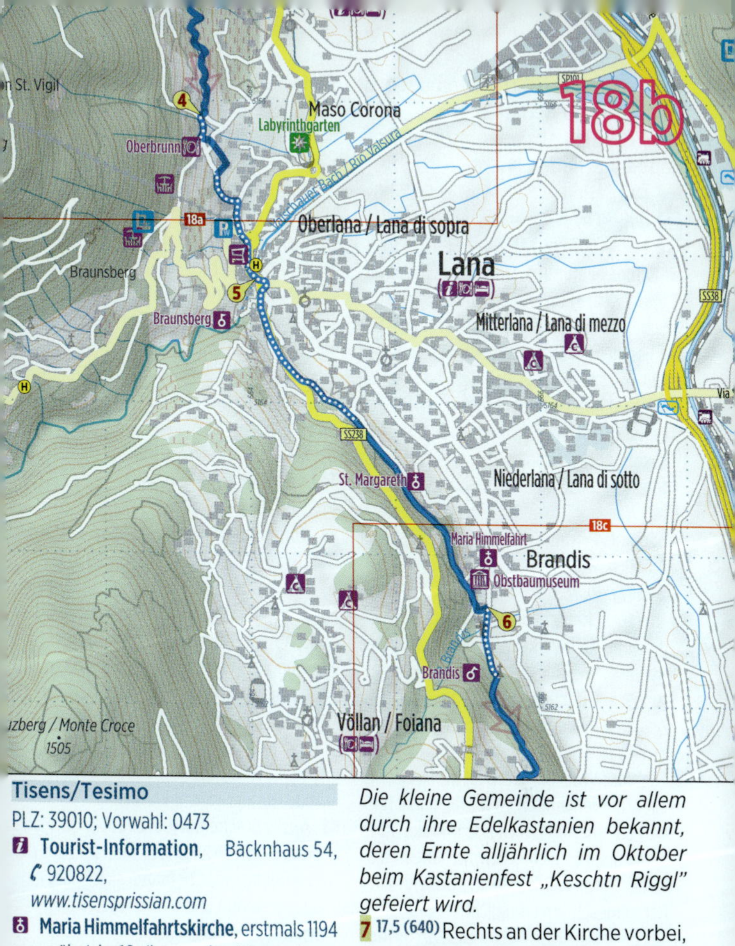

Tisens/Tesimo

PLZ: 39010; Vorwahl: 0473

Tourist-Information, Bäcknhaus 54, ✆ 920822, *www.tisensprissian.com*

Maria Himmelfahrtskirche, erstmals 1194 erwähnt, im 16. Jh. umgebaut; bemerkenswertes Glasgemälde aus der Augsburger Schule um 1520.

Kirche St. Hippolyt bei Naraun. Im 12. Jh. errichtet und im 17. Jh. erneuert.

Schloss Zwingenburg, bereits 1237 erwähnt, heute in bäuerlichem Privatbesitz.

Die kleine Gemeinde ist vor allem durch ihre Edelkastanien bekannt, deren Ernte alljährlich im Oktober beim Kastanienfest „Keschtn Riggl" gefeiert wird.

7 **17,5 (640)** Rechts an der Kirche vorbei, dann links weg von der Hauptstraße ~ bald nach dem Zentrum an der ersten Gabelung links ~ an der nächsten rechts Richtung Prissian ~ zunächst dem Straßenverlauf folgen ~ ab der nächsten Straßenverzweigung dem Schild „Erlebnisweg Vorbichl" folgen

⇝ ab einer alten Trockenmauer für kurze Zeit auf Schotter.

8 19,2 (565) Eine Abzweigung nach Prissian rechts liegen lassen.

AUSFLUG Zur Besichtigung der Schlösser Fahlburg und Katzenzungen können Sie hier rechts von der Via Claudia abzweigen.

Schloss Fahlburg. Ursprünglich als mittelalterliche Festung errichtet, wurde das Schloss von den Grafen Brandis in ein Renaissanceschloss umgebaut, das lange Zeit Gerichtssitz war und als eines von wenigen noch weitgehend im ursprünglichen Charakter erhalten geblieben ist. Hier schrieb Jakob Andrà Brandis die berühmte Geschichte der „Landeshauptleute von Tirol", mit der die Tiroler Geschichtsschreibung beginnt. Privatbesitz, Besichtigung nicht möglich.
www.fahlburg.com

Schloss Katzenzungen, Schlossführungen mit Weinverkostung Do 16 Uhr. Das Renaissanceschloss ist heute Veranstaltungszentrum und bietet einen herrlichen Ausblick. Außerdem befindet sich hier die größte und älteste Weinrebe Europas.

Schloss Wehrburg, erbaut im 13. Jh., nur ein größerer Umbau im 16. Jh., dabei blieben die unteren Geschosse und der Turm in der ursprünglichen Form erhalten. Heute als Hotel in Privatbesitz, Besichtigung nur eingeschränkt möglich.

Über eine Anhöhe ⇝ danach an einem Biotop mit Rast- und Spielplatz nicht mehr den Erlebnis-Weg Schildern folgen, sondern weiter geradeaus auf Asphalt bleiben ⇝ an einer Gabelung links dem Schild „Gasthof Unterkasatsch Pfeffersburg" folgen ⇝ beim Gasthof in der Kehre links.

Ruine Kasatsch (Pfeffersburg). Aus dem 12. Jh., nur mehr in Resten erhalten. Die Ruine kann das ganze Jahr über besichtigt werden.

Auf der Hauptroute gleich danach, vor dem Eingang in die Weinberge, scharf rechts ⇝ auf einem historischen Weg hinunter nach **Nals** ⇝ unterwegs einmal an einer Weggabel links halten ⇝ in den Ort hinein ⇝ wieder auf Asphalt weiter ⇝ gleich nach der Brücke links ⇝ dann gleich rechts dem Schild zur Ortsmitte folgen.

9 21,7 (300) Etappenende im Zentrum.

Nals/Nalles

PLZ: 39010; Vorwahl: 0471

Tourismusverein, Rathausplatz 1/A, ✆ 678619,
www.nals.info

Pfarrkirche St. Ulrich. Im 12. Jh. vom Stift St. Afra in Augsburg gegründet. Vom ursprünglichen Gebäude ist nur mehr der erhöhte Glockenturm zu sehen. Das heutige Gotteshaus wurde Anfang des 19. Jhs. errichtet. Die Wandflächen weisen eine Besonderheit auf: Sie verlaufen nicht gerade, sondern leicht konkav.

Ansitz Stachelburg, ✆ 678558, ÖZ: März-Nov., Do-Di 17-24 Uhr. In dem Bau aus der Frührenaissance befinden sich heute eine Jausenstation und ein Törggelekeller.
www.stachelburgkeller.it

Burg Payersberg. Erbaut im 13. Jh. auf einem Felskegel hoch oberhalb von Nals.

Schwanburg. Die Burg (13. Jh.) liegt am Ende der Sirmianer-Schlucht und gehört zur ältesten Privatkellerei in Südtirol. Sie kann nur von außen besichtigt werden.

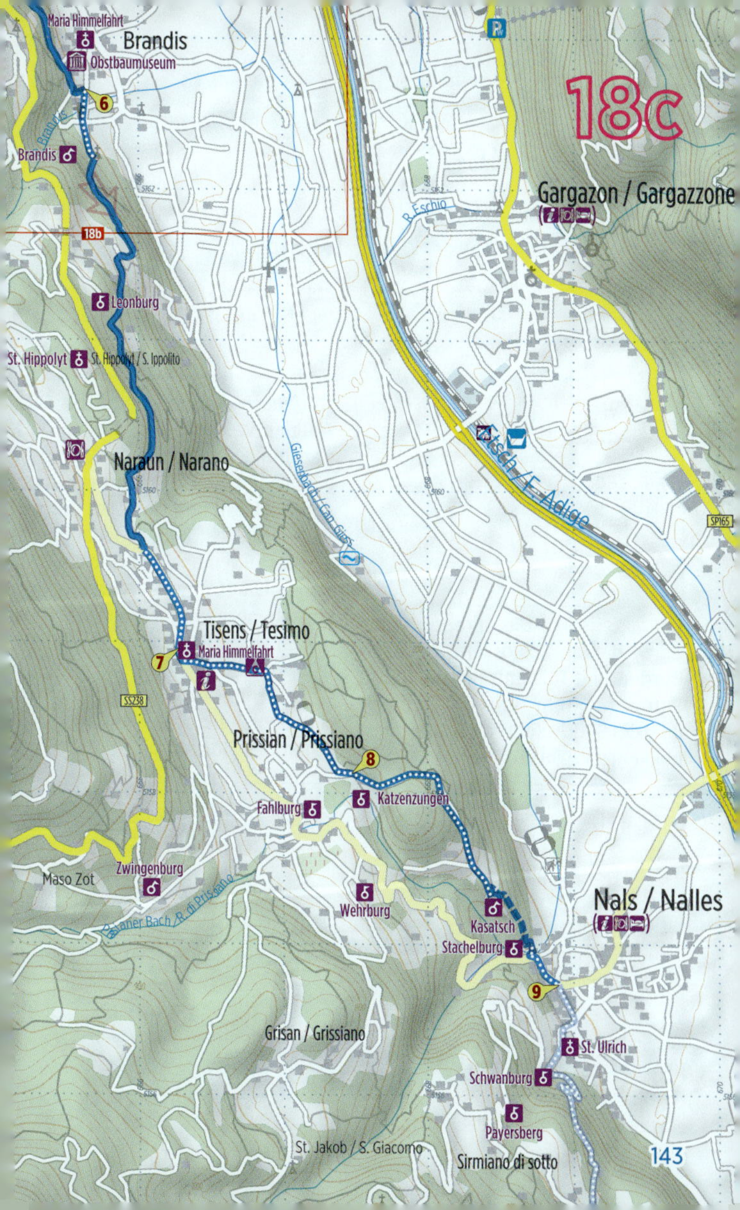
18c
Maria Himmelfahrt
Brandis
Obstbaumuseum
6
Brandis
18b
Gargazon / Gargazzone
R. Eschio
Leonburg
St. Hippolyt
St. Hippolyt / S. Ippolito
Naraun / Narano
Giessenbach / Can. Giess
Etsch / F. Adige
SP165
Tisens / Tesimo
7
Maria Himmelfahrt
SS238
Prissian / Prissiano
8
Katzenzungen
Fahlburg
Zwingenburg
Maso Zot
Wehrburg
Kasatsch
Nals / Nalles
Stachelburg
9
St. Ulrich
Grisan / Grissiano
Schwanburg
Payersberg
St. Jakob / S. Giacomo
Sirmiano di sotto

Etappe 19 — 19,1 km

Nals – Kaltern

Start: Nals, Zentrum
Ziel: Kaltern an der Weinstraße, Hauptplatz
Gehzeit: 4 - 4½ Std.

Aufstieg: 845 m
Abstieg: 715 m
Hartbelag: 75 %
Wanderwege: 25 %
Wanderpfade: 0 %

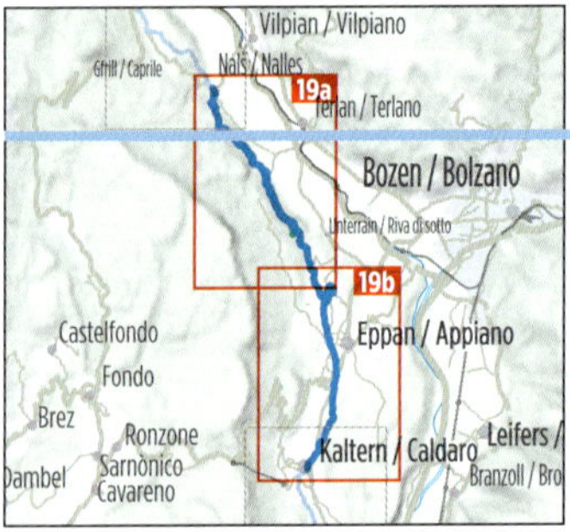

Charakteristik: Die Etappe führt durch das an Schlössern, Ansitzen, Burgen und Ruinen reichste Gebiet Europas und im südlichen Teil entlang der Südtiroler Weinstraße durch bekannte Weinorte. Auf dem Forstweg nach Andrian liegt die Burg Andrian-Wolfsthurn, zwischen Andrian und den malerischen Weinorten Missian und St. Pauls führt die Route ein Stück entlang der Drei-Burgen-Wanderroute Burg Hocheppan – Schloss Boymont – Schloss Korb. Dann geht es über St. Michael durch ausgedehnte Weinanbauflächen bis in den sehenswerten Kern von Kaltern am See.

Öffentliche Verkehrsmittel: Streckenbegleitende Verbindung zwischen den Dörfern bis St. Pauls, da-

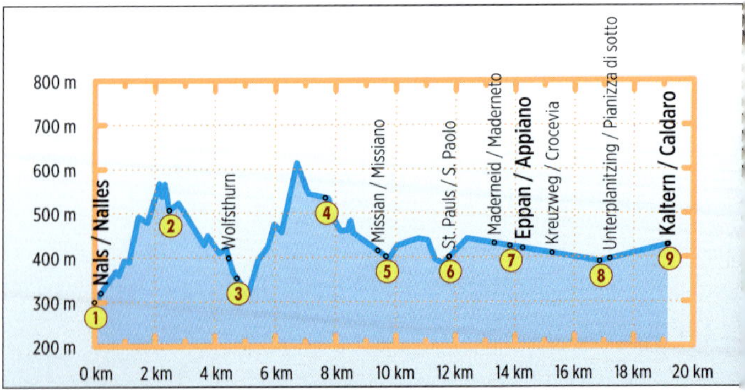

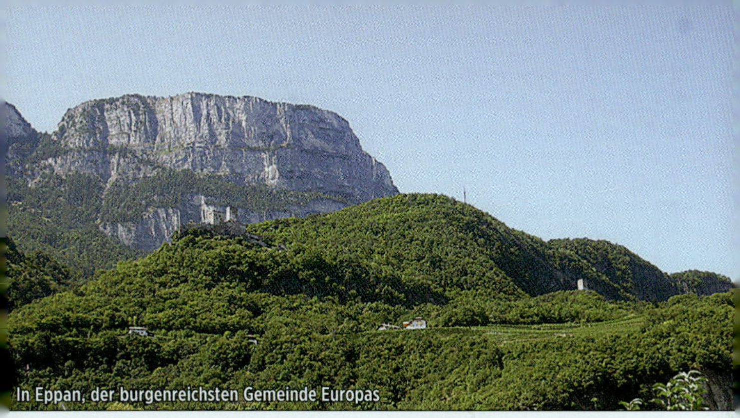

In Eppan, der burgenreichsten Gemeinde Europas

nach stündliche Busverbindung bis Kaltern.

Nals/Nalles

1 0,0 (300) Geradeaus, am Nalser Hof vorbei ~ am Stoppschild rechts halten ~ bald nochmals rechts Richtung Castel Schwanburg ~ im Zentrum des Ensembles **Schwanburg** links in eine schmale Asphaltstraße, dem Pitzanerweg.

Schwanburg, Schwanburger Str. 16, ✆ 0473/678622. Malerisches Gebäudeensemble aus dem 13. Jh., das die älteste Privatkellerei Südtirols beherbergt. Besichtigung nur von außen möglich.

Durch zwei Kehren ~ dann schräg am Hang bergauf.

2 2,5 (505) Schließlich an einer Straßenkreuzung rechts in den Weinweg Richtung Andrian ~ unmittelbar vor einem Hof rechts auf einen Schotterweg mit Fahrverbot ~ unterwegs liegt ein kleines Biotop am Weg ~ an einer Weggabelung links hinunter, die **Burg Andrian-Wolfsthurn** im Blickfeld.

Burg Andrian-Wolfsthurn. Die Festung aus dem 13. Jh. wurde im 16. Jh. erweitert und zu Wohnzwecken hergerichtet. 1997 saniert, beherbergt sie heute Ferienwohnungen.

Nach **Andrian** hinein.

Andrian/Andriano

PLZ: 39010; Vorwahl: 0471

Tourismusverein, Wehrburgstr. 1/A, ✆ 510100, *www.andrian.info*

Pfarrkirche St. Valentin. Die Bausubstanz stammt teilweise aus dem 13. Jh. Aus dieser Zeit sind auch noch Fresken in der Sakristei erhalten.

Burgruine Festenstein (13. Jh.) oberhalb von Andrian.

Sternbauer. Bauernhof oberhalb der Kirche mit einem sehenswerten Fresko (1519).

3 4,7 (355) Beim Haus Schönblick leicht rechts halten ~ dann rechts dem Schild „Hocheppan" folgen ~ bald rechts in einen Schotterweg mit der gleichen Beschilderung, das Schild ist leicht zu übersehen ~ immer auf dem Fahrweg bergauf ~ dieser wird zeitweilig zum Wandersteig mit Steinen und Wurzeln ~ wieder auf einen Fahrweg ~ bald an einer Weggabelung rechts.

4 7,7 (535) An der Forststraße nach links bergab, den **Kreideturm** im Blickfeld.

Kreideturm. Einzeln stehender Wehrturm der Burg Hocheppan aus dem 12.-13. Jh. mit Ringmauer.

AUSFLUG Rechts bergauf geht es zur Burg Hocheppan, die hoch über dem Örtchen Missian thront.

Burg Hocheppan, 0471/636081. Eine der wichtigsten Wehrbauten Südtirols, gelegen auf einem steilen Fels oberhalb von Missian, der schon in vorrömischer Zeit besiedelt gewesen sein soll. Eine Theorie geht davon aus, dass die Burg von Graf Ulrich II. von Eppan 1125 als Trutzburg errichtet wurde. Großteils saniert, beherbergt Hocheppan heute eine Jausenstation. *www.hocheppan.com*

Bald beginnt wieder Asphalt ~ großteils auf einen hangseitigen, straßenbegleitenden Wanderweg weiter ~ unterhalb des **Schlosses Korb** vorbei.

Schloss Korb. Der Wohnturm des gleichnamigen Geschlechtes wurde im 13. Jh. erbaut. Später wurde das Schloss als Lehen immer wieder von anderen Adelsfamilien bewirtschaftet. Im 19. Jh. im Stil der Burgenromantik erweitert, später in bürgerlichem Besitz. Heute befinden sich hier ein Schlosshotel, ein Restaurant sowie ein „Weinbunker", auch klassische Konzerte werden aufgeführt.

5 9,7 (400) Nach dem Parkplatz folgen Sie dem Schild „Burgenweg" und gehen geradeaus vorbei an der Linksabzweigung Richtung Missian ~ die Route führt weiter bergab.

TIPP Links sehen Sie die Kirche St. Zeno und Appolonia, das Wahrzeichen des Ortes. Mit dem Bild der Kirche am weinbewachsenen Hügel wird gerne für den Südtiroler Wein aus St. Pauls geworben.

An einer Gabelung geradeaus weiter in den **Nussbaumerweg** ~ an der nächsten Verzweigung rechts in den **Missianer Weg** ~ an der Huebenburg links ~ es folgt das Ortsschild **St. Pauls** ~ ganz kurz links der Straße folgen ~ dann die erste Möglichkeit links, in eine schmale Straße ~ immer dem Straßenverlauf nach ~ kurz der Hauptstraße nach rechts folgen.

St. Pauls/S. Paolo (Eppan)

Gotische **Pfarrkirche St. Pauls,** auch **Dom auf dem Lande,** mit 84 m hohem Turm. Darin hängt die zweitgrößte Glocke Tirols, die zudem ganz besonders klangvoll ist.

Malerisches Weindorf mit engen Gassen, das einst Hauptort von Eppan war. Vor ein paar Jahren wurden bei Bauarbeiten Reste einer römischen Villa mit Fußbodenmosaiken aus dem 4. Jahrhundert und einer Thermenanlage gefunden.

6 11,8 (400) Am Brunnen rechts der Straße nach St. Michael folgen ~ bald bergan ~ in einer Rechtskurve der Straße geradeaus weiter in einen schmäleren Fahrweg ~ immer dessen Verlauf folgen ~ auch nach dem Ort immer dieser Straße nach **St. Michael** folgen ~ rechts oben sehen Sie Schloss Freudenstein.

Schloss Freudenstein. Hinter den dicken Mauern dieser Burg, die bis in die 1960er Jahre bewohnt war, verbergen sich zahlreiche kleine Besonderheiten aus früheren Zeiten – Flachschnitzereien, Wandmalereien usw. Heute befindet sich hier der Golfclub Schloss Freudenstein. Für Musikliebhaber finden in den altehrwürdigen Räumen auch regelmäßig Konzerte statt.

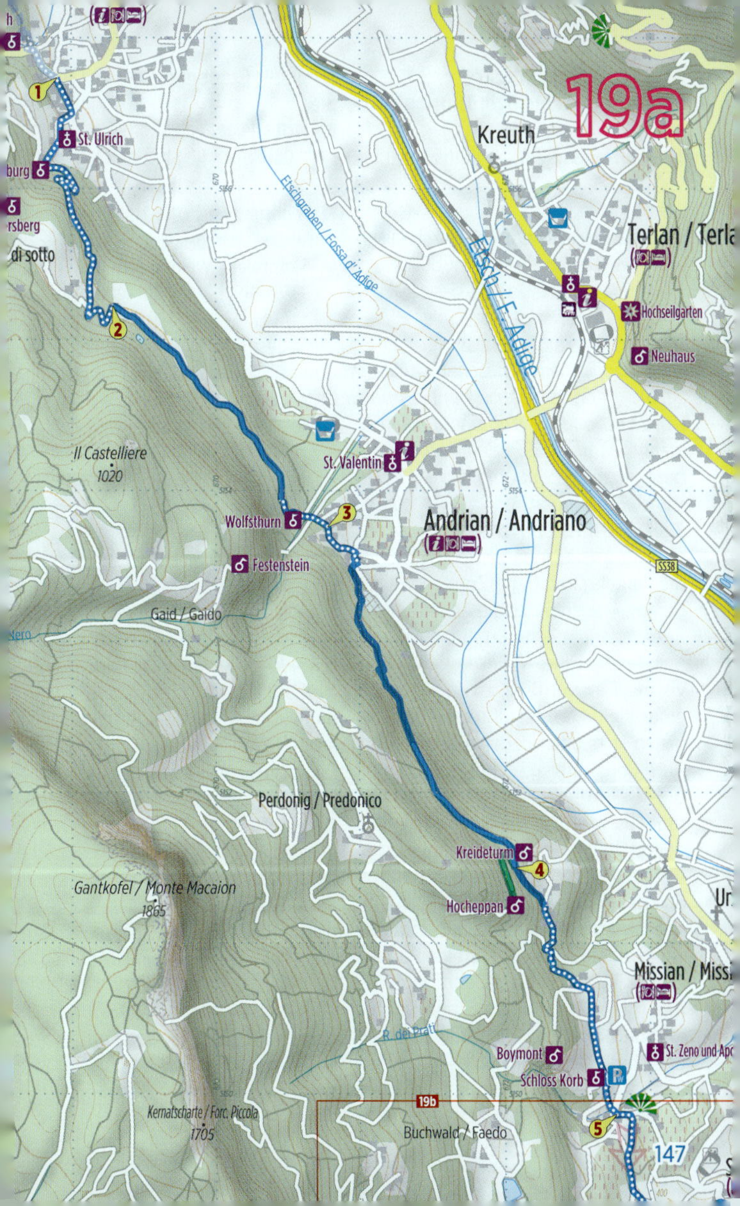

19a
Kreuth
Terlan / Terlan
Etsch / F. Adige
Etschgraben / Fossa d'Adige
Hochseilgarten
Neuhaus
St. Ulrich
di sotto
Il Castelliere
1020
St. Valentin
Wolfsthurn
Festenstein
Andrian / Andriano
SS38
Gaid / Gaido
Perdonig / Predonico
Kreideturm
Hocheppan
Gantkofel / Monte Macaion
1865
Missian / Missi
R. dei Prati
Boymont
Schloss Korb
St. Zeno und Apo
19b
Kernatscharte / Forc. Piccola
1705
Buchwald / Faedo
147

Geradeaus in den Ort.

St. Michael/S. Michele (Eppan)

PLZ: 39057; Vorwahl: 0471

Tourismusverein, Rathausplatz 1, 662206, www.eppan.com

Museum für mittelalterliche Wohnkultur im **Schloss Moos-Schulthaus**, 660139, Führungen: Ostern-Okt., Di-Sa 10, 11, 15 und 16 Uhr

Historiker vermuten, dass der Name Eppan von einem römischen Gutsbesitzer – Appius – abstammt. Eppan wurde schon sehr früh urkundlich erwähnt, nämlich 590. Zahlreiche Walburgen zeugen ebenfalls von einer frühen Besiedlung der Großgemeinde.

7 13,8 (425) Am Stoppschild rechts ~ geradeaus in die Einbahnstraße ~ durch die verkehrsberuhigte Zone ~ weiter gerade ~ auch durch die Anliegerstraße geradeaus bis zur Straßensperre an der Hauptstraße ~ diese queren und vis-a-vis in den Kreuzweg ~ durch eine kleine Unterführung, danach gleich links und wieder rechts in den Rad- und Fußweg Richtung Kaltern.

8 16,9 (390) In einer kleinen Siedlung geradeaus weiter ~ eine kleine Straße queren ~ bei der alten Dampflok der Überetschbahn, der Kellerei Kaltern und der Ersten & Neuen Kellerei mündet der Fußweg wieder in die Straße ~ rechts an den Kellereien vorbei, den Radwegschildern Richtung Zentrum folgen ~ bald rechts abzweigen ~ im Kreisverkehr Richtung Kalterer See/Parkplätze Zentrum ~ nach der ersten Tankstelle rechts über den Zebrastreifen Richtung Ortskern.

9 19,1 (430) Etappenende am Hauptplatz.

Kaltern an der Weinstraße/ Caldaro sulla Strada del Vino

PLZ: 39052; Vorwahl: 0471

Tourismusverein, Marktpl. 8, 963169, www.kaltern.com

Südtiroler Weinmuseum, Goldg. 1, 963168 od. 552087, ÖZ: April-Okt., Di-Sa 10-17 Uhr, So/Fei 10-12 Uhr. Entwicklung und Geschichte des Weinbaus in Südtirol. www.weinmuseum.it

Mendelbahn, St. Anton. Mit der 1903 errichteten Standseilbahn gelangen Sie in 12 Min. zum Mendelpass. 64 % Steigung auf 4,5 km Strecke machen sie bis heute zur steilsten und längsten Standseilbahn Europas.

Kalterer See. Der entgegen seinem Namen wärmste Alpensee ist das größte natürliche Gewässer Südtirols und liegt eingebettet in Weinberge.

Die verwinkelten Gassen Kalterns schmücken sich mit stattlichen Häusern aus dem 16. und 17. Jahrhundert und erzählen von einer langen wirtschaftlichen Blütezeit.

Damals wie heute ist einer der Hauptwirtschaftszweige der malerischen Ortschaft der Weinbau, auch wenn es heute nur noch zwei Kellereigenossenschaften im Ort gibt. In dieser Südtiroler Weinregion par excellence werden auch heute noch große Mengen Wein gekeltert, eine der bekanntesten Sorten ist der Vernatsch-Wein. Zum Weinanbau und -verkauf kam im Lauf des 20. Jahrhunderts als zweites wichtiges Standbein noch der Tourismus dazu.

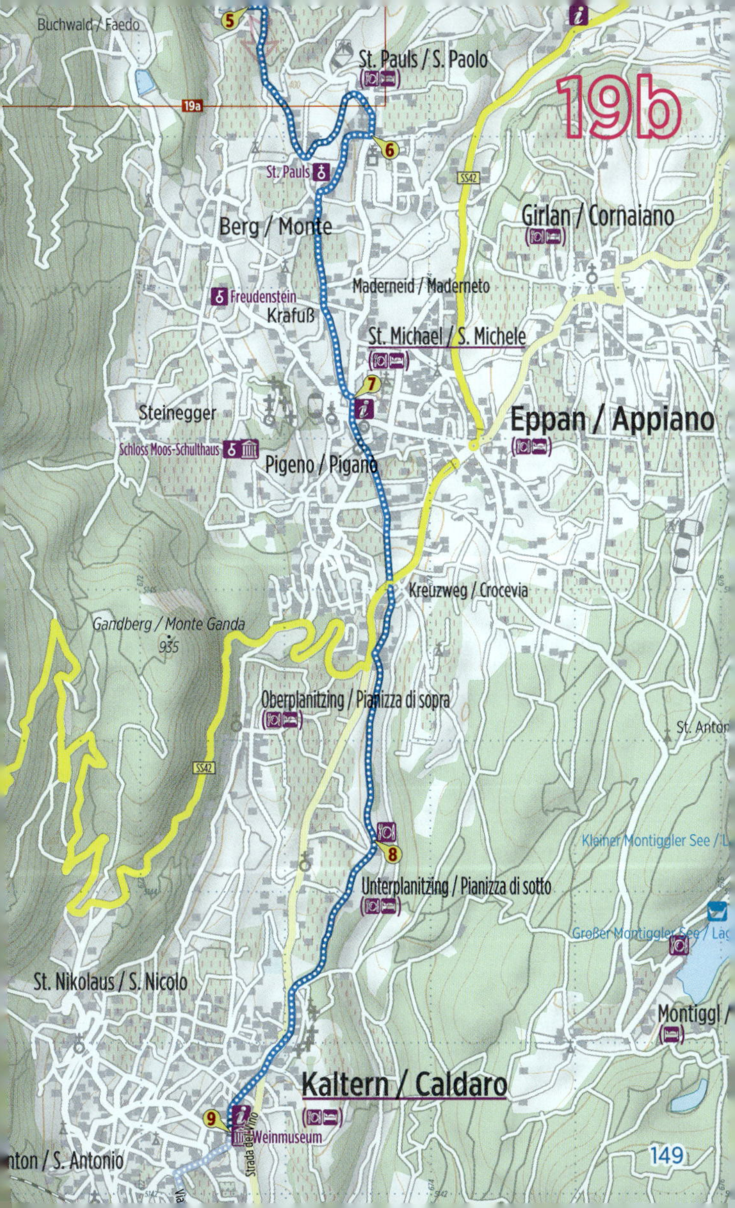
19b
Buchwald / Faedo
St. Pauls / S. Paolo
St. Pauls
Berg / Monte
Girlan / Cornaiano
Freudenstein
Krafuß
Maderneid / Maderneto
St. Michael / S. Michele
Steinegger
Schloss Moos-Schulthaus
Pigeno / Pigano
Eppan / Appiano
Kreuzweg / Crocevia
Gandberg / Monte Ganda
935
Oberplanitzing / Pianizza di sopra
St. Anton
Kleiner Montiggler See
Unterplanitzing / Pianizza di sotto
Großer Montiggler See
St. Nikolaus / S. Nicolo
Montiggl
Kaltern / Caldaro
Weinmuseum
Strada del Vino
nton / S. Antonio

Etappe 20 — 19,4 km

Kaltern – Neumarkt

Start:	Kaltern, Hauptplatz	*Aufstieg:*	250 m
Ziel:	Neumarkt, Laubengasse	*Abstieg:*	465 m
Gehzeit:	4½ - 5 Std.	*Hartbelag:*	83 %
		Wanderwege:	9 %
		Wanderpfade:	7 %

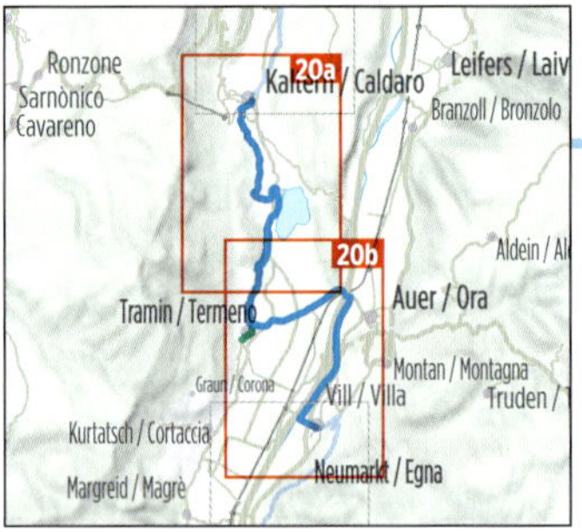

Charakter: Die Etappe ist die zweite Etappe, die entlang der Südtiroler Weinstraße durch Weinberge und bekannte Weinorte führt. Vom sehenswerten Kern von Kaltern führt sie zunächst am „Weinweg" zum Lido des Kalterer Sees. Über die Seepromenade geht es nach St. Josef am See und anschließend auf einem Wandersteig am Hang entlang nach Tramin, der Heimat des Gewürztraminers. Nach einem Abstecher in den Weinort quert die Route entlang der Straße das Tal. Von Auer geht es weiter am Radweg dem Etsch entlang nach Neumarkt, in dem sich eine der zwei nachgewiesenen römischen Straßenstationen der Via Claudia Augusta in Südtirol befindet.

Öffentliche Verkehrsmittel: Stündlicher Bus vom Autobahnhof Kaltern-Neumarkt mit umsteigen in Tramin nach Neumarkt.

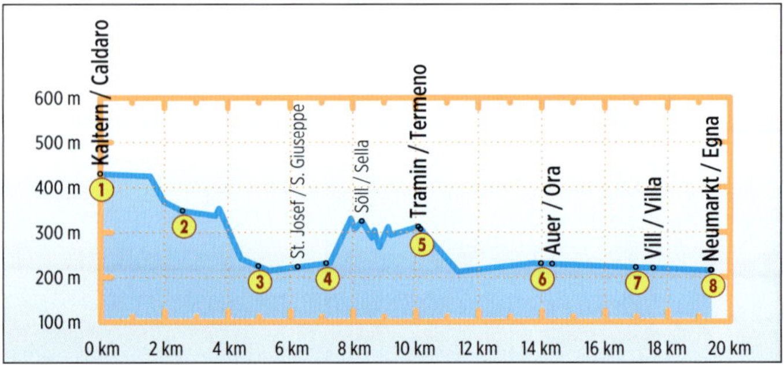

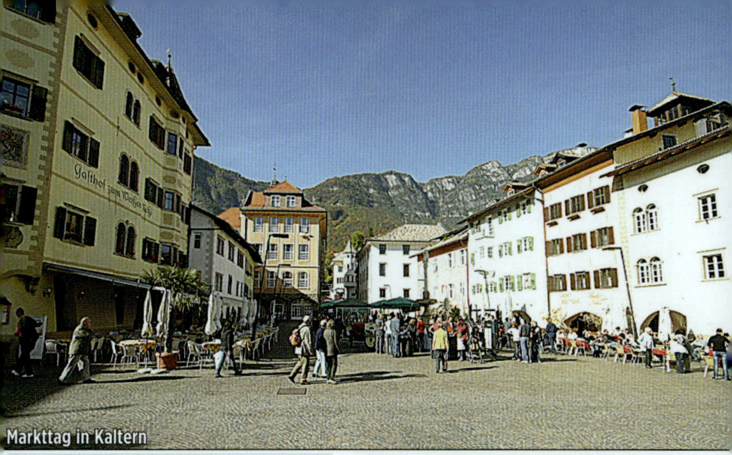
Markttag in Kaltern

Kaltern an der Weinstraße/ Caldaro sulla Strada del Vino

1 0,0 (430) Den Dorfplatz queren, wo sich auch die Tourist-Information befindet ⤳ dann an der Straßengabelung rechts hinauf ⤳ an einer T-Kreuzung 500 m nach dem Start links bergab ⤳ bald rechts in den schmalen **Barleiter Weg** ⤳ am Stoppschild geradeaus ⤳ längere Zeit durch Weinberge.

2 2,6 (345) Eine Abzweigung Richtung Ringberg links liegen lassen ⤳ an der Straßengabelung bei einem Brunnen links ⤳ an einer Weggabelung geradeaus, dem Schild „Weinweg nach St. Josef am See" folgen ⤳ immer dem Straßenverlauf und den Weinweg-Schildern folgen ⤳ bergab zur Hauptstraße ⤳ hier auf dem Gehsteig nach links ⤳ nach 400 m rechts hinunter Richtung Kalterer See ⤳ unten nach einer Rechtskurve geradeaus.

3 5,0 (225) Über eine kleine Brücke.

> **AUSFLUG** Wenn Sie hier links gehen, kommen Sie zum Seebad „Lido", das am Ufer des Lago di Caldaro liegt.

Immer geradeaus, in die Promenade ⤳ links an der Kirche **St. Josef** vorbei ⤳ gut 400 m am Gehsteig der Straße entlang ⤳ dann rechts auf einen Schotterweg, Beschilderung „Seeuferrundwanderweg" ⤳ bald wieder auf die Hauptstraße ⤳ wieder kurz der Straße entlang.

4 7,2 (230) Rechts weg auf einen Weg, der mit einer Schranke abgesichert ist ⤳ bald rechts halten, auf einen malerischen Wandersteig Richtung Tra-

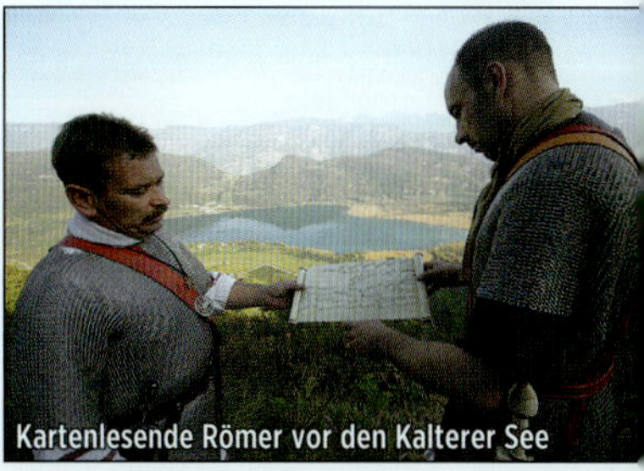
Kartenlesende Römer vor den Kalterer See

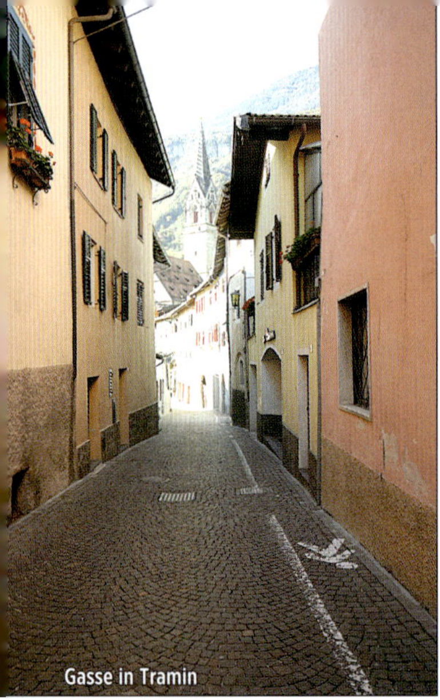

Gasse in Tramin

min ~ an einer Abzweigung Richtung Söll vorbei ~ an der Einmündung in einen unbefestigten Fahrweg geradeaus Richtung Dorfzentrum ~ geradeaus über eine Kreuzung ~ an einer T-Kreuzung links.

5 10,2 (305) Am kleinen Platz mit dem Nussbaum weiter geradeaus auf der **Mühlgasse**.

INS ZENTRUM Wollen Sie ins Zentrum, gehen Sie beim letzten Haus links über den kleinen gepflasterten Steig.

Tramin an der Weinstraße/ Termeno sulla Strada del Vino

PLZ: 39040; Vorwahl: 0471

- **Tourismusverein**, Mindelheimerstr. 10a, ✆ 860131, *www.tramin.com*
- **Hoamet Tramin Museum**, Rathauspl. 9, ✆ 328/5603645, ÖZ: Ostern-1. Nov., Di-Fr 10-12 Uhr, Di, Do 16-18 Uhr. Arbeitsgeräte aus früheren Zeiten – besonders jene für den Weinbau, da der Ort Ursprung und Namensgeber für den berühmten „Gewürztraminer" ist. *www.hoamet-tramin-museum.com*
- **Pfarrkirche St. Quirikus und Julitta**, mit einem 86 m hohen Turm aus dem 14. Jh., dem höchsten gemauerten Kirchturm Tirols.
- **St. Jakob in Kostelaz**, in den rebenbewachsenen Hügeln oberhalb des Ortes steht das Kirchlein mit den ältesten romanischen Fresken des deutschen Sprachraumes.
- **St.-Valentinskirche** in der Nähe des Friedhofs, romanische Kirche aus dem 13. Jh. mit schönen Fresken der Bozener Schule über das Leben Christi.

TIPP Der folgende Abschnitt nach Neumarkt ist zum Wandern wegen der vielen geradlinigen Asphaltabschnitte, teils auch wegen des Verkehrs wenig attraktiv. Alternativ gibt es eine stündliche Bus-

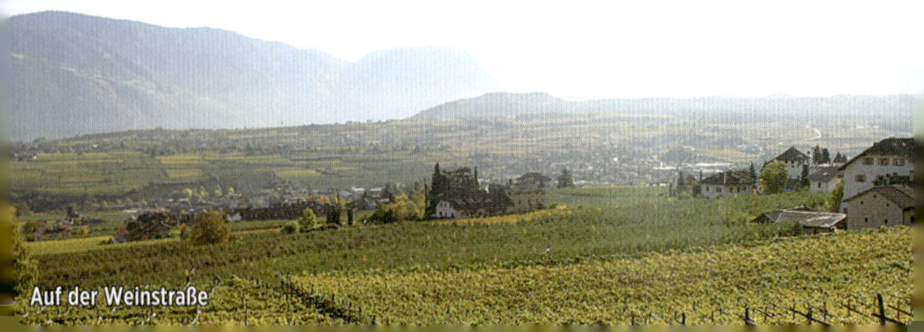

Auf der Weinstraße

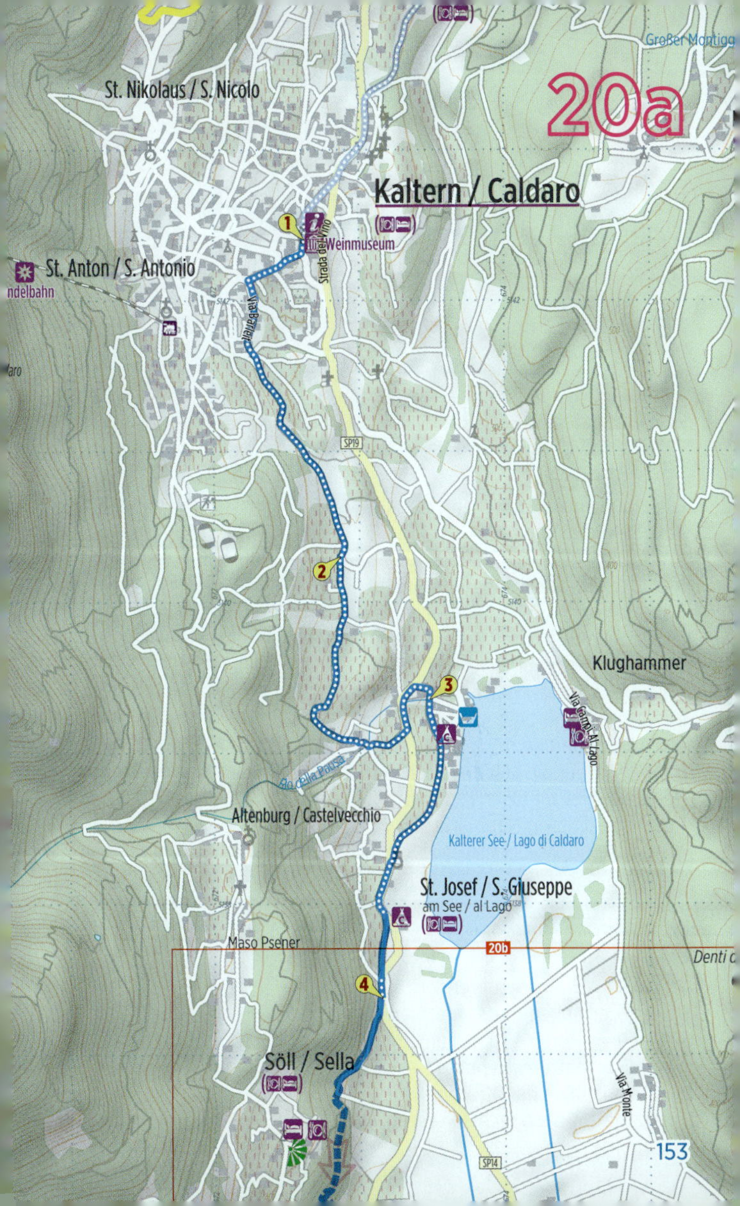
20a
Kaltern / Caldaro
St. Nikolaus / S. Nicolo
St. Anton / S. Antonio
Weinmuseum
Strada del Vino
Via Barleit
SP19
Klughammer
Via Campi Al Lago
Rio della Pausa
Altenburg / Castelvecchio
Kalterer See / Lago di Caldaro
St. Josef / S. Giuseppe
am See / al Lago
Maso Psener
20b
Söll / Sella
Via Monte
SP14
Großer Montigg
1
2
3
4

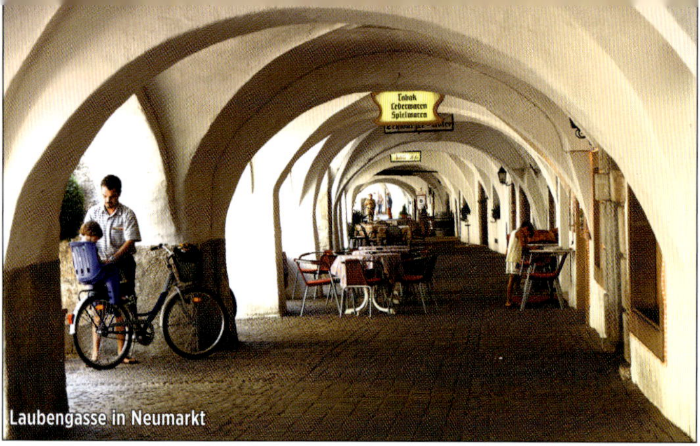

Laubengasse in Neumarkt

verbindung vom Zentrum Tramin nach Neumarkt zum Autobahnhof.

Die Hauptroute folgt dann der **Dr.-Josef-Noldin-Straße** ~ an der T-Kreuzung links ~ 300 m darauf rechts der **Strada del Vino (Weinstraße)** Richtung Auer folgen ~ vorbei an den Sportanlagen ~ geradeaus über einen Kreisverkehr ~ an einigen Häusern vorbei immer der Straße entlang ~ dann unter der Bahn und der Autobahn durch.

6 14,0 (230) Über die Etsch ~ nach dem Kanal parallel zur Etsch rechts in den Radweg Richtung Neumarkt.

AUSFLUG Geradeaus ginge es nach Auer, einem Ort mit einigen Übernachtungsmöglichkeiten.

Die Route folgt dem Etsch-Radweg für 3 km.

7 17,0 (220) An einer querenden Straße auf der linken Flussseite bleiben ~ nach weiteren 1,7 km links Richtung Ortszentrum Neumarkt ~ geradeaus über den Kreisverkehr ~ zuletzt leicht nach rechts versetzt in die gepflasterte, verkehrsberuhigte Zone hinein.

8 19,4 (215) Etappenende in der mittelalterlichen **Laubengasse** an der **Piazza Centrale**.

Neumarkt/Egna

PLZ: 39044; Vorwahl: 0471

Museum für Alltagskultur, Andreas-Hofer-Str. 50, ✆ 333/2394540, ÖZ: April-Nov., Di-Fr 16-18 Uhr, Di und So 10-12 Uhr. In dem mittelalterlichen Wirtschaftshaus werden Gebrauchsgegenstände von 1815-1950 gezeigt.
www.museum-alltagskultur.it

Pfarrkirche „Unsere Liebe Frau in der Vill", schöne hochgotische Kirche (15. Jh.).

Straßenstation Endidae. Überreste einer der zwei nachgewiesenen römischen Straßenstationen der Via Claudia Augusta in Südtirol.

Sehenswerter **Ortskern** mit stadtähnlichem Charakter, dicht gedrängten Laubengassen aus dem 16. Jh. (sogenannten „Saalhäusern") und Bauten im venezianischen Stil.

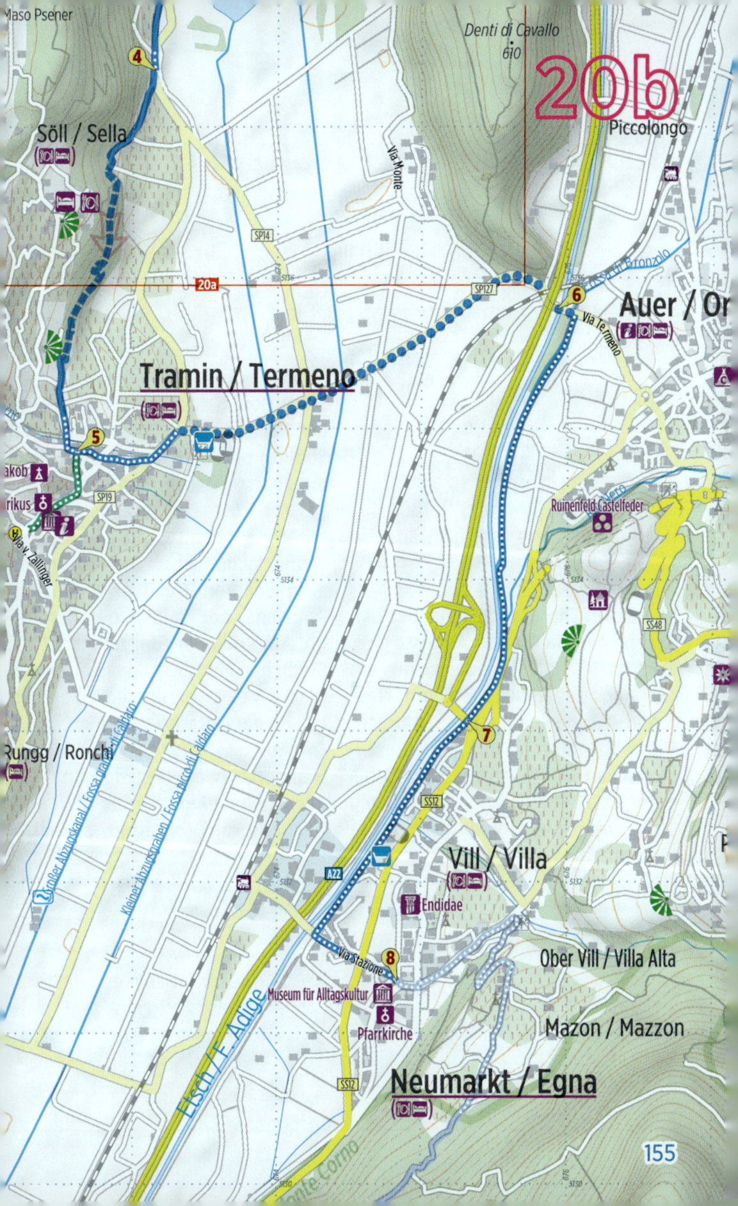

20b
Maso Psener
Denti di Cavallo
610
Piccolongo
Söll / Sella
Via Monte
SP14
20a
SP127
Fossa di Bronzolo
Auer / Or
Via Termeno
Tramin / Termeno
SP19
Via v. Zallinger
Ruinenfeld Castelfeder
SS48
Rungg / Ronchi
Großer Abzugskanal / Fossa grande di Caldaro
Kleiner Abzugsgraben / Fossa Piccola di Caldaro
SS12
Vill / Villa
A22
Endidae
Ober Vill / Villa Alta
Via Stazione
Museum für Alltagskultur
Pfarrkirche
Mazon / Mazzon
Etsch / F. Adige
Neumarkt / Egna

Etappe 21 — 25,3 km

Neumarkt – Mezzocorona

Start: Neumarkt, Laubengasse
Ziel: Mezzocorrona, Zentrum
Gehzeit: 6 - 6½ Std.

Aufstieg: 440 m
Abstieg: 425 m
Hartbelag: 73%
Wanderwege: 19 %
Wanderpfade: 8 %

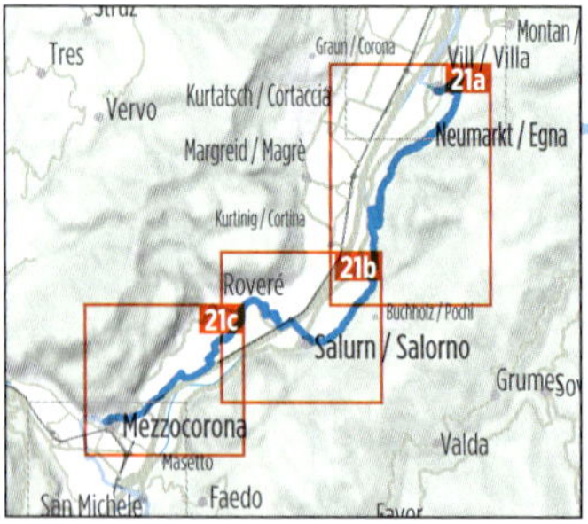

Charakter: Die Etappe führt auf den Spuren der Via Claudia Augusta über Forstwege und Wandersteige am Osthang des Etschtales von Neumarkt nach Laag. Auch Albrecht Dürer hat diesen Abschnitt der historischen Route bereist und dabei gemalt, weshalb der Wanderweg „Dürerweg" heißt. Vom historischen Städtchen Salurn geht es entlang der Straße über die Grenze zwischen Südtirol und dem Trentino, zugleich die deutsch-italienische Sprachgrenze. Vor Roverè della Luna bis Mezzocorona taucht man auf ruhigen landwirtschaftlichen Straßen in den ausgedehnten Weinbau der Pianura Rotaliana, der Heimat des Teroldego. Am Ende der Etappe wartet das Städtchen Mezzocorona mit der Ausgrabung einer römischen Villa Rustica und der Cittadella del Vino.

Öffentliche Verkehrsmittel: Von Neumarkt nach Mezzocorona gibt es regelmäßige Zugverbindungen (ein Zug am Vormittag, ab Mittag

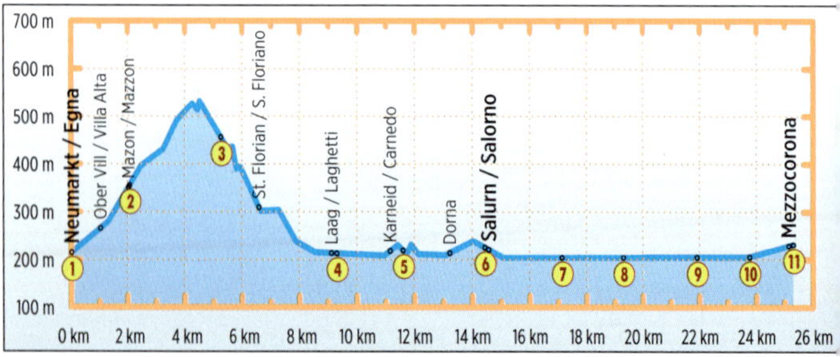

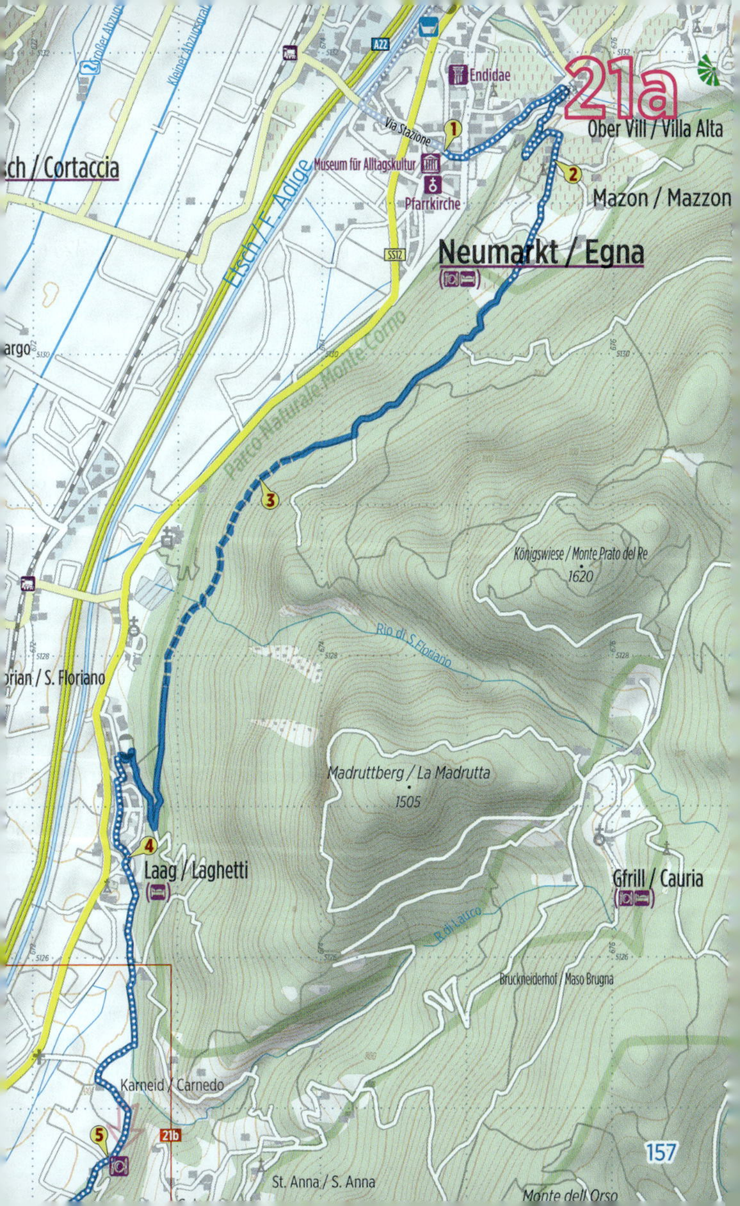

21a
Ober Vill / Villa Alta
Mazon / Mazzon
Endidae
Via Stazione
Museum für Alltagskultur
Pfarrkirche
Neumarkt / Egna
...ch / Cortaccia
Etsch / F. Adige
Großer Abzugraben
Kleiner Abzuggraben
A22
SS12
Parco Naturale Monte Corno
Königswiese / Monte Prato del Re
1620
Rio di S. Floriano
...rian / S. Floriano
Madruttberg / La Madrutta
1505
Laag / Laghetti
Gfrill / Cauria
R. di Lauco
Bruckneiderhof / Maso Brugna
Karneid / Carnedo
21b
St. Anna / S. Anna
Monte dell'Orso

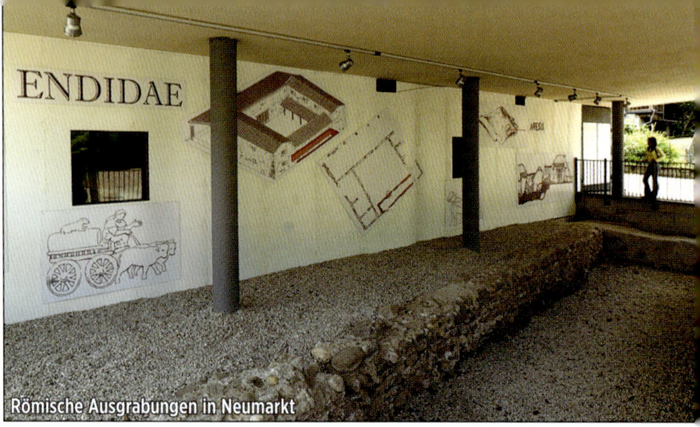

Römische Ausgrabungen in Neumarkt

stündlich, danach in halbstündlichen Intervallen).

Neumarkt/Egna

1 0,0 (215) Von der **Piazza Centrale** Richtung Osten durch die verkehrsberuhigte Zone ⁓ an ihrem Ende leicht links versetzt geradeaus weiter ⁓ an einer Straßenkreuzung rechts Richtung Mazon ⁓ über 2 Serpentinen bergauf.

Mazon/Mazzon (Neumarkt)

2 2,1 (355) Links an der **St.-Michaels-Kirche** vorbei ⁓ 400 m danach an einer Verzweigung geradeaus weiter ⁓ auch in einer Kehre geradeaus, auf den **Dürerweg** ⁓ durch ein Gatter ⁓ einen bergab führenden Weg rechts liegen lassen ⁓ an einer Gabelung auf der rechten Möglichkeit weiter ⁓ bald zweigt rechts ein Steig ab ⁓ die Route überquert nach einer Mauer einen Hohlweg und wenig später noch einmal einen Hohlweg mit Wanderwegeschild.

3 5,2 (455) Schließlich geht es über eine Murrinne ⁓ immer weiter dem unbeschilderten, aber rot-weiß markierten Pfad folgen ⁓ an einer Forststraße schließlich rechts ⁓ an einer Forststraßenkreuzung nach links ⁓ beim Fußballplatz von **Laag** eine Schranke passieren ⁓ gleich leicht rechts über den Parkplatz ⁓ sofort wieder links ⁓ an der Straße ebenfalls links ⁓ an der kleinen Kreuzung rechts ⁓ beim Stoppschild am Gehsteig links, immer dem Straßenverlauf folgend durch den Ort.

Laag/Laghetti (Neumarkt)

4 9,3 (215) An der T-Kreuzung rechts, dann gleich nach der verkehrsberuhigten Zone links in den **Gfrillnerweg** ⁓ an einer Gabelung gleich nach dem Sportplatz rechts ⁓ der Fahrweg wird allmählich schmäler, ist aber durchgehend asphaltiert ⁓ an einer Linkskurve liegt unterwegs die **Villa Karneid** ⁓ gleich danach an der Straßenkreuzung leicht links halten ⁓ durch eine Rechtskurve.

5 11,6 (220) Vorbei am Fischrestaurant Baita Garba.

Baita Garba, Mühlenweg 96, 39040 Salurn, ✆ 0471/884492, ÖZ: Mi-Mo, *www.baitagarba.it/de*

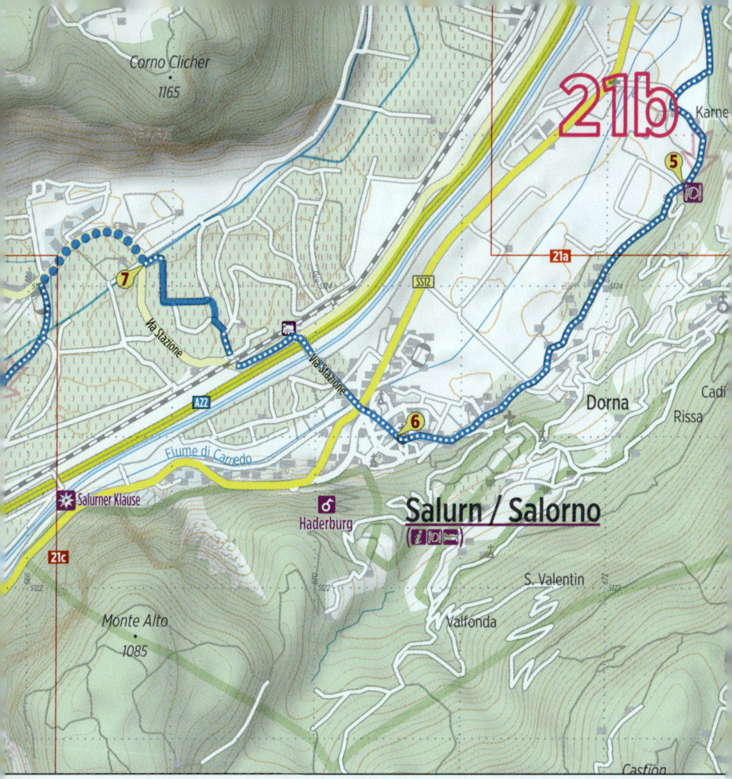

Für eine gute halbe Stunde dem Straßenverlauf folgen ⇝ Einmündung an einem Stoppschild in eine etwas größere Straße ⇝ auf dieser am Gehsteig ins Zentrum von **Salurn**.

Salurn/Salorno

PLZ: 39040; Vorwahl: 0471

Tourismusverein Castelfelder, Hauptpl. 5, ✆ 810231, *www.castelfeder.info*

Ruine Haderburg (11. Jh.) auf einem Felssporn oberhalb der Salurner Klause, im 16. Jh. geistiges Zentrum der Lutheraner.

Sehenswertes Zentrum mit stattlichen Renaissancehäusern

6 14,4 (225) Geradeaus über den **Rathausplatz** ⇝ auch einen weiteren Platz und eine ampelgeregelte Kreuzung geradeaus überqueren ⇝ 500 m darauf über die Etsch ⇝ danach links, der Straße entlang am Bahnhof vorbei.

TIPP: Der Weg bis zum Etappenziel ist nicht sehr attraktiv. Alternativ können Sie hier in den Zug einsteigen, der ab Mittag in stündlichen bzw. später in halbstünd-

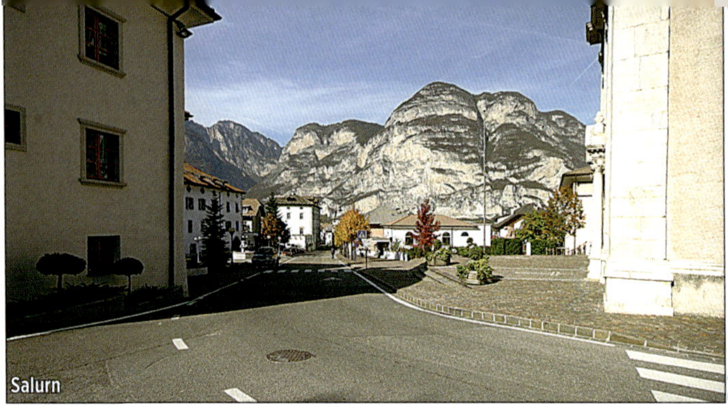
Salurn

lichen Intervallen bis Mezzocorona verkehrt.

Kurz vor der Bahnunterführung rechts auf eine kleine Straße, die ebenfalls unter der Bahn durchführt ⇝ danach geradeaus in die weitläufigen Weingärten der Ebene **Rotaliana** ⇝ gleich nach einer Rechtskurve links in den Schotterweg ⇝ an der nächsten Linkskurve rechts in einen grasbewachsenen Weg, der bald in einen Schotterweg übergeht ⇝ an einer Asphaltstraße leicht links.

7 17,1 (205) An der Hauptstraße rechts und über die Brücke.

TIPP Hier überqueren Sie die Grenze zwischen den Provinzen Südtirol und Trentino und gleichzeitig die deutsch-italienische Sprachgrenze.

Der Straße in einer lang gezogenen Linkskurve bis an den Ortsrand von Roverè della Luna folgen.

Roverè della Luna

Barockkirche Santa Caterina direkt am Hauptplatz, daneben die **Kapella di Sant' Anna** (15. Jh.)

Die fruchtbare Rotaliana-Ebene am Ausgang des Nonstales war schon in prähistorischer Zeit besiedelt. In römischer Zeit hatte die Gegend um Roverè della Luna, Mezzocorona und Mezzolombardo als Wegpunkt an der Via Claudia Augusta Bedeutung. Mezzotedesco, wie die Stadt Mezzocorona bis 1902 hieß, war bis ins 14. Jahrhundert Gerichtssitz. Corona ist ein altes Wort für Fels bzw. Felsenhöhle und steht für die wohl grossartigste Trentiner Höhlenburg Castello di San Gottardo in der Felswand des Monte Mezzocorona. Heute ist die Ebene vor allem als Weinbaugegend bekannt, in der die bekannte Trentiner Rebsorte Teroldego zu Hause ist. Die Städtchen Mezzocorona und Mezzolombardo bezaubern mit ihren historischen Zentren. Mezzolombardo ist Einkaufsort der Region.

Hier links in die Straße abbiegen, das zwischen Tennisplätzen und Fußballplatz hindurchführt ⇝ nach 300 m über eine Brücke und dann gleich rechts.

8 19,3 (205) Vor der nächsten kleinen Brücke 90 Grad nach rechts in einen Weg abzweigen ⇝ immer dem

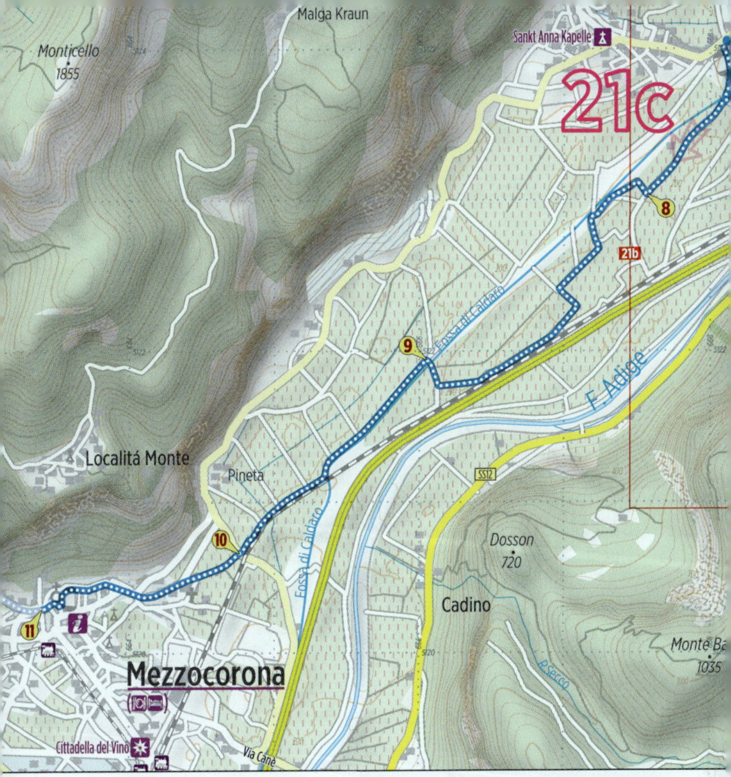

Wegverlauf folgen ⤳ an einer T-Kreuzung links und an der nächsten T-Kreuzung rechts ⤳ bald für 600 m an der Eisenbahn entlang ⤳ an einer weiteren T-Kreuzung wieder rechts ⤳ 200 m darauf über den Kanal „Fosso di Caldaro".

9 21,9 (205) Danach gleich links ⤳ am Kanal und dann an der Bahntrasse entlang ⤳ an einer größeren Straße geradeaus.

10 23,8 (205) Über eine Kreuzung ⤳ immer geradeaus über die **Via Borgo Nuovo** ins Städtchen **Mezzocorona** hinein ⤳ an der Straßengabelung rechts in die **Via Roma** ⤳ vor der Kirche links und danach gleich rechts hinauf auf die Piazza.

11 25,3 (230) Etappenende im Zentrum.

Mezzocorona u. Mezzolombardo

PLZ: 38016; Vorwahl: 0461

Centro Informazioni Via Claudia Augusta, c/o Sito Archeologico Del Giontech, Via Romana 27, ✆ 600405

Chiesa di San Pietro. Die Kirche liegt am Hügel oberhalb von Mezzolombardo.

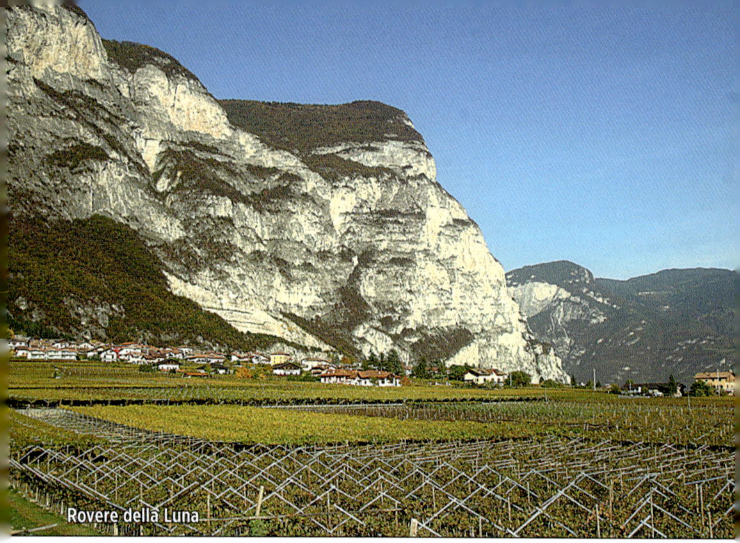

Rovere della Luna

Höhlenburg von Mezzocorona. In der hohen Felswand, die die Rotaliana-Ebene nach Nordosten begrenzt, befindet sich das **Castello di San Gottardo** (Burg Kronmetz). Die Anlage ist auf steilem Weg zugänglich, wird aber von den lokalen Behörden wegen der Gefahr des Steinschlags nicht als touristische Attraktion angepriesen. Der Aufstieg beginnt am Eingang zum Castello Firmian am westlichen Ortsrand auf einem kaum sichtbaren Pfad gleich rechts hinter dem Tor und dauert eine halbe Stunde.

Castello della Torre oberhalb von Mezzolombardo: Interessanter Gebäudekomplex, der im 16. Jh. rund um einen Turm aus dem 15. Jh. errichtet wurde. Der Standort ist schon seit urgeschichtlicher Zeit besiedelt.

Antiquarium (Cantine di Mezzocorona), ✆ 605163. Überreste eines landwirtschaftlichen Hofes aus der Römerzeit, Informationstafeln und Führungen geben außerdem einen Einblick in den Reichtum und die Fruchtbarkeit des Bodens der Rotaliana-Ebene, der schon damals intensiv mit Wein bebaut wurde.

Piazza mit **Chiesa Pievana di S. Maria Assunta** (bereits 1199 erstmals erwähnt) und dem **Palazzo Firmian** (heute Sitz der Stadtverwaltung).

Cittadella del Vino. Inmitten von 2.400 ha Weinbaugebiet sind Weinproduktion, -vermarktung und Tourismus in einem 12 ha großen, modernen Zentrum zusammengefasst. Teile davon sind auch ein großes Veranstaltungszentrum und ein Verkaufslokal.

Die Städtchen Mezzocorona und Mezzolombardo bezaubern mit ihren historischen Zentren. Mezzolombardo ist der Einkaufsort der umliegenden Region.

Etappe 22 — 25,4 km

Mezzocorona – Martignano (Trento)

Start: Mezzocorona, Zentrum
Ziel: Trento, Ortsteil Martignano
Gehzeit: 6 - 6½ Std.

Aufstieg: 870 m
Abstieg: 705 m
Hartbelag: 79 %
Wanderwege: 20 %
Wanderpfade: 1 %

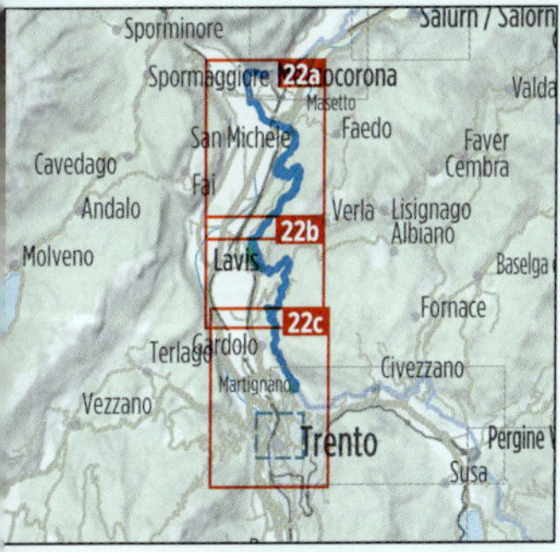

Charakteristik: Die Etappe führt an zwei Castelli vorbei, auf einem ruhigen Sträßchen hinaus aus Mezzocorona. Dann – teilweise an den Ufern des Noce entlang – über ruhige Wege quer durch die Weinebene Rotaliana ins landwirtschaftliche Kompetenzzentrum des Trentino, St. Michele. Ab dort führt die Route erstmals auf die Weinberge auf der Ostseite des Etschtales. Über die von Weinbau überzogenen Hügel des Flusses Aviso betritt man das malerische kleine Städtchen Lavis an der Flussmündung. Anschließend geht es auf den Spuren der historischen Via Claudia Augusta wieder den Osthang hinauf nach Meano und Martignano, die beide zu Trento gehören. **Öffentliche Verkehrsmittel:** Zugverbindung nach Trento am Vormittag

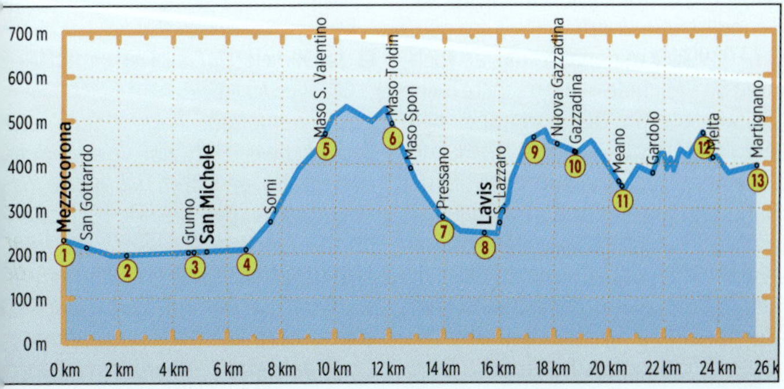

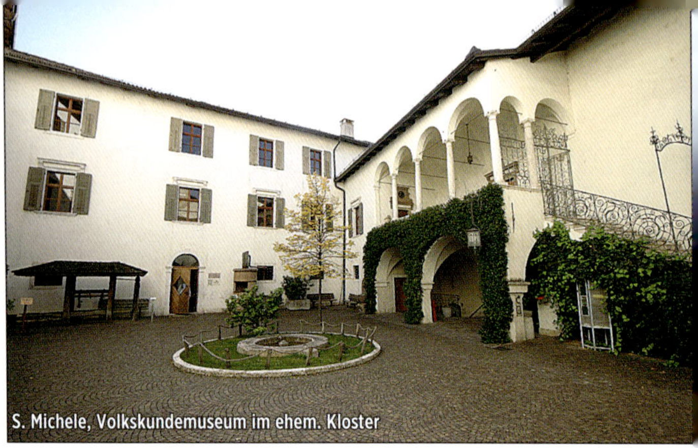

S. Michele, Volkskundemuseum im ehem. Kloster

2 Mal und nachmittags in halbstündlichen bis stündlichen Intervallen

Mezzocorona

1 0,0 (230) In westlicher Richtung über die Piazza ⇝ an ihrem Ende an einer Gabelung rechts halten ⇝ an den zwei Castelli vorbei ⇝ immer dem Straßenverlauf folgen ⇝ eine etwas größeres Straße queren ⇝ am Kanal links ⇝ gleich nach der Bahnunterführung rechts in den Radweg parallel zum Noce, der hier aus dem Nonstal kommt ⇝ der Radweg quert eine Straße und führt unter der Schnellstraße durch.

2 2,3 (195) 300 m danach links ab Richtung San Michele ⇝ die nächste halbe Stunde bis an den Ortsrand dem Wegverlauf folgen, dabei ein Mal unter einer Eisenbahn durch ⇝ kurz der Bahn entlang ⇝ vor dem Kanal links abbiegen und die Bahngeleise queren ⇝ gleich danach rechts über die kleine Brücke ⇝ unter der Autobahn durch ⇝ dann immer dem Straßenverlauf folgend ins historische Zentrum ⇝ an der Straßengabelung links ⇝ an der Etsch links ⇝ die Straße vor der Etschbrücke queren.

San Michele all'Adige

PLZ: 38010; Vorwahl: 0461

Museo degli Usi e Costumi della Gente Trentina (Trentiner Volkskundemuseum), im Augustinerkloster, Via Mach 2, ✆ 650314, ÖZ: Di-So 9-12.30 Uhr und 14.30-18 Uhr. Arbeitsgeräte und Gegenstände aus dem Alltagsleben der Trentiner Bevölkerung (Weinbau, Mühlenwesen, Hüttenwesen, Weberei und Almwirtschaft), *www.museosanmichele.it*

San Michele (1247) mit Fresken des Malers Giuseppe Alberti.

Das ehemalige Augustinerkloster San Michele, 1145 zur Verteidigung der Straße errichtet, ist heute das Prachtstück der kleinen Ortschaft. Im 19. Jahrhundert eröffnete man hier unter der österreichischen Verwaltung ein Agrarinstitut. Heute ist davon noch die Weinbaulehranstalt übrig geblieben. Sehenswert ist unter

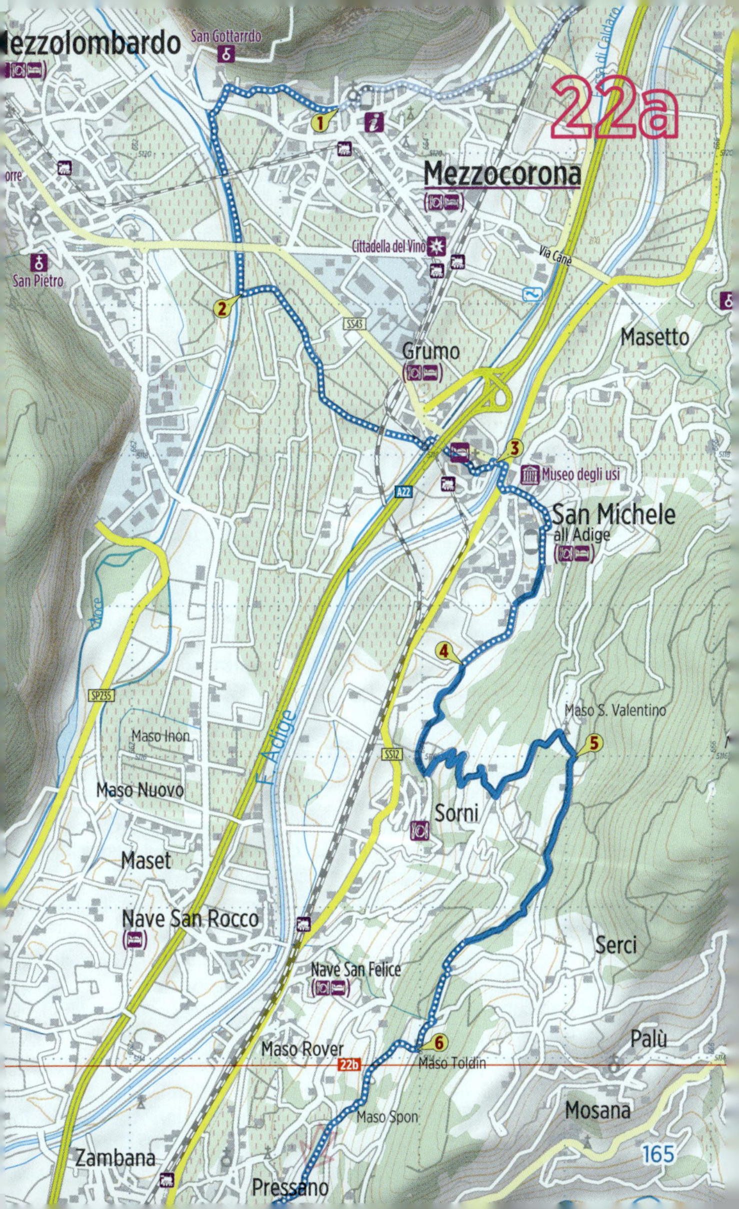
22a
Mezzolombardo
San Gottarrdo
Mezzocorona
Cittadella del Vino
Via Cane
San Pietro
Grumo
Masetto
Museo degli usi
San Michele all Adige
Maso S. Valentino
Maso Inon
Maso Nuovo
Sorni
Maset
Nave San Rocco
Nave San Felice
Serci
Palù
Maso Rover
Maso Toldin
Maso Spon
Mosana
Zambana
Pressano
F. Adige
22b
SS43
SS12
SP235
A22

Anderem das „Schachbrett Maximilians" im alten Klosterhof an der Westseite, der Name des Kaisers erscheint hier ganze 143 Mal.

3 4,8 (205) Die Brücke auf einem Fußweg überqueren ⤳ dieser mündet direkt in eine Unterführung, die in den alten Teil von S. Michele hineinführt ⤳ an der T-Kreuzung rechts ⤳ am Kreisverkehr links ⤳ gleich danach an der Gabelung rechts ⤳ in das Areal des Agrarinstitutes hinein ⤳ an der bald danach folgenden Gabelung ganz rechts ⤳ durch das Areal der Cantina ⤳ dann bald auf Schotter ⤳ nach einem Gewerbebau folgt eine Rechtskurve ⤳ es beginnt wieder Asphalt ⤳ an der Straße links weiter.

4 6,7 (210) Nach ca. 600 m, vor dem ersten Haus auf der linken Straßenseite, links in einen Schotterweg ⤳ nach dem kleinen Wäldchen mit teils befestigter Straße links halten ⤳ am Friedhof geradeaus weiter, wieder auf Asphalt ⤳ an einem Weingut vorbei ⤳ die Route mündet bei einem Haus in die Strada del Vino ⤳ dieser bergwärts folgen – an der ersten Kehre liegt der Maso (ital.: Hof) Rosabell ⤳ nach der dritten Kehre an der Gabelung links halten Richtung Maso San Valentino.

5 9,6 (470) Dort rechts weiter zum Maso Settefontane ⤳ nach knapp 700 m, bald nach Querung eines Wandstückes an der Gabelung rechts ab, es folgen die masi Giaz, Spiazol und Toldin.

6 12,1 (490) Beim maso Toldin rechts Richtung maso Spon abzweigen ⤳ beim maso Spon dem Sträßchen folgen ⤳ in einer Rechtskehre gabelt links ein Schottersträßchen ab ⤳ die Route mündet in ein Sträßchen, dem man talwärts folgt.

7 13,9 (280) An der T-Kreuzung mit der **Via dei Furli** links.

VARIANTE: Eine alternative Wegführung verläuft etwas ruhiger und zunächst durch Weinberge hinunter nach Lavis.

Auf der Hauptroute weiter auf der Via dei Furli ⤳ diese mündet in die SS 612 ins Val di Cembra ⤳ bald rechts in die **Via Fontanelle**, über die am Stadtpark mit den hängenden Garten Ciuciòi vorbeiführt.

8 15,5 (245) Dem Straßenverlauf folgend trifft man an einer T-Kreuzung auf die **Via Roma**, die durchs historische Zentrum von Lavis führt, folgen Sie dieser nach links.

Lavis

PLZ: 38015; Vorwahl: 0461

- **Erzpriesterliche Kirche S. Udalrico**, Via Roma (1450)
- Kleine barocke **Kirche Johannes und Nepomuk**
- **Sehenswertes Zentrum**. Entlang der Hauptstraße befinden sich besonders viele mit Wappen verzierte Häuser.
- **Casa Schuldhaus** mit prunkvollen Rustika-Portal
- **Hängender Garten Ciuciòi** auf dem Porphyrfelsen oberhalb der Via 4 Novembre mit Treppen, Verliesen, Mauerwerken und einem kleinen Schloss.

Am kleinen Kreisverkehr geradeaus ⤳ durch die **Via Roma** und die **Via 4 Novembre** ⤳ auf der Brücke über den Aviso in den Ortsteil **S. Lazzaro** ⤳ der Rechtskurve der Straße fol-

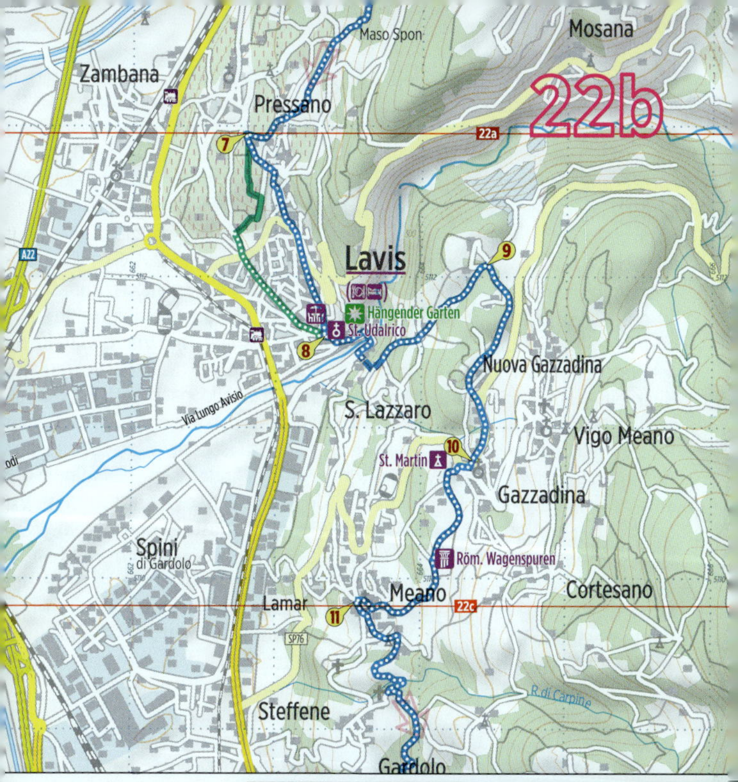

gen ⇝ nach einem Parkplatz links auf einen kleinen Platz mit einer alten Kirche ⇝ rechts davon führt ein Fußweg bergauf ⇝ an einem Wegedreieck links ⇝ bei einem kleinen Hof mündet der Weg wieder in einen asphaltierten Fahrweg, dem die Route nach links bergwärts folgt.

9 17,2 (460) An einer Kreuzung rechts Richtung Vigo

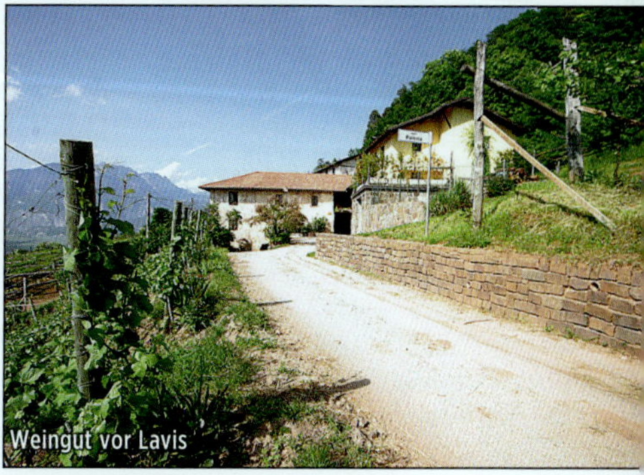

Weingut vor Lavis

Meano ⇝ in einer kleinen Siedlung an einer Straßengabelung links ⇝ gerade durch den Kreisverkehr in den Ort.

Gazzadina (Trento)

St.-Martins-Kapelle auf einem Hügel bei Gazzadina

10 18,7 (430) An der Kirche links auf die Nebenfahrbahn ⇝ hinter einer Telefonzelle rechts der **Strada vecchia** entlang, voraus bietet sich ein schöner Blick auf das St.-Martins-Kirchlein ⇝ auf der Straße kurz rechts ⇝ gleich darauf, in der Kehre beim Stoppschild, wieder links ⇝ nach 100 m links halten ⇝ am Waldrand entlang ⇝ an der nächsten Verzweigung mittig auf Asphalt weiter ⇝ an einer T-Kreuzung links dem rot-weißen Schild „Via Claudia" folgen an einigen Häusern vorbei ⇝ in einer Kehre geradeaus.

TIPP: Nach wenigen Metern lassen sich römische Wagenspuren am Wegesrand erkennen.

Bergab nach **Meano** ⇝ dem kurvigen Straßenverlauf folgen ⇝ im Ort rechts halten.

Meano (Trento)

Die sonnenbegünstigten kleinen Terrassen oberhalb von Trento sind schon lange Zeit besiedelt. Auch die Via Claudia Augusta führte hier am Hang entlang, wo sie sicher vor Hochwasser war und nach Schneefällen rasch wieder schneefrei. Bis 1928 bildete Meano gemeinsam mit Gardolo di Mezzo, Cortesano, Vigo, Gazzadina und San Lazzaro eine selbständige Gemeinde.

TIPP: Sollten Sie bereits sehr müde oder mit Verspätung unterwegs sein, können Sie mit der Buslinie 3 von der Haltestelle Meano-Portoni zur Piazza Dante vor dem historischen Zentrum Trentos gelangen. Die Busse verkehren bis 20 Uhr mehrmals stündlich.

11 20,5 (350) Auf der Piazza links in die **Via Giuseppe Salvatori Zanatta** ⇝ bald danach wieder links in eine steile Gasse hinauf, die **Via die Palustei** ⇝ wenig später dem rot-weißen Via-Claudia-Schild nach rechts in einen Schotterweg folgen ⇝ in einer Steigung ist der Weg gepflastert ⇝ Sie befinden sich hier direkt auf der alten Trasse der historischen Via Claudia Augusta ⇝ immer dem Wegverlauf folgen ⇝ durch Wald ⇝ an einer Weggabelung in einer Waldlichtung mit Wein links halten und am Waldrand entlang ⇝ schließlich wieder durch Wald ⇝ dann durch Weinberge ⇝ in ein Wäldchen und gleich links halten.

12 23,4 (470) An der Einmündung in eine Straße rechts bergab ⇝ auf der Straße direkt nach **Martignano** ⇝ im Ort immer dem Verlauf der **Via dell' Albera** folgen.

13 25,4 (395) Etappenende an der Ecke vor dem Supermarkt.

Martignano (Trento)

INS ZENTRUM: Um ins Zentrum zu gelangen, wenden Sie sich nach rechts und nach gut 100 m nochmals rechts zur Piazza Menghin. Von dort bringt Sie die Buslinie 10 ins Zentrum von Trento, zur Piazza Dante. Die Busse verkehren bis in die Nacht mehrmals stündlich.

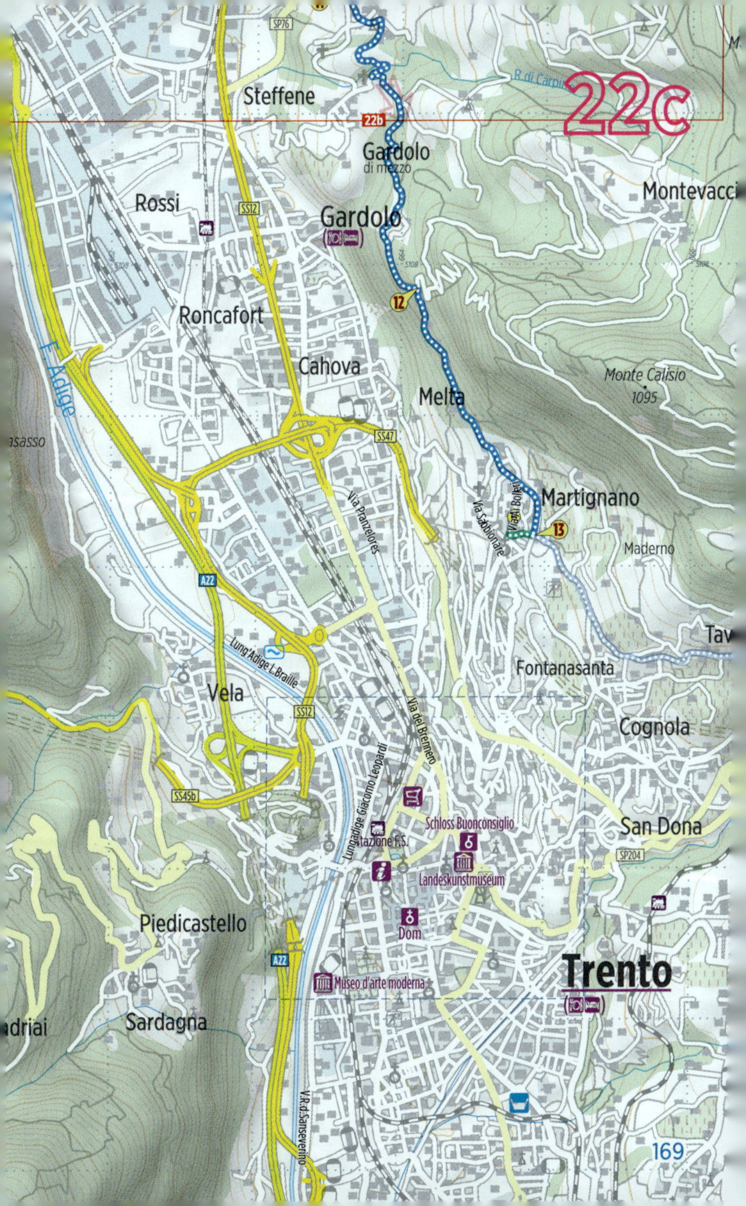

22c
Steffene
Gardolo
di mezzo
Montevacci
Rossi
Gardolo
Roncafort
Cahova
Melta
Monte Calisio
1095
F. Adige
Martignano
Maderno
Via Pranzelores
Via Sabbionare
Fontanasanta
Lung'Adige L.Braille
Vela
Via del Brennero
Cognola
Lungadige Giacomo Leopardi
Schloss Buonconsiglio
Stazione F.S.
San Dona
Landeskunstmuseum
Dom
Piedicastello
Trento
Museo d'arte moderna
Sardagna
V.R.d.Sanseverino

Ortsinformationen

Trento

PLZ: 38100; Vorwahl: 0461

Azienda Per il Turismo Trento, Monte Bondone, Valle dei Laghi, Piazza Dante, 24, ✆ 216000, *www.discovertrento.it*

Monumenti e Collezioni Provinciali (Landeskunstmuseum), Schloss Buonconsiglio-Via Bernardo Clesio 5, ✆ 233770, ÖZ: Di-So. Thema: Archäologie, Mittelalterliche Kunst, Gemälde einheimischer Künstler, Keramik, Holzskulpturen, Fresken u. v. m. *www.buonconsiglio.it*

Museo d'Arte Moderna e Contemporanea di Trento e Rovereto (MART)- Museum der Gegenwartskunst, Palazzo delle Albere, Via Roberto da Sanseverino 45, ✆ 234860, ÖZ: Di-So 10-18 Uhr, Fr 10-21 Uhr. Kunst des 20. Jhs. Der Hauptsitz des MART-Museums befindet sich in Rovereto. *www.mart.trento.it*

Museo Tridentino di Scienze Naturali (Museum für Naturwissenschaften), Via Calepina 14 (Palazzo Sardagna), ✆ 270311. Thema: Geographie und Geologie der Alpen, Urgeschichte, Tier- und Pflanzenwelt. *www.muse.it*

Museo Diocesano Tridentino e Duomo (Trentiner Diözesanmuseum), Piazza Duomo 18 (Palazzo Pretorio), ✆ 234419, ÖZ: Mo-Sa. Thema: Flämische Wandteppiche von Bernhard von Clès, archäologischer Bereich unter dem Dom mit einer frühchristlichen Basilika und Grabstätten. *www.museodiocesanotridentino.it*

Tridentum - Unterirdische archäologische Ausgrabungen des S.A.S.S., Piazza Cesare Battisti, ✆ 230171, ÖZ: Di-So. Weitläufige archäologische Ausgrabungen des römischen Trient.

Schloss Buonconsiglio, Via Bernardo Clesio 3, ÖZ: Di-So. Die ältesten Teile der wehrhaften Festungsanlage, das sog. Castelvecchio, stammen aus den Jahren 1239-1255, 1259 bezogen die Fürstbischöfe das

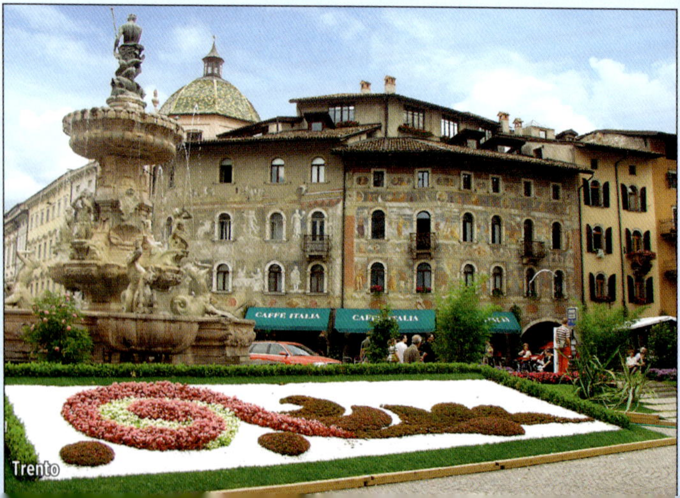

Trento

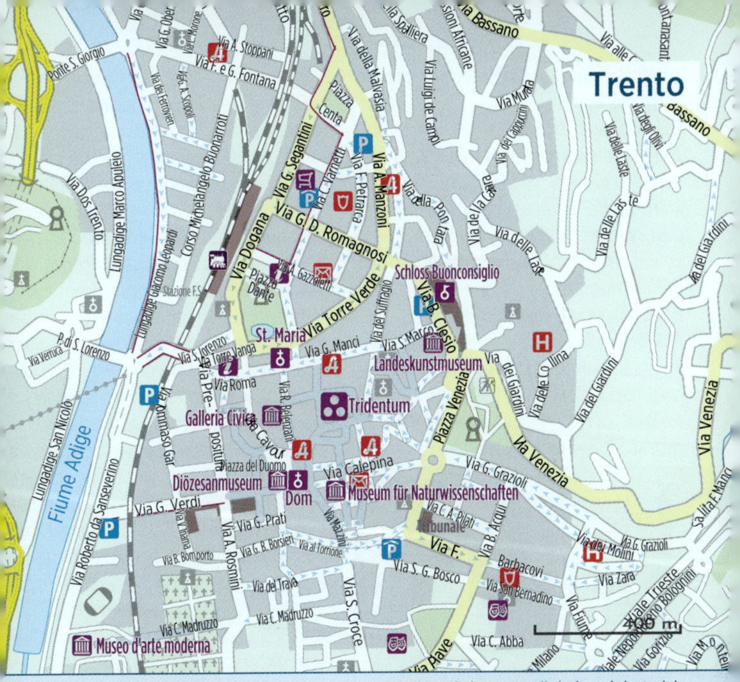

Gemäuer als ihre Residenz. Weitere Aus- und Umbauten erfolgten im 16. Jh. durch Bernhard von Clès, abgeschlossen wurden die Arbeiten dann im 17. Jh. Unter den Österreichern diente die Burg als Gefängnis, heute dient sie als Kulisse für Museen. Besonders sehenswert sind die Fresken des Monatszyklus aus der Zeit um 1400, bekannt als eine der bedeutendsten gotischen Freskenmalereien Europas. *www.buonconsiglio.it*

Dom. An der Stelle einer frühchristlichen Basilika im 13. Jh. von dem Baumeister Adamo d'Arogno auf Veranlassung von Friedrich von Wangen errichtet, bedeutendster Sakralbau des Trentino. Neben den vielen kunsthistorischen und architektonischen Sehenswürdigkeiten lohnt sich auch eine Besichtigung der aus dem 6. Jh. stammenden Reste der frühchristlichen Basilika unter dem Chor des Domes.

Domplatz mit dem romanischen Dom und dem barocken Neptunbrunnen aus dem 18. Jh.

Altes Rathaus (15. Jh.). Früher mit gotischen Fresken geschmückt, dann im neoklassizistischen Stil umgestaltet

Santa Maria Maggiore, im 16. Jh. von Bernhard von Clès im Stil der lombardischen Renaissance errichtet worden. Der 53 m hohe Turm ragt als höchstes Bauwerk über die Stadt hinaus.

Dos Trento, über 300 m hoher Felsrücken mit schönem Ausblick über die Stadt. Hier befindet sich auch das **Museo Storico delle Truppe Alpine**.

Ob die ersten Siedlungsspuren von Trient keltischen oder rätischen Ursprungs waren, ist bis heute nicht geklärt. Sicher ist aber, dass Trient unter dem Namen Tridentum bei den Römern schon eine wichtige Rolle aufgrund seiner strategisch wichtigen Lage an der nach Norden führenden Handels- und Militärstraße Via Claudia Augusta spielte. Nach dem Zusammenbruch des römischen Reiches litt Trient unter den Folgen der Völkerwanderungen und musste demnach zahlreiche Plünderungen über sich ergehen lassen. Erst in der karolingischen Zeit konnte sich die Stadt wieder zu einem blühenden Verkehrsknotenpunkt entwickeln. Das Etschtal war damals für die deutschen Kaiser der wichtigste Verbindungsweg nach Süden, sie mussten daher vor allem Trient für sich gewinnen. Dieses gelang, indem sie im Jahr 1004 die Bischöfe der Stadt zu Reichsfürsten ernannten. Aus vielen verschiedenen Ländern kamen die Fürstbischöfe nach Trient und brachten buntes Leben in die blühende Stadt. Prägend waren vor allem der Fürst Friedrich von Wangen zu Beginn des 13. Jahrhunderts sowie Bernhard von Clès im 16. Jahrhundert. Von Wangen war verantwortlich für eine starke städtebauliche Belebung Trients – der Beginn des Dombaus geht auf ihn zurück – sowie für den ersten Bergbaucodex in Europa, der erstmals die Arbeitsbedingungen der Bergleute regelte. Noch berühmter und wegweisender für Trient war aber sicher der Kardinal von Clès, dem die Stadt ihr heutiges malerisches Bild im prächtigen Renaissancestil zu verdanken hat. Grund für diese Umgestaltung war das historisch bedeutungsvolle Konzil von Trient, dessen Debatten und letztendliche Erfolglosigkeit von Clès (gestorben 1539) nicht mehr erlebte. Vom Jahr 1545 bis 1563 tagte das Konzil der katholischen Kirche mit dem Versuch, einen Dialog zwischen den unterschiedlichen neuen Glaubensrichtungen des christlichen Glaubens zu erreichen und dem Ziel, die Protestanten, Anglikaner, Calvinisten zum „wahren katholischen Glauben" zurückzuholen. Nach achtzehn erfolglosen Jahren endete das Konzil mit dem Beginn der Gegenreformation, der gewaltsamen Rekatholisierung der neuen protestantischen Gebiete. Trient war damals wohl vor allem aufgrund seiner zentralen Lage zwischen Deutschland und Italien zum Sitz des Konzils auserwählt worden, und diese „internationale" Lage im malerischen Etschtal, macht die Hauptstadt des Trentinos auch heute noch zu einem starken Anziehungspunkt.

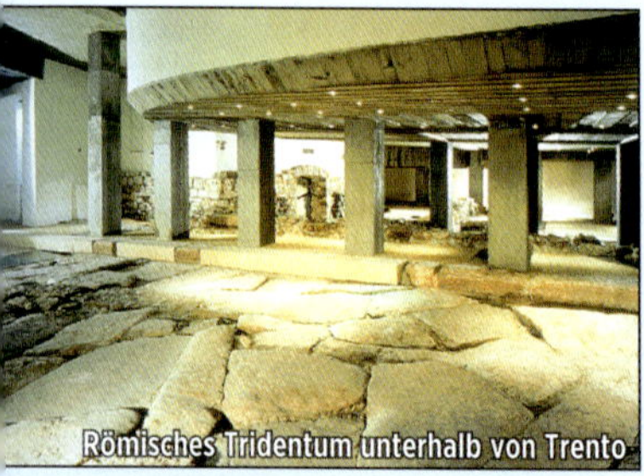
Römisches Tridentum unterhalb von Trento

Valsugana, Venetien

Etappen 23 – 29: Martignano (Trento) – Castel Brando

Länge: 152 km
Start: Trento, Ortsteil Martignano
Ziel: Castel Brando bei Cison di Valmarino
Aufstieg: 5.095 m
Abstieg: 5.245 m

Charakteristik: Sie verlassen weiter das Etschtal und wandern über eine Anhöhe ins Valsugana. Danach geht es über zwei Pässe ins Feltrino, wo die Route das Piavetal quert, und dann noch über einen letzten Pass zum Castel Brando.

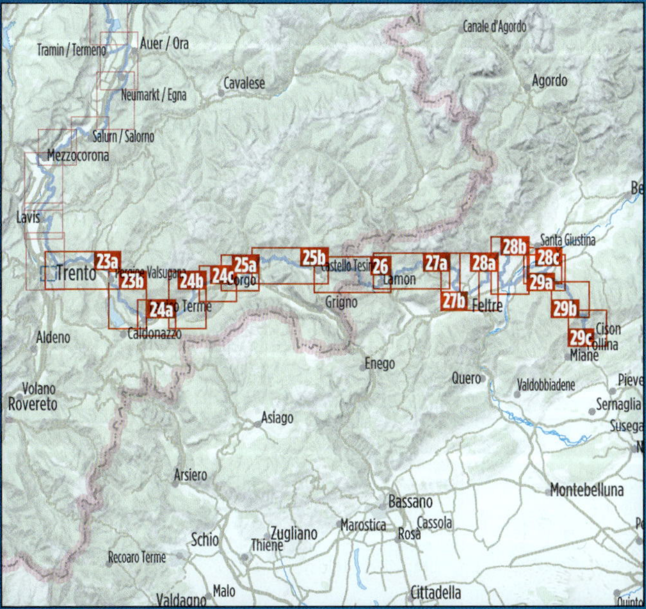

Etappe 23 — 23,6 km

Martignano (Trento) – Levico Terme

Start:	Trento, Ortsteil Martignano	*Aufstieg:*	755 m
Ziel:	Levico Terme, Kurpark	*Abstieg:*	655 m
Gehzeit:	6 - 6½ Std.	*Hartbelag:*	72 %
		Wanderwege:	25 %
		Wanderpfade:	3 %

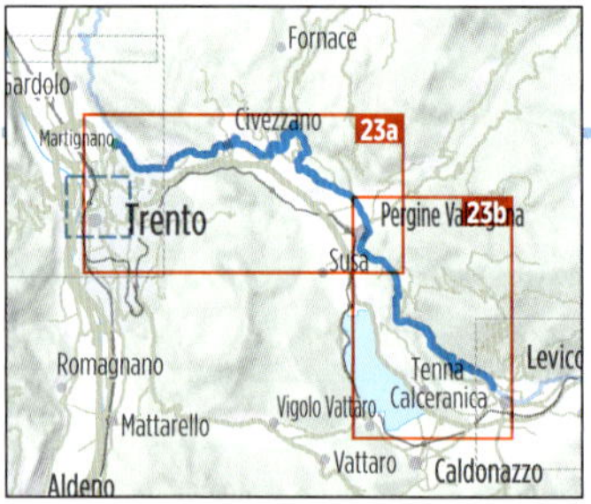

Charakteristik: Auf den Spuren der Via Claudia Augusta führt die Etappe zunächst am sonnenbegünstigten Südwesthang oberhalb von Trento über kleine Bergdörfer ins Valsuganatal. Von Civezzano geht es durch einen Taleinschnitt nach Pergine Valsugana, dem Hauptort des Alto Valsugana mit seinem majästetisch über der Stadt thronenden Castello. Anschließend führt die Wanderroute auf einem Forstweg am Hang oberhalb des Levicosees in den traditionellen Thermalort Levico Terme. Besonders sehenswert sind das Castello Pergine, die Renaissancestraße Via Maier zu dessen Füßen, das Forte Benne und der ausgedehnte Kurpark von Levico.

Öffentliche Verkehrsmittel: Von Trento nach Levico Terme gibt es eine Busverbindung im 2-Stunden-Takt und eine Zugverbindung im stündlichen Intervall.

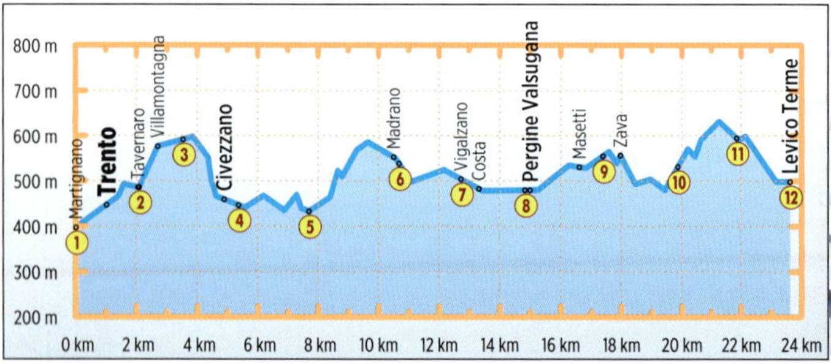

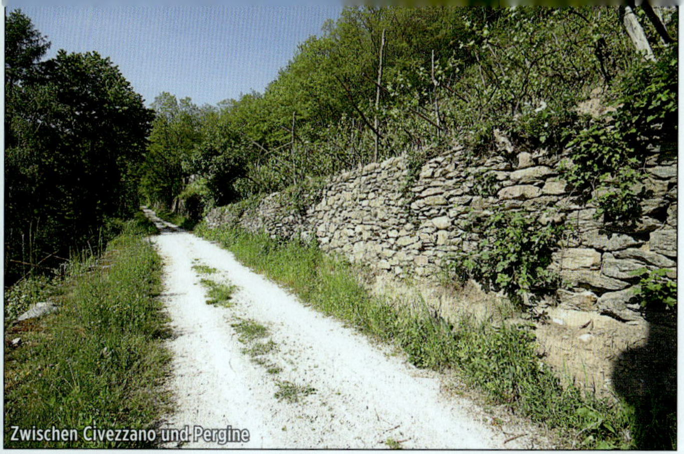
Zwischen Civezzano und Pergine

Martignano (Trento)

1 0,0 (395) Von der **Via dell´ Albera** weg, in östliche Richtung bergauf ~ nach 50 m eine Abzweigung links liegen lassen ~ dem Straßenverlauf folgen ~ vor den Sportplätzen links ~ zwischen Weinberg und Spielplatz hindurch ~ an der Gabelung bei einer bemalten Gartenmauer links ~ an der nächsten Verzweigung dann rechts ~ dem Straßenverlauf durch eine kleine Siedlung folgend geht es nach **Tavernaro**.

Tavernaro (Trento)

2 2,1 (485) Unmittelbar nach der Kapelle links nach **Villamontagna** hinauf.

Villamontagna (Trento)

An der Kirche vorbei und dann gleich rechts ~ gerade über den Kreisverkehr und bald bei der Kapelle links in die schmale Straße abzweigen.

3 3,5 (590) In einer Rechtskurve, bald nach einem Steinkreuz, weist ein Via-Claudia-Schild den Weg geradeaus in einen zunächst noch asphaltierten Fahrweg ~ bald auf Schotter ~ nach einem Gefälle folgt ein Gatter ~ dort rechts in einen Steig Richtung Civezzano ~ die Route mündet am Rande einer Siedlung in eine talwärts führende Straße ~ ein Rechtsknick ~ an einer T-Kreuzung links weiter ~ an der Einmündung in die Dorfstraße links.

Civezzano

PLZ: 38045; Vorwahl: 0461

Freilichtmuseum Argentario, Via C. Battisti 1 (bei der Bibliothek), ✆ 858400. Führt durch das alte Bergbaugebiet mit seinen mittelalterlichen Silberstollen, Steingruben, Kalköfen und das Porphyrabbaugebiet.
www.ecoargentario.it

S. Maria Assunta, erbaut 1535-38 auf romanischen und frühchristlichen Resten. Im Inneren sehenswerte Renaissancegemälde von Jacopa Bassano und die älteste Orgel des Trentino.

Castel Telvana, ursprünglich aus dem Mittelalter, im 16. und 17. Jh. baulich ver-

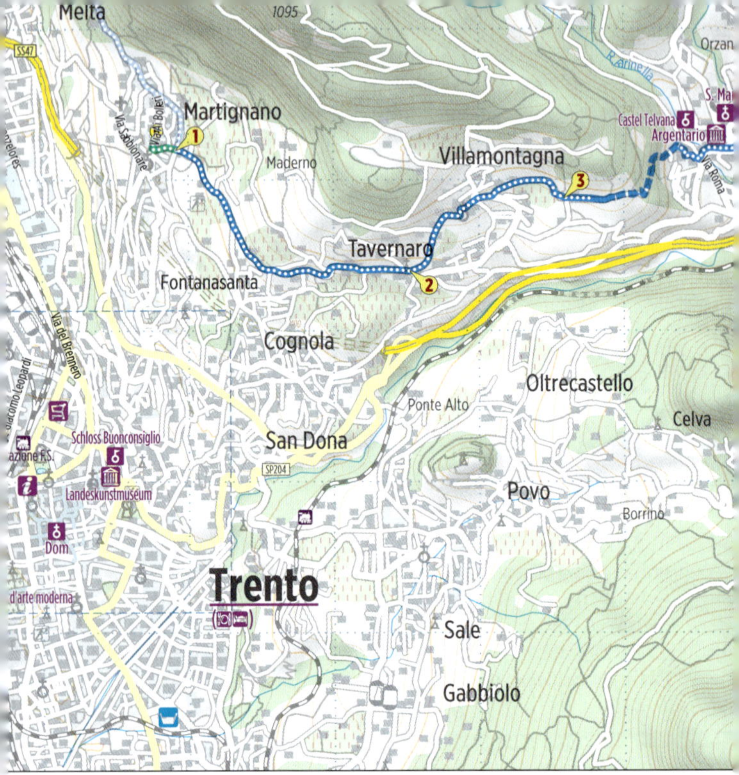

ändert und kürzlich restauriert. Heute befindet sich hier das Gemeindeamt.

Der Ort geht auf eine urgeschichtliche Siedlung zurück, was die vielen archäologischen Funde im Ortsteil Sottocastello zeigen. In der Römerzeit dürfte hier ein Lager bestanden haben, worauf Funde unterhalb der Kirche S. Maria Assunta hinweisen.

Kurz vor der Hauptstraße im rechten Winkel nach links ⁓ in einer Linkskurve geradeaus in einen Wiesenweg ⁓ auf einer kleinen Brücke über den Bach und dann wieder hinauf zur Straße.

4 5,4 (445) Dort rechts hinunter ⁓ am Kreisverkehr links ⁓ an der gleich folgenden Straßengabelung links Richtung Seregnano ⁓ nach einigen hundert Metern entlang der Straße in einer größeren Ausweiche rechts auf einem Fahrweg in die Obst- und Weinberge ⁓ immer dem Straßenverlauf folgen ⁓ bei einem Stoppschild bergauf ⁓ nach 200 m, bei einem Bildstock, rechts in einen

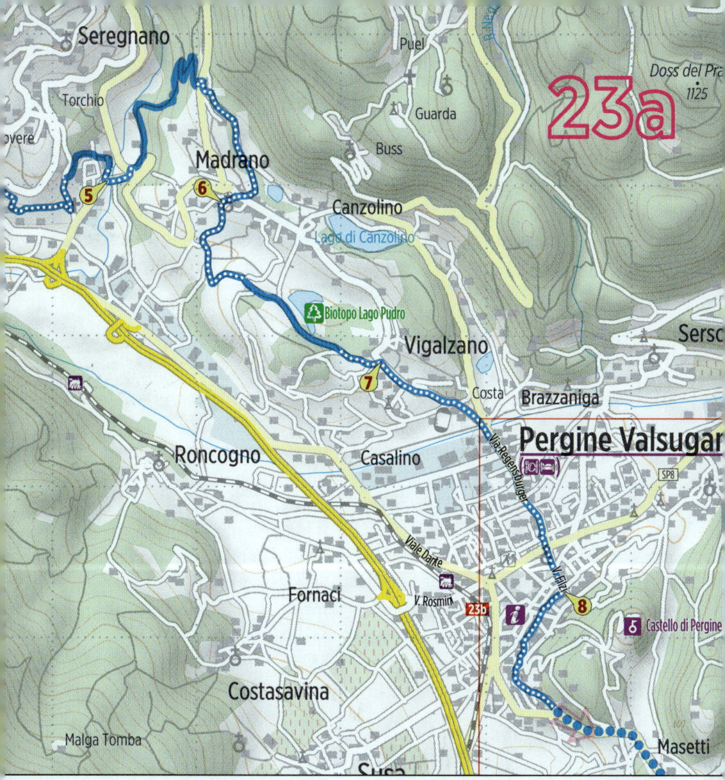

Weg ↝ im Gewerbegebiet **Barisei** eine kleine Straße queren ↝ beim nächsten Haus rechts und dann über die Brücke auf die Straße.

5 7,7 (435) Dort links und nach 200 m wieder links auf einen Schotterweg abzweigen ↝ an der nächsten Wegkreuzung geradeaus hinauf und auf dem Schotterweg in mehreren Serpentinen wieder zur Straße ↝ links zu einem Fußgängerübergang ↝ nach der Überquerung halb rechts ↝ vorbei an einem kleinen Parkplatz ↝ jetzt immer Richtung centro sportivo halten ↝ in einem Rechtsbogen um den Sportplatz herum ↝ danach links halten ↝ direkt durch eine enge, steile Gasse ins Zentrum von **Madrano** ↝ rechts und wieder links.

Madrano (Pergine Valsugana)

6 10,7 (540) An der Kirche vorbei, dann leicht links hinunter ↝ an der Gabelung in der Senke links halten ↝ an der nächsten Verzweigung auf der mittleren Möglichkeit weiter ↝ an einer Steinmauer rechts der Beschilderung zu einem Biotop folgen ⇝ bald danach an der Gabelung links ⇝ am **Biotopo Lago Pudro** vorbei.

Lago Pudro (Pudrosee). Bevor man den See 1989 unter Naturschutz stellte, wurde hier Torf gestochen. Besonders beeindruckend sind die Seerosen und der Schwingrasen, der vom Ufer aus in den See wächst und sogar das Gewicht eines Menschen tragen kann.

Einige hundert Meter darauf an den ersten Häusern vorbei.

7 12,7 (505) An einer Straße rechts ⇝ durch den Vorort **Casalino** ⇝ .

TIPP: Den nächsten, etwas unattraktiven Abschnitt können Sie per Bus überbrücken, der vom Sportplatz stündlich bzw. halbstündlich ins Zentrum von Pergine verkehrt.

Ca. 700 m darauf, bei einem Kreisverkehr, geradeaus ⇝ auch danach einige Zeit geradeaus weiter ⇝ eine stark befahrene Kreuzung queren ⇝ an der Kirche vorbei weiter Richtung Zentrum.

Pergine Valsugana

PLZ: 38075; Vorwahl: 0461

Ufficio Informazioni, Piazza Serra 10, ✆ 727760, *www.visitvalsugana.it*

Castello di Pergine, ✆ 531158. Die auf dem Colle del Tegazzo gelegene Burg beherrscht das Tal und ist ein Wahrzeichen des Valsugana. Erstmals erwähnt im 9. Jh. zur Zeit der Karolinger, wurde sie im 13. Jh. in eine mittelalterliche Festungsanlage umgebaut. Sie befand sich lange Zeit unter der Herrschaft der österreichischen Herzöge. Im 16. Jh. ging sie dann an Bernhard von Clès über.

Piazza Municipio, mit dem Rathaus (1697) und sehenswerten herrschaftlichen Häusern.

Das Städtchen liegt in einer weiten Talebene am Beginn des Valsuganatales, zu Füßen der eindrucksvollen Festung. Pergine und besticht durch seinen ausgedehnten alten Kern. Glanzstück ist die Renaissancestraße Via Maier, mit zahlreichen Herrschaftshäusern, die großteils aus der Blütezeit stammen, welche die Stadt als Zentrum einer regen Bergbauregion erlebte. Heute ist Pergine Valsugana Hauptstadt der Oberen Valsugana und zugleich auch wirtschaftliches und kulturelles Zentrum.

8 14,8 (480) Im Zentrum an der ersten Straße rechts ⇝ dem Straßenverlauf folgend durch das Stadtzentrum, bis man in die Renaissancestraße **Via Maier** gelangt.

Via Maier o. Contrada Italiana, Renaissancestraße mit Palästen aus dem 16. Jh.

An ihrem Ende links ein steiles Gässchen hinauf ⇝ nun der Beschilderung zum **Castello di Pergine** folgen ⇝ beim Parkplatz am Fuß der Festung rechts abzweigen ⇝ der Straße bis zur Landesstraße folgen ⇝ hier nach links ⇝ der Landesstraße für ca. 1 km folgen.

9 17,4 (555) An der Abzweigung nach Visintainer rechts hinunter zum „campo sportivo" ⇝ nach dem Gefälle links und weiter bis in zu einigen Häusern ⇝ hier links und über zwei Serpentinen zur Landesstraße hinauf.

10 19,9 (530) Die Landesstraße queren und rechts dem Forstweg folgen

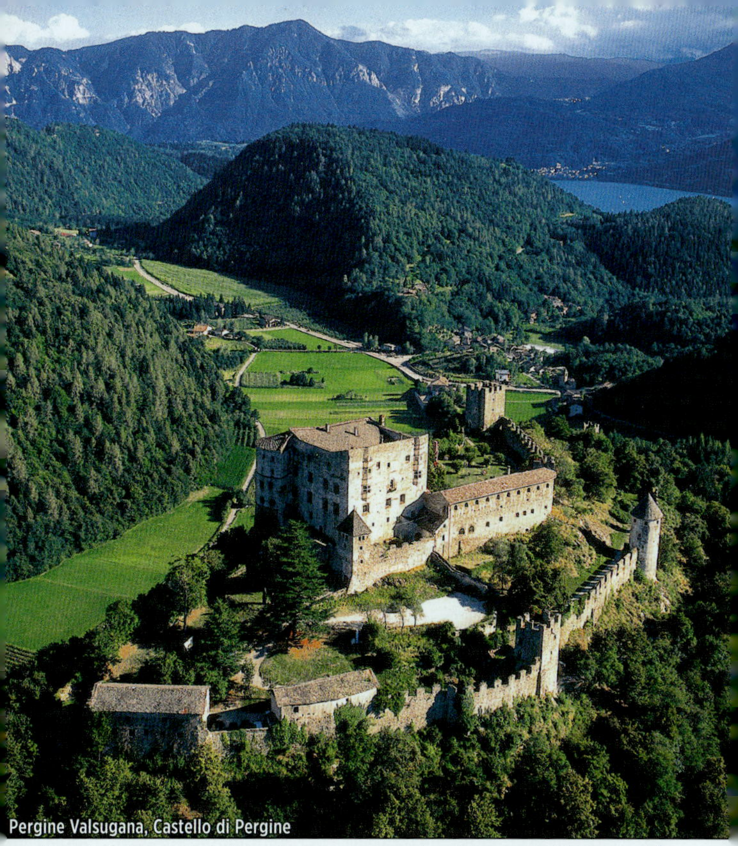

Pergine Valsugana, Castello di Pergine

~ einmal links und bald wieder rechts.

11 21,8 (595) In einer lang gezogenen Linkskurve durch einen Weinberg, oberhalb liegt Forte Benne.

Forte Benne. Österreichisch-ungarische Festungsanlage aus dem Ersten Weltkrieg. Für den Fall einer Belagerung war das Fort über ein befestigtes Aquädukt mit Wasser versorgt.

Immer dem Wegverlauf folgen ~ am Stadtrand von **Levico Terme** trifft der Schotterweg auf eine Asphaltstraße ~ dieser nach links Richtung Zentrum folgen ~ der Radwege-Beschilderung folgend durch den Ort ~ an der Kirche und dem Rathaus vorbei.

12 23,6 (500) Etappenende beim Eingang des Kurparkes.

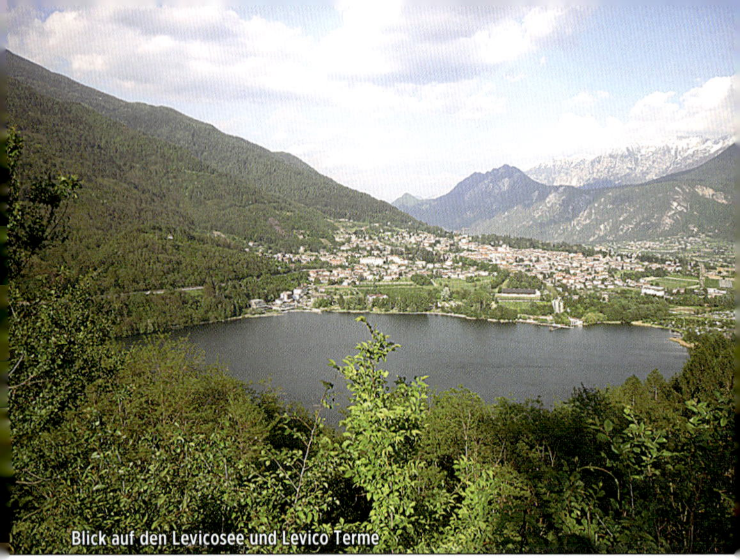

Blick auf den Levicosee und Levico Terme

Levico Terme

PLZ: 38056; Vorwahl: 0461

Ufficio Informazioni, Viale V. Emanuele III 3, ✆ 727700, *www.visitvalsugana.it*

San Biagio, Bau des 14. Jhs., 1506 teilweise umgebaut. Vorhalle und Innenfresken des 14. und 16. Jhs.

Castel Selva, zur Zeit der Völkerwanderung als Zuflucht errichtet, im 15. und 16. Jh. von den Trentiner Erzbischöfen umgebaut.

Römischer Steinsarg, der aus Kalkstein erbaute Steinsarg wurde 1858 beim heutigen Bahnhof gefunden. Er ist mit Relieffiguren dekoriert, die heidnische Ritualobjekte darstellen.

Imperial Grand Hotel Terme, mächtiger Jugenstilbau aus dem frühen 20. Jh., eigene Kurabteilung mit Therme.

Kurpark, zu Jahrhundertbeginn angelegter, 150.000 m^2 großer Park mit zahlreichen einheimischen und exotischen Pflanzen.

Der 6.500 Einwohner zählende Thermalort Levico Terme liegt auf einem Kegel der vom Rio Maggiore geformt wurde. Es ist nicht sicher, ob das oberhalb der Stadt gelegene Castel Selva schon in der Frühgeschichte eine befestigte Siedlung war und in der Folge ein Bollwerk zum Schutz der Via Claudia Augusta. Möglicherweise wurde der Ort auch erst von den Römern gegründet, als ihr Reich schon schwächer wurde. Levico war auch Garnisonsort der k. u. k. Armee. Die Stadt ist heute vor allem für ihre vielen arsen- und eisenhältigen Quellen bekannt. Schon im 19. Jahrhundert suchten Thermalgäste hier Erholung und die heilende Kraft des Wassers.

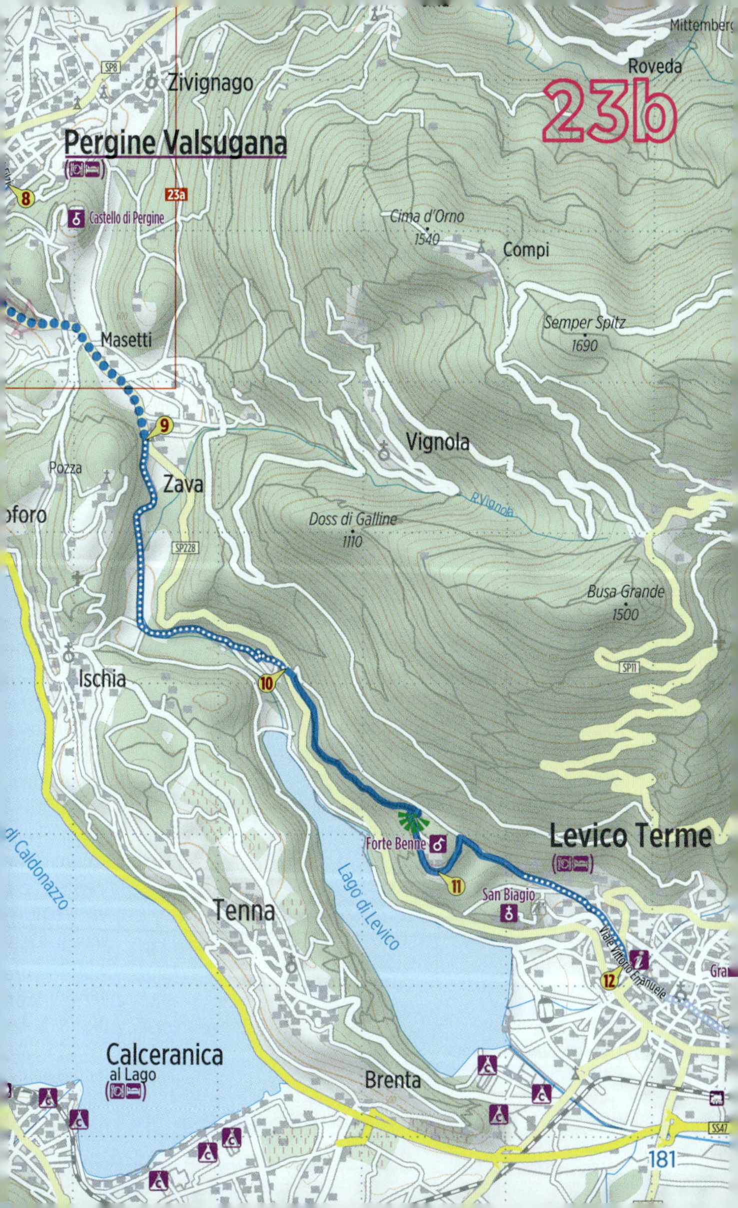
23b
Mittemberg
Roveda
Zivignago
SP8
Pergine Valsugana
8
23a
Castello di Pergine
Cima d'Orno
1540
Compi
Semper Spitz
1690
Masetti
9
Vignola
Pozza
Zava
R.Vignola
Doss di Galline
1110
SP228
Busa Grande
1500
SP11
Ischia
10
Forte Benne
Levico Terme
11
San Biagio
Lago di Levico
di Caldonazzo
Tenna
Viale Vittorio Emanuele
12
Calceranica
al Lago
Brenta
SS47

Etappe 24 **17,4 km**

Levico Terme – Borgo Valsugana

Start: Levico Terme, Kurpark
Ziel: Borgo Valsugana, Krankenhaus
Gehzeit: 4½ - 5 Std.

Aufstieg: 120 m
Abstieg: 225 m
Hartbelag: 100 %
Wanderwege: 0 %
Wanderpfade: 0 %

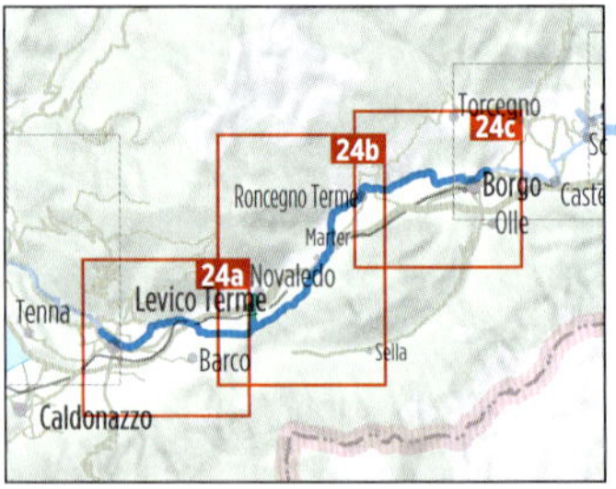

Charakteristik: Vom Zentrum des Thermalortes führt diese Flachetappe zunächst in den malerischen Ort Selva. Dann geht es ins Tal an das Flüsschen Brenta, das eben erst im Caldonazzosee entsprungen ist. Die Route folgt der Brenta am Radweg bis Morter, von wo es wieder auf den Sonnenhang hinauf nach Roncegno geht, dem zweiten Thermalort des Valsugana. Ziel der Tagesetappe ist das schon ein wenig venezianisch anmutende Borgo, die Hauptstadt des Basso Valsugana.

Tipp: In Borgo Valsugana selbst gibt es keine Hotels und Gasthöfe. Daher können Sie entweder schon nach ca. 12 Kilometern in Roncegno oder – nach Borgo – in Spera oder Strigno übernachten.

Levico Terme

1 0,0 (500) Vom Kurpark auf der **Viale Vittorio Emanuele** Richtung Südwesten ~ nach 150 m über den Rio Maggiore ~ halblinks auf die **Via Dante** ~ diese wird im weiteren Verlauf zur **Via Regio** ~ weiter dem Straßenverlauf folgen bis zur nächster größerer Kreuzung nach eine

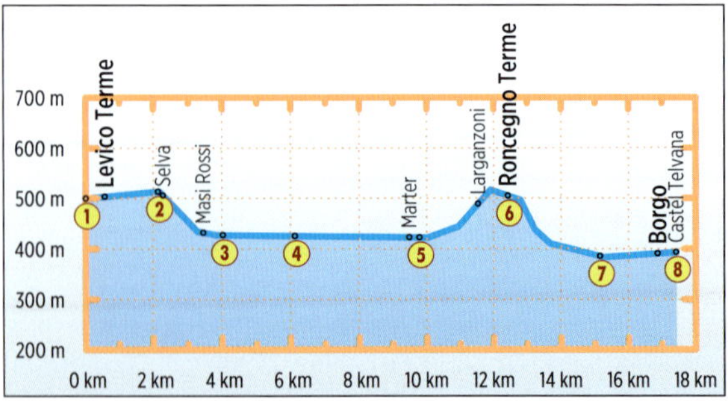

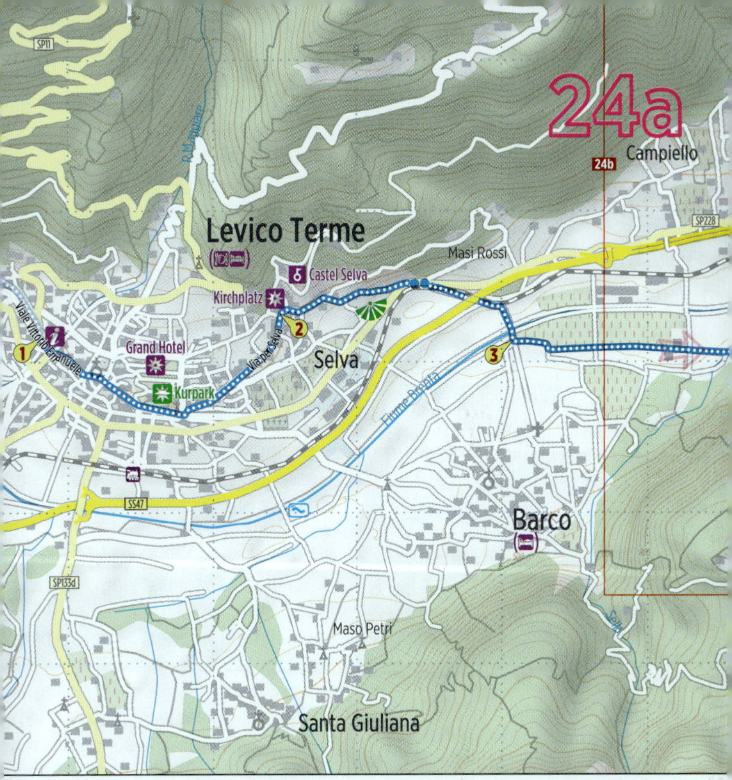

Kirche ↝ hier links in die **Via Giovan Battista de Gaspari**, die nach ca. 1 km nach **Selva** führt.

Selva

Malerischer **Kirchplatz**

2 2,1 (500) Am Kirchplatz rechts halten ↝ aus dem Ort hinaus ↝ der Straße durch Weinberge folgen ↝ von hier bieten sich schöne Blicke auf das Valsuganatal und den Ortsteil Barco auf der anderen Talseite ↝ an der Einmündung in die Landesstraße kurz nach links ↝ nach gut 100 m wieder rechts weg ↝ unter der Bahn und etwas später unter der Schnellstraße durch ↝ 150 m danach an einer Kreuzung rechts halten ↝ über die Brenta.

3 4,0 (425) 100 m danach links den Radwegschildern folgen ↝ nach knapp 2 km ein kurzes Stück direkt an der Brenta entlang.

4 6,1 (425) Bei einem Bicigrill (Rastmöglichkeit) wieder rechts weg vom Bach.

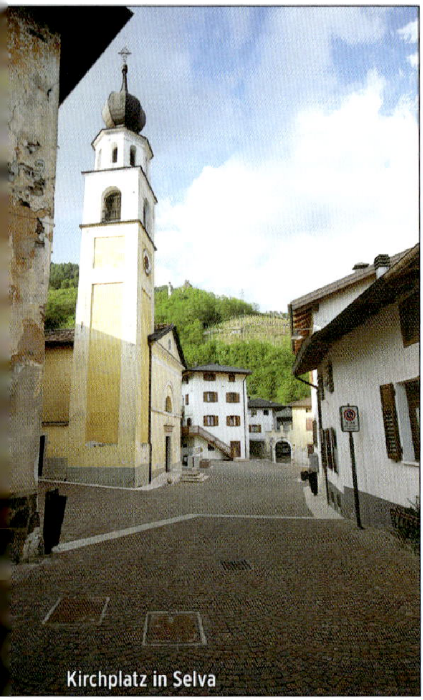

Kirchplatz in Selva

AUSFLUG Wenn Sie hier die Brenta überqueren, kommen Sie nach Novaledo. Östlich der Ortschaft befindet sich die Ruine der Torre Quadra.

Torre Quadra. Das heute vorhandene Tor ist der Rest einer kleinen Festung, die mittels einer Zugbrücke den Weg zwischen dem Berg und dem inzwischen ausgetrockeneten Lago Morto versperrt hatte. Hier verlief auch die Grenze zwischen den Territorien des Bischofs von Trient und jenem von Feltre.

Die nächsten 2,5 km folgen Sie dem Radweg nach **Marter** ⇝ im Ort bald für 500 m an der Eisenbahn entlang ⇝ dann links abbiegen ⇝ über die Bahngeleise und durch die Unterführung der Schnellstraße ⇝ über die Brücke, vorbei am Turm.

Marter

Museum der Vogelscheuchen in der ehemaligen Mühle Angeli, vor der Brücke über die Brenta, ÖZ: nur in der Saison. Eine außergewöhnliche Ausstellung von unterschiedlichen Objekten, die den Bauern früher zum Schutz der Ernte vor Raubvögeln dienten.

Turm von Marter. Allein stehender Turm mit unklarer Verwendung, wahrscheinlich Teil einer spätmittelalterlichen Festungsanlage zum Schutz der Straße oder ein Teil des weiter oben befindlichen Castel Tesobo. Zahlreiche Funde weisen außerdem auf eine römische Besiedelung hin.

5 9,8 (420) An der Landesstraße rechts ⇝ nach 200 m links weg ⇝ etwas links haltend den Ort verlassen ⇝ nach einigen hundert Metern etwas nach rechts versetzt weiter ⇝ auf einer wenig befahrenen Feldstraße geradeaus über die nächsten Kreuzungen ⇝ allmählich ansteigend nach **Roncegno** ⇝ im Ort nach einer Brücke rechts Richtung Zentrum.

Roncegno

PLZ: 38050; Vorwahl: 0461

Ufficio Informazioni Roncegno Terme, Piazza Giovanni 1, ✆ 727765, *www.visitvalsugana.it*

Erste Hinweise auf die ehemalige Zollstation stammen aus dem 12. Jahrhundert. Per kaiserlichem Dekret wurde der – neben Levico zweite – traditionelle Thermalort des Valsugana mit seiner sonnigen Panoramalage 1887 zur Stadt erklärt. Heute finden die

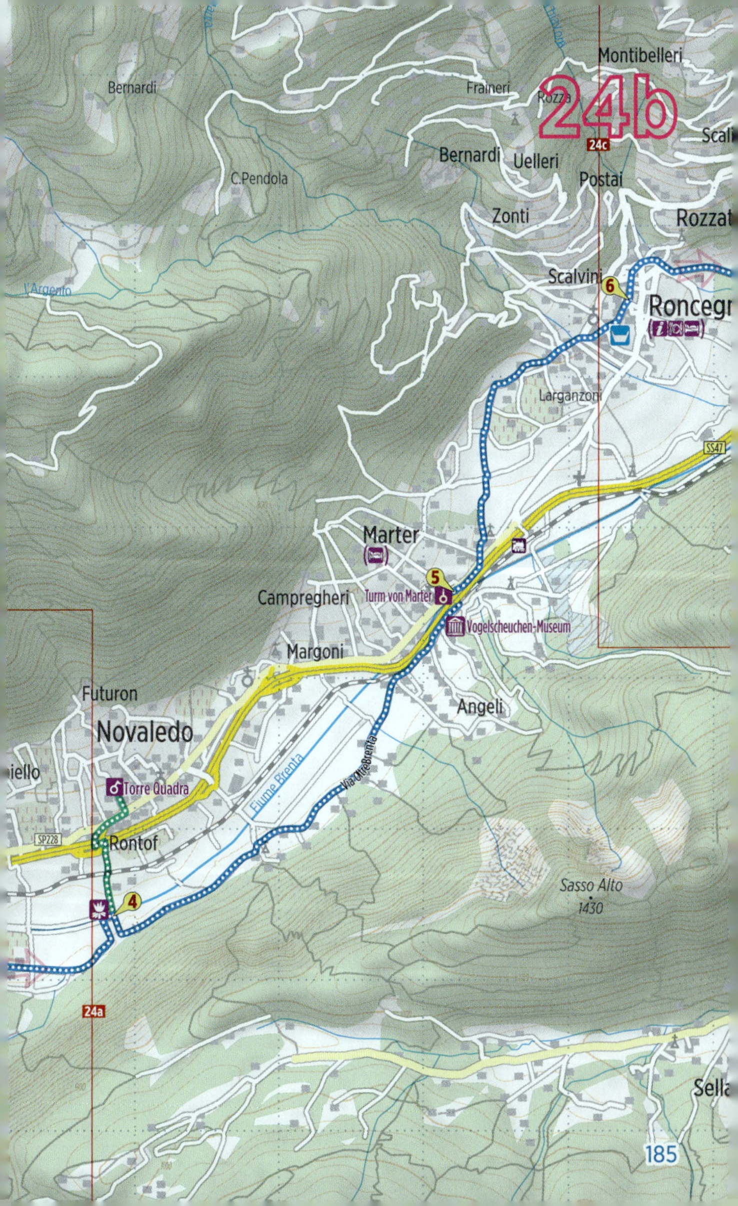
24b
24c
24a
Montibelleri
Fraineri
Rozza
Bernardi
Bernardi
Uelleri
Postai
C.Pendola
Zonti
Rozzat
Scali
L'Argento
Scalvini
6
Roncegr
Larganzoni
SS47
Marter
5
Campregheri
Turm von Marter
Vogelscheuchen-Museum
Margoni
Futuron
Angeli
Novaledo
iello
Torre Quadra
Fiume Brenta
Via OltreBrenta
SP228
Rontof
4
Sasso Alto
1430
Sella

Behandlungen in der Casa di Salute Raphael – Palace Hotel statt, die über eine weite, öffentlich zugängliche Parkanlage verfügt. Der Ort ist auch durch seine Edelkastanien bekannt. Die Ernte wird alljährlich mit einem Kastanienfest gefeiert.

6 12,4 (505) An der **Piazza del Municipio** links und direkt durch das Zentrum ⤳ am nächsten Platz leicht rechts halten und kurz der Landesstraße folgen ⤳ bald links über eine Holzbrücke und danach bergab ⤳ an der folgenden Kreuzung links Richtung Borgo Valsugana.

7 15,2 (385) Nach längerem Marsch an einer Abzweigung rechts ⤳ dem Straßenverlauf 300 m zur nächsten Kreuzung folgen ⤳ hier links weiter ⤳ anschließend geradeaus bis zum Orteingang von Borgo Valsugana ⤳ am Stoppschild rechts ⤳ vor der Brücke links in die historische Hauptstraße **Corso Ausugum**, der man durchs historische Zentrum folgt.

8 17,4 (390) Etappenende am Krankenhaus.

Borgo Valsugana

PLZ: 38051; Vorwahl: 0461

Ufficio Informazioni, Piazza de Gasperi 20, ✆ 727740, *www.visitvalsugana.it*

Castel Telvana. Der älteste Teil des Bauwerks stammt aus dem 13. Jh. Die Burg war ein strategisch wichtiger Punkt, da sie sich an der Via Claudia Augusta befand. Blickfang ist der 26 m hohe schmale Turm, der damals einen guten Rundumblick bot. Heute ist das Castel in Privatbesitz und nur von außen zu besichtigen.

Kunst im Sellatal, Associazione Arte Sella, ✆ 751251. Kunstpfad in der freien Natur. Kunstwerke internationaler Künstler, in der Natur des Sellatals erschaffen, den Witte-

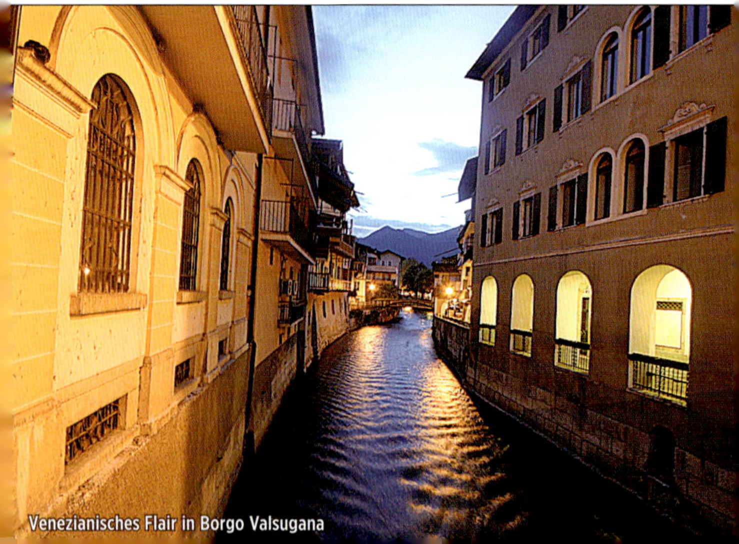

Venezianisches Flair in Borgo Valsugana

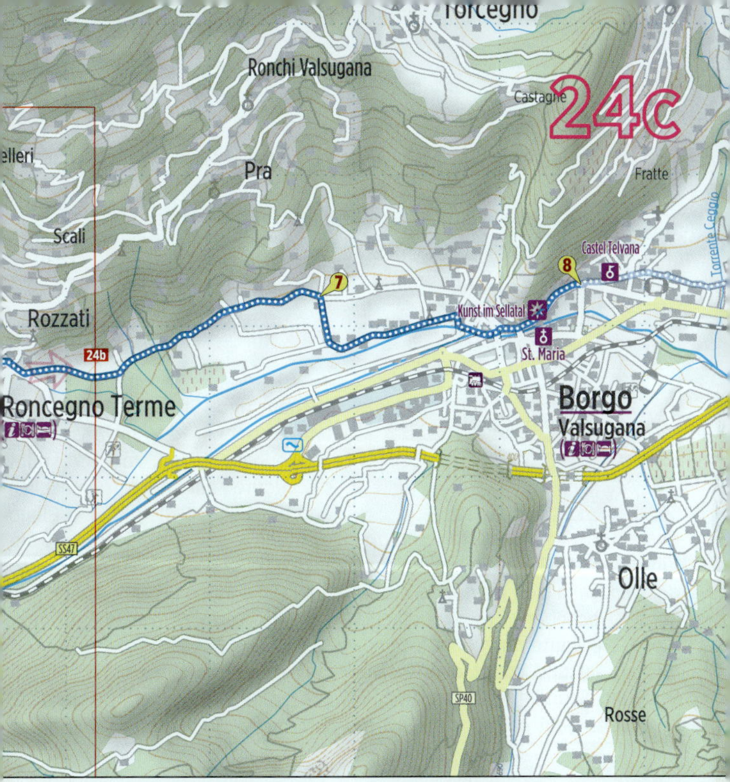

rungsbedingungen ausgesetzt zur weiteren Gestaltung durch die Natur im Laufe der Zeit. Wichtigstes Werk ist die „Grüne Kathedrale" von Giuliano Mauri.

Pfarrkirche S. Maria mit dem Marmoraltar des berühmten Marmorschleifers Cristoforo Benedetti

S. Rocco, Freskenzyklus aus dem 16. Jh.

Borgo Valsugana unterhalb des Castel Selva ist die Hauptstadt des östlichen Valsugana. Die Gebäude, die zahlreichen Tore, Fresken und anderen sehenswerten dekorativen Elemente verleihen der Altstadt an der Brenta venezianisches Flair. Borgo besticht auch mit vielen Märkten und Läden, in denen man heimische handwerkliche Produkte erwerben kann. Ein beliebtes Ausflugsziel ist das im Süden anschließende Val di Sella.

Etappe 25 — 23 km

Borgo Valsugana – Castello Tesino

Start: Borgo Valsugana, Krankenhaus
Ziel: Castello Tesino, Ortsrand
Gehzeit: 6 - 6½ Std.
Aufstieg: 845 m
Abstieg: 365 m
Hartbelag: 71 %
Wanderwege: 5 %
Wanderpfade: 24 %

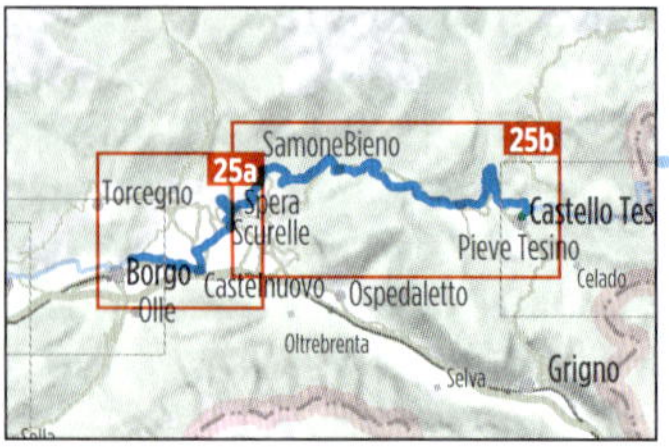

Charakteristik: Die Tagesetappe führt von der Gegend rund um Borgo Valsugana den Berghang hinauf auf die Hochebene Tesino. Zunächst bleibt die Route noch bis Castelnuovo im Tal und steigt dann schon Richtung Scurelle leicht an. Richtig bergwärts geht es auf malerischen Wegen und Steigen nach Spera und Sarmone, die malerisch am Sonnenhang liegen. Von dort steigt die Route nur noch gemächlich und führt über Pellegrini und Bieno nach Pieve und Castello Tesino. Sehenswert sind u. a. die Zentren von Spera, Sarmone, Bieno, Pieve und Castello Tesino sowie die Römerbrücke vor Castello.

Öffentliche Verkehrsmittel: Stündlicher Bus von Borgo Valsugana (C. Intermodale) bis Scurelle (Piazza

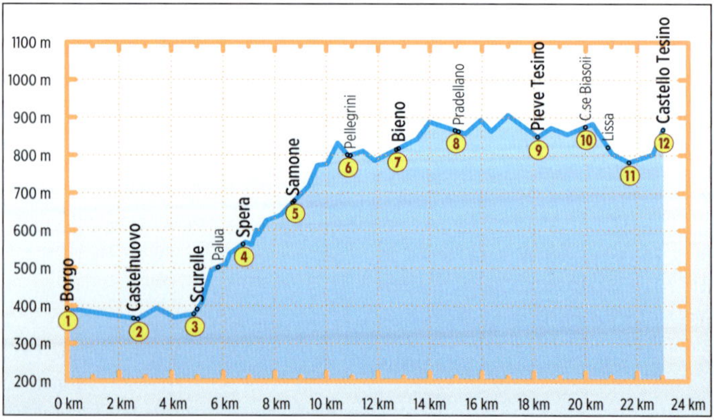

Maggiore) bzw. Castello Tesino (Piazza S. Giorgio).

Borgo Valsugana

1 0,0 (390) Vom Krankenhaus geradeaus weiter bis zur Straße nach Telve, der man etwa 100 m bis zur nächsten Abzweigung folgt ⁓ dort rechts abzweigen ⁓ geradeaus auf einem Rad- und Fußgängerweg bis zu einer Brücke über den Torrente Ceggio ⁓ bald danach rechts und rechts um den Gewerbebau F. A. T. herum ⁓ weiter dem Straßenverlauf nach **Castelnuovo** folgen ⁓ leicht bergab bis zu einer Kapelle.

Castelnuovo

PLZ: 38050; Vorwahl: 0461

- **Kirche Santa Margherita**, stammt aus dem 12. Jh., erweitert in der zweiten Hälfte des 16. Jhs.
- **Kapelle San Bartolomeo**, ✆ 0461/727730. Im 17. Jh. errichtet mit einem hexagonalen Grundriss und Spuren interessanter Fresken aus der zweiten Hälfte des 17. Jhs. sowie bemerkenswerten Fresken des Malers Nazario Barcatta.

In Castelnuovo soll sich eine Burg befunden haben, die 1365 zerstört wurde, aber dem Ort seinen Namen gab.

2 2,7 (365) An der Kapelle links in die **Via Pariolo** ⁓ leicht ansteigend aus dem Ort hinaus ⁓ an der folgenden Kreuzung rechts ⁓ eine Abzweigung links liegen lassen ⁓ an der Einmündung in die Hauptstraße links ⁓ nach 100 m über den Rio Maso ⁓ geradewegs nach **Scurelle**.

Scurelle

- **Kirchlein San Valentino**, malerisch am Berghang gelegen.

3 4,9 (380) Im Ortszentrum links ⁓ am folgenden Hauptplatz rechts ⁓ über den Platz in das kleine Gässchen, das in die **Via San Valentino** mündet ⁓ dort links ⁓ an der folgenden Straßengabelung rechts halten, weiter auf der Via San Valentino ⁓ schließlich zweigt rechts ein Wandersteig ab, der rasch steil ansteigt ⁓ an einer ersten Geländestufe auf einem etwas breiteren Weg rechts weiter bergauf ⁓ an der nächsten Geländestufe unterhalb von Spera links halten ⁓ der Weg trifft auf einen Fahrweg ⁓ auf diesem in einem Bogen in den Ort **Spera** hinein ⁓ rechts an der Kirche vorbei.

Spera

- Die **Kirche Sant' Apollonia** stammt aus dem 14. Jh. und birgt schöne Freskenmalereien.

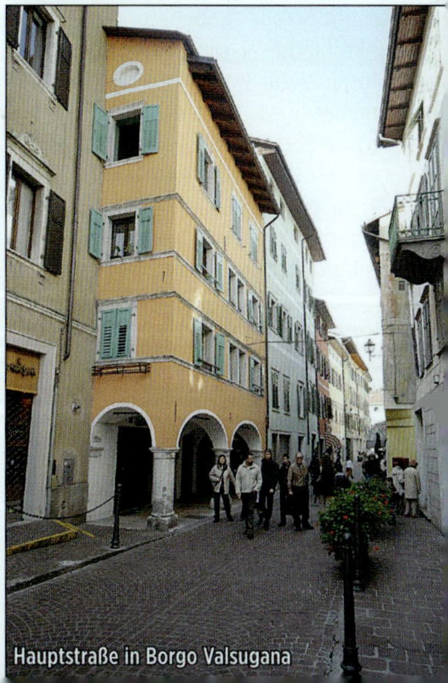

Hauptstraße in Borgo Valsugana

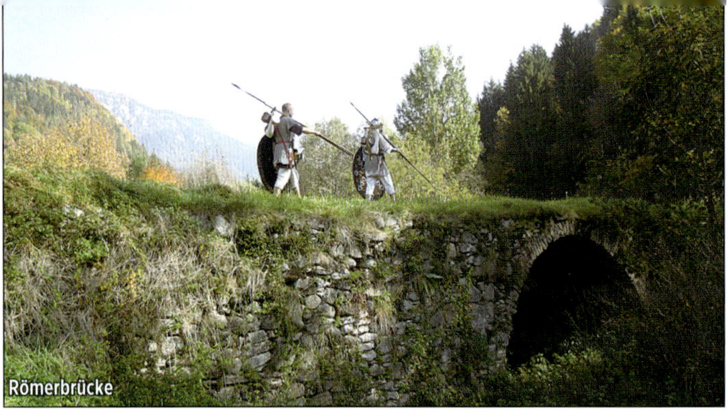

Römerbrücke

Von einem alten Stück Straße vermutet man, dass es sich um die Via Claudia Augusta handelt. Es könnte aber auch eine Zufahrt zu einer befestigten rätischen Siedlung sein, die zum römischen Bollwerk ausgebaut wurde.

4 6,8 (565) Links durch einen Torbogen ⤳ danach beim Brunnen wieder links und dann gleich rechts ⤳ an der ersten Straßengabelung beim Kreuz links hinauf ⤳ gleich bei der ersten Möglichkeit wieder rechts ⤳ bald wieder links auf einer sehr schmalen Straße hinauf ⤳ diese wird nach einer Linkskurve zur Forststraße ⤳ an einem asphaltierten Fahrweg gegenüber in einen schmalen Steig ⤳ bald breiter ⤳ auf dieser Straße geradewegs zur Friedhofskirche **San Donato** am Ortsrand von **Samone**.

Kirche San Donato, vermutlich schon vor dem 13. Jh. errichtet, schöne Holzrosette (16. Jh.) und ein Freskenzyklus.

Im Ort links bergauf, die steile Straße ist in der Mitte mit praktischen Stufen ausgestattet ⤳ oben wieder links ⤳ in einem Rechtsbogen durch das Ortszentrum.

Samone

5 8,8 (680) Rechts an der Pfarrkirche vorbei ⤳ gleich im spitzen Winkel links und sofort wieder rechts ⤳ über den Parkplatz ⤳ dann an der Straße entlang den Ort verlassen ⤳ an der nächsten Gabelung – bald nach einer Kurve – links ⤳ eine Hauszufahrt links liegen lassen ⤳ Rechtskurve in einem Waldstück ⤳ an der folgenden Kreuzung spitz links ⤳ am Waldrand an einer Gabelung mit einem Bildstock rechts Richtung **Pellegrini**.

Pellegrini

6 10,8 (800) Hier geradeaus weiter ⤳ an der bald folgenden Gabelung rechts halten ⤳ dem Weg bis zu einer Straße folgen, dort links ⤳ auf der Straße nach **Bieno** ⤳ am Ortsrand der Linkskurve folgen.

Bieno

PLZ: 38050; Vorwahl: 0461

Ufficio Informazioni, Piazza Maggiore 2, ✆ 596205, *www.visitvalsugana.it*

Pfarrkirche San Biagio. Die Kirche geht auf eine antike Gründung zurück. Im 16. und 19. Jh. erweitert.

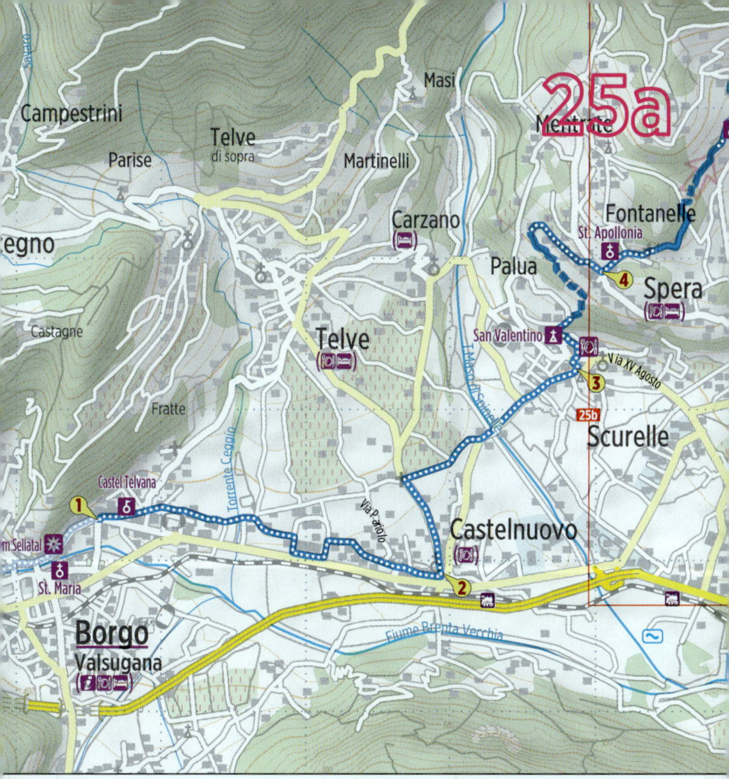

Der Ort liegt auf einem Moränenhügel mit herrlichem Ausblick. Die Spuren der alten Straße unterhalb der heutigen Provinzstraße führen an einer alten Linde mit 700 Quadratmeter großer Baumkrone vorbei.

7 12,7 (815) Im Ort die dritte Möglichkeit links in die **Via Ammiraglio Giovanni Bettolo** ⤳ gleich nochmals links in die **Via Laura** ⤳ rechts in die **Via Carlo Valliero** ⤳ ihrem Verlauf folgen ⤳ am Dorfausgang die Hauptstraße queren ⤳ bei ein paar Häusern durch eine Rechts- und eine Linkskurve ⤳ danach an einer T-Kreuzung rechts ⤳ nach einer Schranke wird die alte Landesstraße zu einem schmalen Forstweg ⤳ in einer Furt unterhalb der Straßenbrücke den Rio Lusumina queren ⤳ nacheinander durch zwei Kehren ⤳ bald nach einer neuerlichen Straßensperre wird die Straße wieder als alte Landesstraße erkennbar.

8 15,0 (865) Am Ortsrand von **Pradellano** rechts ⤳ an einer Rechts- und zwei Linksabzweigungen vorbei zum Wald-

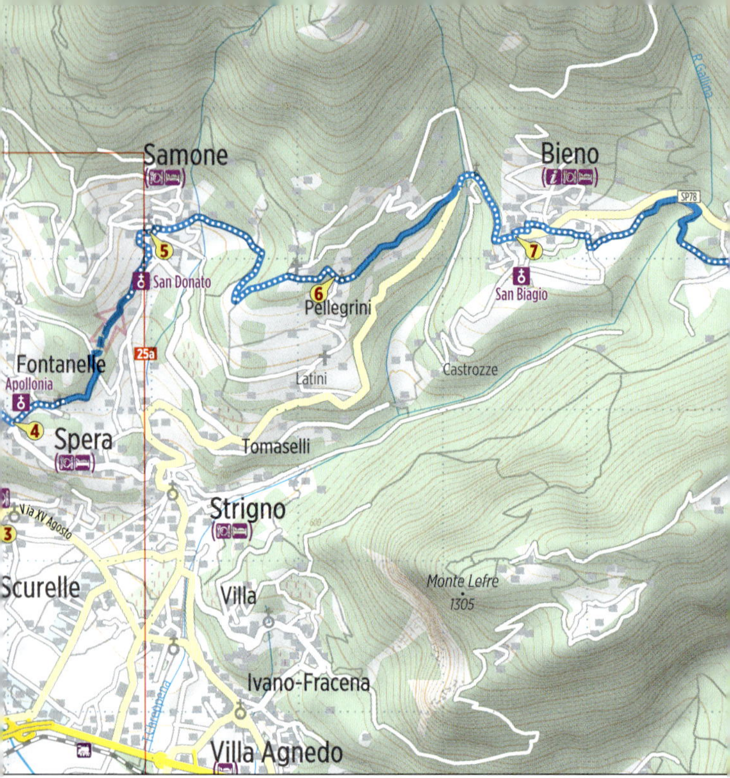

rand, dort links ⤳ der Forstweg führt einige hundert Meter durch den Wald ⤳ nach einer Rechtskurve an einem kleinen See entlang ⤳ knapp vor dem Passo Forcella wieder auf die Straße ⤳ dieser für ca. 150 m folgen ⤳ danach links auf einen Weg parallel oberhalb der Straße dahin ⤳ nach **Pieve Tesino** ⤳ am Ortsrand einmal rechts halten.

Pieve Tesino

PLZ: 38050; Vorwahl: 0461

Ufficio Informazioni, Via Fratelli Rizzà, ✆ 594292, *www.visitvalsugana.it*

Museo Casa Degasperi, Via Alcide De Gasperi 1, ✆ 314247. Museum über den großen Staatsmann Alcide De Gasperi, einen der Gründer der Europäischen Gemeinschaft, in seinem Geburtshaus.

Arboretum Tesino. Spannender Naturlehrpfad mit Pflanzen und Bäumen aus aller Welt.

Pieve, Cinte und Castello Tesino liegen am Passübergang einer historisch bedeutenden Verkehrsroute malerisch in der grünen Talebene des Tesino mit seinen Moränenhügeln. Trotz ih-

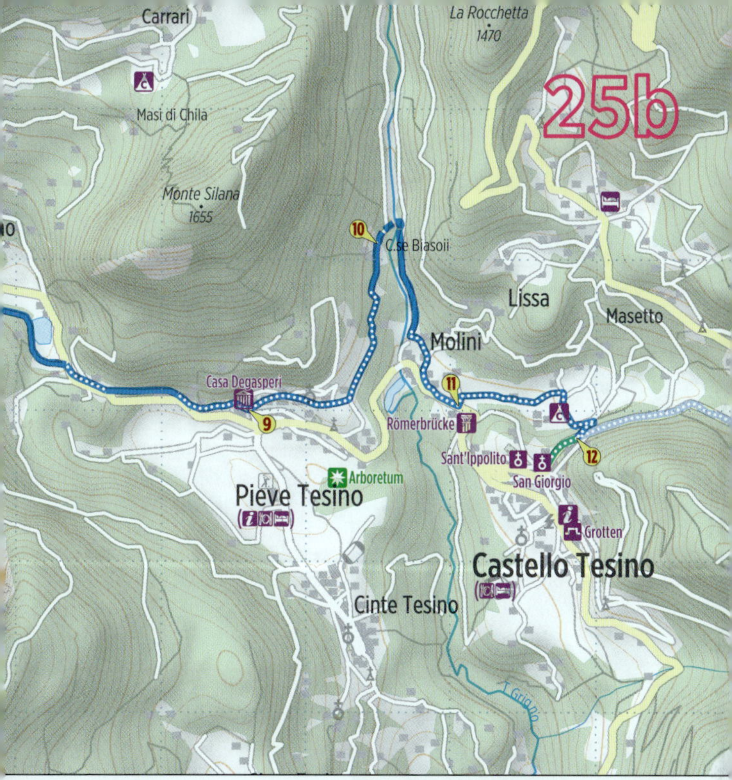

rer Unabhängigkeit sahen die Orte den Tesino immer als Einheit, den sie gegenüber äußeren Einflüssen verteidigten. Pieve Tesino selbst liegt am sonnenbegünstigten südlichen Fuß des bewaldeten Monte Silana. Der Ortsname Pieve zeugt davon, dass er Sitz der Pfarrkirche des Tales war.

9 18,1 (850) Links in die **Via Alcide de Gasperi** ⤳ diese wird zur **Via Rovigo** ⤳ immer deren Verlauf folgend durch den Ort ⤳ links unterhalb der Kirche San Sebastiano vorbei ⤳ an der nächsten Gabelung geradeaus ⤳ ca. 100 m darauf links ins Tal hinein ⤳ ca. 15 Min. taleinwärts der Forststraße folgen.

10 20,0 (875) Rechts auf einen Steig, der zu einer Rad- und Fußgängerbrücke über den Torrente Grigno führt ⤳ danach wieder zu einem Forstweg ⤳ hier nach rechts weiter ⤳ talauswärts und bald an den ersten Häusern von **Molini** vorbei ⤳ an der Einmündung in eine Straße, kurz nach links.

Molini

Römerbrücke

11 21,7 (780) An der Tankstelle links in eine Nebenstraße.

TIPP: Nach der Tankstelle ist rechts in der Wiese eine gut erhaltene Römerbrücke zu sehen. Auch der anschließende Verlauf der Römerstraße, unter der heutigen Straße hindurch und dann linksseitig den Hang des Hügels hinauf, ist gut zu erkennen.

Gleich wieder rechts ~ an den nachfolgenden Kreuzungen zweimal rechts und einmal links ~ nach einem kleinen Anstieg erreicht man den Ortsrand von **Castello**.

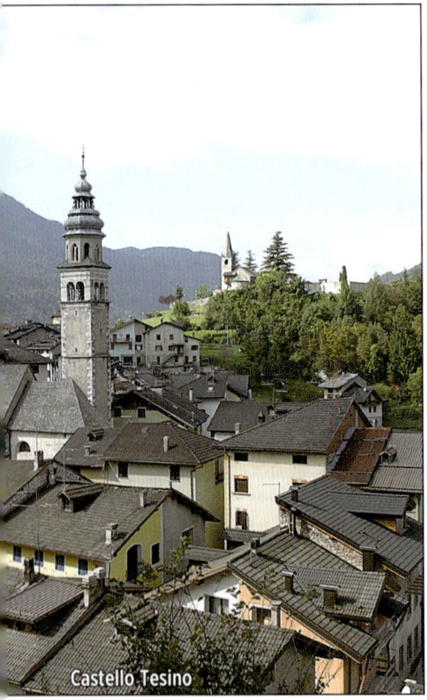

Castello Tesino

12 23,0 (865) Etappenende an der Landesstraße.

INS ZENTRUM: Um ins Zentrum zu kommen, folgen Sie geradeaus der Straße, die Via Claudia bleibt an dieser Stelle auf der Landstraße.

Castello Tesino

PLZ: 38053; Vorwahl: 0461

- **Ufficio Informazioni**, Via Dante 10, ✆ 727730, *www.visitvalsugana.it*
- **Kirche Sant'Ippolito und Cassiano**, Besichtigung auf Anfrage beim APT Lagorai, ✆ 727730. Erbaut im Jahr 1436, wahrscheinlich auf Resten eines römischen Kastells der Via Claudia Augusta. Im Inneren ein wertvoller Freskenzyklus aus dem 15. Jh.
- **Kirche der Madonna della Grazie.** (17. Jh.) im östlich gelegenen Ortsteil Roa. Hier befand sich ein angeblich wunderwirkendes Madonnenbild, das zahlreiche Pilger anlockte. Zeugnisse dieser Wunder werden noch heute im bischöflichen Archiv Feltre aufbewahrt.
- **Grotten von Castello Tesino**, Via Dante 10, Besichtigung auf Anfrage beim APT Lagorai und Anmeldung einen Tag vorher, ✆ 727730. Die Grotte wurde erstmals im Jahre 1927 erforscht. Einzige Grotte des Trentinos, in dem die seltenen Spuren des Ursus Speleus Ros (Höhlenbär aus dem Zeitalter des Quartärs) gefunden wurden. Aufgrund eines tosenden Baches, der innerhalb der Höhle entspringt, sind für Besucher nur die ersten 500 m zugänglich. *www.grottedicastellotesino.it*
- **Palazzo Gallo.** Im Sommer finden in dem eindrucksvollen Gebäude verschiedene Ausstellungen statt.

Etappe 26 — 16,2 km

Castello Tesino – Lamon

Start: Castello Tesino, Ortsrand
Ziel: Lamon, Piazza
Gehzeit: 5 - 5½ Std.

Aufstieg: 880 m
Abstieg: 1.140 m
Hartbelag: 33 %
Wanderwege: 24 %
Wanderpfade: 43 %

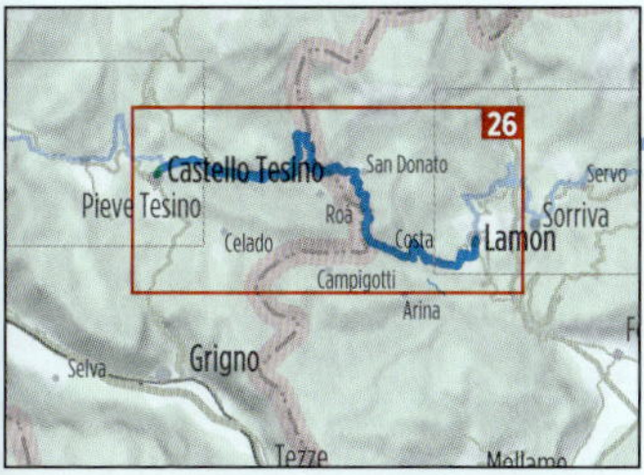

Charakteristik: Die Etappe über die Grenze zwischen Trentino und Veneto bzw. vom Tesino nach Lamon ist jene Etappe auf der gesamten Via Claudia, auf der man sich am weitesten von der Zivilisation entfernt. Über weite Strecken gibt es – wenn überhaupt – nur einzelne Häuser oder kleine Siedlungen. Es geht über den wildromantischen Cascatella-Park, den erst in jüngerer Zeit wieder besiedelten Weiler Coronini und den tiefen Taleinschnitt des Vanoi-Baches nach San Donato und schließlich über eine „Römerbrücke" in die bergige Gemeinde Lamon, die auf einem Hochplateau liegt.

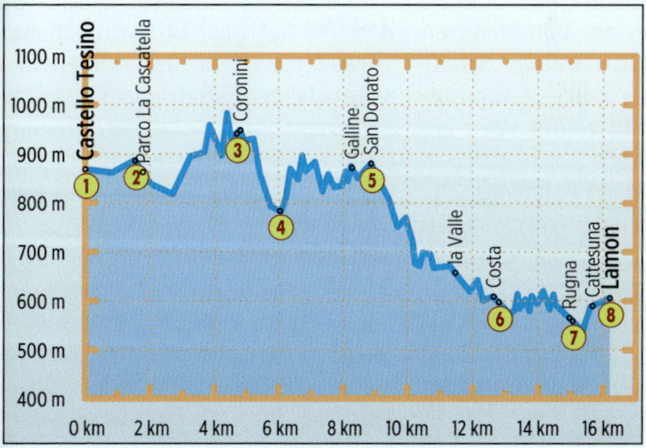

Castello Tesino

1 0,0 (865) Vom nordwestlichen Ortsende der Landesstraße folgen ⇝ nach 1,2 km – an einer beschilderten Kreuzung – rechts auf einen Schotterweg ⇝ dieser trifft am Eingang des **Cascatella-Parks** wieder auf die Landesstraße.

2 1,5 (885) Gegenüber in den Park ⇝ einem Fahrweg in Serpentinen

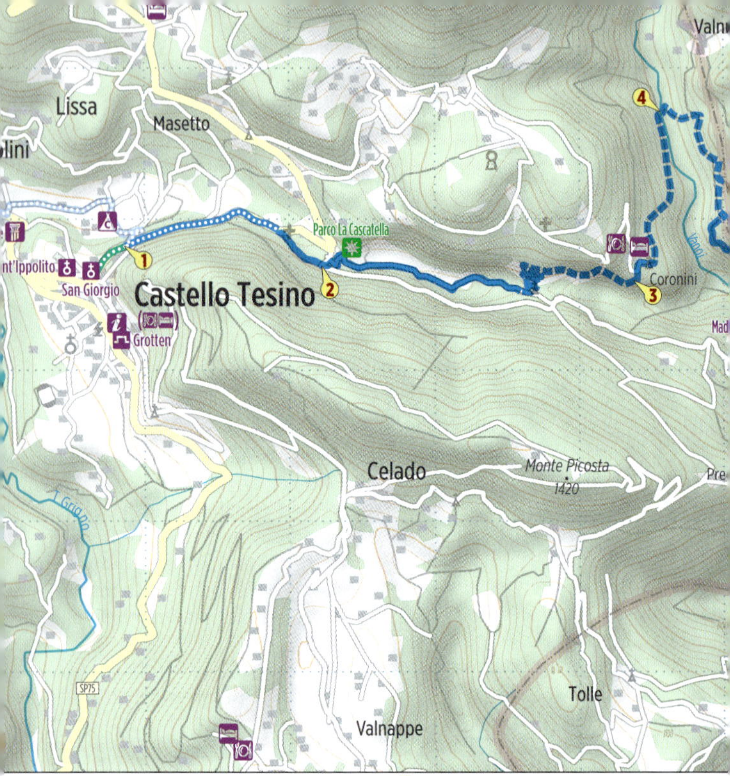

bergab folgen ⇝ am Talboden den Schildern folgend bis zu einem Schotterweg, der links bergauf führt ⇝ oben angelangt führt der Weg am Hang entlang und trifft schließlich in einer Kehre auf einen Forstweg.

3 4,7 (940) Diesem nach rechts in den bereits sichtbaren Weiler **Coronini** folgen.

Coronini

In der Nähe der Kapelle beginnt ein unscheinbarer Steig ⇝ am bewaldeten Hang bergab.

4 6,0 (785) Auf einer Brücke über den Vanoi-Bach ⇝ auf der anderen Talseite auf einen Felsen hinauf ⇝ weiter auf einem Steig ⇝ an der Einmündung in den Forstweg rechts talauswärts ⇝ bald auf Asphalt nach **San Donato**.

San Donato (Lamon)

5 6,0 (785) Im Ort rechts bergab ⇝ einige Kehren führen in eine kleine Siedlung mit sehenswerten Häusern ⇝ hier links auf einen Wandersteig ⇝ dieser folgt den Spuren der anti-

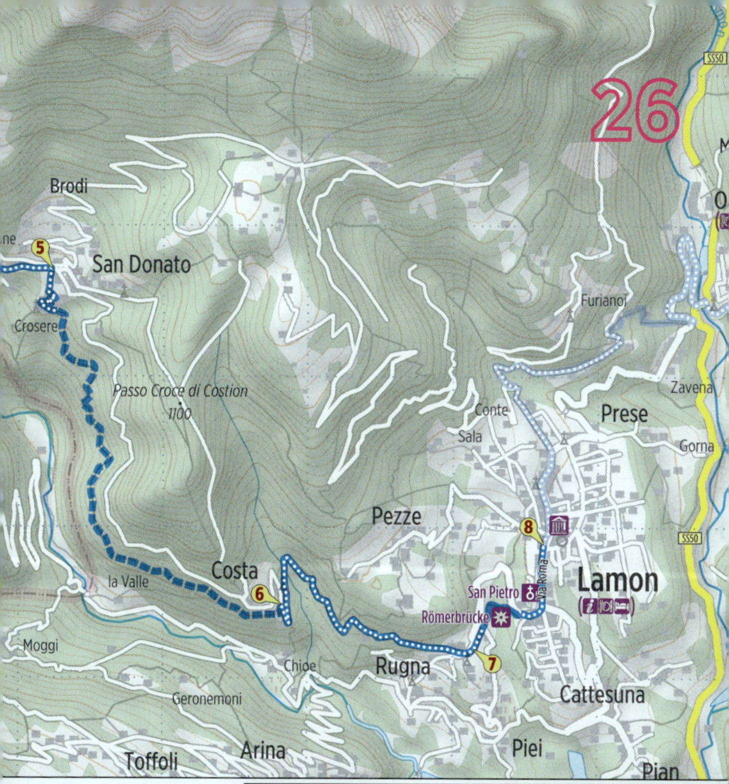

ken Via Claudia Augusta ⤳ längere Zeit malerisch am Berghang entlang ⤳ durch einige Gräben ⤳ der Weg wechselt von der West- auf die Südwestseite des Berges ⤳ weiterhin hoch über dem Tal dahin.

Costa (Lamon)

6 12,8 (595) An der Einmündung in die Straße nach rechts ⤳ nach 150 m durch eine Linkskehre ⤳ leicht

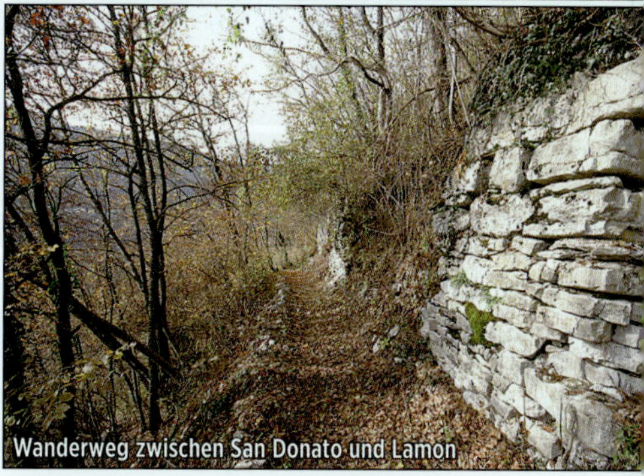
Wanderweg zwischen San Donato und Lamon

bergab in einen Graben ⤳ auch die nächsten 1,5 km der Straße folgen ⤳ Sie erreichen Rugna.

Rugna (Lamon)

7 15,1 (560) Hier in einer lang gezogenen Linkskurve rechts auf einen schmalen Asphaltweg ⤳ eine Straße queren ⤳ anschließend auf Schotter direkt zur sogenannten **Römerbrücke**.

- **Römerbrücke.** Die mittelalterliche Steinbrücke liegt auf der Originaltrasse der Via Claudia und wurde vom Volksmund zur Römerbrücke erklärt.

Nach der Brücke über einen Wanderweg und ein paar Stufen nach **Lamon** hinein ⤳ an der Straße rechts ⤳ dem Straßenverlauf durch den Ort folgen.

8 16,2 (605) Etappenende auf der Piazza von Lamon.

Lamon

PLZ: 32033; Vorwahl: 0439

- **PRO LOCO**, Via Resenterra 19, ✆ 96393, *www.prolocolamon.it*
- **Archäologisches Museum**, Via Resenterra 19, ✆ 96393. Das kleine aber bemerkenswert gut gestaltete Museum zeigt die Ausstattung eines römischen Grabmales in San Donato aus dem 1. bis 5. Jh. n. Chr.: Kleidungsstücke, Schmuck und Gebrauchsgegenstände
- **Kirche von San Pietro**, ✆ 96393. An einem Aussichtspunkt auf den Ruinen eines römischen Turmes errichtet, der der Kontrolle der Via Claudia Augusta diente. In der Kirche sind Fresken aus dem 5. Jh. zu bewundern.
- **Municipio** (Rathaus), Piazza 3 Novembre, ✆ 96393. Sehenswert ist vor allem der Saal mit Fresken, die die Geschichte von Lamon zeigen, und das Skelett eines prähistorischen Bären aus einer Grotte in San Donato.
- Sehenswerte **Piazza**

Der Hauptort der weitläufigen Gemeinde liegt auf einem Hochplateau zwischen zwei lang gezogenen, tiefen Taleinschnitten. Wie zahlreiche Funde aus vorrömischer Zeit belegen, führte schon vor den Römern eine wichtige Wegverbindung durch das Gemeindegebiet.

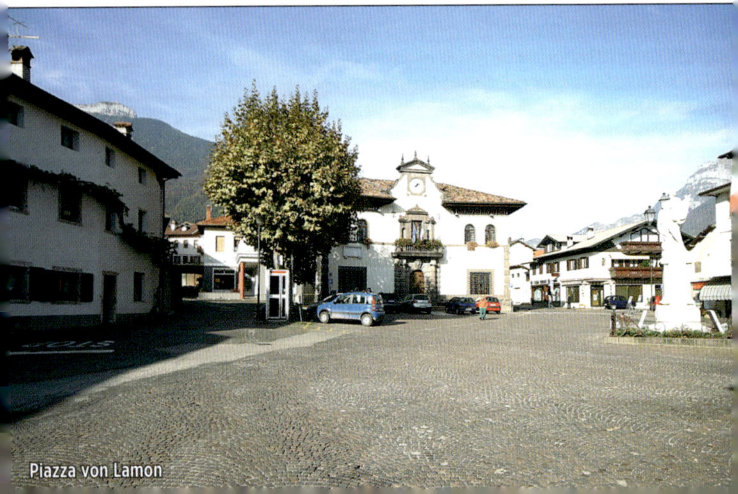

Piazza von Lamon

Etappe 27 — 30,8 km

Lamon – Feltre

Start: Lamon, Piazza
Ziel: Feltre, Piazza Trieste
Gehzeit: 8 - 8½ Std.

Aufstieg: 1.105 m
Abstieg: 1.435 m
Hartbelag: 63 %
Wanderwege: 35 %
Wanderpfade: 2 %

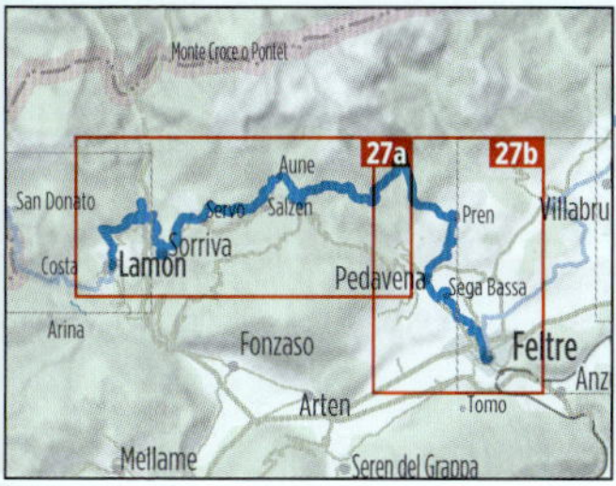

Charakteristik: Diese Etappe führt am Rande das Naturparks Dolomiti Belunesi zunächst hinab in den tiefen Taleinschnitt des Cismonbaches. Anschließend geht es auf der Straße hinauf nach Sorriva. Danach entschädigt der malerische Weg nach Aune. Vom Passo Croce D'Aune folgen Sie ein Stück dem Originalverlauf der Via Claudia Augusta, der am Berghang entlang nach Cesiomaggiore führt. Dann wandern Sie ins Tal nach Pedavena, wo Sie sich vor dem Schlussabschnitt dieses langen Tages noch in der größten Birreria Italiens laben können. Etappenende ist im historischen Städtchen Feltre. Sie können diese lange Etappe auch halbieren, indem Sie nach ca. 15 Kilometern in Croce d'Àune übernachten.

Öffentliche Verkehrsmittel: Busverbindung mit dem Dolomitibus vormittags von Lamon bis Sovramonte und weiter bis Feltre. Außerdem verkehrt zwei Mal täglich die Buslinie 16-291 von Sovramonte-Croce d'Aune nach Feltre. Außerdem bietet sich ca. 4 Kilometer vor dem eigentlichen Schluss die große Birreria in Pedavena als Endpunkt an, denn von dort können Sie per Shuttlebus in den Etappenort gelangen.

Lamon

1 0,0 (605) Auf der Piazza rechts am Municipio vorbei ~ an den zwei folgenden Straßengabelungen jeweils rechts halten ~ dann links in einen Weg mit einem hölzernen „Tessino Bike"-Schild ~ an den folgenden Weggabelungen zwei Mal rechts, nochmals links und wieder rechts halten ~ schließlich links in die **Via Maschi** ~ dieser bis zu einer Rechtskehre folgen, in der eine Hauseinfahrt abzweigt.

2 2,4 (640) Rechts davon beginnt ein leicht zu übersehender Steig, der sich schließlich als alte, mit Trocken-

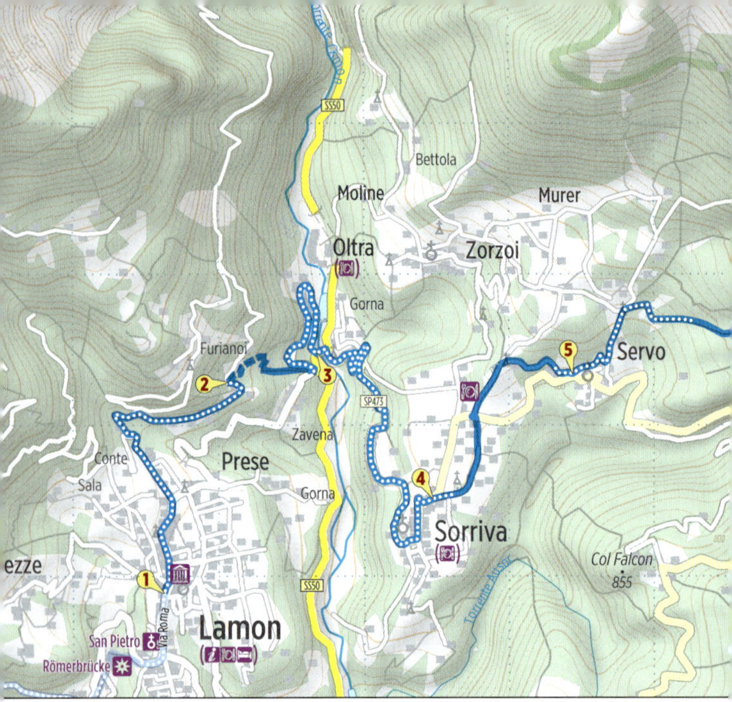

mauern befestigte Straße entpuppt ⤳ kurz nach einem Haus ist die alte Straße heute von einem Bach unterbrochen ⤳ deswegen vor diesem Haus rechts dem Fahrweg folgen ⤳ an der Einmündung in die Straße links nach **Oltra**.

Oltra

In einer Kurve durch den kleinen Ort. **3** 4,6 (440) An der Hauptstraße links und auf der **Ponte Oltra** über den Cismonbach ⤳ danach rechts weg ⤳ bald in drei Kehren bergauf ⤳ auch danach der kurvenreichen Straße nach **Sorriva** folgen ⤳ im Ort der lang gezogenen Linkskurve folgen.

Sorriva (Sovramonte)

Die Gemeinde Sovramonte entstand durch den Zusammenschluss mehrerer Bergdörfer und zählt doch nur knapp 1.700 Einwohner. Der Sitz der Gemeindeverwaltung befindet sich in Servo. Ein Großteil des Gemeindegebietes ist Teil des Nationalparks Dolomiti Bellunesi. Jahrhundertealte Traditionen und Bräuche sind noch heute tief im Gesellschaftsleben verwurzelt.

Durch eine scharfe Rechtskurve ⤳ noch gut 100 m auf der Straße bleiben. **4** 7, (600) Geradeaus auf eine schmälere Straße ⤳ diese führt im Bogen

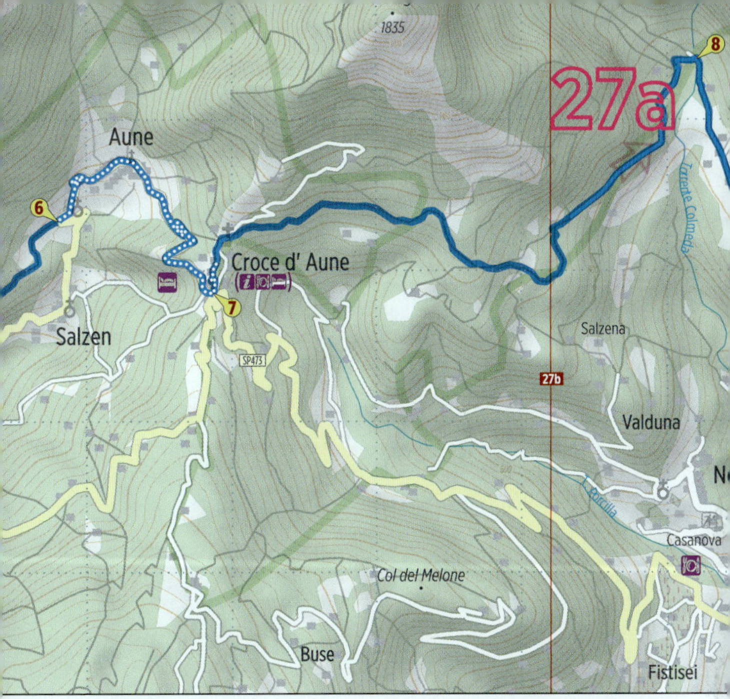

rechts um den kleinen Hügel mit der Kirche herum ~ an der Hauptstraße knapp 50 m nach links ~ auf der anderen Seite auf der rechten Möglichkeit weiter ~ eine Hauszufahrt rechts liegen lassen ~ an einer Kirche rechts weg ~ vorbei an einem Haus auf einem kurvenreichen Fahrweg nach **Servo** ~ bei den ersten Häusern links halten.

Servo (Sovramonte)

5 9,3 (625) Auf einem kleinen Platz nicht zur Hauptstraße, sondern erneut links halten ~ bergauf und wenig später den rechten von drei Wegen nehmen ~ links abzweigen ~ dann längere Zeit dem Straßenverlauf folgen ~ einmal an einer Gabelung links ~ schließlich auf Schotter ~ längere Zeit durch Wald.

6 12,5 (845) An der Einmündung in eine Straßenkehre links bergauf ~ in zwei Kehren nach **Àune** hinein.

Àune (Sovramonte)

Im Ort an allen Kreuzungen geradeaus der Hauptstraße folgen ~ auch danach auf der Straße auf den **Passo Croce d'Àune**.

Croce d'Àune (Pedavena)

PLZ: 32034; Vorwahl: 0439

Pro Loco, c/o Albergo Croce d'Àune, ✆ 977000

7 15,0 (1.020) Auf der Passhöhe an der Nationalparkinformation links weg ⤳ 100 m danach durch eine Links- und eine Rechtskehre ⤳ danach immer rechts haltend der Hauptmöglichkeit folgen ⤳ schließlich an einer Weggabelung rechts den **Pedemontagna-Weg** nehmen ⤳ immer dem Wegverlauf folgen.

8 20,2 (760) Nach dem **Valle di Lamen** (Colmeda-Bach) rechts und immer dem Straßenverlauf folgend nach **Lamen**.

Lamen (Pedavena)

9 22,7 (585) Im Ort geradeaus weiter nach **Pren** ⤳ hier rechts halten ⤳ an einer Linksabzweigung bei zwei Häusern vorbei.

10 24,0 (505) 250 m danach links in eine abfallende kleine Straße ⤳ abwechselnd durch Wald und über Wiesen ⤳ markante Rechtskehre ⤳ 600 m danach vor den Gebäuden von **Sant' Antonio** der Linkskurve der Straße folgen ⤳ Rechtsbogen am Waldrand entlang ⤳ weiter bis an den Ortsrand von **Pedavena** ⤳ hier an einem Stoppschild links ⤳ zwei abzweigende Straßen links liegen lassen und in einer Rechtskurve ins Zentrum ⤳ vor dem Colmedabach links.

Pedavena

PRO LOCO, Via Roma 11, ✆ 0439/301943, *www.prolocopedavena.it*

Besucherzentrum des Nationalparks Dolomiti Bellunesi, Piazza 1 Novembre, ✆ 0439/304400, *www.dolomitipark.it*

11 26,5 (355) Beim Municipio geradeaus weiter, dem Radweg folgen.

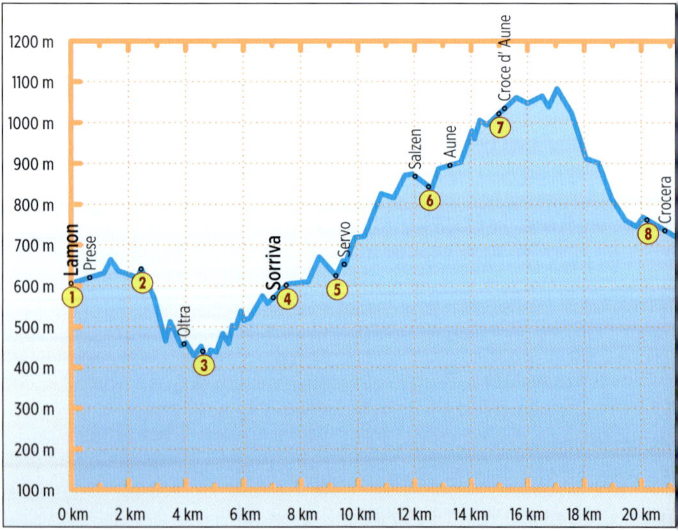

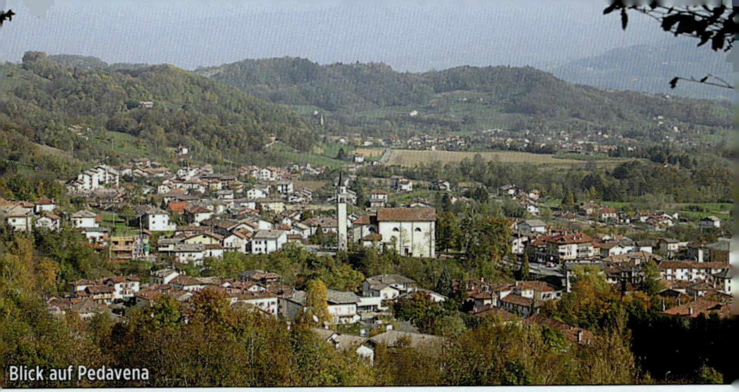

Blick auf Pedavena

TIPP Am großen Parkplatz lockt auf der gegenüberliegenden Bachseite La Birreria Pedavena, die größte Brauerei Italiens.

TIPP Sollten Sie nach der langen Etappe und eventuell genossenenen Bieren die wenig attraktive Strecke nach Feltre (ca. 4 km) nicht mehr laufen wollen, können Sie auch einen Bus (Nightexpress) nehmen.

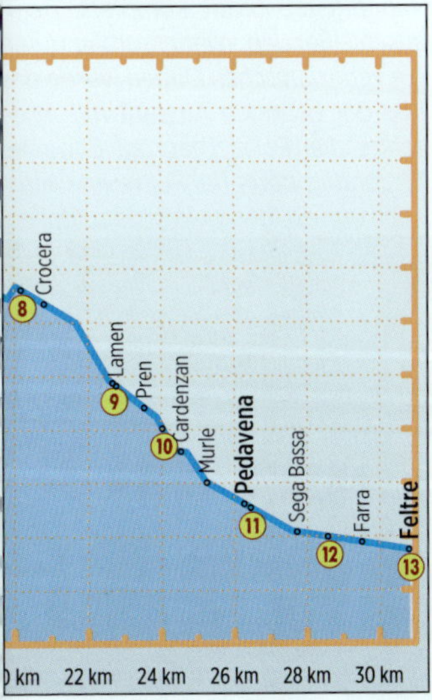

Die Route führt weiter geradeaus ⇝ an einem großen Gewerbeareal links, bis zu einer T-Kreuzung mit Stoppschild, hier rechts ⇝ dann immer dem Straßenverlauf folgen ⇝ über eine Brücke wieder auf die andere Bachseite ⇝ weiter im Zick-Zack dem Straßenverlauf folgen.

12 28,6 (300) An der Einmündung in die Hauptstraße halb links ⇝ nach 200 m wieder links abbiegen (Radwegschild „Via Claudia Feltre") ⇝ anschließend dem Straßenverlauf folgen ⇝ schließlich an einer T-Kreuzung links ⇝ über die Brücke ⇝ 100 m danach rechts dem Radroutenschild „Feltre" folgen ⇝ die Route mündet direkt in einen Rad- und Fußweg, der an den Rand des historischen Stadtzentrums führt ⇝ hier links über die Brücke ⇝ es folgt ein Linksbogen.

13 30,8 (275) Etappenende auf der **Piazza Trieste** bei der Tourist-Information.

Feltre

PLZ: 32032; Vorwahl: 0439

Ufficio informazioni e assistenza turistica, Piazza Trento e Trieste 9, ✆ 2540, *www.dolomitiprealpi.it*

Museo civico, via L. Luzzo, ✆ 885241, ÖZ: Do-So 10.30-12.30 Uhr und 16-19 Uhr, Winter: Do-So 15-18 Uhr. Das Museum ist seit 1928 in einem der ältesten Palazzi Feltres untergebracht. Ausgestellt sind Möbel, Drucke und Bilder des Grafen Giacomo Dei, Exponate aus der napoleonischen Zeit, Bilder der bedeutendsten Künstler Feltres wie P. Marescalchi, L. Luzzo und G. Turro.

Galleria d'Arte Moderna „Carlo Rizzarda", Via Paradiso, ✆ 885242, ÖZ: Di-So 10.30-12.30 Uhr und 16-19 Uhr, Winter: 15-18 Uhr. Schmiedeeisenkunstsammlung des Grafen Rizzarda aus dem 19. Jh. und Gemälde aus dem 19. und 20. Jh.

Area Archeologica (Archäologische Ausgrabungen), unter dem Dom (Piazza Duomo), ✆ 885242. Reste römischer Straßen und Gebäude sowie byzantinische und mittelalterliche Funde wie eine Kapelle aus dem 11.-13. Jh.

Die sehenswerte **Altstadt** liegt auf einem Bergrücken und wird von der Strada Maggiore durchzogen, die hinauf zur Piazza Maggiore führt.

Pallazzo della Ragione, Piazza Maggiore, aus dem 16. Jh. vom Meister Palladio erbaut.

Der Name der Stadt, die sich ausgehend von einem schmalen Bergrücken entwickelte, stammt von den Etruskern, welche sie Felthuri oder Velhatre nannten. Zur Römerzeit hieß die Stadt Feltria und war wegen der günstigen Lage auf dem Weg ins Veneto und wegen der wachsenden Wirtschaft sehr wichtig. Danach wurde Feltre oftmals geplündert, zerstört und wiederaufgebaut. Nach wechselnden Herrschern kam es 1404 unter die Herrschaft der Stadt Venedig. Nun erlebte die Stadt ihre größte Blütezeit. 1509 zerstörten die Truppen Maximilian II. von Österreich auf seinem Feldzug gegen Venedig die Stadt komplett. Beim anschließenden Wiederaufbau durch die venezianischen Dogen wurde das Bild der heutigen Altstadt mit ihren zahlreichen Palazzi geprägt. Ende des 18. Jahrhunderts fiel Feltre an Österreich und ab 1866 gehört es zu Italien.

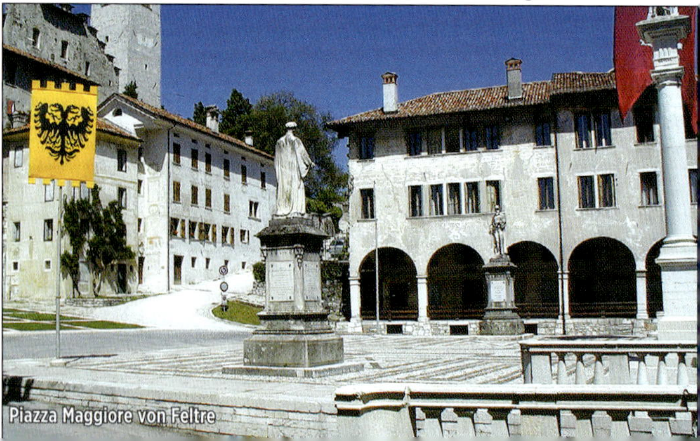

Piazza Maggiore von Feltre

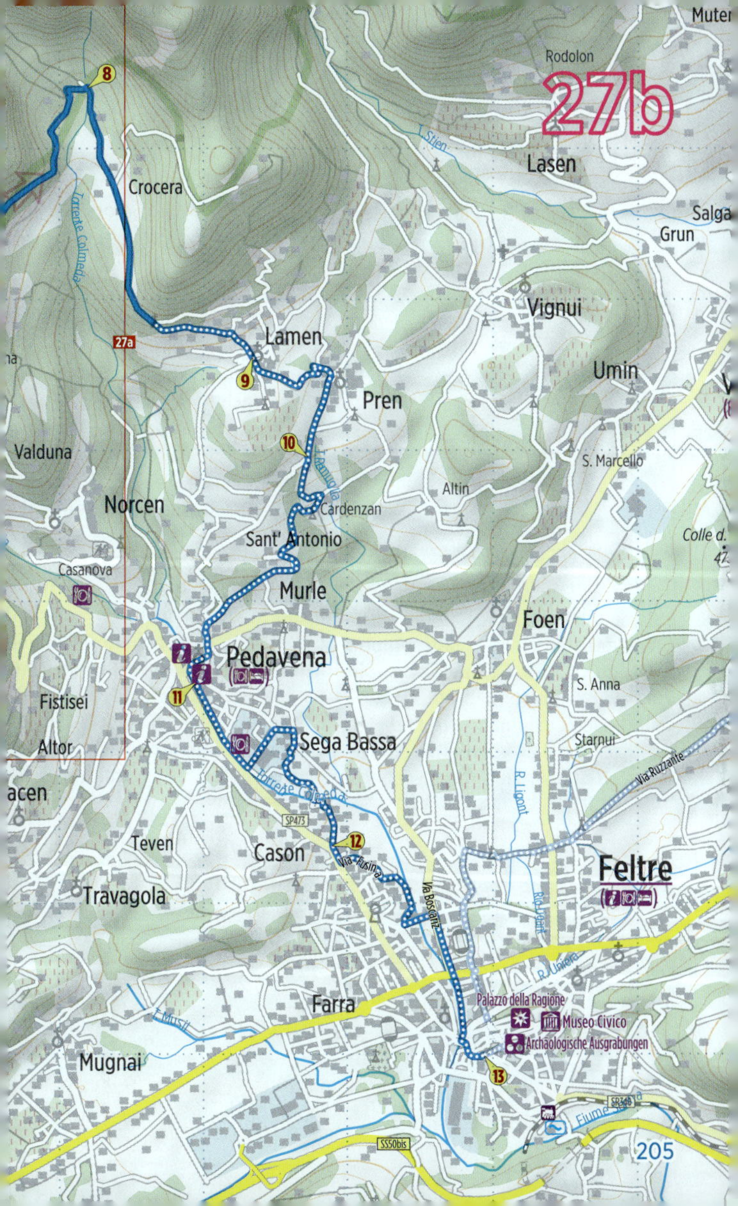
27b
Rodolon
Muter
Lasen
T. Stien
Salga
Grun
Crocera
Torrente Colmeda
Vignui
27a
Lamen
Umin
Pren
Valduna
S. Marcello
Altin
Cardenzan
Norcen
Sant' Antonio
Colle d.
Casanova
Murle
Foen
Pedavena
S. Anna
Fistisei
Sega Bassa
Starnui
Altor
Via Ruzzante
acen
Torrente Colmeda
R. Ligont
SP473
Teven
Cason
Via Fusina
Feltre
Travagola
Va Boscariz
Rio Ligont
R. Uniera
Farra
Palazzo della Ragione
Museo Civico
Archäologische Ausgrabungen
T. Musil
Mugnai
SR348
Fiume Sonna
SS50bis
8
9
10
11
12
13

Etappe 28 — 33,9 km

Feltre – Nave (Mel)

Start: Feltre, Piazza Trieste
Ziel: Nave, Hauptstraße
Gehzeit: 9 - 9½ Std.

Aufstieg: 420 m
Abstieg: 420 m
Hartbelag: 75 %
Wanderwege: 25 %
Wanderpfade: 0 %

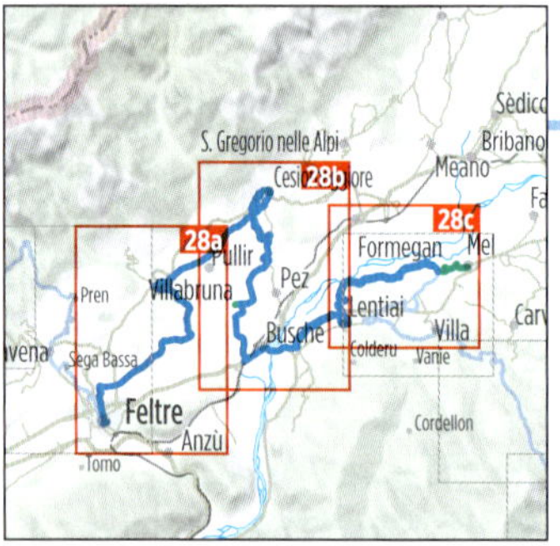

Charakteristik: Die Tagesetappe führt durch das Feltrino bzw. die vom Fluss Piave geprägte Landschaft nach Cesiomaggiore und Mel. Zunächst geht es von Feltre auf ruhigen Nebenstraßen durch einige Dörfer nach Cesiomaggiore. In einer Villa südlich des Ortes ist einer der wenigen originalen Meilensteiner der Via Claudia Augusta zu bewundern. Danach quert die Route das Tal sowie den Fluss Piave und führt durch die Flusslandschaft – teilweise direkt durch die Auen – ins historische Städtchen Mel.

Öffentliche Verkehrsmittel: Es verkehrt ein stündlicher Bus in etwa parallel zur Strecke (von Feltre-Ospedale über Busche, Cesana, Lentiai und Bardies) nach Mel. Außerdem gibt es vormittags und

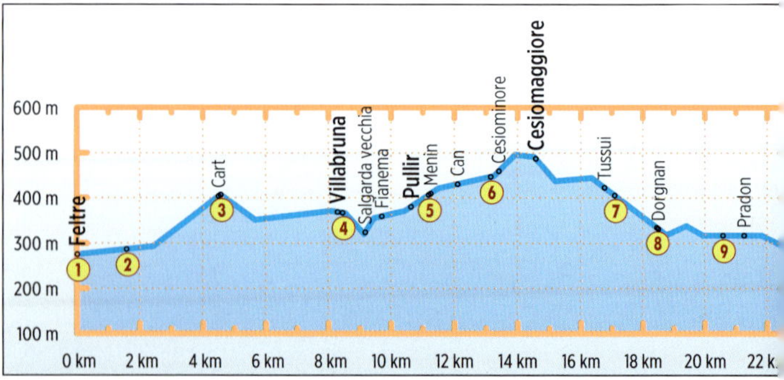

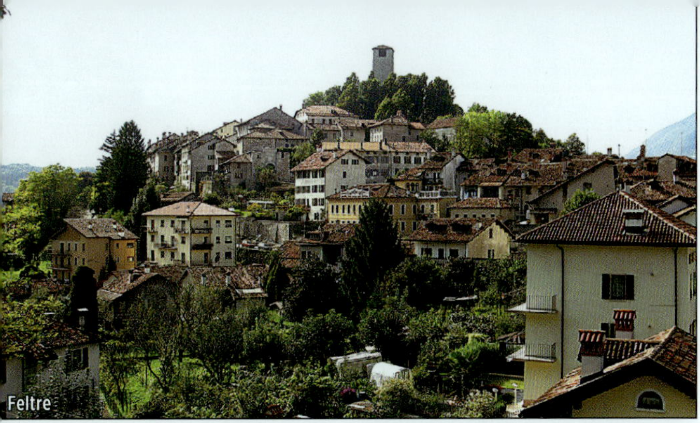

nachmittags jeweils zwei Mal eine Verbindung mit der Buslinie 17 von Feltre-ospedale nach Cesiomaggiore und weiter bis Belluno.

Feltre

1 0,0 (275) Mit dem Rücken zur Tourist-Information nach links ⁓ noch vor dem Dom links in einen Tunnel ⁓ unter der Stadt durch ⁓ danach geradeaus über die Viale Guglielmo Marconi ⁓ geradeaus über einen Kreisverkehr ⁓ rechts am Spital und Fußballplatz vorbei ⁓ am nächsten Kreisverkehr halb rechts.

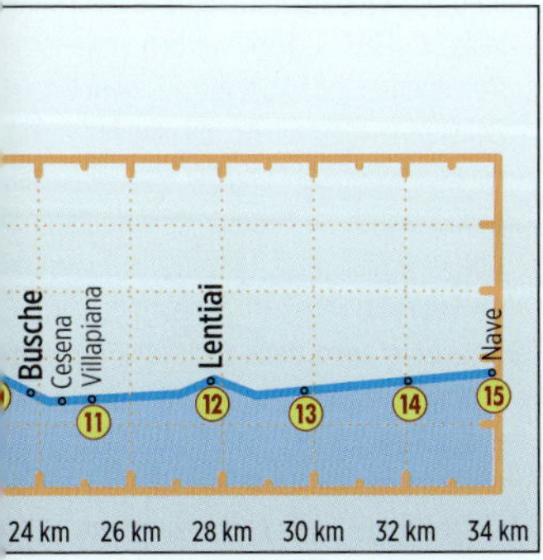

TIPP: Nun folgen Sie für längere Zeit den Schildern der Via-Claudia-Radroute.

Vor den links gelegenen Wohnblöcken an einer Gabelung rechts halten.

2 1,6 (285) Knapp 100 m danach rechts abbiegen ⁓ immer geradeaus ⁓ in einer Siedlung die Hauptstraße queren ⁓ an mehreren Abzweigungen vorbei geradeaus der Hauptmöglichkeit folgen ⁓ an einer Kapelle und einzeln stehenden Häusern vorbei durch eine schattige Allee in den kleinen Ort **Cart** ⁓ an der Kirche vorbei.

Cart (Feltre)

3 4,6 (405) Knapp 100 m darauf der Rechtskurve folgen ⁓ bald eine Abzweigung links liegen lassen ⁓ der oft von Bäumen gesäumten Straße folgen ⁓ 900 m nach Cart an einer T-Kreuzung links ⁓ 100 m darauf, bei einigen Häusern knickt die Straße im rechten Winkel nach links ⁓ für 2,5 km abwechselnd über Felder und durch kurze Waldstücke der Straße nach **Villabruna** folgen ⁓ im Ort links und gleich wieder spitz rechts.

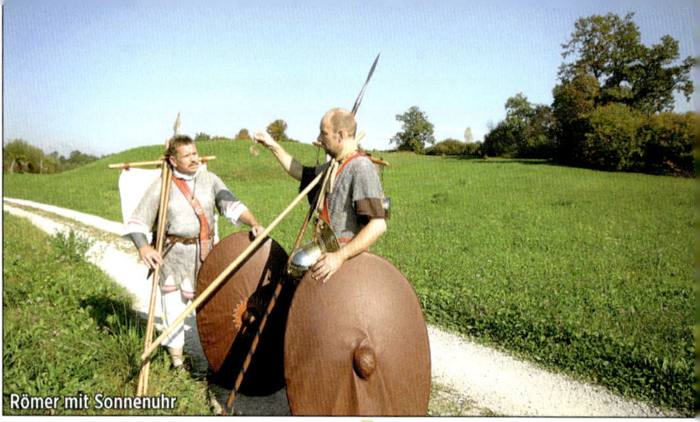

Römer mit Sonnenuhr

Villabruna (Feltre)

4 8,4 (365) Am Campanile vorbei und kurz der Hauptstraße nach rechts folgen ⇝ vor der ersten Linkskurve geradeaus in eine kleine Straße ⇝ einige Häuser rechts liegen lassen ⇝ am Straßenende auf einer Fußgängerbrücke über den Caoramebach ⇝ danach geradeaus am Rand von **Fianema** dahin.

Fianema

Kirche der Unbefleckten Maria und Sankt Rocco

An einer Gabelung auf der linken Möglichkeit geradeaus weiter ⇝ der Straße nach **Menin** folgen.

Menin

5 11,2 (405) Am Ortsanfang an einer T-Kreuzung rechts ⇝ auf der Ortsstraße links haltend wieder aus dem Ort hinaus ⇝ nach 1,3 km an einer Rechtsabzweigung Richtung Calliol geradeaus vorbei ⇝ noch 400 m geradeaus zu einer Abzweigung.

TIPP: Sie wandern nun auf einer 2,6 km langen Runde im Uhrzeigersinn durch Cesiominore und Cesiomaggiore. Ggf. können Sie auch gleich hier rechts abbiegen.

6 13,1 (445) Der Straße weiter folgen ⇝ in einer Linkskurve nach **Cesiominore**.

Cesiominore

Historisches Zentrum

An der Hauptstraße rechts ⇝ 100 m darauf wieder links weg ⇝ auf einem Fahrweg über Felder und durch Waldstücke nach **Cesiomaggiore** ⇝ am Stoppschild rechts und zur Kirche.

Cesiomaggiore

PLZ: 32030; Vorwahl: 0439

Pro Loco Soranzen, Via strada del Mas 10, ✆ 438039

Museo Etnografico della Provincia di Belluno (Völkerkundemuseum), località Seravella, ✆ 438355. Hier werden historische Dokumente und Exponate aus dem Gebiet Bellunos ausgestellt. Es gibt eine Abteilung, die der Rinderzucht und der Forstwirtschaft gewidmet ist. Im Museum sind Konferenzsäle, eine Bibliothek, Unterrichtsräume und ein Ton- und Fotoarchiv untergebracht.

Museo storico della Bicicletta Toni Bevilacqua (Fahrradmuseum), Via Grei 6, ✆ 439/438431
www.museostoricodellabicicletta.it

Pfarrkirche Santa Maria Maggiore

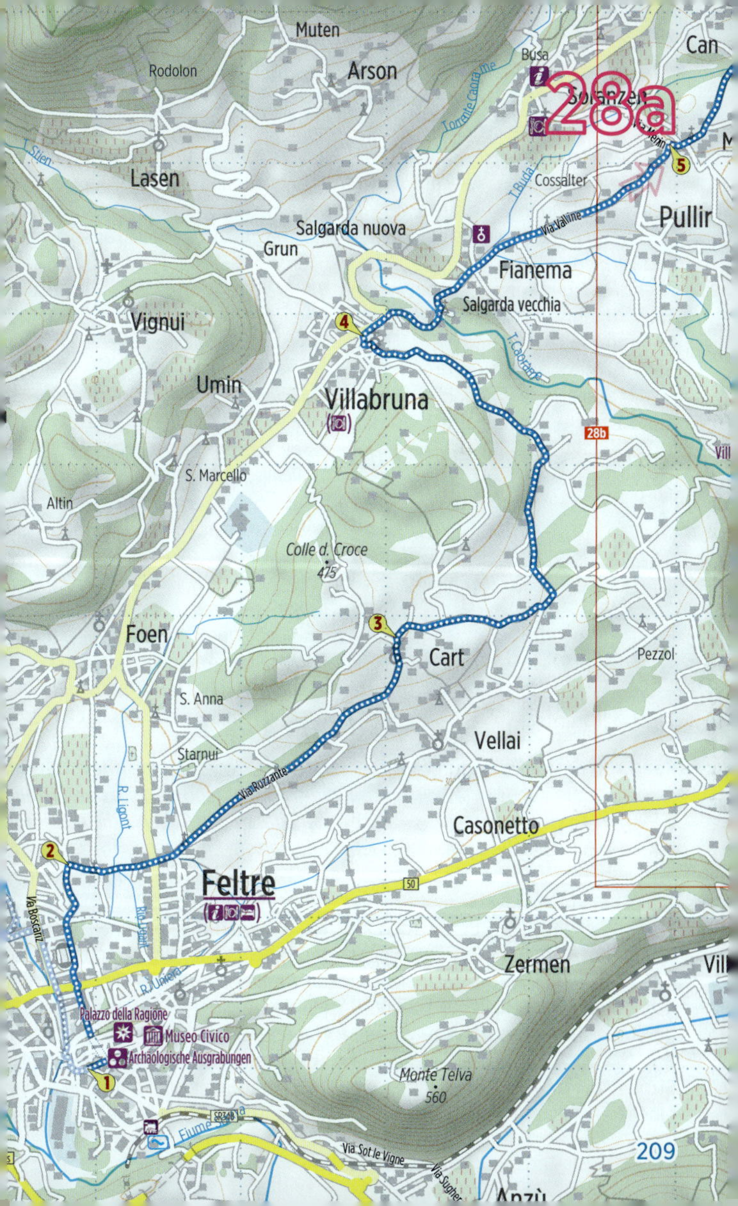
28a
Muten
Arson
Rodolon
Busa
Solanzen
Can
Lasen
Cossalter
Pullir
Salgarda nuova
Grun
Fianema
Salgarda vecchia
Vignui
Umin
Villabruna
28b
S. Marcello
Altin
Colle d. Croce
475
Foen
Cart
Pezzol
S. Anna
Vellai
Starnui
Via Ruzzante
Casonetto
Feltre
50
Via Boscariz
Zermen
Palazzo della Ragione
Museo Civico
Archäologische Ausgrabungen
Monte Telva
560
Via Sot le Vigne
Via Valline
T. Colmeda
R. Ligont
R. Uniera

Wie Feltre ist auch der zwischen Dolomiten und dem Fluss Piave gelegene Ort Cesiomaggiore schon seit vorrömischer Zeit besiedelt. Im weitläufigen Gemeindegebiet wechseln sich Hügel, Siedlungen, alleinstehende Ville Venete, Kirchen, Kapellen, Wälder und Wiesen ab.

Rechts an der Kirche vorbei ⤳ an einer Mehrfachkreuzung (**Piazza Commercio**) geradeaus ⤳ 400 m darauf, in der Senke vor drei Birken, rechts abbiegen ⤳ bald auf einen Karrenweg ⤳ rechts haltend an den

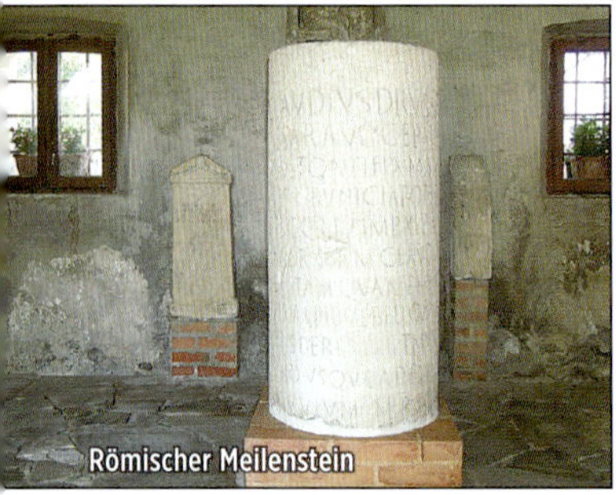

Römischer Meilenstein

Rand von Cesiominore zurück ⤳ hier an der Straße nach links.

6 15,6 (445) Nach 200 m links – nach Süden – auf einen Feldweg abbiegen ⤳ durch ein Wäldchen ⤳ bei einem alleinstehenden Haus geradeaus auf einen Wiesenweg ⤳ dieser mündet in einen befestigten Weg, hier weiter geradeaus ⤳ vorbei an einer malerisch gelegenen Villa Veneta mit zugehöriger Kapelle ⤳ danach links zur Straße.

7 17,1 (405) Am Stoppschild rechts der Straße folgen ⤳ in einer Links- und einer Rechtskurve nach **Dorgnan**.

Dorgnan

8 18,4 (335) Hier rechts Richtung Kapelle ⤳ an der Kapelle vorbei dem größtenteils befestigten Weg folgen ⤳ bald danach eine Hauszufahrt links liegen lassen ⤳ in einiger Entfernung links am nächsten Haus vorbei ⤳ nach 600 m am Stoppschild rechts.

9 20,6 (315) An der nächsten Kreuzung links.

AUSFLUG: Geradeaus kommen Sie zur Villa Zilio, in deren Nebengebäude einer der zwei erhaltenen Meilensteine der Via Claudia Augusta steht. Zum Nebengebäude gelangt man, wenn man die Villa umrundet.

Römischer Meilenstein

Jetzt 2,5 km dem Straßenverlauf folgen ⤳ an einer T-Kreuzung rechts zur nahen Hauptstraße.

10 23,0 (275) Der Hauptstraße nach links folgen ⤳ bald über die Bahngleise ⤳ vor dem Kreisverkehr auf den Radstreifen ⤳ links am kleinen Hügel vorbei ⤳ rechts der Staumauer über die alte Brücke ⤳ nach **Cesena**.

Cesena (Lentiai)

Der Ort Cesena, eine Fraktion von Lentiai, entstand rum um das Castello der Grafen von Cesena, die hier ihren Sitz hatten. Ein Teil davon, der Palazzo Pretorio, besteht noch und gehört heute der Gemeinde.

Die Hauptstraße diagonal überqueren – rechts befindet sich der Palazzo del Conte di Cesana ⤳ einige hundert Meter auf dieser Straße, parallel zur Hauptstraße dahin.

11 25,1 (240) Kurz vor dem Einfahrt-Verboten-Schild links in eine kleine Straße, die bald zum Feldweg wird

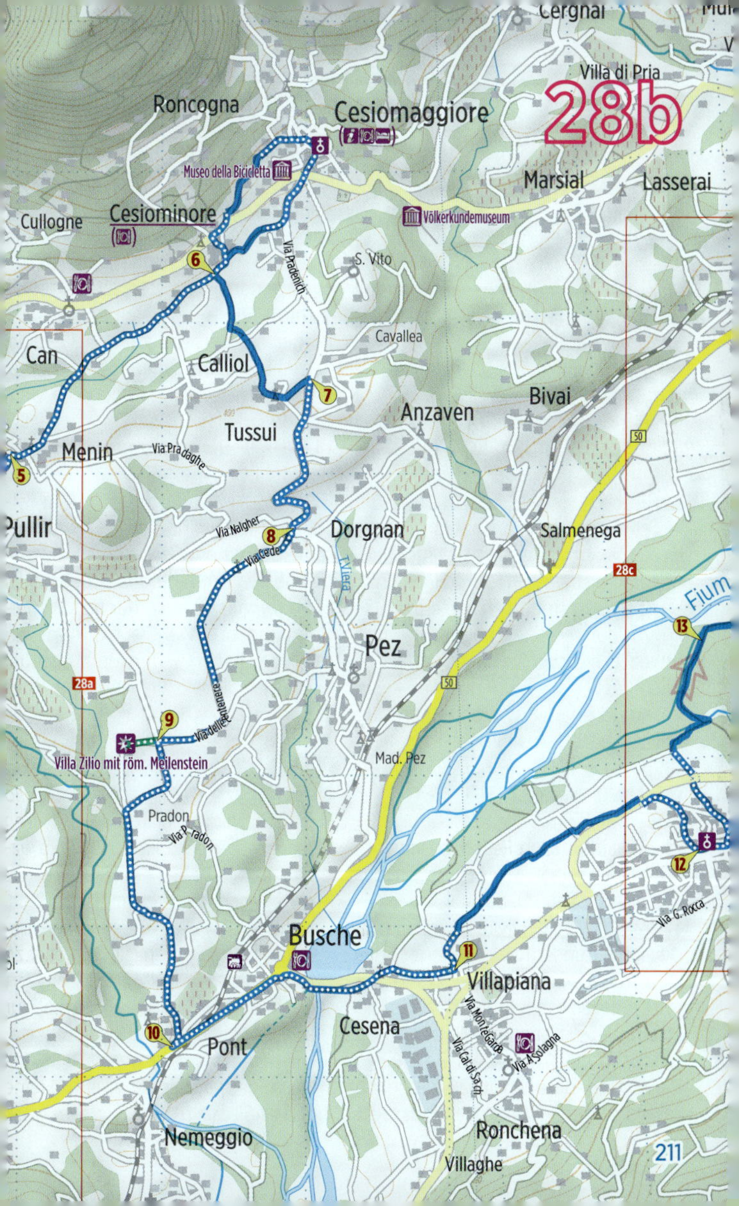
28b
Cergnai
Villa di Pria
Roncogna
Cesiomaggiore
Museo della Bicicletta
Marsial
Lasserai
Cullogne
Cesiominore
Völkerkundemuseum
S. Vito
Via Pradenich
Cavallea
Can
Calliol
Bivai
Anzaven
Tussui
Menin
Via Pradaghe
Pullir
Via Nalgher
Via Cede
Dorgnan
Salmenega
28c
Fium
Pez
28a
Via delle Centenere
Villa Zilio mit röm. Meilenstein
Mad. Pez
Pradon
Via Pradon
Via G. Rocca
Busche
Villapiana
Cesena
Via Monte Garda
Via Cal di Sach
Via A. Solagna
Pont
Nemeggio
Ronchena
Villaghe
50
1
2
3
4
5
6
7
8
9
10
11
12
13

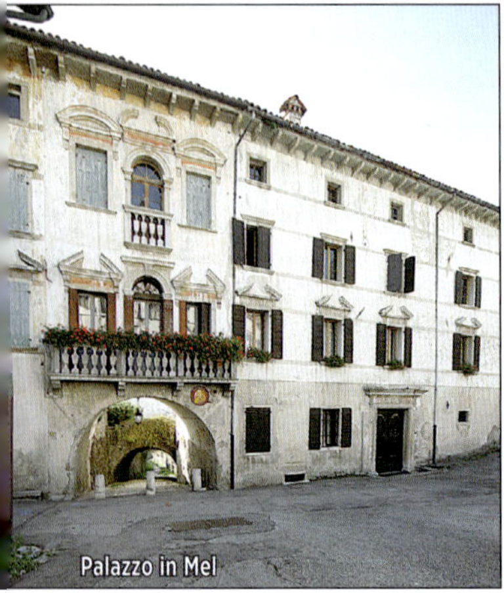

Palazzo in Mel

⇝ an der ersten Gabelung geradeaus ⇝ bei nächster Gelegenheit, vor einem alleinstehenden Haus, links ⇝ nach 800 m eine scharfe Rechtskurve, danach links halten ⇝ einen etwas breiteren Schotterweg leicht nach rechts versetzt queren ⇝ Sie unterqueren die Umfahrungsstraße ⇝ geradewegs in den Ort.

Lentiai

PLZ: 32020; Vorwahl: 0437

Gemeindeamt, ✆ 750844

Pfarrkirche Santa Maria, sehenswerte Kirche aus dem 5. Jh mit Deckengemälden von Cesare Vecellio.

12 27,8 (265) Vor der Kirche links ⇝ an der nächsten Kreuzung wieder links ⇝ an einer Gabelung rechts ⇝ Sie unterqueren erneut die Umfahrungsstraße ⇝ bei einem Haus gerade weiter in die Au ⇝ dem Bett eines Piave-Nebenarms für 200 m nach rechts folgen ⇝ dann das Flussbett an einer Furt queren ⇝ nach weiteren 200 m an einer Gabelung rechts halten.

13 29,8 (250) Vor der Piave rechts weiter ⇝ längere Zeit durch durch die Aulandschaft der Piave.

14 32,0 (265) An einem etwas breiteren Schotterweg kurz nach links ⇝ gleich nach einem Schotterplatz wieder rechts weg ⇝ an einigen kleinen Wegen vorbei, die zum Piave-Ufer führen ⇝ beim Schießplatz rechts ⇝ dem Wegverlauf folgend in den kleinen Ort **Nave**.

15 33,9 (275) Etappenende an der Hauptstraße.

Nave (Mel)

Der Ortsname legt nahe, dass hier in früherer Zeit ein Fährschiff zwischen den beiden Ufern der Piave pendelte. Hier könnte sich auch der historische Übergang der Via Claudia Augusta befunden haben.

INS ZENTRUM
Wollen Sie ins Zentrum des sehenswerten historischen Städtchens Mel, folgen Sie der Hauptstraße nach links. Die Hauptroute führt hier nach rechts.

Mel

PLZ: 32026; Vorwahl: 0437

Informations- und Tourismus-Büro, Piazza Papa Luciani 3, ✆ 544294

Archäologisches Museum, Piazza Papa Luciani 7, ✆ 544216, ÖZ: Sa, So 9-12 Uhr und 15-18 Uhr. Der zentrale Saal zeigt in verschiedenen Darstellungen die archäologischen Grabungsflächen. Die seitlichen Räume in Vitrinen die Grabbeigaben aus der Necoropolis Paleoveneta und Gebrauchsgegenstände aus einer 1995 entdeckten Siedlung.

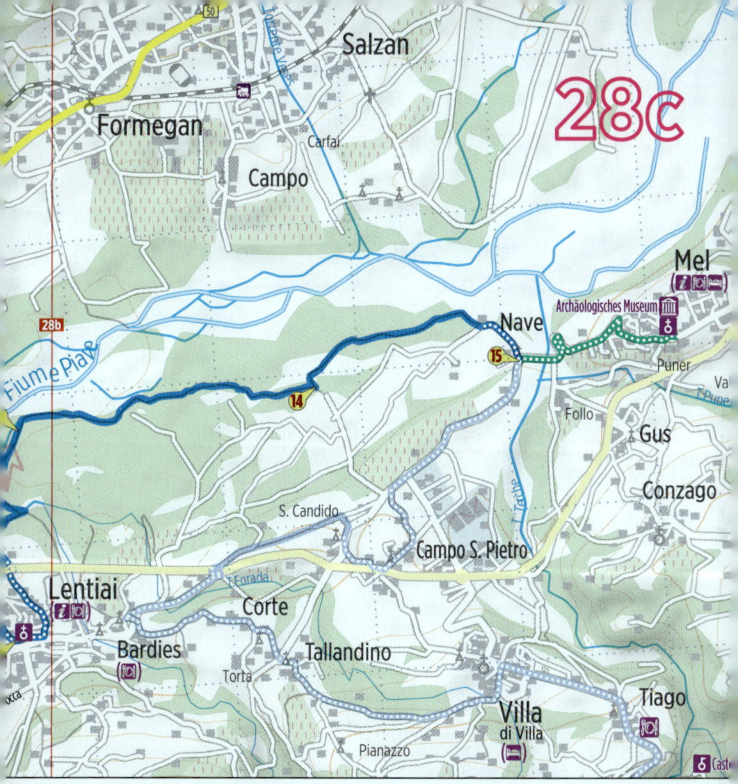

Barocke Pfarrkirche mit Gemälden von Andrea Schiavone und Cesare Vecillio.

Piazza Papst Albino Luciani mit dem Rathaus (sehenswerte Fresken) und mehreren Spätrenaissance- und Barockpalästen.

Die Geschichte der kleinen Stadt, die wie Feltre malerisch auf einem Hügel thront, reichen bis ins 5. vorchristliche Jahrhundert zurück und hängt eng mit jener der Provinzhauptstadt Belluno zusammen. Die Stadt besteht aus dem Ortskern und vielen Streusiedlungen mit kleinen Kirchen auf antiken Grundmauern. Die tarioi, sakrale Baukörper, sind häufig in einem desolaten Zustand oder zu kleinen Wohnhäusern umgebaut. Sie sind eine Besonderheit der Region.

Etappe 29 — 25,1 km

Nave (Mel) – CastelBrando

Start: Nave, Hauptstraße
Ziel: Castelbrando bei Cison di Valmareno
Gehzeit: 6½ - 7 Std.

Aufstieg: 970 m
Abstieg: 1.005 m
Hartbelag: 82 %
Wanderwege: 18 %
Wanderpfade: 0 %

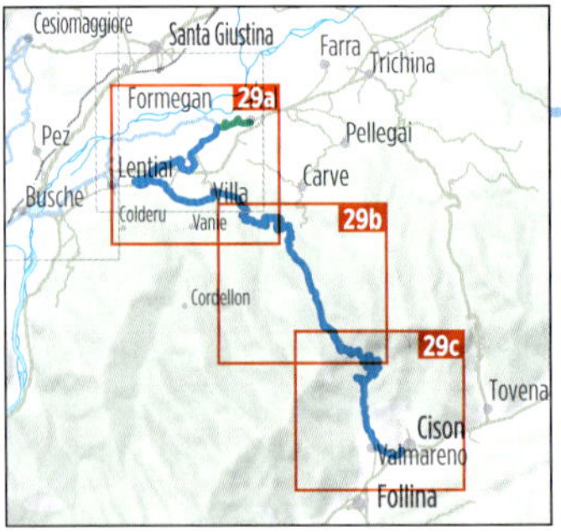

Charakteristik: Die letzte Etappe der Wanderroute Via Claudia Augusta führt von Mel über malerische Bergdörfer und das Castello Zumelle nochmals hinauf auf über 900 Meter auf den Passo Praderadego. Der Pass erinnert mehr an eine Alm als an eine übliche Passhöhe und bietet auch entsprechende Einkehrmöglichkeiten.

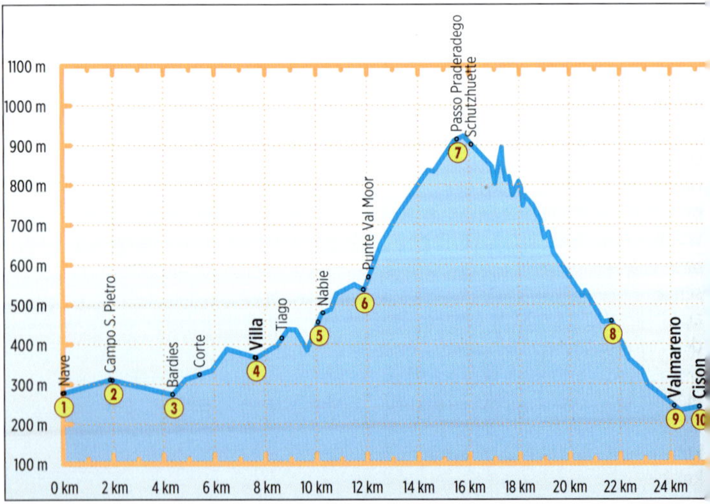

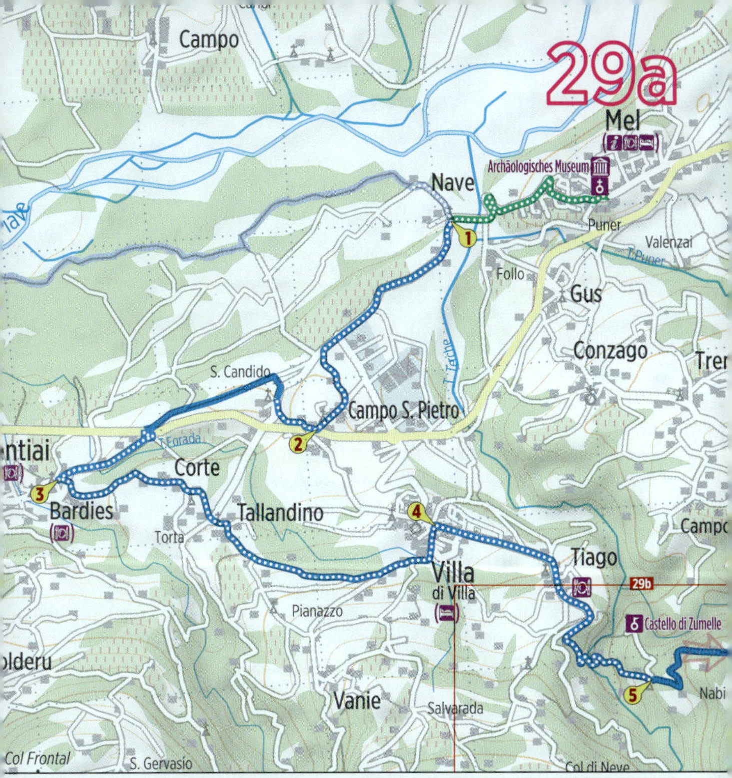

Danach geht es mit atemberaubenden Blicken aufs Tal über zahlreiche Serpentinen nach Valmareno hinunter, wo auf einem Bergrücken oberhalb das wiederbelebte Renaissanceschloss CastelBrando trohnt und das ausgedehnte Prosecco-Anbaugebiet der venezianischen Ebene beginnt.

Öffentliche Verkehrsmittel: Außer einem stündlichen Bus von Mel oder Mel-Bivio bis Villa di Villa gibt es keine streckenbegleitenden Verkehrsmittel.

Mel

EINSTIEG

Vom Zentrum geht es entlang der Straße in westlicher Richtung hinunter zur Brücke. 200 m danach stoßen Sie in Nave wieder auf die Hauptroute, die von rechts einmündet.

Nave (Mel)

1 0,0 (275) Der Hauptstraße geradeaus folgen ⇝ in der Nähe einer Gewerbehalle geradeaus über eine Kreuzung ⇝ ca. 150 m darauf links weg ⇝ dem geschwungenen Straßenverlauf nach **Campo San Pietro** folgen ⇝ im Ort an einem Stoppschild rechts.

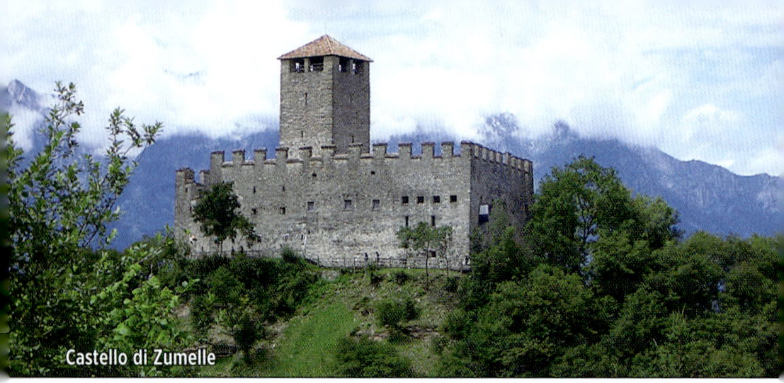
Castello di Zumelle

Campo San Pietro (Lentiai)

2 2,0 (310) An der Hauptstraße rechts ⤳ nach 50 m wieder rechts abzweigen ⤳ links halten und den Ort verlassen ⤳ bald eine Straße schräg überqueren ⤳ 100 m darauf an einer Gabelung rechts ⤳ an einer T-Kreuzung links ⤳ der Schotterweg mündet nach gut 10 Min. in eine Hauszufahrt, der man links zur Straße folgt, hier rechts ⤳ in einer Linkskurve geradeaus nach **Bardies**.

Bardies (Lentiai)

3 4,4 (275) Gleich wieder links und auf einer Brücke über die Hauptstraße ⤳ an einigen Häusern vorbei ⤳ entlang des Waldrandes und über Felder bergauf nach **Corte**.

Corte (Mel)

Am Stoppschild, an der Kreuzung mit der Hauptstraße, geradeaus Richtung Villa di Villa ⤳ 100 m danach rechts um die Hausecke ⤳ längere Zeit dem Straßenverlauf in leichtem Auf und Ab folgen ⤳ in einer Linkskurve nach **Villa di Villa**.

Villa di Villa (Mel)

4 7,6 (365) Am Dorfplatz rechts ⤳ auf der Straße geradewegs nach Tiago.

Tiago (Mel)

Geradeaus durch den Ort ⤳ am Ortsende eine Abzweigung rechts liegen lassen und Richtung Castello ⤳ auch an der nächsten Abzweigung links weiter ⤳ in Kehren bergab in eine bewaldete Senke ⤳ danach wieder bergauf ⤳ eine Hofzufahrt rechts liegen lassen.

5 10,1 (455) Vorbei an der Linkabzweigung zum **Castello di Zumelle**.

6 **Castello di Zumelle**, Via S. Donà 4, 32026 Mel, ✆ 0437/747049

Schon 46 n. Chr. soll Kaiser Claudius auf diesem schwer einzunehmenden Felsen einen Aussichtsturm und später ein Feldlager für seine Truppen errichtet haben. Der Grundstein des Schlosses selbst geht auf die Ostgoten zurück. Die späteren wiederholten Zerstörungen kamen immer nur durch List zustande, denn die starken Mauern widersetzten sich allen gewaltsamen Eroberungsversuchen. Heute befindet sich im Castello ein Restaurant.

TIPP: Sie können hier in einem exklusiven, aber nicht sehr teuren Doppelzimmer übernachten. Dabei hat man das Castello fast für sich.

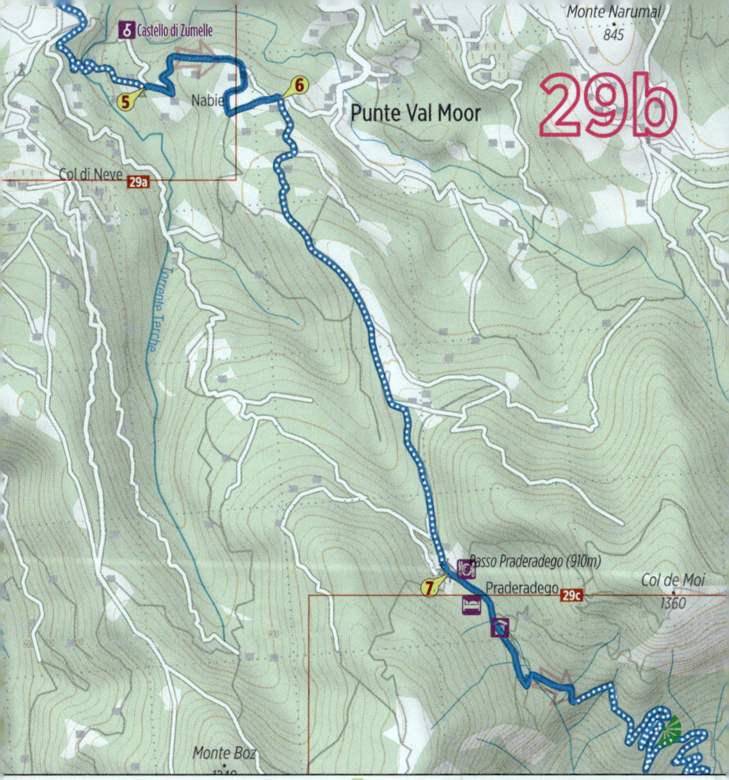

Weiter geht es über Wald und Wiesen, teilweise über Schotter.

6 11,9 (535) An der Straße rechts Richtung Praderadego-Pass ⇝ über einige Kurven, dann in ziemlich gerader Linie Richtung Südosten ⇝ oft am Waldrand, später durch den Wald bis auf die wenig ausgeprägte Passhöhe.

Passo Praderadego

Osteria Vin e Pit

Über den 915 Meter hohen Pass verläuft auch die Grenze zwischen den Provinzen Belluno und Treviso.

7 15,5 (915) Weiterhin der Straße folgen ⇝ nach ca. 1 km durch die erste der zahlreichen Serpentinen ⇝ nur teilweise asphaltiert, schlängeln sich diese durch die Felsen ⇝ von hier bietet sich eine gute Aussicht in die venezianische Tiefebene.

8 21,7 (455) Erst gut eine Stunde nach dem Pass durch die letzte Kehre ⇝ weiterhin der Straße bergab folgen ⇝ an den Häusern von **Corrin** vorbei ⇝ nach links bietet sich eine schöne Aussicht auf das beherrschende Castel Brando ⇝ durch **Brunal** nach Valmareno.

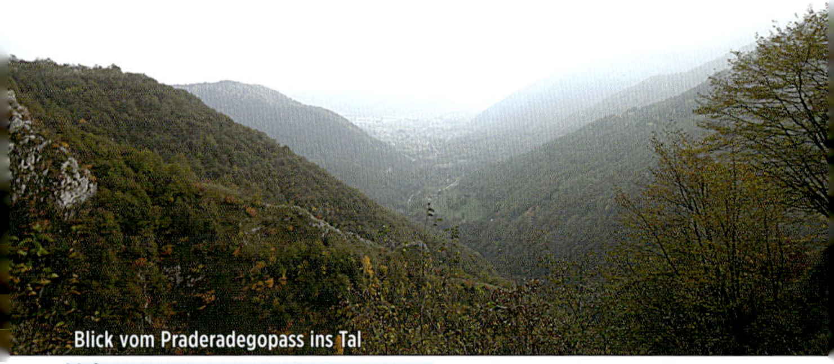

Blick vom Praderadegopass ins Tal

Valmareno

9 24,1 (245) An der Hauptstraße links ⇝ in einer scharfen Rechtskurve den Ort verlassen ⇝ nach 600 m, an einer T-Kreuzung in **Pradegnan**, links ⇝ auch an der nächsten großen Kreuzung (mit einem Springbrunnen) links Richtung Cison di Valmarino ⇝ gleich darauf nochmals links.

10 25,1 (240) Ende der Etappe und der gesamten Wanderroute Via Claudia Augusta am Parkplatz unter dem Castello.

Cison di Valmarino

Castelbrando, Via Brandolini 29, ✆ 0438/9761

Das 20.000 Quadratmeter umfassende Castelbrando in herrlicher Aussichtslage, welches das ganze Valmarenotal beherrscht, ist heute über einen bequemen Schrägaufzug erreichbar. Die Anhöhe war schon in prähistorischer Zeit besiedelt und auch Standort eines Kastells, erbaut zur Kontrolle und zum Schutz der Via Claudia Augusta. Bis zum heutigen Tag wurde es viele Male vergrößert und umgebaut. Das Geschlecht der Da Camino errichtete einen Turm und umbauten das Castello mit einer Mauer mit rechteckigen Welfenzinnen, die darauf schließen lassen, dass die Familie mehr dem Papst als dem Kaiser verbunden war. In der ersten Hälfte des 16. Jahrhunderts wurde der zentrale Teil im Sansovino-Stil mit zwei- oder dreiteiligen, eleganten venezianischen Fenstern erweitert. Nach dem Fall der Venzianischen Republik war CastelBrando bis 1959 in Besitz der Grafen Bradolini, bevor es die Salesianer Brüder erwarben und als Zentrum für geistige Studien betrieben. Von Grund auf saniert, ist es heute eine der größten und funktionellsten Burganlagen in Italien – sowohl in touristischem, als auch in kulturellem Sinn. Es beherbergt aktuell ein Kongress-Zentrum, ein Wellness-Hotel, zwei Restaurants, mehrere Bars und zwei Museen. Außerdem ist es Schauplatz historischer Events.

ZUM BAHNHOF: Von Valmareno bzw. Cison di Valmarino fährt regelmäßig ein Bus, der Sie in einer halben Stunde nach Vittorio Veneto bringt. Dort haben Sie Anschluss an das Bahnnetz.

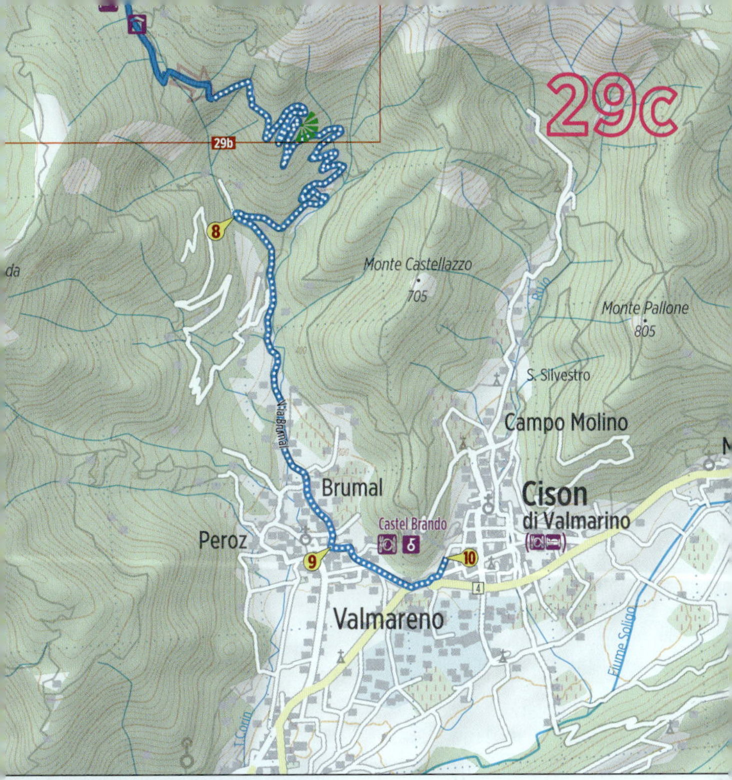

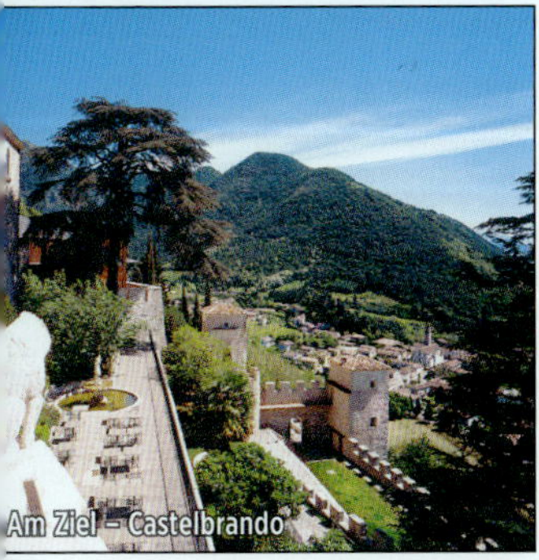

Am Ziel – Castelbrando

Es freut uns ganz besonders, dass Sie für Ihre Wanderung auf der Via Claudia Augusta unseren Wanderführer als Ihren Begleiter gewählt haben. Wir hoffen, dass Sie damit zufrieden waren und in Zukunft wieder einmal auf ein Buch aus unserer Serie zurückgreifen.
Das hikeline-Team wünscht eine gute Heimreise!

Übernachtungsverzeichnis

Übernachtungsadressen

Dieses Verzeichnis beinhaltet folgende Übernachtungskategorien:

Kategorien

- i Tourist-Information
- H Hotel
- Hg Hotel garni
- Gh Gasthof, Gasthaus
- P Pension, Gästehaus
- Pz Privatzimmer
- Ho Hostel
- Mo Motel
- NF Naturfreundehaus
- AH Apartmenthotel
- B&B Bed and Breakfast
- B Bungalow
- Fw Ferienwohnung (Auswahl)
- Bh Bauernhof
- Hh Heuhotel
- S Sonstiges
- Jugendherberge, -gästehaus
- Campingplatz
- Zeltplatz (Naturlagerplatz)

Die Auflistung stellt keine Empfehlung einzelner Betriebe dar und erhebt keinen Anspruch auf Vollständigkeit. Um das Verzeichnis stets aktuell zu halten, sind wir für Mitteilungen bezüglich Änderungen jeder Art dankbar. Der einfache Eintrag erfolgt für die Betriebe natürlich kostenfrei, aus Platzgründen können wir diesen allerdings nicht garantieren. Vor allem in Tourismusgebieten mit großem Übernachtungsangebot muss die Liste aus Platzgründen automatisiert leicht gekürzt werden.

Kennzeichnung

- I Preiskategorie unter € 25,–
- II Preiskategorie € 25,– bis € 35,–
- III Preiskategorie € 35,– bis € 50,–
- IV Preiskategorie € 50,– bis € 70,–
- V Preiskategorie € 70,– bis € 100,–
- VI Preiskategorie über € 100,–
- o.F. kein Frühstück angeboten
- HP mit Halbpension
- nur Zimmer mit Etagenbad
- W Qualitätsgastgeber Wanderbares Deutschland
- 2.5 Entfernung vom Weg in Kilometer Luftlinie

Preise

Die Preise gelten als Richtwert pro Person in einem Doppelzimmer mit Dusche oder Bad inkl. Frühstück.

Die angegebenen Preiskategorien entsprechen dem Stand des Erhebungs- bzw. Überarbeitungszeitraumes und können sich von den tatsächlichen Preisen unterscheiden. Aufgrund von unterschiedlichen Zimmertypen sowie saisonal bedingt sind preisliche Schwankungen möglich.

Entfernung

Die blaue Zahl (2.5) beim Übernachtungsbetrieb gibt die Entfernung zur Route in Kilometern an. Bitte beachten Sie, dass sich diese Zahl auf die Luftlinie bezieht, ohne Berücksichtigung der Höhenmeter und des tatsächlichen zurückzulegenden Strecke. Aktuelle Korrekturen zum Übernachtungsverzeichnis erhalten Sie über das LiveUpdate auf www.esterbauer.com.

andsberg am Lech

orwahl: 08191

Tourist-Information, Hauptpl. 152, im historischen Rathaus, ✆ 128246, ✆ 128245 0.5

Goggl, Hubert von Herkomer Str. 19/20, ✆ 3240, III-IV 0

Landhotel Endhart, Erpftinger Str. 19, ✆ 92930, II 1

Stadthotel Garni Augsburger Hof, Schlosserg. 378, ✆ 969596, III 0.5

Vienna House Easy, Graf-Zeppelin-Str. 6, ✆ 92900, III-IV 2.5

Schafbräu, Hinterer Anger 338, ✆ 4920, III 0.5

Waitzinger Bräu, Waitzinger Wiese 2, ✆ 922678, III 1

Zum Mohren, Hauptpl. 148, ✆ 9694700, III-IV 0.5

Gästehaus Vortanz, Spitalfeldstr. 22, ✆ 4011883, ✆ 0176/77282530, II 1

Arnhard, Schwiftingerstr. 42, ✆ 5146, II 2

Campingplatz, Pössinger Au 1, ✆ 47505 0.5

itzling (Landsberg am Lech)

orwahl: 08191

Aufeld, Aufeldstr. 3, ✆ 94750, III-II 0

pfach (Denklingen)

orwahl: 08869

Zur Sonne, Sonnenbichl 1, ✆ 911666, II 0

insau

orwahl: 08869

Schlosswirtschaft, Herzogstr. 3, ✆ 921258 0.5

Lechtalerhof, Herzogstr. 20, ✆ 9129906, ✆ 0178/2384621, o.F. 0

ohenfurch

orwahl: 08861

i Tourismus-Info, Hauptpl. 7, ✆ 9081798 0.5

H Negele, Hauptpl. 2, ✆ 2416033, II 0.5

P Gästehaus Götz, Bräuweg 1, ✆ 8593, I-II 0.5

Bh Nuscheler, Talhof 1, ✆ 4965, I-II 1.5

Bh Ponyhof Kögl, Schongauer Str. 24, ✆ 8108, I-II 1

Schongau

Vorwahl: 08861

i Tourismusverband Pfaffenwinkel, Bauerng. 5, ✆ 2113200 0.5

i Tourist-Information Schongau, Münzstr. 1-3, ✆ 214181 0.5

H Alte Post, Marienpl. 19, ✆ 23200, III-IV 0.5

H Blaue Traube, Münzstr. 10, ✆ 3060, ✆ 90329, III 0.5

H Holl, Altenstädter Str. 39, ✆ 23310, IV 1.5

Hg Rössle, Christophstr. 49, ✆ 23050, III 0.5

Peiting

Vorwahl: 08861

i Tourist-Information, Ammergauer Str. 2, ✆ 6535 1.5

H Alpenhotel Pfaffenwinkel, Hauptpl. 10, ✆ 25260, III 1.5

H Dragoner, Ammergauer Str. 11, ✆ 25070, IV 2

Gh Buchberger, Füssener Str. 2, ✆ 6266, II 1.5

Gh Zechenschenke, Zechenstr. 2, ✆ 68164, ✆ 0157/54807980, II 3.5

Gh Zum Keppeler, Hauptpl. 15, ✆ 6201, III 1.5

Bh Schleich-Hof, Wankstr. 2, ✆ 6296, II 2

Burggen

Vorwahl: 08860

i Rathaus, Schwarzkreuzstr. 2, ✆ 251 1

P Haus Demmel, Schwarzkreuzstr. 24, ✆ 464 0.5

P Haus Klöck, Schwarzkreuzstr. 19, ✆ 8335,

I 0.5

Bernbeuren

Vorwahl: 08860

i Touristinfomation, Marktpl. 4, ✆ 210 0

Gh Auf dem Auerberg, Auerberg 2, ✆ 235, III-IV 0

P Geisenhof, Weidachweg 19, ✆ 1226, ✆ 015123378135, I 0.5

Lechbruck

Vorwahl: 08862

i Tourist-Information, Flößerstr. 1, ✆ 987830 0.5

Gh Braunegger, Flößerstr. 42, ✆ 8532, I 0.5

Gh Weißes Rössl, Grubweidach 3, ✆ 987205, II 0

P Auerberghaus, Auerbergweg 12, ✆ 932720, II 0

P Gästehaus Stadler, Moos 11, ✆ 8533, I-II 0

Pz Haus Riesemann, Brandach 30, ✆ 8486, II 0

Via Claudia Camping, Via Claudia 6, ✆ 8426, I 2.5

Roßhaupten

Vorwahl: 08367

i Tourist-Information, Hauptstr. 10, ✆ 364 1.5

Gh Landgasthof Schwägele, Hauptstr. 15, ✆ 305 1.5

Pz Gästehaus Unterreiner, Seeger Str. 15, ✆ 291, II 1.5

Fw Ferienwohnung Walk, Weberweg 9, ✆ 241, I-II 1.5

Fw Gästehaus Böck, Seeger Str. 42, ✆ 250, II 1.5

Fw Haus Schwarzenbach, Leitenmoos 8, ✆ 913889, I-II 1.5

Rieden am Forggensee

Vorwahl: 08362

i Touristinformation, Lindenweg 4, ✆ 37025 1

Gh Rössle, Lindenweg 2, ✆ 9395395, III 1

P Klöckner, Faulenseestr. 1, ✆ 39151, ✆ 01713819679, II 1

P Maria, Forggenseestr. 18, ✆ 37000, III 0

P Streif, Dietringer Str. 28-30, ✆ 3327, II 1

Pz Haus Alpenblick, Bachtalstr. 4, ✆ 819227, o.F., I 0

Pz Schwaiger, Säulingstr. 4, ✆ 921451, I-II 1

Ho Dreimäderlhaus, Osterreinerstr. 1, ✆ 9268750, ✆ 0172/8127634, II 1

Bh Baur, Almstr. 2 1/2, ✆ 08367/389 0

Bh Landhaus Geier, August-Geier-Str. 15, ✆ 37319, III 1

Camping Seewang, Tiefental 1, ✆ 406 0

Osterreinen (Rieden am Forggensee)

Vorwahl: 08362

P Radlerhof, Forggenseestr. 1, ✆ 0178/4748803 0

Haus Sonnenlage & Camping Magdalena, Bachtalstr. 10, ✆ 4931, III 0

Hopfen am See

Vorwahl: 08362

i Tourist-Information, Uferstr. 21, ✆ 7458 3

i Tourist-Information, Kaiser-Maximilian-Pl. 1, Füssen, ✆ 93850 0.5

H Bio- und Wellnesshotel Eggensberger, Enzensbergstr. 5, ✆ 91030, V-VI 2.5

H Geiger, Uferstr. 18, ✆ 7074, III-V 2.5

H Hartung's Hotel Dorf, Enzensbergstr. 20, ✆ 50550, IV-V 2.5
H San Marco, Uferstr. 13, ✆ 38858, III 2.5
Hg Alpenglühn, Höhenstr. 21, ✆ 938730, III 2.5
Hg Landhaus Kössel, Höhenstr. 8, ✆ 91670, III-IV 2.5
P Fichtl, Höhenstr. 23, ✆ 38117, III 2.5
P Gnädig, Riegelhalde 8, ✆ 37671, II 2
P Haus am Burghügel, Burgweg 11, ✆ 7438, II-III 3
P Landhäuser Guggomos, Uferstr. 11, ✆ 38179, II-IV 2.5
P Stoffl, Ferdinand-Benz-Weg 9, ✆ 2483, I 2
W Keller, Burgweg 1, ✆ 4792, I-III W 3

Füssen

Vorwahl: 08362

i Tourist-Information, Kaiser-Maximilian-Pl. 1, ✆ 93850 0.5
H Christine, Weidachstr. 31, ✆ 7229, IV-V 0.5
H Filser Urlaubs- und Kurhotel, Säulingstr. 3, ✆ 91250, o.F., III-IV W 0.5
H Hirsch, Kaiser-Maximilian-Pl. 7, ✆ 93980, V 0.5
H Luitpoldpark-Hotel, Bahnhofstr. 1-3, ✆ 9040, IV-VI W 0.5
H Schlosskrone, Prinzregentenpl. 2-4, ✆ 930180, IV-VI W 0.5
H Sonne, Prinzregentenpl. 1, ✆ 9080, IV-V W 0.5
H Wellnesshotel Sommer, Weidachstr. 74, ✆ 91470, V-VI W 0
H Zum Hechten, Ritterstr. 6, ✆ 91600, III-IV W 0
Hg Am Forggensee, Weidachstr. 69, ✆ 3636, III-IV W 0
Hg Bavaria City Hostel - Design, Reichenstr. 15, ✆ 9266980, I-III 0
Hg Fürstenhof, Kemptener Str. 23, ✆ 914080, III-IV 0.5
Gh Bräustüberl, Rupprechtstr. 5, ✆ 7843, III 0.5
Gh Schöberl, Luitpoldstr. 14-16, ✆ 922411, III 0.5
P Gästehaus Weiß, Ziegelwiesstr. 15, ✆ 1690, III-IV W 0
P Kößler, Zalingerstr. 1, ✆ 4069, III-IV 0.5
P Landhaus & Pension Christian, Welfenstr. 35, ✆ 38660, ✆ 0170/4317903, III-V W 1.5
Pz Fischer, Dierlingstr. 14, ✆ 1544, I 0.5
Pz Haus Rösel, Kreuzkopfstr. 4, ✆ 6653, ✆ 0160/94942678, III 0.5
Pz House L. A., Welfenstr. 39, ✆ 607366, ✆ 0170/6248610, I-II 1.5
B&B Suzanne's B&B, Im Venetianerwinkel 3, ✆ 38485, II-IV 1

Ju Jugendherberge Füssen, Mariahilfer Str. 5, ✆ 7754, II W 1

Schwangau

Vorwahl: 08362

i Tourist-Information, Münchener Str. 2, ✆ 81980 2

H Das Schwanstein, Kröb 2, ✆ 98390, III-IV 2

H Helmer, Mitteldorf 10, ✆ 9800, III-IV 2

H Helmerhof, Frauenbergstr. 9, ✆ 98350, IV 0.5

H König Ludwig, Kreuzweg 15, ✆ 8890, VI 1.5

H Neuschwanstein, Geblerweg 2, ✆ 8209, III 2

H Schwangauer Hof, Füssener Str. 113, ✆ 8400, II-III 1

H Weinbauer, Füssener Str. 3, ✆ 9860, III-IV 2

Gh Hanselewirt, Mitteldorf 13, ✆ 8237, II-IV 2

Gh Zur Post, Münchener Str. 5, ✆ 98210, III-IV 2

P Charlotte, Füssener Str. 70, ✆ 8231, III 1.5

P Haus Guggemos-Velle, Mitteldorf 16, ✆ 986508, I-II 2

P Haus Martina, Am Jürgenfeld 16, ✆ 8506, III 1.5

P Haus Moni, Schloßstr. 8, ✆ 8080, III-V 2

P Haus Sonneck, Am Jürgenfeld 20, ✆ 8407, II-III 1.5

Pz Landhaus Keck, Ahornweg 6, ✆ 8555, III-IV 1.5

Bh Augustinerhof, Füssener Str. 49, ✆ 8954, I-II 1.5

Bh Beim Schlux, Frauenbergstr. 38, ✆ 8921, II 1

Bad Faulenbach (Füssen)

Vorwahl: 08362

H Aktiv Hotel Schweiger, Ländeweg 2, ✆ 91400, III-V W 0

H Euro Park Hotel International, Am Kapellenberg 2, ✆ 5080, IV 0

H Ferienhotel Berger, Alatseestr. 26, ✆ 91330, III-IV 0.5

H Gästehaus St. Ulrich, Alatseestr. 1, ✆ 9000 III-IV W 0

H Kur- und Vitalhotel Wiedemann, Am Anger 3, ✆ 91300, IV-V W 0

H Parkhotel Bad Faulenbach, Am Fischhausweg 5, ✆ 91980, III-IV 0.5

H Ruchti, Alatseestr. 38, ✆ 91010, II-III W 0.5

Hg Jakob, Schwärzerweg 6, ✆ 91320, IV-V W 0

P Elise, Alatseestr. 30, ✆ 9308844, II 0.5

Pz Bagci, Am Kapellenberg 1, ✆ 941761, II 0

Pz Haus Söhner, Alatseestr. 22, ✆ 7350, II 0.5

Pinswang Ⓐ

Vorwahl: 05677

i Tourismusverband Naturparkregion Reutte, Untermarkt 34, Reutte, ✆ 05672/62336 0.5

H Gutshof zum Schluxen, Unterpinswang 24 ✆ 8903, III-IV 0

Pflach Ⓐ

Vorwahl: 05672

i Tourismusverband Naturparkregion Reutte, Untermarkt 34, Reutte, ✆ 62336 0.5

Reutte Ⓐ

Vorwahl: 05672

i Tourismusverband Naturparkregion Reutte, Untermarkt 34, ✆ 62336 0.5

H Goldener Hirsch, Mühler Str. 1, ✆ 62508, IV 0

H Zum Mohren, Untermarkt 26, ✆ 62345, IV-V 0.5

H „Das Beck", Untermarkt 11, ✆ 62522, III 0

Gh Goldene Krone, Obermarkt 46, ✆ 62317, II 0

C Camping Reutte, Ehrenbergstr. 33, ✆ 62809 0

Breitenwang Ⓐ

Vorwahl: 05672

H Ernberg, Planseestr. 50, ✆ 71912, IV 0.5

H Moserhof, Planseestr. 44, ✆ 62020, IV 0.5

P Hosp, Kaiser-Lothar-Str. 36, ✆ 62401, I 0.5

Lechaschau Ⓐ

Vorwahl: 05672

i Tourismusverband Naturparkregion Reutte, Dorfstr. 10, ✆ 63388 1

i Tourismusverband Naturparkregion Reutte, Untermarkt 34, Reutte, ✆ 62336 0.5

H Goldene Rose, Dorfstr. 2, ✆ 62411, III-V 1

Gh Krone, Wänglerstr. 6, ✆ 62354, III-IV 1

P Leuprecht, Rosenau 3, ✆ 62491, III 1

Klause (Reutte) Ⓐ

Vorwahl: 05672

H Hotel in der Burgenwelt Ehrenberg, Klause 2, ✆ 62213, III 0

Ehenbichl Ⓐ

Vorwahl: 05672

H Maximilian, Reuttener Str. 1, ✆ 62585, III-IV 1.5

P Hohenrainer, Unterried 3, ✆ 6255, III 1.5

P Waldrast, Ehrenbergstr. 16, ✆ 62443, III 0

Heiterwang Ⓐ

Vorwahl: 05674

i Tiroler Zugspitz Arena / Tourismusbüro Heiterwang, Oberdorf 5, ✆ 20000-700 0

H Fischer am See, Fischer am See 1, ✆ 5116 0

Bichlbach (A)
Vorwahl: 05674

i Tiroler Zugspitz Arena / Tourismusbüro Heiterwang, Oberdorf 5, Heiterwang, ✆ 20000-700 0

Gh Sonne, Gipfl 13, ✆ 5282, ✆ 5240, II 0.5

P Berktold, Berwanger Str. 73, ✆ 5244, I 1

Lermoos (A)
Vorwahl: 05673

i Tiroler Zugspitz SArena / Tourismusbüro Lermoos, Unterdorf 15, ✆ 20000300 0

H Hubertushof, Kirchpl. 7, ✆ 2161, III-V 0.5

Hg Camping Lärchenhof, Gries 16, ✆ 2197 0.5

P Bartlhof, Schladg. 1, ✆ 2894, II 0.5

Fw Haus Olympia, Innsbrucker Str. 4, ✆ 3131 0

Camping Happy-Camp Hofherr, Garmischer Str. 21, ✆ 2980 0.5

Ehrwald (A)
Vorwahl: 05673

i Tiroler Zugspitz Arena / Tourismusbüro Ehrwald-Zugspitze, Kirchpl. 1, ✆ 20000200 2

H Stern, Innsbrucker Str. 8, ✆ 2287, IV 1.5

Camping Dr. Lauth, Zugspitzstr. 34, ✆ 2666 2.5

Biberwier (A)
Vorwahl: 05673

i Tiroler Zugspitz Arena / Tourismusbüro Biberwier, Fernpassstr. 15, ✆ 20000-600 0

H **Zum Goldenen Löwen, Kirchpl. 1, ✆ 2293, III** 0

P Panorama, Prof.-Giemsa-Weg 1, ✆ 2546, II 0

Pz Reiterhof Müllerhof, Sageweg 7, ✆ 2344 0

Camping Fw Camping Biberhof, Schmitte 8, ✆ 2950 0.5

Fernpass (Nassereith) (A)
Vorwahl: 05265

H AlpenRetreat, Fernpass 483, ✆ 0680/5544324, III 0.5

Nassereith (A)
Vorwahl: 05265

i Imst Tourismus, Infobüro Nassereith, Postpl. 28, ✆ 05412/691041 0

P Gästehaus Maria, Fernpass Str. 1c, ✆ 0650/5905801 0

P Kranewitter, Sachseng. 69a, ✆ 5412, I 0.5

P Melmer, Fernpass Str. 10, ✆ 5418, ✆ 0650 5905801, I 0

Camping Rossbach, Rossbach 325, ✆ 5154 0.5

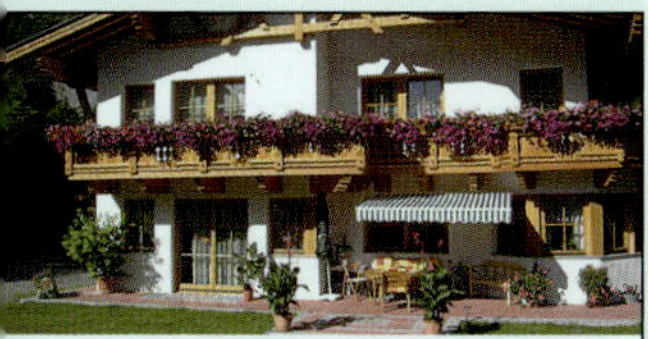

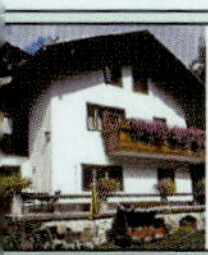

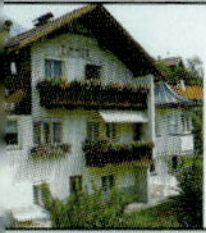

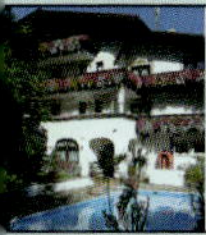

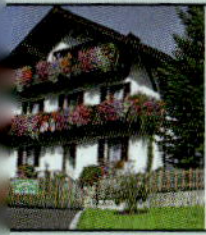

Strad (Tarrenz) Ⓐ

Vorwahl: 05412

Gh Seewald, Strad 12, ✆ 66024, II 0

Tarrenz Ⓐ

Vorwahl: 05412

i Imst Tourismus, Infobüro Tarrenz, Hauptstr. 14, ✆ 69100 0

H Gurgltalerhof, Rotanger 1, ✆ 66048, III-IV 0.5

P Anni Kiechl, Griesegg 32, ✆ 0650/6964111 0

P Haus Selma, Griesegg 8a, ✆ 66066, II 0

Imst Ⓐ

Vorwahl: 05412

i Imst Tourismus, Johannespl. 4, ✆ 6910. mit E-Bike Verleih 0

H Auderer, Bahnhofstr. 82, ✆ 66885, II 1.5

H Eggerbräu, Schusterg. 16, ✆ 66460, II 0

H Neuner, Brennbichl 101, ✆ 63332, III-IV 1.5

H Stern, Pfarrg. 42, ✆ 63342, III-IV 0.5

H Zum Hirschen, Thomas-Walch-Str. 3, ✆ 6901, III-IV 0

Pz Gästehaus Hofherr, Thomas-Walch-

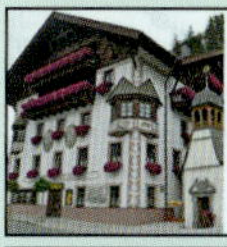

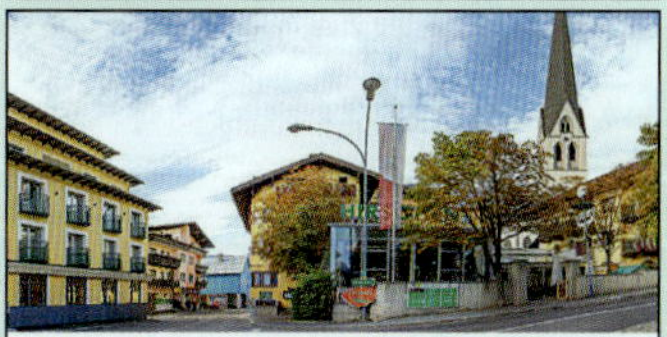

Str. 8a, ✆ 63923, I 0.5

Pz Gästehaus Walch, Am Raun 1, ✆ 66659, I 0.5

Aktiv Camping Imst, Schwimmbadweg 10, ✆ 21355 0.5

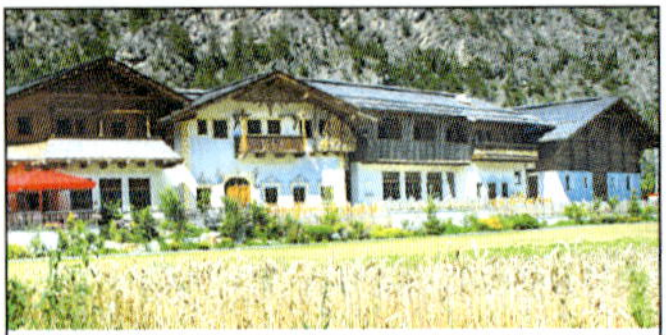

Trofana Tyrol Erlebnisdorf, an der Au 1, an den geschützt. Innauen Mils bei Imst, T 0043 (0) 5418 601, info@trofanatyrol.at www.trofanatyrol.at, III-IV

Zwischen Imst und Landeck im Tiroler Oberland liegt an der A12 das „Trofana Tyrol". Die großzügige Verbindung von Tradition und Moderne hat es zu einem Wahrzeichen in Tirol werden lassen. Es ist eine vielfältige und romantische Welt für sich und ideal für Durchreisende!

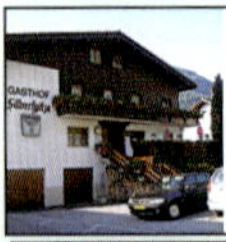

Pension Silberspitze
6491 Schönwies, Öde 60
T 0043 (0) 5418 52 12 = Fax
www.schoenwies.at
II-III

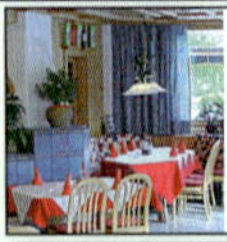

Hotel Restaurant Thurner ***
Zams, Magdalenaweg 6
T 0043 (0) 5442 61245
www.hotel-thurner.info
III-IV

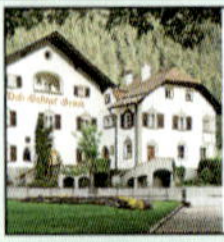

Pens. Haueis & Post-Gasthof Gemse
Zams, Tramsweg 4
T 0043 (0) 5442 63001
www.postgasthof-gemse.at
III-IV, zentral gelegen

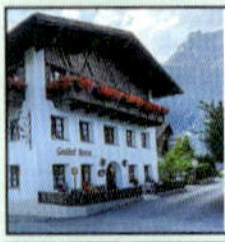

Bergpension Gasthof Kreuz
6511 Zams, Rifenal 15
T 0043 (0)5442 61 2 40
www.gasthofkreuz.at
III-IV

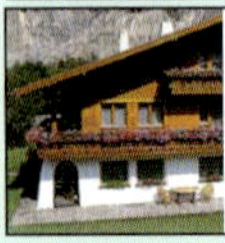

Landhaus Tschuggmall, Ferienwohnungen
Zams, Bruckfeldweg 18
T 0043 (0) 5442 64 5 44
www.ferienwohung-zams.at
II

Camping Park Imst-West, Langg. 62, ✆ 66293 0.5

Mils bei Imst Ⓐ

Vorwahl: 05418

i Imst Tourismus, Johannespl. 4, Imst, ✆ 05412/6910. mit E-Bike Verleih 0

H Trofana Tyrol, An der Au 1, ✆ 601-0, IV 0

Schönwies Ⓐ

Vorwahl: 05418

i Imst Tourismus, Johannespl. 4, Imst, ✆ 05412/6910. mit E-Bike Verleih 0

P Silberspitze, Öde 60, ✆ 5212, III 0

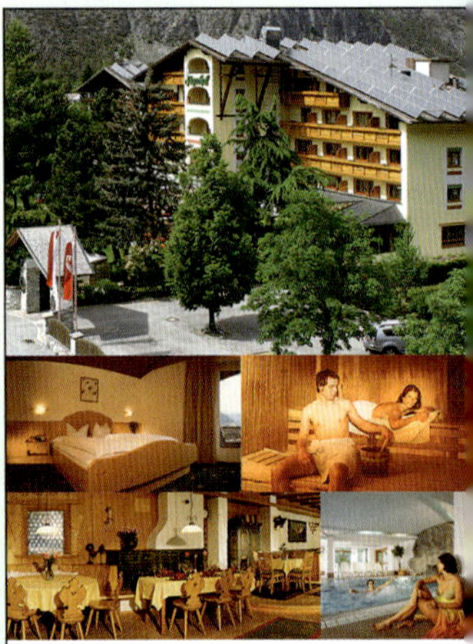

Hotel Jägerhof **** direkt an Innradweg und Via Claudia Augusta
6511 Zams, Hauptstraße 52, an der Talstation der Venetbahn
T 0043 (0) 5442 62 64 20, F +43 (0) 5442 62 6 42 - 199
www.jaegerhof-zams.at
info@jaegerhof-zams.at, V

Herzlich willkommen im 4-Sterne-Hotel Jägerhof in Zams direkt an Innradweg und Via Claudia Augusta. Liebevoll eingerichtete Zimmer mit Bad/DU/WC, TV. Durchgehend warme Küche, schattige Gartenterrasse, gemütliches Restaurant, Erlebnisbad mit Wasserfall, Wellnesslandschaft, Fahrradgarage, Trockenraum, Wäscheservice, kostenl. Langzeitparkplatz am Haus.

Zams Ⓐ

Vorwahl: 05442

i Tourismusverband TirolWest, Malserstr. 10, ✆ 65600 0

H Jägerhof, Hauptstr. 52, ✆ 62642, III 1

H Thurner, Magdalenaweg 6, ✆ 61245, ✆ 0676/782989, III 1

Gh Kreuz, Rifenal 15, ✆ 61240, III 0

Gh Kronburg, Kronburg 103-107, ✆ 63345, III 0

Gh Postgasthof Gemse, Hauptpl. 1, ✆ 62478, ✆ 63001, II 0.5

P Haueis, Tramsweg 4, ✆ 63001, III 0.5

P Schmid, Hauptstr. 71, ✆ 62619, II 1

Pz Haus Hubertus, Oberreitweg 4, ✆ 66010, I 1

Pz Haus Mungenast, Bahnstr. 7, ✆ 62532, ✆ 0664/5918438, I 0.5

Pz Haus Stubenböck, Auf der Höhe 19, ✆ 65303, II 0.5

Pz Haus Wucherer, Hauptstr. 23, ✆ 62219, I 1

Pz Landhaus Tschuggmall, Bruckfeldweg 18, ✆ 64544, II-III 1

Bh Streng, Sanatoriumstr. 5, ✆ 62806, II 0.5

Perjen (Landeck) Ⓐ

Vorwahl: 05442

H Enzian, Adamhofg. 6, ✆ 62066, IV-V 1

H Mozart, Adamhofg. 7, ✆ 64222, IV-V 1

Camping Riffler, Bruggfeldstr. 2, ✆ 64898, ✆ 0699/12670300 1

Landeck Ⓐ

Vorwahl: 05442

i Tourismusverband TirolWest, Malserstr. 10, Zams, ✆ 65600 0

H **Schrofenstein, Malserstr. 31, ✆ 62395, III-V** 0.5

H Bruggner Stub'n, Flirstr. 30, ✆ 63356, III-IV 1.5

H Sonne, Herzog-Friedrich-Str. 16, ✆ 62519, II 0.5

Gh Greif, Marktpl. 6, ✆ 62268, III 0.5

P Haus Tirol, Urtlweg 17, ✆ 63239, ✆ 0664/3696551, III 0.5

P Thialblick, Burschlweg 7, ✆ 62261, II-III 0.5

Pz Haus Traxl, Kristille 6a, ✆ 06506965070, II 1

Pz Landhaus Zangerl, Herzog-Friedrich-Str. 14, ✆ 650/3400919, II 0.5

Pz Vorhofer, Maiseng. 10, ✆ 62476, ✆ 0650/6247601, II 0

Urgen (Fließ) Ⓐ

Vorwahl: 05449

Gh Zum Löwen, Urgen 396, ✆ 5266, III 0.5

Pz Haus Knabl, Urgen 53, ✆ 5419, I 1

Fließ Ⓐ

Vorwahl: 05449

i Tourismusverband TirolWest, Dorf 120, ✆ 5234 0

H Alpenblick, Dorf 209, ✆ 51277, II 0.5

H Fliesserhof, Muttern 174, ✆ 5223, I-II 0.5

Gh Traube, Dorf 45, ✆ 5248, III 0

P Europa Pension, Dorf 45a, ✆ 0650/7300189, II 0

P Gästehaus Maass, Fliess 180, ✆ 5335, I 0.5
Bh Haus Hartlerhof, Dorf 148, ✆ 5374, I 0

Prutz Ⓐ

Vorwahl: 05472
i Tourismusverband Tiroler Oberland, Kirchpl. 48, Ried im Oberinntal, ✆ 050/225100 0.5
H Post, Dorfstr. 1, ✆ 6217, III-IV 0
Gh Gemse, Dorfstr. 15, ✆ 0676 682 12 70, II 0.5
P Austrian Motel Heiss, Reschenstr. 8, ✆ 6240 0.5
P Wallnöfer, Dorfstr. 11, ✆ 28080 0.5
Camping: Aktiv-Camping Prutz, Pontlatzstr. 22, ✆ 2648 0

Ried im Oberinntal Ⓐ

Vorwahl: 05472
i Tourismusverband Tiroler Oberland, Kirchpl. 48, ✆ 050/225100 0.5

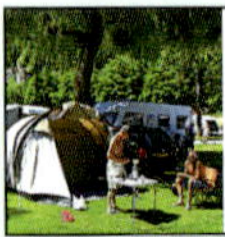

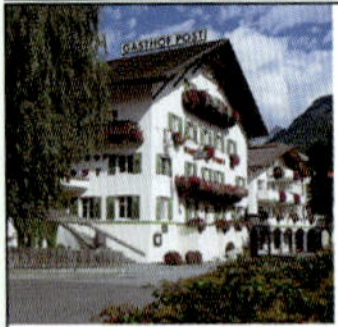

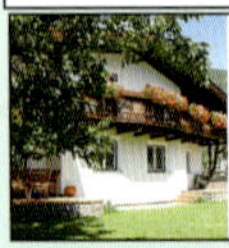

H Belvedere, Ried 176, ✆ 6328, IV-V 0.5
H Familienhotel Truyenhof, Truyen 168, ✆ 6513, VP, V-VI 0.5
H Gartenhotel Linde, Ried 80, ✆ 6270, V-VI 0.5
H Mozart Vital Hotel, Ried 147, ✆ 6937, VP, V-VI 0.5
H Riederhof, Truyen 113, ✆ 6214, V-VI 0.5
Gh Rieder Stub`n, Ried 3, ✆ 0664/88515640 III 0.5
P Delacher, Trujen 169, ✆ 6582, ✆ 0699 11390826, II 0.5
P Haus Tirol Garni, Ried 151, ✆ 6290, II 0.5
Pz Apart Cäcilia, Ried 144, ✆ 6517, II-III 0.5
Pz Handle Tilli, Ried 167, ✆ 2232 0.5
Pz Haus Stecher, Ried 129, ✆ 6413, I 0.5
AH Apart am Brunnen, Ried 40, ✆ 2440, ✆ 06641987961, o.F., IV 0.5
Fw Active Apart Central, Hinterg. 9, ✆ 2567, ✆ 0664/73601509, IV 0.5
Fw Alpenapartments, Dorfpl. 324, ✆ 0676 841626703 0.5
Fw Chalet Tschallener, Gartenland 145,

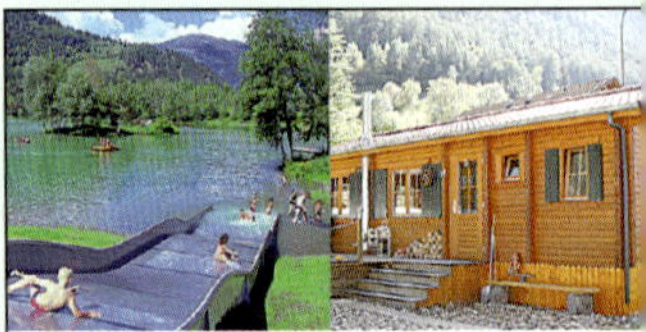

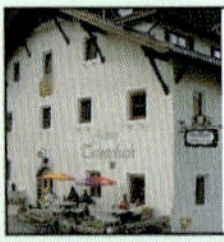

✆ 6407, III-IV 0.5

Camping Dreiländereck, Gartenland 37, ✆ 6025 0.5

Tösens Ⓐ

Vorwahl: 05477

Gh Tschuppbach, Tschuppach 1, ✆ 443, II-III 0

Pz Gästehaus Stefania, Steinach Nr. 39, ✆ 228, II-III 0.5

Lafairs (Pfunds) Ⓐ

Vorwahl: 05474

i Tourismusverband Tiroler Oberland - Infobüro Pfunds/Spiss, Stuben 40, Stuben (Pfunds), ✆ 050/225300 0.5

Pfunds Ⓐ

Vorwahl: 05474

i Tourismusverband Tiroler Oberland - Infobüro Pfunds/Spiss, Stuben 40, Stuben (Pfunds), ✆ 050/225300 0.5

P **Ferienhof Schöne Aussicht, Gatter 354, ✆ 5238, II-III**

H Kajetansbrücke, Reschenstr. 391, ✆ 5831, HP, III-IV 0

Gh Berghof, Greit 364, ✆ 5254, IV-V 3

Gh Hirschen, Pfunds 92, ✆ 5232, I

Pz Haus Plangger, Dorf 66, ✆ 5245, I 1

Pz Spiss, Dorf 427, ✆ 5331, II 1

Dorf (Pfunds) Ⓐ

Vorwahl: 05474

P Gabl, Dorf 218, ✆ 5060, II-III 0.5

P Olympia, Dorf 341, ✆ 0699/15074577, II 1

Pz Gschleizhof, Gschleiz 496, ✆ 5515, I-II

Pz Haus Schuchter, Dorf 503, ✆ 5513, II 0.5

Stuben (Pfunds) Ⓐ

Vorwahl: 05474

[i] Tourismusverband Tiroler Oberland - Infobüro Pfunds/Spiss, Stuben 40, ✆ 050/225300 0.5

[H] **Posthotel Pfunds, Stuben 32, ✆ 5606, III** 0.5

[H] Edelweiss, Reschenstr. 292, ✆ 5264, III-IV 0

[H] Jugendhotel Austria, Stuben 293, ✆ 5261 0

[H] Kreuz, Stuben 43, ✆ 5218, III-IV 0

[H] Tyrol, Stubenerstr. 296, ✆ 5247, III 0.5

[Gh] Traube, Stuben 10, ✆ 5210, IV 0.5

[P] Antonius, Stuben 289, ✆ 5291, ✆ 0676/5562058, I-II 0

[P] Fuchs, Mardummelweg 438, ✆ 5452, II-III 0

[P] Garni Plangger, Stubenerstr. 295, ✆ 5288, II 0

[P] Grein, Stuben 282, ✆ 5228, ✆ 0664 38 34 183, III 0

[P] Haus Fundus, Stuben 265, ✆ 5248, ✆ 0650/7341675, II-III 0

[P] Haus Palman, Mardummelweg 284, ✆ 5393, ✆ 0650 984 91 38 0

[P] St. Lukas, Stuben 47, ✆ 5476, III 0.5

[Pz] Haus File, Vogelweide 435, ✆ 5348 0.5

[Pz] Haus Margreth, Stuben 436, ✆ 5471, I 0

[Pz] Haus Stecher, Vogelweide 306, ✆ 5019, I 0.5

Vorderrauth (Pfunds) Ⓐ

Vorwahl: 05474

[H] Kajetansbrücke, Vorderrauth 391, ✆ 5831, III-IV 0

[P] Kraft, Vorderrauth 202, ✆ 5300, II 0

[A] Via Claudiasee, Rauth 714, ✆ 43097 0

Nauders Ⓐ

Vorwahl: 05473

[i] Tourismusverband, Dr.-Tschiggfrey Str. 66, ✆ 050/225400 0

[H] Alpetta, Nr. 359, ✆ 87573, V 0.5

[H] Astoria, Nr. 350, ✆ 87310, HP, V 0

[H] Bergblick, Nr. 302, ✆ 87311, HP, III-V 0.5

[H] Central, Unterdorfstr. 196, ✆ 87221, IV-V 0

[H] Dreiländerblick, Nr. 218, ✆ 87262, III 0

[H] Edelweiß, Nr. 256, ✆ 87252, HP, IV-V 0.5

[H] Erika, Bundesstr. 247, ✆ 87217, IV-V 0

[H] Gästehaus Amontanara, Spitzwiesenweg 243, ✆ 87323, II 0.5

[H] Hochland, Nr. 183, ✆ 86222, IV-VI 0

[H] Mein Almhof, Nr. 314, ✆ 87313, VI 0

[H] Neue Burg, Nr. 370, ✆ 87700, HP, V 0

[H] Post, Nr. 37, ✆ 872020, III-IV 0

[H] Regina, Nr. 215, ✆ 87259, IV-V 0.5

[H] Schwarzer Adler, Dr. Tschiggfreystr. 33, ✆ 872540, IV-V 0

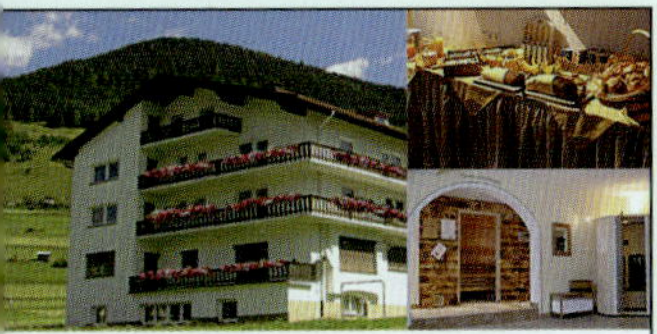

Gästehaus Amontanara – ruhige, sonnige, freie Lage
Nauders, Spitzwiesenweg 243, T 0043 (0) 5473 87 3 23
www.amontanara.at, III-IV

Fahrradfr., familiär geführtes Gästehaus mit Komfortzi, Ferienwo, DU & WC, SAT-TV, Sauna, Dampfbad, Infrarot, Frühstücksbuffet, Fahrradgarage, Reparatur- und Reinigungsmöglichkeit, Trockenraum, Infotipps. Bei Bedarf Abholung & Gepäcksservice mit www.bikeshuttle.at.

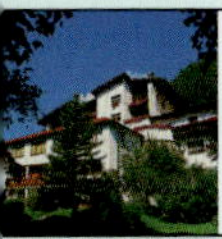

Hotel Gasthof Kreuz **** hist. Zollstation
Pfunds, Stuben Nr. 43
T 0043 (0) 5474 52 18
www.hotelkreuz.at
III-IV Café im Haus

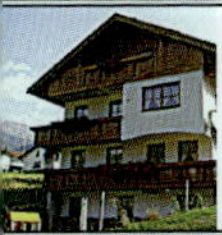

Alois´ Ferienglück
Nauders, Sandbichl 455
T 0043 (0) 650 65 434 55
www.haus-ferienglueck.at
II-III

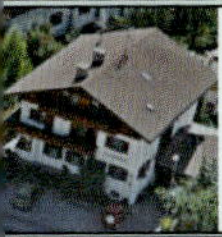

Appartement Pension Haus Arina
Nauders, Nr. 392
T 0043 (0) 5473 877650
www.arina.at
III

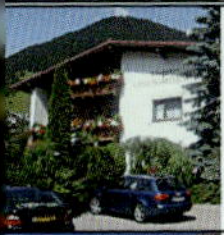

Gästehaus Vergissmeinnicht
6543 Nauders, Hausnummer 357
T 0043 (0) 5473 87426 o. 86280
www.zimmer-ferienwohnungen.at
III

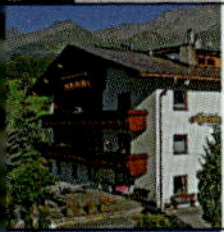

Bike- u. Wander-Garni Alpenhof***
6543 Nauders, Hausnummer 229
T 0043 (0) 5473 87 2 63
www.alpenhof-nauders.at
III-IV der Bike- u. Wanderprofi

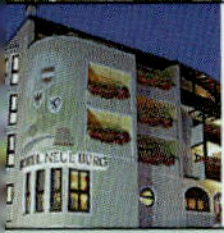

Hotel Neue Burg****
6543 Nauders, Alte Straße 37 c
T 0043(0)5473 87 700
www.neue-burg.at
V direkt neben dem Schloss

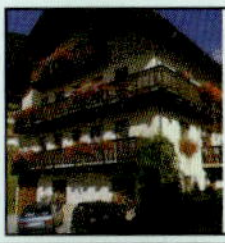

Bio-Bauernhof Haus Sonneck
Nauders, Hinderdorf 267
T 0043 (0) 5473 87 5 41
www.haus-sonneck.at
II

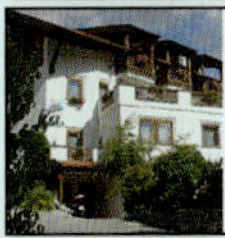

Ferienhaus Auer
Nauders, Dr. Tschiggfreystraße 446
T 0043 (0) 5473 86 1 58
www.ferienhaus-auer.at
III-IV

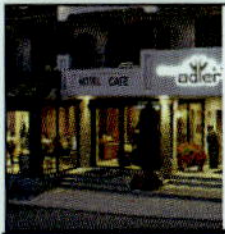

Aktivhotel Schwarzer Adler ****
Nauders, Nr. 33
T 0043 (0) 5473 87254-0
www.adlerhotel.at
III-IV, im Zentrum, Wellness

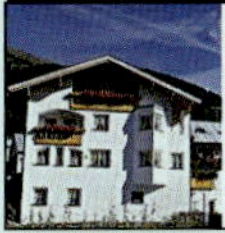

Apart Bauernhof Rosenhof
Nauders, Kleinhansgasse 93
T 0043 (0) 5473 86 16 50
www.rosenhof-nauders.at
II

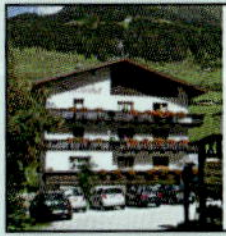

Apart-Haus Bergkastelblick
Nauders, Reschenbundesstraße 287
T 0043(0)676 936 98 73
www.bergkastelblick.at
III

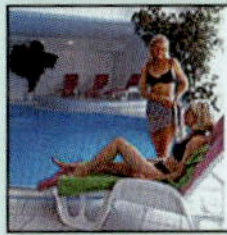

Alpenhotel Central **** Rad- und Bike-Hotel
Nauders, Nr. 196
T 0043 (0) 5473 87 22 10
www.hotel-central.at
III-IV Chef ist Mountainbikeguide

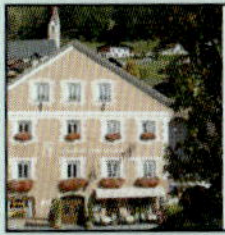

Gasthof Zum Goldenen Löwen ***
Nauders, Postplatz 36
T 0043 (0) 5473 87 2 08
www.loewen-nauders.com
III-IV

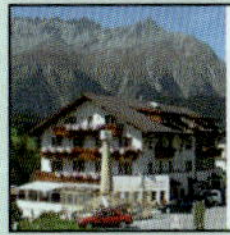

Land-Gasthof Martha ***
Nauders, Nr. 296
T 0043 (0) 5473 87 33 80
www.gasthofmartha.at
III-IV

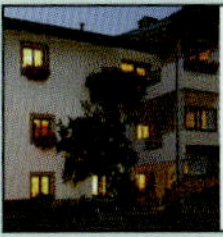

Haus Jung
Nauders, Kleinhansgasse 78
T 0043 (0) 5473 87 3 60
www.haus-jung.at
II

H Tia Monte, Dr. Tschiggfreystr. 30, ✆ 86240 0
H Tirolerhof, Doktor-Tschiggfrey-Str. 27, ✆ 87431, HP, IV-VI 0
Hg Via Claudia, Nr. 406, ✆ 87707, HP, IV 0
Gh Martha, Nr. 296, ✆ 87338, III-IV 0
Gh Zum Goldenen Löwen, Nr. 36, ✆ 87208, IV 0
P Alpenhof, Nr. 229, ✆ 87263, III-IV 0.5
P Gästeheim Anni Winkler, Nr. 61, ✆ 0664 2600615, II 0
P Gästeheim Sigrid, Nr. 373, ✆ 87429, II-III 0
P Haus Collina, Nr. 431, ✆ 87645, III 0.5
P Landhaus Engadin, Nr. 395, ✆ 87351, II-IV 0.5
P Ploner, Nr. 35, ✆ 87221, IV-III 0
P Tirol, Nr. 252, ✆ 87247 0.5
Pz Auer, Nr. 446, ✆ 86158, II-III 0.5
Pz Folie, Nr. 349, ✆ 87488, I 0.5
Pz Gästehaus Vergissmeinnicht, Nr. 357, ✆ 87426, II 0.5
Pz Harmonie, Nr. 222, ✆ 8720720, ✆ 676 5226452, I 0.5
Pz Haus Albert, Alte Str. 353, ✆ 87688, I 0
Pz Haus Arina, Dr.-Tschiggfrey-Str. 392, ✆ 87765, II 0.5
Pz Haus Arnika, Nr. 335, ✆ 87458, III 0
Pz Haus Barbara, Nr. 189, ✆ 87445, II-III 0.5
Pz Haus Bergfrieden, Nr. 288, ✆ 87278, II 0
Pz Haus Julia, Nr. 323, ✆ 87309, ✆ 06507304877, II 0
Pz Haus Maria, Nr. 271, ✆ 87665, II-III 0.5
Pz Haus Morgensonne, Unterdorfweg 330, ✆ 87307, I-II 0
Pz Haus Sonneck, Nr. 267, ✆ 87541, II 0.5
Pz Jung, Nr. 78, ✆ 87360, I-II 0.5
Pz Kroner, Nr. 240, ✆ 87291, II-III 0.5
Pz Rudigier, Nr. 343, ✆ 87537, I 1
Pz Seifert, Nr. 188, ✆ 87376, I 0
Pz Spöttl, Nr. 259, ✆ 87493, I
Pz Waldegger, Sennereig. 72, ✆ 87513, I 0.5
Pz Zentner, Nr. 238, ✆ 87321, I-II 0.5
Fw Apart-Bauernhof Rosenhof, Kleinhansg. 93, ✆ 86165 0.5
Fw Bergkastelblick, Bundesstr. 287, ✆ 0676 9369873, II-III 0.5
Fw Haus Alois´ Ferienglück, Sandbichl 455, ✆ 0650 6543455 0.5
Alpencamping Nauders, Bundesstr. 247, ✆ 87217, I 0.5

Reschen ①

i Ferienregion Reschenpass, Hauptstr. 22, Graun, ✆ 0473633101 0
H Am Reschensee, Hauptstr. 14, ✆ 0473633117, HP, IV 0
H Edelweiss, Hauptstr. 28, ✆ 0473633142, V 0
H Etschquelle, Paese nuovo 43, ✆ 0473633125, III-V 0.5
H Reschnerhof, Hauptstr. 47, ✆ 0473633169, III-V 0.5
H Seehotel, Hauptstr. 19, ✆ 0473633118, V-VI 0
H Zum Mohren, Hauptstr. 30,

✆ 0473633120 0

Hg Bergheim, Lorettstr. 9, ✆ 0473633277, III 0.5

Hg Froy, Altdorfstr. 30, ✆ 0473633373, II-III 0.5

Hg Marlene, Hauptstr. 37, ✆ 0473633123, III 0

Hg Schönebenblick, Hauptstr. 32, ✆ 0473633218, II-III 0

Hg Vergissmeinnicht, Neudorf 18, ✆ 0473633150, II 0.5

Hg Wallnöfer, Hauptstr. 12, ✆ 0473633227, III 0

P Appartement Erna, Neudorf 2, ✆ 0473633145, II-III 0.5

P Haus An der Schanz, Reschen 48, ✆ 0473633139, II 0.5

Fw Haus Lechthaler, Neudorf 13, ✆ 0473633202, II-III 0.5

Graun ①

i Ferienregion Reschenpass, Hauptstr. 22, ✆ 0473633101 0

H Goldener Adler, Claudia Augusta Str. 3, ✆ 0473633130, IV-V 0.5

H Zur Traube-Post, Claudia Augusta Str. 10, ✆ 0473633131, IV-V 0.5

P Theiner, Langtauferer Str. 1, ✆ 0473633231, IV 0

Pz Haus Plangger, St. Anna-Str. 15, ✆ 0473633224, II 0.5

Pz Prieth Sabine, Josef Duile Str. 10, ✆ 0473633278, I-II 0.5

St. Valentin a. d. Haide ①

i Ferienregion Reschenpass, Hauptstr. 22, Graun, ✆ 0473633101 0

H Alpenrose, Hauptstr. 4, ✆ 0473634639, HP, III-IV

H Apart-Hotel Mountain Living , Hauptstr. 27, ✆ 0473634760, III

H Hofer, Kirchg. 20, ✆ 3487363518, II-III 0

H Lamm, Landstr. 67, ✆ 0473634641, IV 0

H Lärchenhain, Landstr. 59, ✆ 0473634501, III

H Mall, Landstr. 39, ✆ 0473634633, II-III 0

H Ortlerspitz, Hauptstr. 15, ✆ 0473634631, III 0

H Post, Hauptstr. 20, ✆ 0473634623, III-IV 0

H Stocker, Hauptstr. 42, ✆ 0473634666, IV 0

H Villa Waldkönigin, Waldweg 17, ✆ 0473634559, V 0

Hg Irene, Landstr. 28, ✆ 0473634637, II-III 0

- Hg Regina, Kirchg. 6, ✆ 0473634601, II-III 0
- Hg St. Valentin, Landstr. 35, ✆ 0473634626, II-III 0
- P Monika, Waldweg 11, ✆ 0473634698, II-III 0.5
- P Sprenger, Kirchg. 10, ✆ 0473634647, III-II 0
- P Talai, Kirchweg 23, ✆ 0473634665, I
- P Tirol, Waldweg 7, ✆ 0473634657, II-III 0.5
- Pz Haus Elke, Waldweg 8, ✆ 0473634664, II 0.5
- Fw Wiesenheim, Dörflstr. 4, ✆ 0473634817 0
- Camping Thöni, Landstr. 83, ✆ 0473634020 0
- Camping Zum See, Kirchg. 26, ✆ 0473634576 0

Burgeis/Burgusio ⓘ

- i Informationsbüro, Dorfpl. 46, ✆ 0473831422 1.5
- H Maraias, Burgeis 140, ✆ 0473831276, HP, III-IV 1.5
- H Sporthotel St. Michael, Burgeis 147, ✆ 0473831121, IV-V 1.5
- H Weisses Kreuz, Burgeis 82, ✆ 0473831307, V 1.5
- H Zum Mohren & Plavina, Burgeis 81, ✆ 0473831223, V 1.5
- Hg Almrausch, Burgeis 172, ✆ 0473831437, II-III 1
- Hg St. Christophorus, Burgeis 159, ✆ 0473831125, III 1.5
- Gh Bruggerhof, Burgeis 174, ✆ 0473831556, II-III 1
- Gh St. Nikolaus, Burgeis 104, ✆ 0473831360, II-III 1.5
- P Florian, Burgeis 43, ✆ 0473831401, II-III 1.5
- P Platzer, Burgeis 182, ✆ 0473830097, II-III 1
- P Schlossbar Garni, Burgeis 183, ✆ 0473835488, III 1.5
- P St. Johann, Burgeis 180, ✆ 0473831554, II-III 1.5
- P Ziernheld, Burgeis 136, ✆ 0473831120, II-III 1.5
- Pz Haus Peer, Burgeis 129, ✆ 0473831236, II 1.5
- Pz Moriggl, Burgeis 49, ✆ 0473830099 1.5
- AH Apparthotel St. Stefan, Burgeis 126, ✆ 0473831410, III-IV 1.5
- AH Moriggl, Burgeis 176, ✆ 0473831550, III-IV 1.5

Mals/Malles Venosta ⓘ

- i Informationsbüro, St. Benediktstr. 1, ✆ 0473831190 0.5
- H Greif, Gen. Verdross Str. 40a, ✆ 0473831189, HP, V 0.5
- H Margun, Nationalstr. 7, ✆ 0473835060, III-IV 1
- H Tyrol, Fröhlichg. 4, ✆ 0473831160, IV-V 0.5
- Gh Iris, Staatsstr. 12, ✆ 0473831166, II-III 0.5
- P Ortlerblick, Ortweinstr. 25, ✆ 0473835155 0.5
- Camping Mals, Bahnhofstr. 51, ✆ 0473835179 1

Schluderns/Sluderno ⓘ

- i Informationsbüro, Meraner Str. 1, im Vintschger Museum, ✆ 0473615258 0
- H Alte Mühle, Matscher Winkel 24,

☎ 0473615238, IV 0
H Engel, Kirchpl. 7, ☎ 0473615278, V 0
H Saldur, Konfall 9, ☎ 0473614127, IV-V 0.5
Gh Burggasthof zum Weissen Rössl, Meranerstr. 3, ☎ 0473615300, III-IV 0
P Helene, Quairstr. 12, ☎ 0473615272, II 0.5
P Mairhof, Gschneir 16, ☎ 0347/1229303, III-IV 0.5
P Ortlerblick, Großfeldweg 18, ☎ 0473615286, II-III 0.5
Bh Hausergut, Auenweg 3, ☎ 0473615326, II 1

Eyrs/Oris ⓘ

i Informationsbüro Laas, Bahnhof, Laas/Lasa, ☎ 0473626613 1
Pz Niederfriniger, Plurweg 14, ☎ 0473739819, II 0.5

Laas/Lasa ⓘ

i Informationsbüro Laas, Bahnhof, ☎ 0473626613 1
i Informationsbüro Laas, Bahnhof, ☎ 0473626613 1
Gh **Zur Sonne, Vinschgaustr. 24, ☎ 0473626523, III 1**
Hg Schwarzer Adler, Vinschgaustr. 53, ☎ 0473626140, II 1
Pz Haus De Martin, Vinschgaustr. 95, ☎ 0473626565, II 0.5
Bh Fohlenhof, Bahnhofstr. 2, ☎ 0473626501, ☎ 03356932000, IV 1
Bh Panoramahof, Vinschgaustr. 4a, ☎ 0473628153 1
⛺ Camping Badlerhof, Kugelg. 4b, ☎ 0473628011, I 1

Kortsch/Corces (Schlanders/Silandro) ⓘ

i Informationsbüro Laas, Bahnhof, Laas/Lasa, ☎ 0473626613 1
Gh Rita, Schmiedg. 22, ☎ 0473730235, III 0
P Feldgärtenhof, Drei Kreuz Weg 4, ☎ 0473730403, II-III 0
Pz Schuster, Schmiedg. 14, ☎ 0473730522, II-III 0

Schlanders/Silandro ⓘ

H Goldene Rose, Hauptstr. 73, ☎ 0473730218, IV 0.5
H Goldener Löwe, Dantestr. 6, ☎ 0473730188, III-IV 0.5
H Landhotel Anna, Hauptstr. 27, ☎ 0473730314, III-IV 0.5
H Schwarzer Widder, Hauptstr. 96, ☎ 0473730000, III 0.5
P Schweitzer, Dantestr. 1, ☎ 0473730174, III 0.5

Pz Claudia, Moarg. 19, ✆ 0473730303, III 0.5

Pz Gufler, Marconistr. 4, ✆ 0473730453, II-III 0.5

Pz Haus Mairösl, Moarg. 21, ✆ 0473730052, II 0.5

Bh Waalhof, Alte Landstr. 52, ✆ 0473621439, II-III 0

Göflan/Covelano ⓘ

i Informationsbüro Laas, Bahnhof, Laas/Lasa, ✆ 0473626613 1

Pz Rainalter, Schildackerweg 2, ✆ 0473730778, II 1

Pz Tumler, Angerwiesenweg 46, ✆ 0473730528, II-III 1

Vetzan/Vezzano ⓘ

H Sporthotel Vetzan, Dorfstr. 14, ✆ 0473742525, V 0.5

H Vinschgerhof, Alte Vinschgerstr. 1, ✆ 0473742113, V 1

P Sonnenberg, Dorfstr. 21, ✆ 0473742068, II-III 0

Fw Residence Maria, Torgglweg 11, ✆ 0473742110, II 0.5

Goldrain/Coldrano ⓘ

i Tourismusverein Latsch-Martell, Hauptstr. 38a, Latsch/Laces, ✆ 0473623109 0.5

H Bamboo & Lifestyle, Schanzenstr. 5, ✆ 0473742069, V-VI 1

H Obermoosburg, Graf-Hendl-Str. 42, ✆ 0473742203, HP, IV 0.5

P Andersag, Via Storta 18, ✆ 0473742091 1

P Haus Thaler, Via della Palude/Möslweg 7, ✆ 0473742182 0.5

P Obergrundgut, Auerg. 11, ✆ 0473740044, II 0.5

P Residence Marlene, Schanzenstr. 39, ✆ 0473742387, II 1

P Residence Obstgarten, Krummweg 22, ✆ 0473742168, III 1

Pz Waalhof, Tisserweg 35, ✆ 0473742179 0

Bh Haus im Erlengrund, Vinschgauerstr. 43, ✆ 0473742119, II-III 1

Ca Cevedale, Vinschgauestr. 59, ✆ 0473742132, I 1

Morter ⓘ

i Tourismusverein Latsch-Martell, Hauptstr. 38a, Latsch/Laces, ✆ 0473623109 0.5

H Krone, Nibelungenstr. 28, ✆ 0473742115, IV 2

H Montani, Hoferg. 7, ✆ 0473742155, III-IV 2

P Daniel, Hoferg. 21, ✆ 0473742051, I 2

P Georgshof, Nibelungenstr. 40, ✆ 0473742218, III 2.5

P Martin, Hoferg. 14, ✆ 0473742049, HP, IV 2

Pz Haus Strobl, Nibelungenstr. 11, ✆ 0473742153 2

Latsch/Laces ⓘ

i Tourismusverein Latsch-Martell, Hauptstr. 38a, ✆ 0473623109 0.5

H Jagdhof, Herreng. 15, ✆ 0473622299, VI 1

H Latscherhof, Valtneidweg 1, ✆ 0473623152, IV 2

H Matillhof, Hans Peggerstr. 6a, ✆ 0473623444, VI 1

H Paradies, Quellenweg 12, ✆ 0473622225, VI 1.5

H Tanja - Sonnen Hof, Kugelg. 84, ✆ 0473623336, IV 0.5

Hg Rinner, Hauptstr. 8b, ✆ 0473623202, III 0.5

P Dietl, H. Pegger-Str. 6, ✆ 0473623195, III 1

P Gallus, Seilbahnweg 25, ✆ 0473623952, II-III 0.5

P Haus Monika, H. v. Annabergstr. 2, ✆ 0473623977, II-III 1.5

P Sonnenberg, Reichsstr. 2, ✆ 0473623243,

P Tannenhof, Montaniweg 8, ✆ 0473623373

III 1

P Wach, Hauptstr. 16a, ✆ 0473623477, II 0.5

Bh Schnalserhof, Jaufeng. 1, ✆ 0473623223, II-III 0.5

Camping Latsch an der Etsch, Reichstr. 4, ✆ 0473623217 0

Tarsch/Tarres ⓘ

i Tourismusverein Latsch-Martell, Hauptstr. 38a, Latsch/Laces, ✆ 0473623109 0.5

P Carola, Kirchweg 5, ✆ 0473623314, III 2

P Elisabeth, Kirchweg 7, ✆ 0473623303, II 2

P Residence Karpoforus, St. Medardusstr. 46, ✆ 0333/8003967, III 2

P Sachsalber, Obermühlweg 20, ✆ 0473623103, III 2

Bh Stadlgut, Medardusweg 8, ✆ 0473622085, II-III 2

Kastelbell/Castelbello ⓘ

i Tourismusverein Kastelbell-Tschars, Staatsstr. 5, ✆ 0473624193 0

H Bauhof, Mareinerstr. 1, ✆ 0473624145, IV 0

H Panorama, Alte Str. 18, ✆ 0473624183, IV 0.5

Bh Gstirnerhof, Spineidweg 5, ✆ 0473624032, III 0.5

Bh Kuppelrain, Bahnhofstr. 16, ✆ 0473624103, ✆ +39335231979, V 0.5

Bh Landhaus Mondschein, Staatsstr. 16, ✆ 0473624117, III 0.5

P Feldhof, Latschinigerstr. 2, ✆ 0473624168, III 1

Bh Niedermairhof, Latschinigerstr. 5, ✆ 0473624565, III 1

Bh Obermairhof, Latschinigerstr. 10, ✆ 0473624162, ✆ 3397394677, II-III 1

Bh Stiagnguat, Alte Str. 32, ✆ 0473624007, II 0.5

Tschars/Ciardes ⓘ

i Tourismusverein Kastelbell-Tschars, Staatsstr. 5, Kastelbell/Castelbello, ✆ 0473624193 0

H Himmelreich, Klosterg. 15, ✆ 0473624109, IV-V 0

H Winkler, Tomberweg 4, ✆ 0473624134, HP, V 0.5

P Pardell, Raslweg 14, ✆ 0473624018, III 0.5

B&B Sardis, Raslweg 16, ✆ 0473624010, III 0.5

Bh Himmelreich, Klosterg. 15a, ✆ 0473624417, II-III 0

Bh Raslgut, Raslweg 2, ✆ 0473624662, III 0.5

Bh Sackgut, Sackweg 4, ✆ 0473667663, II 1

Naturns/Naturno ⓘ

i Tourismusverein Naturns, Rathausstr. 1, ✆ 0473666077 0

P Linserhof, Am Graben 5/Via Fossato, ✆ 0473667238, II-IV

H Alpenhof, Gerberweg 10, ✆ 0473667502, V 0.5

H Belvedere, St. Prokulus Str. 35, ✆ 0473667306, VI 0

H Diamant, Herreng. 1, ✆ 0473667327, IV-V 0

H Feldhof, Rathausstr. 4, ✆ 0473666366, VI 0

H Funggashof, Am Graben 1, ✆ 0473667161, HP, V-VI 0.5

H Kreuzwirt, Hauptstr. 47, ✆ 0473667110, V 0

H La Vimea, August Kleeberg 7, ✆ 0473055035, V-VI 0

H Lamm, Kompatscherstr. 16, ✆ 0473666344, IV 0

H Lindenhof, Kirchweg 2, ✆ 0473666242, VI 0

H Nocturnes, Schlossweg 5, ✆ 0473667055, IV-V 0

H Preidlhof, St.-Zeno-Str. 13, ✆ 0473666251, VI 0.5

H Schönblick, Schlossweg 11, ✆ 0473673009, IV 0.5

H Sonnenhof, Rathausstr. 2, ✆ 0473667250 0

H Weingarten, Schlossweg 20, ✆ 0473667299, II-III 0

Gh Falkenstein, Schlossweg 15, ✆ 0473667321 0.5

Gh Mondschein, Stein 20, ✆ 0473667143, III 0.5

P Bergblick, Feldg. 7, ✆ 0473667193, II 0

P Brunner, St.-Prokulusstr. 24, ✆ 0473667028, II 0

P Central, Rathausstr. 6/Via Municipio, ✆ 0473667071, II-III 0

P Fallrohrhof, Fallrohrweg 12, ✆ 0473667378, II-III

P Grünfeld, Etschangerstr. 16/Via Adige, ✆ 0473667457 0

P Marchegg, St. Prokulusstr. 41, ✆ 0473667289, II-III 0

P Santner, Bahnhofstr. 8/Via Statzione, ✆ 0473667225, I-II 0.5

P Schmiedhof, Schlossweg 3/Via Castello, ✆ 0473667428, III 0

P Sonnblick, Etschangerstr. 45/Via Adige, ✆ 0473667390, III 0.5

P Unterweggütl, St.-Zeno-Str. 7, ✆ 0473667020, III 0

Pz Fliri, Etschangerstr. 24, ✆ 0473667408, II 0

Pz Haus Etschgrund, A. Kleebergstr. 16, ✆ 0473666175, II-III 0.5

Pz Haus Talblick, Schießstandweg 3/Via Bersaglio, ✆ 0473667065, I 0

Pz Steinhof, Steinweg 10, ✆ 0473667451, I-II 0.5

Bh Patleidhof, Sonnenberg 47/Monte Sole, ✆ 0473667767, II 1.5

Camping Bungalows Adler, Lidostr. 14, ✆ 0473667242 0.5

Plaus ①

H Stefanshof, Dorf 7, ✆ 0473660085, IV 1.5

H Villa Etschland, Am Park 15, ✆ 0473660024, III 1

P Alpenland, Gröbenweg 4, ✆ 0473660062 II 1.5

P Sonnwend, Hilbweg 1, ✆ 0473660082, II 1.5

P Ulrichshof, Sägeweg 8, ✆ 0473660127, II 1

Ho Plauserhof, Bahnhofstr. 11, ✆ 0473660123, IV 1

Rabland/Rablà ①

i Tourismusverein Partschins, Rabland und Töll, Spaureggstr. 10, Partschins/Parcines, ✆ 0473967157 0

H Hanswirt, Geroldpl. 3, ✆ 0473967148, VI 0.5

H Panorama, Vinschgauerstr. 25, ✆ 0473967140, IV 1

H Rössl, Vinschgauerstr. 26/Via Venosta, ✆ 0473967143, V 1

H Waldhof, Hans-Guet-Str. 42, ✆ 0473968088, V 0.5

H Weiss, Vinschgauerstr. 38, ✆ 0473967067 1

Hg Am Meilenstein, Geroldstr. 9, ✆ 0473967380, III-IV 0.5

Hg Wagnerhof, Vinschgauerstr. 12, ✆ 0473967142, III 1

P Ennemoser, Vinschgauer Str. 17, ✆ 0473967280, I-III 1

P Gstrein, St. Jakob Str. 12-14, ✆ 0473967144, III 1

P Lahn, Lahnstr. 41, ✆ 0473967299, II 0.5

P Weghueb, Geroldstr. 25, ✆ 0473967555, III 0.5

Pz Gerstl, Saringstr. 28, ✆ 0473967223, II 1.5

Pz Kofler, Cutraunstr. 65, ✆ 0473967460, I-II 1.5

Fw Augschöll, Gfallwandstr. 16, ✆ 047396701 III 0.5

Bh Neuwirtshof, Vinschgauer Str. 20,

✆ 0473967207, II 0.5

Partschins/Parcines ⓘ

Tourismusverein Partschins, Rabland und Töll, Spaureggstr. 10, ✆ 0473967157 0

An der Stachelburg, Wasserfallweg 7, ✆ 0473967310, HP, V 0

Niedermair, Vertigen 8, ✆ 0473967171, IV-V 0

Vitalpina Hotel Waldho, Hans-Guet St. 42, ✆ 047398088 0.5

Farmerhof, Graf-Johann-Weg 15, ✆ 0473967353, III 0

Mair am Ort, P.-Mitterhofer-Str. 17, ✆ 0473967387, V 0

Giggelberg, Sonnenbergweg 61, ✆ 0473967566, II 0.5

Stiegenwirt, Wasserfallweg 2, ✆ 0473968300, III 0

Berggütl, Graf-Johann-Weg 11, ✆ 0473967013, II 0

Karnatsch, Römerstr. 4, ✆ 0473967009, II-III 0

Lenzenhof, Kleinkarlbacherstr. 14, ✆ 0473967277, II 0

Lindenhof, Zehentstr. 57, ✆ 0473967218, II 0.5

Marianne, Von-Vintler-Str. 6, ✆ 0473967106, II 0.5

Meranblick, Gaudenturmstr. 8, ✆ 0473967054, II 0.5

Rika, P.-Mitterhofer-Str. 48, ✆ 0473967244, ✆ 0335/8388089, II 0

Österreicher, Gaudenturmstr. 14, ✆ 0473967012, II 0

Haus Herta, Peter-Mitterhofer-Str. 30, ✆ 0473967100 0

Pz Hilde, Stampfstr. 22, ✆ 0473967177, I 0.5

Pz Pföstlhof, Vla Peter-Mitterhofer-Str. 43, ✆ 0473967072, II 0

Pz Rudi, Kleinkarlbacherstr. 10, ✆ 0473967003, II 0

Pz Unterthurner, Lahnstr. 8, ✆ 0473968046, I-II 1

AH Café Taufenbrunn, Taufnerg. 2, ✆ 0473967136, III 0

Fw Castellan, Vertigenstr. 12, ✆ 0473968204, IV 0

Bh Niederhof, Quadratstr. 11, ✆ 0473967017, II 1.5

Bh Pfaffegandhof, Zielstr. 7, ✆ 0473967344, I-II 0

Algund/Lagundo ⓘ

i Tourismusbüro Algund, Hans-Gamper-Pl. 3, ✆ 0473448600 0

H Alia Vital, Etzenrichtstr. 27, ✆ 0473491600, IV 0.5

H Der Pünthof, Steinachstr. 25, ✆ 0473448553, V 0.5

H Dorner, J.-Weingartner-Str. 40, ✆ 0473443309, V-VI 1

H Gartenhotel Schönblick, Rosengartenstr. 1, ✆ 0473222303, III 0.5

H Gstör, Alte Landstr. 40, ✆ 0473448555, IV-

V 0

H Livehotel Friedheim, Rosengartenstr. 1-3, ✆ 0473222303, III 0.5

H Mitterplarserhof, Mitterplars 69, ✆ 0473221390, IV-V 0.5

H Mühlbacherhof, Alte Landstr. 19, ✆ 0473448582, V 0

H Residence St. Kassian, St. Kassianweg 17, ✆ 0473448545, V-VI 0.5

H Wiesenhof, J.-Weingartner-Str. 16, ✆ 0473446677 1.5

Gh Zum Stern, Kirchpl. 3, ✆ 0473448523, III-IV 0

P Alpenblick, Mitterplars 47, ✆ 0473448715, II-III 0.5

P An der Leit, Oberplars 9, ✆ 0473448588, III 0.5

P An der Linde, Mitterplars 15, ✆ 0473200920, III 0.5

P Ganthaler, Huebenweg 4, ✆ 0473448481, III-IV 0.5

P Heinrichshof, Rosengartenstr. 14, ✆ 0473222532, VI 1

P Monika, Mair im Kornstr. 21, ✆ 0473448622, II-IV 0.5

P Nutzhof, Leitenweg 1, ✆ 0473448596, IV 0

P Oberangerhof, Oberplars 48, ✆ 0473448436, III 0

P Paradies, Alte Landstr. 20/Strada Vecchia, ✆ 0473448367, III-IV 0.5

P Plarserhof, Oberplars 34, ✆ 0473448355, III 0.5

P Rasner, Oberplars 22, ✆ 0473221569, II-III 0

P Schloss Plars, Mitterplars 25, ✆ 0473448472 0

P Seppmair, Oberplars 45, ✆ 0473448727, III-IV 0

P Wolfbrunn, Oberplars 52, ✆ 0473448575, II 0.5

P Öhlerhof, Mair im Kornstr. 18, ✆ 0473448357, V 0.5

Pz Köstenwaldele, Oberplars 36, ✆ 0473448374, I-II 0.5

Pz Panorama, St. Hippolytstr. 6, ✆ 0473440333, I-II 0

B&B Gästehaus Franz Leiter, Steinachstr. 8, ✆ 0473448369 0.5

Fw Oberdorner, Leitenweg 5, ✆ 0473448485 IV 0

Fw St. Hippolyt, St. Kassianweg 32, ✆ 0473233116, II-III 0.5

Bh Almbergerhof, Oberplars 23, ✆ 0473445768, II-III 0

Bh Bognerhof, Mitterplars 17, ✆ 0473220650 II-III 0.5

Bh Huber unterm Baum, St. Kassianweg 38, ✆ 0473447362, III-IV 0.5

Bh Huberhof, Oberplars 4, ✆ 0473448353, I

Bh Obermair, Oberplars 21, ✆ 0473448574, I

Bh Platterhof, St. Kassianweg 9, ✆ 0473448737, III 0

Bh Töllerhof, Oberplars 14/Plars di Sopra, ✆ 0473448410, I

Bh Wildhof, Mitterplars 3, ✆ 0473440164, II 0.5

Via Claudia Augusta, Marktg. 14, ✆ 0473223060 0.5

Mühlbach (Algund/Lagundo) ⓘ

H Tirolerhof, J.-Weingartner-Str. 34, ✆ 0473449888, IV 0.5

Gh Löwen, J. Weingartnerstr. 20, ✆ 0473442048, III-IV 1

P Monza, Etzenrichtstr. 17, ✆ 0473449210, II-III

Forst/Foresta (Algund/Lagundo) ⓘ

P Monya, Brauhausstr. 13, ✆ 0473448521, III 0.5

Bh Untermairhof, Brauhausstr. 47, ✆ 0473448693, III 1

Marling/Marlengo ⓘ

- [i] Tourismusverein, Kirchpl. 5, ✆ 0473447147 0.5
- [H] Gasthaus Traubenwirt, F.-Innerhofer-Str. 2, ✆ 0473447216, III-IV 0.5
- [H] Giardino Marling, St. Felixweg 18, ✆ 0473447177, VI 0.5
- [H] Glanzhof, Nörderstr. 1, ✆ 0473447230, HP, V-VI 0.5
- [H] Kristall, St. Felixweg 16, ✆ 0473447262, V-VI 0.5
- [H] La Maiena Life Resort, Nörderstr. 15, ✆ 0473447000, VI 0.5
- [H] Marlena, Nörderstr. 6, ✆ 0473222266, VI 0.5
- [H] Oberwirt, St. Felixweg 2, ✆ 0473222020, V 0.5
- [H] Pazeider, Nörderstr. 32, ✆ 0473448740, V-VI 0.5
- [H] Sonnenhof, Anselm-Pattis-St. 13, ✆ 0473447258, III-IV 0.5
- [H] [Gh] Waldschenke, St. Felixweg 11, ✆ 0473447015, IV 0
- [P] Chalet, Nörderstr. 17, ✆ 0473447054, III 0.5
- [P] Greiterhof, St. Felixweg 15/1, ✆ 0473447218, II-III 0
- [P] Rosemarie, Gampenstr. 57, ✆ 0473447200, III 1
- [Pz] Haus Sonnegg, Lebenbergerstr. 7, ✆ 0473447047, III 0.5
- [Bh] Birkenhof, Nörderstr. 43, ✆ 0473445387, II 0
- [Bh] Kasererhof, F.-Innerhofer-Str. 18, ✆ 0473448019, II 0.5
- [Bh] Moospichlerhof, Nörderstr. 40, ✆ 0473448530, II 0
- [Bh] Prefmairhof, Bruggerweg 3, ✆ 0473447287 0.5

Tscherms/Cermes ⓘ

- [i] Tourismusbüro Tscherms, Gampenstr. 22, ✆ 0473561015, ✆ 0473561770 0.5
- [H] Fleuralp, Blumenstr. 12, ✆ 0473563411, HP, IV-V 1
- [H] Paulus, Raffeinweg 18, ✆ 0473562400, IV 0.5
- [H] Residence Johanneshof, Gampenstr. 62, ✆ 0473561428, IV 1
- [H] Törggelehof, Raffeinweg 15, ✆ 0473562518, III-IV 0.5
- [H] Unterstein, St.-Anna-Weg 7, ✆ 0473561730, HP, III-IV 0
- [P] Apartements Georgenhof, Dr.-J.-Garber-Str. 24, ✆ 0473562733, II-III 1
- [P] Golser, Lanaerweg 8, ✆ 0473562538, III-IV 0.5
- [P] Mitterhofer, Raffeinweg 10, ✆ 0473561694, III 0.5
- [P] Valtnaungut, Kaltswetterg. 1a, ✆ 0473562374, HP, IV 0.5
- [P] Weihergut, Raffeinweg 9, ✆ 0473562353, III 0.5
- [Pz] Haus Tauber, Raffeinweg 4, ✆ 0473561654, III 0.5
- [B&B] Obergluniger, Lebenberger Str. 9, ✆ 0473562375, III 0.5
- [Bh] Biedermann-Hof, Lebenbergstr. 1, ✆ 0339/4816139, IV 0.5
- [Bh] Eggbauer-Hof, Leitenweg 1, ✆ 0473/564452, II 0
- [Bh] Oberstein-Hof, Leitenweg 6, ✆ 0473562389, II 0

Lana ⓘ

- [i] Tourismusverein, A.-Hofer-Str. 9/1, ✆ 0473561770 0.5
- [H] Ballguthof, Brandisweg 2a, ✆ 0473561029, V 0.5
- [H] Braunsbergerhof, Ultnerstr. 9a, ✆ 0473561698, IV 0.5
- [H] Genuss-Hotel Pfeiss, Feldgatterweg 16, ✆ 0473561395, IV-V 1.5

Ⓗ Gschwangut, Treibg. 12a, ✆ 0473561527, IV-V 0.5

Ⓗ Petra, Aichweg, ✆ 0473561568, II-III 0.5

Ⓗ Pöder, Gilmannweg 1, ✆ 0473561258, IV-V 0.5

Ⓗ Schlosshof, Jaufenstr. 10, Lana, ✆ 0473561469, IV 1.5

Ⓗ Schwarzschmied, Schmiedg. 6, ✆ 0473562800, V 0.5

Ⓗ Tiefenbrunn, St.-Agatha-Weg 14, ✆ 0473561485, HP, V-VI 1

Hg Bühlerhof, Gampenstr. 19a, ✆ 0473561835, III 0

Hg Krone, Schnatterpeckstr. 22, ✆ 0473561351, I-III 0.5

Hg Lechner, Lahnstr. 16, ✆ 0473562618, I-II 0.5

Gh Tennis, Boznerstr. 15, ✆ 0473561100, III 1

Ⓟ Hilpold, Hirzerstr. 20/Via Monte Cervina, ✆ 0473563049, III-IV 1

Ⓟ Rebgut, Brandisweg 3, ✆ 0473561430, III-IV 0.5

Ⓟ Residence Kathrainhof, Kirchweg 10a, ✆ 0473562422 0.5

Ⓟ Sonnenhof, Angerweg 21, ✆ 0473561338, III-IV 1

Pz Haus Ebner, Hirzerstr. 5a/Via Monte Cervina, ✆ 0473562849, I-II 1

Pz Haus Kessler, Kirchweg 2, ✆ 0473562280, II 0.5

B&B Ortgut, St. Agathaweg 9, ✆ 0473561759, II 1

B&B Unteranger, Schnatterpeckstr. 27, ✆ 0473561273, III 0.5

Fw Haus St. Peter, St. Peterweg 5a, ✆ 0473562802 0.5

Bh Erlengut, Erlenweg 4, ✆ 0473561775, I 0.5

Bh Haus Rosenegg, Schnatterpeckstr. 20, ✆ 0473561074 0.5

Bh Jöchlerhof, Treibg. 6a, ✆ 0473562539, I 0.5

Bh Untersilackerhof, St.-Florian-G. 13, ✆ 0473563175, I 0.5

Bh Vettererhof, St.-Agathaweg 8, ✆ 0473561201, I 1

⛺ Camping Arquin, Feldgatterweg 25, ✆ 0473561187 1.5

⛺ Schlosshof, Jaufenstr. 10, ✆ 0473561469 1.

Völlan/Foiana (Lana) ⓘ

ℹ Tourismusbüro Völlan, Mayenburgstr. 44, ✆ 0473568068 1.5

ℹ Tourismusverein, A.-Hofer-Str. 9/1, Lana, ✆ 0473561770 0.5

Ⓗ Alpiana Resort, Probst Wieser Weg 30, ✆ 0473568143, VI 1.5

Gh Hotel Kirchsteiger, Propst-Wieser-Weg 5, ✆ 0473568044, IV-V 1.5

⛺ Alpin Fitness Waldcamping Völlan, Feldweg/Via dei Prati 12, ✆ 0473568138 1

⛺ Naturcamping Völlan, Zehentweg 6, Völlan, ✆ 0473568056 1

Nals/Nalles ⓘ

ℹ Tourismusverein, Rathauspl. 1/A, ✆ 0471678619 0

Ⓗ Hotel Appartement Lahngut, Schwimmbadstr. 2, ✆ 0471678713, III 0.5

Ⓗ Kreidhof, Kreidweg 10, ✆ 0471678824, III-IV 0.5

Ⓗ Rosenbaum, Goldg. 3/Vicolo dell'Oro, ✆ 0471678636, V 0

Ⓗ Traubenheim, Kreidweg 15, ✆ 047167881C III 0.5

Ⓗ Wilma, Petermannweg 7, ✆ 0471678730, II-III 0.5

Jäger, Apolloniaweg 5, ✆ 0471678605, III 1.5

Garni Rebhof, Vilpianerstr. 19, ✆ 0471678924, II 0.5

Rosenpension Krösshof, Vilpianerstr. 31, ✆ 0471678863, II-III 1

Sandhofer, St. Vigil-Str. 24, ✆ 0471678036, III 0.5

Stamserhof, Andreas-Hofer-Str. 17, ✆ 0471678851, III 0.5

Haus Egger, Andreas-Hofer-Str. 36, ✆ 0471678501 0.5

Haus Helga, Andreas-Hofer-Str. 7, ✆ 0471678911, III 0

Untermoarhof, Sirmianerstr. 12, ✆ 0471678607, I 1

Nalserhof, Goldg. 6, ✆ 0471678678, IV 0

Haus Luise, St.-Vigil-Str. 22, ✆ 0471678675, II 0.5

Kösslerhof, Weinstr. 37a, ✆ 0471678456, III 1

Reinhild, Mühlg. 10, ✆ 0471678644, III-IV 0

Residence Ganterer, Prissianerstr. 15a, ✆ 0471678214 0

Ebnerhof, Apolloniaweg 11, ✆ 0471678593 1.5

Camping „Zum Guten Tropfen", Mühlg. 14, ✆ 0471678046, I 0

Andrian/Andriano ⓘ

Tourismusverein Andrian, Wehrburgstr. 1a, ✆ 0471510100 1

Gantkofel, Sonnenstr. 9, ✆ 0471510239, V 1

Andrianerhof, Gisshübelweg 2, ✆ 0471510087, III 1

Grünwald, Binderg. 18, ✆ 0471510133, III 0.5

Trübenbach, Hocheppaner Weg 11, ✆ 0471510049, III 0

Gh Schwarzer Adler, St.-Urban-Pl. 4, ✆ 0471510288, III 0.5

P Sonngart, Weingartenweg 4, ✆ 0471510044, III 0.5

P Zeder, Wolfsturnstr. 6, ✆ 0471510216 0.5

Fw Haus Elefant, Krippweg 12, ✆ 0471510330, ✆ 0339/1140965 0.5

Bh Karcherhof, Gisshübelweg 11, ✆ 0471510171, II-III 1

Bh Kreuzwegerhof, Wehrburgstr. 50, ✆ 0471510139 0.5

Bh Malesardi, J.-Gamper-Weg 8, ✆ 0471510153, II 0.5

Bh Moosbauerhof, Unterbergweg 10, ✆ 0471510178, I 0.5

Bh Rosengartenhof, Wolfsthurnstr. 11, ✆ 0471510223, II 0.5

Terlan/Terlano ⓘ

i Tourismusverein Terlan, Dr.-Weiser-Pl. 2, ✆ 0471257165 2.5

H Weingarten, Hauptstr. 42, ✆ 0471257174, IV 2.5

Hg Altmeitingerhof, Kirchg. 10, ✆ 0471257158, II 2.5

Gh Oberbacher, Kirchg. 38, ✆ 0471257264, II 2.5

P Garni Café und Eisdiele Wieterer, Kirchg. 17, ✆ 0471257474, III 2.5

P Runer, Silberleitenweg 3, ✆ 0471257163, III 2.5

P Unterspeiser, Klaus 28, ✆ 0471257073, II-III 2.5

Pz Traubengarten, Kirchg. 46, ✆ 0471257254 3

Fw Apartments Rosengarten , Perglweg 20, ✆ 0471257496, II-III 3

Bh Tschollhof, Silberleitenweg 13, ✆ 0471257360, II 2.5

St. Pauls/San Paolo (Eppan/Appiano) ⓘ

- H Unterrain, Unterrainer Str. 29, ✆ 0471633396, III 1
- H Weinberg, Luziafeldweg 3, ✆ 0471662326, III-IV 0.5
- Hg Luzia Feldhof, Luziafeldweg 6, ✆ 0471663216, III 0.5
- P Garni Felderer, Feldweg 36, ✆ 0471664153, III 0.5
- Pz Ebner, Paulser Str. 30, ✆ 0471664009 0
- Pz Haus Stampfer, Unterrainerstr. 23a, ✆ 0471664435, II-III 0

Girlan/Cornaiano (Eppan/Appiano) ⓘ

- H Ansitz Rungghof, Runggweg 26, ✆ 0471665854, IV 2
- H Girlanerhof, Marklhofweg 7, ✆ 0471662442, V-VI 2.5
- H Mandelhof, Mühlweg 8, ✆ 0471662477, IV-V 1.5
- H Waldhof, Runggweg 14, ✆ 0471662441, V 2
- Gh Wastl, Girlanerstr. 42, ✆ 0471662412, III-IV 1.5

St. Michael/S. Michele (Eppan/Appiano) ⓘ

- H Ansitz Angerburg, Unteralberstr. 16, ✆ 0471662107, III-IV 0
- H Christof, Via Krafußweg 21, ✆ 0471662349, IV-V 0
- Gh Kreuzwegerhof, Kreuzweg 1, ✆ 0471662490, II-III 0
- Pz Federerhof, Montiggler Str. 29, ✆ 0471662048 1

Faedo ⓘ

- P La Ferrata, Loc. Cadino 1, ✆ 0461650409, II 1
- B&B Monreal, Fraz. Pineta 15, ✆ 0461650585 2.5

Eppan/Appiano ⓘ

- i Tourismusverein Eppan, Rathauspl. 1, St. Michael, ✆ 0471662206 0
- H Tschindlhof, Bergweg 36, ✆ 0471662225, V 0.5

Kaltern an der Weinstraße/Caldaro Sulla Strada Del Vino ⓘ

- i Tourismusverein Kaltern, Marktpl. 8, ✆ 0471963169 0
- H Garnellenhof, Garnellenweg 18, ✆ 0471669011, IV-V 1
- H Goldener Stern, Andreas-Hofer-Str. 28, ✆ 0471963153, IV 0
- H Mendelblick, Penegalweg 22, ✆ 0471963423, III 0.5
- H Panorama, Penegalweg 21, ✆ 0471963205, III 0.5
- H Römerrast, Oberplanitzing 40, ✆ 0471669097, V 1
- Hg Ansitz Feldererhof, Saltnerweg 4, ✆ 0471962545, V 0.5
- Hg Weingut Klosterhof, Klavenz 40,

✆ 0471961046, IV-V 0.5

Gh Zum Turm, Andreas-Hofer-Str. 32, ✆ 0471963281, III 0

Gh Zum Weißen Rössl, Marktpl. 11, ✆ 0471963137, III 0

P Christl, St. Anton 23, ✆ 0471963173, IV 1

P Gartenheim, Oberplanitzing 16, ✆ 0471669109, II-III 1

P Gästehaus Florian, Rebschulweg 6, ✆ 0471963316, III-IV 0

P Marlen, Barleiterweg 13, ✆ 0471963355, III 0

P Petra, Brentastr. 9, ✆ 0471632150, III 3

P Roter Adler, Goldg. 4, ✆ 0471963115, III 0

P Sonneckhof, Barleiterweg 26, ✆ 0471965248, III 0

P Sonnenburg, Bahnhofstr. 30, ✆ 0471963225, III 0

Pz Haus Emma, Klavenz 42, ✆ 0471963080 0.5

Pz Haus Gundi, Penegalweg 11, ✆ 0471964210, II-III 0.5

Pz Haus Marlene, Heppenheimerstr. 42, ✆ 0471963015, II-III 1.5

Pz Haus Morandell, Weinbergweg 18, ✆ 0471962268, II-III 0.5

Pz Pfeiferhof, Guflweg 8, ✆ 0471963524, III 0.5

Pz Saltnerhof, Saltnerweg 34, ✆ 0471962542, II-III 0.5

Fw Dissertorihof, Malga 8a, ✆ 0471963350, II-III 0.5

Fw Gutshof Sinn, Oberplanitzing 67a, ✆ 0471669526, III-IV 1

Fw Mazzon, Montigglerweg 5, ✆ 0471962175, II-III 0.5

Fw Traubenhof, Unterwinkel 23a, ✆ 0471962426, III-IV 0.5

Fw Weingut Prälatenhof, Unterplanitzing 15a, ✆ 0471962541, III 0.5

Bh Penegalhof, Penagalweg 20, ✆ 0471962371, III 0.5

St. Josef (Kaltern an der Weinstraße/Caldaro Sulla Strada Del Vino) (I)

H Haus am Hang, St. Josef am See 57, ✆ 0471960086, HP, V-VI 0.5

H Seegarten, St. Josef am See 17, ✆ 0471960260, V-VI 0

H Thalhof am See, St. Josef am See 10, ✆ 0471960163, IV 0

Hg Sonnleitenhof, St. Josef am See 34, ✆ 0471960237, III-IV 0

P Garni-Appartement Osannahöfl, St. Josef am See 35, ✆ 0471960246, II 0.5

P Kalterer Seehof, St. Josef am See 32, ✆ 0471960157, III-IV 0

P Remichhof, St. Josef am See 27, ✆ 0471960144, IV 0

P Seeberg, St. Josef am See 53, ✆ 0471960038, IV-V 0

Pz Haus Weinrandl, St. Josef am See 46, ✆ 0471960067 0

Pz Haus am See Pernstich, St. Josef am See 20, ✆ 0471960182, III 0

Bh Seaberhof, St. Josef am See 51a, ✆ 0471960139, III 0

Gretl am See, St. Josef am See 18, ✆ 0471960273 0

St. Josef am Kalterer See, St. Josef am See 75, ✆ 0471960170 0

Klughammer (Kaltern an der Weinstraße/Caldaro Sulla Strada Del Vino) (I)

H Leuchtenburg, Klughammer 14, ✆ 0471960093, V 1

H Parc Hotel am See, Klughammer 9, ✆ 0471960000, HP, VI 1

H Seehotel Ambach, Klughammer 3, ✆ 0471960098, V-VI 1

P Garni Kreithof, Kreit 2, ✆ 0471960025, III-IV 1.5

P Garni Sparer, Klughammer 2,

☎ 0471960004, III-IV 1

[P] Klughammer, Klughammer 5, ☎ 0471960159, IV 1

Tramin/Termeno ⓘ

[i] Tourismusverein Tramin, Mindelheimerstr. 10a, ☎ 0471860131 0.5

[H] Arndt, Weinstr. 42, ☎ 0471860336, IV 1

[H] Bikehotel Traminerhof, Weinstr. 43, ☎ 0471860384, V 0.5

[H] Mühle Mayer, Mühlg. 66, ☎ 0471860219, IV-V 0.5

[H] Schneckenthaler Hof, Schneckenthalerstr. 25, ☎ 0471860104, IV-V 0.5

[H] Tirolerhof, Parkstr. 1, ☎ 0471860163, IV-VI 0

[H] Winzerhof, Rechtentalstr. 6, ☎ 0471860183, HP, V 0

[Hg] Erika, Weinstr. 138, ☎ 0471860205, III 0

[Hg] Frühstückspension Gartenheim, Rathauspl. 4, ☎ 0471860482, III-IV 0.5

[P] Erna, In der Au 12, ☎ 0471860994, III 0

[P] Garni Etschblick, Feldweg 8, ☎ 0471860121, II 1

[P] Panorama, St. Jakob 25, ☎ 0471860261, III-IV 0.5

[P] Residence - Restaurant Pernhof, Julis-Payer-Str. 21, ☎ 0471860788, III-IV 1

[P] Sandhof, Weinstr. 146, ☎ 0471860495, II-III 0

[P] Weinlandstübl, Dr.-Josef-Noldin-Str. 15, ☎ 0471860150, III 0

[Pz] Haus Evi, In der Au 16, ☎ 0471860250, III 0

[Pz] Haus Florian, Alexander-v.-Keller-Weg 6, ☎ 0471860352, II 0.5

[Pz] Haus Folie, Mühlg. 25, ☎ 0471860748, II 0.5

[Pz] Haus Kerschbaumer, Weinstr. 100, ☎ 0471860316, I 0.5

[Pz] Haus Zilli, Andreas-Hofer-Str. 22, ☎ 0471860165, II 1

[Pz] Mandlhof, Mühlg. 58, ☎ 0471860523, II 0.5

[Pz] Perglhof, St.-Valentin-Weg 6, ☎ 0471860417, II

[Pz] Wiesenheim, Bachg. 7, ☎ 0471860770, II 0

[Fw] Ferienhof Franzelin, St.-Julitta-G. 4, ☎ 0471860223 0

[Fw] Ferienhof Rellich, Weinstr. 46, ☎ 0471860545, III-IV 1

[Bh] Drauhof, In der Au 28, ☎ 0471860072 0

Auer/Ora ⓘ

[i] Tourismusvereinigung Castelfeder, Hauptpl. 5, ☎ 0471810231 1

[H] Amadeus, Fleimstalstr. 1, ☎ 0471810053, III-IV 1

[H] Bio-Hotel & Residence Kaufmann, Fleimstaler Str. 16, ☎ 0471810004, III-IV 1

[H] Christin, Bahnhofstr. 110, ☎ 0471810116, II-III 1.5

[H] Elefant, Hauptpl. 45, ☎ 0471810129, III-IV 1

[H] Goldenhof, Palain 1, ☎ 0471810034, III-IV 1

[H] Heide, Nationalstr. 7, ☎ 0471810019, II-IV 1

[H] Markushof, Truidn 1, ☎ 0471810025, III-IV 1

[H] Turmwirt, Kirchpl. 1, ☎ 0471810147, III 1.5

[H] Villa Groff, Bahnhofstr. 80, ☎ 0471810424, III-IV 1

[H] Zur Mühle, Hilbweg 4-6, ☎ 0471810767, II-III 1

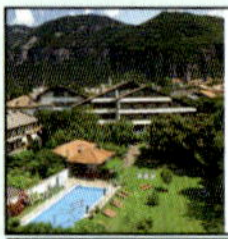

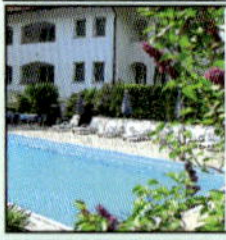

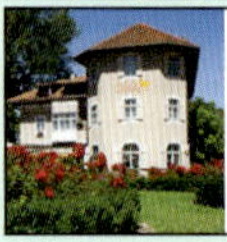

Hg Grasser, Fischerg. 3, ✆ 0339/6557102, III 1
Hg Meinrad, Kirchg. 2, ✆ 0471810416, III 1.5
Hg Rizzolli, St. Peter Weg 8, ✆ 0471810086 1
P Abram, Nationalstr. 17, ✆ 0471810466, III 1
Pz „Otterhof", Mühlg. 2, ✆ 0471810265, I
Fw Amplatz, Deflorianweg 5, ✆ 0471810432, II 1
Camping Markushof, Truidnweg 1, ✆ 0471810025, I 1

Vill (Neumarkt/Egna)

H Villner Hof, Villner Str. 30, ✆ 0471812039, III 0.5

Neumarkt/Egna

i Tourismusvereinigung Castelfeder, Hauptpl. 5, Auer/Ora, ✆ 0471810231 1
H Andreas Hofer, Str. der Alten Grünungen 21-23, ✆ 0471812653, III-IV 0
Gh Gsteigerhof, Bergstr. 4, ✆ 0471819803, II 0.5
Pz Vaja, Mühlbachweg 1, ✆ 0471820051, III 0.5

Laag/Laghetti (Neumarkt/Egna)

Gh Dolomiten, Nationalstr. 19, ✆ 0471817130, III 0

Kurtinig/Cortina

i Tourismusverein Südtiroler Unterland, H. Schweiggl Pl. 8, Kurtatsch/Cortaccia, ✆ 0471880100 3
H Teutschhaus, Sankt Martinspl. 7, ✆ 0471817139, IV-V 1.5
Gh Benedettihof, Weinstr. 6, ✆ 0471817219, II 1.5

Salurn/Salorno

i Tourismusvereinigung Castelfeder, Hauptpl. 5, Auer/Ora, ✆ 0471810231 1
H Buchholz, Buchholz 73, ✆ 0471889020, III 1
H Comfort Hotel Erica, Nationalstr. 20, ✆ 0471883145, IV-V 0.5
H Kastion, Buchholz 74, ✆ 0471889083 1
H Klammhof, Buchholz 114, ✆ 0471889096, II-III 0.5
P Fichtenhof, Gfrill 23, ✆ 0471889028, ✆ 338/3028653, III 3
Jugendhaus Dr. Josef Noldin, Dr. Josef Noldinstr. 20, ✆ 0471884356, II 0

Rovere' Della Luna

B&B B&B Alla Luna, Via 4 Novembre 27, ✆ 04611916211, ✆ 3470655109, II 0.5

Mezzocorona

H Albergo Ai Spiazzi, Loc. Monte n.29, ✆ 0461605640 1
H Albergo Tre Cime, Localita Monte 4, ✆ 0461603777 1
H Drago, Piazza San Gottardo 46, ✆ 0461603824, II 0.5
B&B B&B La Masera di Caliari Isabella, Corso IV Novembre 71, ✆ 0461605760, ✆ 3477478634 0.5
B&B La Masera di Caliari Bruno, Corso IV Novembre 71, ✆ 3485156630, II 0.5
B&B Martina, Via Borgo Nuovo 57, ✆ 3393631917 0

Bh Agritur Antico Fienile, Via dei Camorzi 17, ✆ 0461601323, ✆ 3408618252 0.5

Bh Agritur Sole Blu, Corso 4 Novembre 32, ✆ 0461605242, ✆ 3356905585 0.5

Mezzolombardo ①

i Consorzio Turistico Piana Rotaliana-Königsberg, Corso del Popolo 35, ✆ 04611752525 1.5

H Albergo Al Borghetto, Via Emanuele de Varda 10, ✆ 0461601204 1.5

H Albergo Al Sole, Via Rotaliana 5, ✆ 0461601103 1

B&B B&B Ai Gelsomini, Via Canevarie 43, ✆ 3478514254, II 1.5

Bh Agritur La Torretta, Loc. Galletta 4, ✆ 0461601508, ✆ 3475720267 0.5

San Michele All'Adige ①

H Cantaleone, Via Tonale 23, Grumo, ✆ 0461650134, II 0

Nave San Rocco ①

Bh Agritur Clementi Aldo, Tremol 4/a, ✆ 0461870539, ✆ 3402652900 2

Nave San Felice ①

H Alla Nave, Fraz. Nave San Felice 29, ✆ 0461870111, II 1

P Moser, Via Nazionale 64, ✆ 0461870248, II 1

Bh Agritur Maso Rover, Loc. Maso Rover 20, ✆ 3487379367, III 0.5

Lavis ①

H Sartori's, Via Nazionale 33, ✆ 0461246563, III-IV 1

Hg Corona, Piazza Manci 4, ✆ 0461246772, II 0

B&B B&B 66, Via Rosmini 66, ✆ 3386086688, II 0.5

Bh Agritur Cobelli, Maso Panizza di Sopra 22, Masi di Sorni, ✆ 3319672482, III-IV 0.5

Bh Agritur Maso Graner, Loc. Masi 21, Pressano, ✆ 0461871514, ✆ 3407794091, III 0.5

Bh Agritur Piffer, Loc. Torbisi 3/1, ✆ 0461241727, ✆ 3355725649, III 1

Gardolo (Trento/Trient) ①

H Capitol, Via Soprasasso 32, ✆ 0461993232 IV 1

Trento/Trient ①

H San Giorgio della Scala, Via Brescia 133, ✆ 0461238848, III 3

H Sporting Trento, Via Roberto da Sanseverino 125, ✆ 0461391215, III-IV 4

H Villa Madruzzo, Via Ponte Alto 26, ✆ 0461986220, IV 1

Hg Albermonaco, Via Torre d'Augusto 25, ✆ 0461983060, IV 1.5

Hg Venezia, Via Belenzani 70, ✆ 0461234559, III 2.5

Hg Villa Fontana, Via Fratelli Fontana 11, ✆ 0461829800, III-IV 2

B&B Casa Pompermaier, Via Lavisotto 69, ✆ 0461822190

Bh Val D'Adige, Loc. Roncafort 78, ✆ 0461955008, III 2

Pergine Valsugana ①

i Ufficio Informazioni, Piazza Sera 10, ✆ 0461727760 0.5

H Castel, Via al Castello 10, ✆ 0461531158, III-

IV 0.5

H San Cristoforo, Viale Europa 29, ✆ 0461531105 1.5

B&B Alba sul Lago, Via Maso Toldi 5, ✆ 03489342163 3

Bh Bortolotti, Via Montesei 2, ✆ 0461530125 0

Bh Casa dei Piccoli Frutti, Via dei Prati 36, ✆ 0461532700 0.5

⛺ Punta Indiani, Loc. Valcanover 77, ✆ 0461548062 2

⛺ San Cristoforo, Via Pescatori 4, S. Cristoforo, ✆ 0461512707 1.5

Levico Terme Ⓘ

i Ufficio Informazioni, Via Slucca de Matteoni 8, ✆ 0461727700, III 0

H Ambassador, Viale Belvedere 50, ✆ 0461707101 0.5

H Bellaria, Via Selva 3, ✆ 0461706595 0

H Concordia, Viale V. Emanuele 1, ✆ 0461706230 0

H Cristallo, Via G. de Vettorazzi 2, ✆ 0461706427 0.5

H Daniela, Viale Venezia 3, ✆ 0461706213, III-IV 0

H Eden Libardi, Viale V. Emanuele 14, ✆ 0461706103 0

H Family Primavera, Via Claudia Augusta 3, ✆ 0461706193 0.5

H Liberty, Viale V. Emanuele 18, ✆ 0461701521 0

H Lucia, Via Roma 20, ✆ 0461706229, III-IV

H Miravalle, Viale Venezia 78, ✆ 0461700080 0.5

H Scarano, S. P. per Vetriolo 86, ✆ 0461706810

H Terminus, Via Salina 27, ✆ 0461706453 0.5

H Villa Flora, Via Tonelli 31, ✆ 0461706311 0.5

H Vittoria, Via Dante 54, ✆ 0461706430 0

P Sandro, Via Mons. Caproni 33, ✆ 0461706164, III-IV 0.5

B&B Domus Flavia, Via per Vetriolo 36, ✆ 03392104155

⛺ Camping 2 Laghi, Loc. Costa 3, ✆ 0461706290 1.5

Roncegno Terme Ⓘ

i Ufficio Informazioni, Piazza S. De Giovanni 1, ✆ 0461727765 0

H Albergo Vittoria, Via S. Giuseppe 1, ✆ 0461773026, II-III 0

Pz Coronata Haus, Loc. Maso Vazzena, ✆ 04611851508 0

Borgo Valsugana Ⓘ

i Ufficio Informazioni, Piazza De Gasperi 20, ✆ 0461727740 0

Pz 1775 Locanda in Borgo, Corso Ausugum 90, ✆ 0461757103, III 0

B&B Piagaro, Loc. Piagaro 1, ✆ 03925095692 1.5

Castelnuovo Ⓘ

i Ufficio Informazioni, Piazza De Gasperi 20, Borgo Valsugana, ✆ 0461727740 0

P Casa Gabriella, Piazza Municipio 10, ✆ 0461753436 0

Strigno (I)

Pz Tomaselli, Via Santa Barabara 41, Tomaselli, ✆ 0366/9813815 1

Bh Ranch de Lupi, Loc. Castrozze 133, ✆ 0461596524, II 1

Bh Rigo Gabriella, Loc. Relle, ✆ 0461754116

Bieno (I)

B&B Piccolo Princip, Vicolo Busarello 10, ✆ 04611631113, III 0

Pieve Tesino (I)

i Ufficio Informazioni, Via Dante 10, Castello Tesino, ✆ 0461727730 0.5

H Albergo Cima D'Asta, Via Brigata Abruzzi 2, ✆ 0461592112, II-III 0

P Taxus Hostel, Via Fratelli Rizza 18, ✆ 0327/9131968, II 0

Lagorai, Loc. Quistaion 1, ✆ 0461593355 2

Castello Tesino (I)

i Ufficio Informazioni, Via Dante 10, ✆ 0461727730 0.5

H Alpina, Via Municipio Vecchio 9, ✆ 0461594127 0.5

H Bellavista, Via Roma 17, ✆ 0461594169 0

Pz Al Cacciatore, Loc. Celado, ✆ 0461594681

B&B Ai Vecchi Molini , Località Molini 17, ✆ 0348 2295364, III

Lamon (I)

i Associazione Turismo Lamon, Piazza 3 Novembre, ✆ 03485173411 0

H Al Tajol, Loc. Le Ei, ✆ 0439795069

H Belvedere, Via Cui 33, ✆ 04399144 0

B&B Al Salvanel, Via della Campagna 38, ✆ 043996496, ✆ 0338/8147698, II 0.5

B&B Manarin, Via Oltra 92, ✆ 0439792054, ✆ 0328/1425403, II 0

B&B Oltra, Via Oltra 46, ✆ 0439792045, ✆ 0339/5935105, II 0

Bh Malacarne, Via Antonio Slongo 49, ✆ 04399136

Croce d'Aune (Pedavena) ⓘ

H Croce d'Aune, Passo Croce d'Aune 32, ✆ 0439977000, III 0

Pedavena ⓘ

i Pro Loco Pedavena, Via Roma 11, ✆ 0439301943 0

Feltre ⓘ

i Ufficio Turistico di Feltre, Piazza Trento e Trieste 9, ✆ 04392540 0

H Casa Ester, Via Fosse 10, ✆ 03395729863, II 0.5

H Casagrande, Via Belluno 47, ✆ 0439840025, III-V 1

H Doriguzzi, Viale del Piave 2, ✆ 04392003, III-IV 0.5

H Sagittario, Via Casonetto 174, ✆ 0439391148 0.5

H Villa San Mauro, Frazione Arson, Via Mutten 2, ✆ 043942002

Hg La Cuba di Brancaleone Mauro, Viale Farra 24, ✆ 0439304650

P Alla Cesa, Via Farra 36, ✆ 0439303055 0.5

B&B Bus de l'Och, salita giovanni da vidor 11,

✆ 043981322
B&B Casa Farra, Via Pedavena 5, ✆ 0439301827 0.5
B&B Giardino di San Paolo, Via San Paolo 10, ✆ 0439840958, III
B&B Villa San Liberale, ✆ 03201797510, III-IV

Cesiomaggiore ⓘ

i PRO LOCO Soranzen, Via strada del Mas 10, ✆ 0439438039 1
B&B Alla Casetta, Via Strada delle Negre 10, Fianema, ✆ 043942891 0.5
B&B Alle Porte delle Dolomiti, Via Masi 8, ✆ 0439347/2282044 0
B&B Pra Maor, Via Pra Maor 4, Pullir, ✆ 043943230
B&B Tacaboton, Soranzen 8, ✆ 0439438367
Bh Al Preton, Val Canzoi 40, ✆ 043943721

Lentiai ⓘ

Bh Al bon tajer, Via San Gervasio 112/A, ✆ 0437751105

Mel ⓘ

i Uffici di informazione turistica, Piazza Papa Luciani 3, ✆ 0437544294 1
H Antica Locanda Cappello, Piazza Papa Luciani 20, ✆ 0437753651, IV 1
B&B El Mighelon, Via Nave 31, ✆ 0437753359, III

Cison di Valmarino ⓘ

H Castel Brando, Via B. Brandolini 29, ✆ 04389761, IV-VI 0.5
Bh duca di dolle, Via Piai Orientali 5, ✆ 0438975809
Bh la pila, Via Cal Pila 1, ✆ 0438975356 1

Follina ⓘ

H Al Cavallino, Piazza Marconi 1, ✆ 0438970229, II 2
H Da Gildo, Via Sottoriva 3, ✆ 0438970306, III 3
H Efisia, Via Follinetta 15, ✆ 0438970462, I-II 2
Bh Agriturismo Al Col, ✆ 0438970658

Ortsindex

Die Seitenzahlen ab S. 220 beziehen sich auf das Übernachtungsverzeichnis.

A

B

C

D

E

F

G

H

I

K

L

M